AF001365

Kohlhammer

Peter Eisenmann

Werte und Normen in der Sozialen Arbeit

Philosophisch-ethische Grundlagen
einer Werte- und Normenorientierung
Sozialen Handelns

2., überarbeitete
und erweiterte Auflage

Verlag W. Kohlhammer

2., überarbeitete und erweiterte Auflage
Alle Rechte vorbehalten
© 2006/2012 W. Kohlhammer GmbH Stuttgart
Umschlag: Gestaltungskonzept Peter Horlacher
Gesamtherstellung:
W. Kohlhammer Druckerei GmbH + Co. KG, Stuttgart

ISBN 978-3-17-022299-1

„Um fremden Wert willig und frei anzuerkennen und gelten zu lassen, muss man einen eigenen haben."
(Arthur Schopenhauer)

*

„Ethik ist nicht etwa (nur) Handlungstheorie, sondern eine Lehre von den unüberschreitbaren Grenzen des Handelns."
(Georg Picht)

*

„Die Grundregeln der Gerechtigkeit werden von einem Schleier der Unwissenheit gewählt."
(John Rawls)

Inhaltsverzeichnis

Einführung 11

A Sozialphilosophische Grundannahmen 15
I   Mensch und Gesellschaft 15
   1   Anthropologische Grundüberlegungen 15
      a) Der individualisierte Mensch 16
      b) Der vergesellschaftete Mensch 18
      c) Der Mensch zwischen Individualität und Sozialität 21
   2   Die Gesellschaft im Wandel der Strukturen 24
      a) Von der Großfamilie zum Single-Haushalt 24
      b) Sesshaftigkeit, Mobilität, Flexibilität und Multioptionalität . . . 25
II Verwirklichung des Menschen in sozialen Beziehungen 27
   1   Differenzierungsmerkmale 27
      a) Personalität des Menschen 27
      b) Familie und sonstige semiadäquate Lebensgemeinschaften . . . 29
      c) Gemeinschaft – Gesellschaft – Staat 31
   2   Wandlungsprozesse und soziale Folgeaspekte 35

B Grundlagen der Philosophie/Ethik 40
I   Ethisch-philosophische Grundlagen Sozialer Arbeit 40
   1   Ethik und Moral: eine Begriffsabgrenzung 40
   2   Die Bedeutung der Ethik für die Soziale Arbeit 42
   3   Die ‚Goldene Regel' und die Frage der Handlungsgerechtigkeit . . 49
   4   Von der Allgemeinen Ethik zur Angewandten Ethik 52
II Theorien ethischer Grundtypen 54
   1   Grundnorm und ethische Sichtweisen 54
      a) Die deskriptive Ethik 54
      b) Die normative Ethik 57
      c) Die Metaethik 61
      d) Die Diskursethik 62
      e) Vergleichende Zusammenfassung 64
   2   Typisierung ethischer Begründungslehren und Argumentations-
      modelle 65
      a) Die Teleologie 65
      b) Die Deontologie 67
      c) Die Axiologie 68
      d) Der situationsbezogene Erklärungsansatz 70
      e) Der normenorientierte Erklärungsansatz 71

III Formen ethischen Handelns in der Sozialen Arbeit 72
    1 Die Tugendethik 72
        a) Tugendmerkmale 73
        b) Tugendarten 76
        c) Kardinal- und sonstige Tugenden 78
        d) Tugendethik als Motivationshilfe und/oder Prinzipientreue . . . 91
    2 Die Pflichtethik 92
        a) Kants kategorischer Imperativ in der Grundformel 93
        b) Die Bedeutung von Freiwilligkeit und Freiheit im kategorischen Imperativ 95
        c) Die Selbstzweckformel des kategorischen Imperativs 96
        d) Kants hypothetischer Imperativ 98
    3 Die Nutzenethik 99
        a) Der Nützlichkeitsgrundsatz oder das Utilitätsprinzip 100
        b) Vom Konsequenz- zum Sozialprinzip 101
    4 Die Verantwortungsethik 104
        a) Der Verantwortungsbegriff 105
        b) Bestimmungselemente ethischer Verantwortung 109
        c) Der Gegensatz von Gesinnungs- und Verantwortungsethik . . . 110
    5 Die Wirtschaftsethik 112
        a) Wirtschaftsethische Grundsätze und Fragestellungen 113
        b) Die ethische Begründung der Marktwirtschaft 115
        c) Die Relevanz der Wirtschaftsethik für das Soziale Handeln . . . 116
    6 Die Medizinethik und die Pflegeethik 118
        a) Medizinisches Handeln 119
        b) Grundsätze und Prinzipien der Medizinethik 122
        c) Die ethische Verantwortung in der Pflegepraxis 125
    7 Die Sozialethik 133
        a) Ursprünge und Zielsetzung der Sozialethik 133
        b) Sozialstaatliches Handeln aus sozialethischer Verpflichtung . . . 134
    8 Modelle und Methoden zur ethischen Urteilsfindung 135
        a) Das 3-Stufen-Modell nach H. Baum 136
        b) Das 4-Schritte-Modell nach V. Tschudin 137
        c) Das 6-Schritte-Modell nach H.-E. Tödt 138
        d) Das 4-Punkte-Grundmodell und sonstige Modellvorschläge . . 141

C **Wert und Wertekonzept** 143
I Der Wert als ethische Kategorie 143
    1 Aspekte einer philosophiegeschichtlichen Bestimmung des Wertbegriffs 143
    2 Die Bedeutung der Werte in unserer Zeit 148
    3 Das Individuum und seine Wertbeziehungen 152
    4 Die Werte und ihre soziale Funktion 155

		5	Wertewandel und Werteakzeptanz	158

      5 Wertewandel und Werteakzeptanz 158
         a) Wertbindung und Wertminderung 158
         b) Wertewandel und/oder Akzeptanzveränderung 161
         c) Von der Wertorientierung über die Beliebigkeit zur
            Orientierungslosigkeit des Handelns 166

II Der Wert als politische und soziale Kategorie 168
    1 Grundwerte und Grundrechte 168
        a) Zusammenhänge und Differenzierungen 168
        b) Grundwerte und ihr sozialer Bezug 171
        c) Bildung als sozialer Kardinalwert 174
    2 Soziale Grundrechte 175
        a) ‚Soziale' Freiheitsrechte 175
        b) ‚Soziale' Gleichheitsrechte 179
        c) Soziale Teilhaberechte 181
    3 Sozialprinzipien als Grundwerte für den gesellschaftlichen Konsens 183
        a) Das Gemeinwohlprinzip 184
        b) Das Solidaritätsprinzip 186
        c) Das Subsidiaritätsprinzip 189
    4 Von der Wertbindung über den Wertewandel zum Normenkonflikt 192

D Die Norm im Kontext des Sozialen 196

I Norm und Normenverständnis 196
    1 Die Norm: eine begriffliche Klärung 196
        a) Wesensmerkmale der Norm 198
        b) Normenarten und -bewertungsstufen 201
        c) Systematik der Normenvielfalt 204
    2 Die Pluralität der Handlungstypen in der Normtypologie 205
    3 Das Verhältnis der Norm zum Wert 210
        a) Das Normenverständnis des Individuums 212
        b) Kriterien einer Normwerdung von Werten 215

II Norm und Sozialverhalten 217
    1 Norm und Sanktion 217
        a) Zusammenhänge und Differenzierungen 217
        b) Normensetzung und -kontrolle durch Gesellschaft und Staat . . 219
        c) Von der Norm zum Wert 220
    2 Soziale Normen 222
        a) Wesen und Art sozialer Normen 222
        b) Versuch einer theoretischen Begründung 225
        c) Zur Bedeutung und Funktionalität sozialer Normen 226

E		„Soziale Gerechtigkeit": Kardinalwert oder normierte Illusion	231
I		Soziale Gerechtigkeit als Wertkonzept	231
	1	Soziale Gerechtigkeit: eine begriffliche Klärung	231
		a) Philosophische Grundlegung und allgemeines Gerechtigkeitsverständnis	231
		b) Formale und materiale Gerechtigkeit	233
		c) Leistungs-, Start-, Bedarfs- und Verteilungsgerechtigkeit	235
		d) Chancengleichheit und Gerechtigkeit	237
		e) Soziale Teilhabe durch Bildungsgerechtigkeit	239
	2	Gerechtigkeitstheorien im philosophisch-ethischen Kontext	241
		a) Gerechtigkeitstheorien im ausgewählten Überblick	241
		b) Die Bedeutung des Kontraktualismus am Beispiel der Gerechtigkeitstheorie von John Rawls	244
		c) Kritik an der Gerechtigkeitstheorie von Rawls	255
		d) Gerechtigkeit im „Capability Approach" von Amartya Sen und Martha Nussbaum	257
II		Soziale Gerechtigkeit als Forderung normorientierten sozialen Handelns	261
	1	Soziale Gerechtigkeit als sozialpolitisches Leitziel	261
		a) Soziale Gerechtigkeit als politischer Leitbegriff	261
		b) Soziale Gerechtigkeit im Sozialstaat	263
	2	Soziale Gerechtigkeit in der Sozialen Arbeit	265
		a) Bedürfnisse und Erwartungen	265
		b) Möglichkeiten und Grenzen	267
F		**Ethische Kodifizierungen**	271
I		Die Menschenrechte und die Würde des Menschen	271
	1	Menschenrechtsverständnis	271
	2	Die Menschenwürde im Gesamtkontext der Menschenrechte	273
	3	Menschenrechte und deren Verletzung	275
		a) Die Menschenrechte verbessernde Maßnahmen	276
		b) Die Menschenrechte verschlechternde Maßnahmen	277
II		Berufs- und standesethische Postulate	279
	1	Grundsätzliche Anmerkungen	279
	2	Ethische Kodices	281
G		**Reflexion**	285
		Verzeichnis der verwendeten bzw. empfohlenen Literatur	286
		Personenverzeichnis	291
		Stichwortverzeichnis	293

Einführung

Das Verhältnis der Sozialen Arbeit zu den Werten und Normen, zur Ethik, wird nicht zuletzt durch das Verhältnis der in ihr Handelnden zu ihr und zu sich selbst, zu dem eigenen Anspruch und zu dem der anderen an den Grad der Professionalität und dazu, was man darunter versteht, geprägt. Dies will heißen, dass das Bild, das die Soziale Arbeit über ihre Akteure nach innen wie nach außen vermittelt, seine Prägung durch die dem Sozialen Handeln zugrundeliegenden Wertvorstellungen und Zielsetzungen, aber auch durch notwendige Standards und Normensetzungen erfährt.

Die Entwicklung der Gesellschaften hat gerade in den letzten Jahren seit einer nationalen wie auch internationalen Veränderung der wirtschaftlichen, politischen und sozialen Lage von Personengruppen, Bevölkerungsteilen und Völkerschaften gezeigt, wie wichtig es ist, die Soziale Arbeit als eine gesellschaftsumfassende soziale Tätigkeit verstehen zu lernen, die nur noch bedingt etwas mit dem klassischen ‚Streetworkertum' zu tun hat. Sie hat sich von der Armen- und Gestrandeten-Hilfe zu einem Eckpfeiler des eine Gesellschaft tragenden Gesamtgebäudes entwickelt, der wiederum auf klaren Wertekonzepten und Normenfestlegungen fußt. Hierzu tragen die verschiedenen Formen des Sozialen Handelns, die sich aus der Beschäftigung mit den Grundsätzen unterschiedlicher ethischer Sichtweisen ergeben, bei.

Der Professionalisierungsgrad einer beruflichen Tätigkeit lässt sich auch an der Verinnerlichung des diese bestimmenden und leitenden ethischen Grundverständnisses messen. Es gilt dieses Grundverständnis dort, wo es fehlt, zu wecken und dort, wo es erkennbar ist, zu vertiefen. Dabei soll nicht unterstellt werden, dass jede Person, die in der Sozialen Arbeit tätig werden will oder bereits tätig ist, nicht über eine gewisse ethische Grundhaltung verfügt, ihr nicht bereits bestimmte Werte wichtiger sind als andere oder noch kein praktikables Normenverständnis vorhanden ist. Jeder Mensch verfügt über irgendwelche Vorstellungen, die sein Handeln lenken und bestimmen. Dadurch aber, dass er mit ähnlichen oder anderen Vorstellungen entweder seiner Klienten oder aber der Kollegen konfrontiert wird, ist es unerlässlich, sich mit diesen und weiteren ethischen Konzepten, mit Werten und Normen auseinander zu setzen.

Es muss von vorneherein darauf hingewiesen werden, dass es weder eine spezifische Ethik der Sozialen Arbeit, noch spezifische sich auf das Soziale Handeln beziehende Werte und Normen gibt. Dadurch dass die Soziale Arbeit eine Human- oder Menschenrechts-Profession ist, kann sie sich all die ethischen Grundsätze, wie auch die Werte- und Normensetzungen, die für das menschliche Zusammenleben in einer Gesellschaft, für die zwischenmenschliche Beziehungen Gültigkeit besitzen, für ihr eigenes Verständnis und Handeln nutzbar machen.

Dieses Buch will den Versuch unternehmen, bei einer Klärung der Fragen nach einem wertorientierten und an Normen ausgerichteten Sozialen Handeln und dessen philosophisch-ethische Grundlagen behilflich zu sein; es setzt sich zum

Ziel, sowohl für die Studierenden wie auch für die Praktizierenden der Sozialen Arbeit und der Pflegeberufe das Bewusstsein für ein ethisch motiviertes Handeln zu schärfen. Selbstverständlich wendet es sich auch an jene Personen, die in verschiedenster Form durch Soziales Handeln in den Umgang mit Menschen, sei es im pädagogischen Bereich oder in der Personalführung involviert sind. Das heißt, dass es den Blick öffnen will für den Umgang mit unterschiedlichen Grundsätzen und Wertvorstellungen, Leitideen, Maßstäben oder Idealen ebenso wie mit Normierungen, Richtlinien oder gesetzlichen Vorgaben. Dabei geht es weniger darum, Handlungsanweisungen oder Handreichungen auszuarbeiten, die dann ja doch in jedem Einzelfall angepasst werden müssen – auch wenn immer wieder exemplarische Verdeutlichungen vorgenommen werden. Es sucht eigentlich die Konfrontation des Sozialarbeiters bzw. -pädagogen, des Pflegepersonals oder anderer mit Menschen umgehenden Personen mit den Vorstellungen, die es in einer philosophischen Betrachtung des Verhältnisses des Menschen in und zur Gesellschaft gibt. Dies geschieht ohne dabei den Anspruch zu erheben, eine umfassende Darstellung liefern zu wollen. Letzteres war von vornherein nicht Absicht des Autors und ließe sich auch nicht in einem überschaubaren Rahmen verwirklichen. Aber auch dieses Zugeständnis soll als Anreiz im Sinne einer vertiefenden Beschäftigung mit der Materie verstanden werden.

Aufgrund langjähriger Praxis kann die ‚Sinnfrage', die Frage nach den eigentlichen Motiven eines in seiner ganzen Bandbreite Sozialen Handelns als relativ unbeantwortet gesehen werden, wenngleich sich das Bedürfnis nach Klärung nahezu in allen Studienordnungen zum Beispiel für die Soziale Arbeit oder der Sozialpädagogik niederschlägt. So sehen die Rahmenstudienordnungen etwa für den Fachhochschulstudiengang ‚Soziale Arbeit', aber auch für den Studiengang ‚Pflege- und Gesundheitsmanagement' in vielen Bundesländern die Beschäftigung mit den Werten und Normen vor, ohne zugleich die fundamentale Bedeutung für eine qualifizierte Berufsausübung entsprechend zu würdigen. Vielfach wird die Beantwortung von Fragen dazu anderen wissenschaftlichen Disziplinen, wie der Soziologie, der Pädagogik oder der Psychologie, überlassen, ohne dabei zu erkennen, dass die Philosophie die eigentliche Grundlage für deren Erkenntnisse darstellt.

Ausgehend von sozialphilosophischen Grundannahmen, die sich mit dem Stellenwert des Menschen in Gesellschaft mit anderen ergeben, werden Differenzierungen und Wandlungen in den Beziehungen der Person zu Familie, Gemeinschaft, Gesellschaft und Staat vorgenommen. Hierbei stehen die sich aus Veränderungen in den jeweiligen Strukturen ergebenden sozialen Folgeaspekte im Mittelpunkt des erkenntnisleitenden Interesses.

Ein anschließend erfolgender Rückgriff auf die ethisch-moralischen Grundlagen, wie sie sich in verschiedenen theoretischen Konzepten zur Ethik niedergeschlagen haben, führt zu einer Darstellung ausgewählter ethischer Sichtweisen und verschiedener Begründungsmodelle. Hierbei soll das Grundverständnis gelegt werden für die spezifischeren Formen ethischen Handelns, wie sie für den gesamten sozialen Bereich eine berechtigte Relevanz beanspruchen können. Aus den unterschiedlichen, Schwerpunkte setzenden Ethiken lassen sich für den einzelnen in sozialen Handlungsfeldern Tätigen durchaus Handlungsanweisungen ableiten, wie sie zum Teil aus spezifisch praxisbezogenen Beispielen und entsprechenden Merksätzen entnommen werden können.

Die anschließende Auseinandersetzung mit den Werten geschieht einerseits durch ihren Bezug zu Ethik und Politik im Allgemeinen, andrerseits zum Sozialen im Speziellen, wobei der Übergang zu einem aus den Werten resultierenden Normenverständnis dadurch erleichtert wird, dass die Systematik des Vorgehens die gleiche ist und letztlich in eine vertiefte Aufarbeitung der ‚sozialen Gerechtigkeit' mündet. Hier liegt es im besonderen Interesse des Autors von einem zunächst grundlegenden Gerechtigkeitsverständnis zu einem bewussten Erfassen der ‚sozialen Gerechtigkeit' zu gelangen. Die Komplexität gerade dieser Materie macht es dabei erforderlich, dass man sich mit speziellen gerechtigkeitstheoretischen Konzepten im philosophisch-ethischen Kontext beschäftigt, was insbesondere mit einer ausführlichen Darlegung der Gerechtigkeitstheorie von *John Rawls* geschieht.

Abschließend gilt es auf den kardinalen Wert der ‚Menschenwürde' im Zusammenhang mit den Menschenrechten einzugehen. Dieser Grundwert ist gerade für all jene von besonderer Wichtigkeit, die es in ihrem beruflichen Handeln mit spezifischen Schicksalen und problematischen Lebenslagen von Menschen zu tun haben, die der professionellen Hilfe bedürfen. So werden der Schutz und die Achtung der Menschenwürde – eingebettet in die allgemeinen unveräußerlichen Menschenrechte – zum zentralen Ausgangs- und Endpunkt jeglichen Sozialen Handelns. Überall dort, wo eine Missachtung dieser Rechte festzustellen ist, kommt es zu Diskriminierungen, Armut, Flucht und Vertreibung. Deshalb sind ethische Kodifizierungen notwendig, die allerdings nur dann über verbale Bekundungen hinausgehen, wenn sie rechtlich verbindlich gemacht werden und deshalb einklagbar sind. Auch hierauf soll schließlich mit diesem Buch hingewiesen werden.

Es soll zum einen noch angemerkt werden, dass aus Gründen der Vereinfachung mit den verwendeten Personen- und Berufsbezeichnungen gleichwertig beide Geschlechter gemeint sind, auch wenn sie nur in der männlichen Form auftreten. Auch wurden die Begriffe ‚Sozialarbeiter' und ‚Sozialpädagoge' bewusst weitgehend synonym verwendet.

Zum anderen gilt an dieser Stelle mein herzlicher Dank meiner Frau *Irmgard*, für die Geduld, die sie während der gesamten Phase der Texterstellung aufzubringen hatte. Mein Dank gilt aber auch meinem Sohn *Frank-Tobias*, Dipl.Soz.Päd. und Diplom-Psychologe, für die unterstützende technische und argumentative Hilfe. Zudem schulde ich Herrn Prof. Dr. habil. *Gerd Wehner* Dank, der mir als freundschaftlich verbundener Kollege mit so mancher beispielhaften Erläuterung hilfreich zur Seite stand.

Schließlich danke ich Herrn *Dr. Klaus-Peter Burkarth* für die Bereitschaft der Aufnahme des Themas in das Verlagsprogramm und für die rasche Fertigstellung dieses Buches.

Anmerkungen zur 2., überarbeiteten und erweiterten Auflage

Der seit dem Erscheinen der Erstauflage des Buches erfolgte Einsatz für die Studierenden der Sozialen Arbeit sowohl in Diplom- wie auch in Bachelor-Studiengängen, aber auch die Nachfrage vieler anderer, die im weiten Feld des Sozialen Handelns tätig sind oder tätig werden wollen, hat die Erkenntnis bestärkt, eine Neuauflage des Werkes vorzunehmen. Dabei geht es nicht um eine grundsätzliche Veränderung, sondern vielmehr um eine behutsame und präzisierende Überarbeitung vereinzelter Textstellen, um die Aktualisierung der Literaturangaben, um eine Verbesserung der Benutzerfreundlichkeit durch ein ausführliches Stichwortverzeichnis. Zudem erfolgt die thematische Erweiterung einzelner Kapitel, insbesondere hinsichtlich der Einbeziehung des in jüngster Zeit in zunehmendem Maße höchst gesellschaftsrelevant erachteten Faktors ‚Bildung', der Arm-Reich-Problematik und die auch daraus resultierende und durch das ‚Capability-Approach'-Konzept von *Amartya Sen* und *Martha Nussbaum* ergänzte, vertiefende Frage nach der ‚Sozialen Gerechtigkeit'.

Die Zweitauflage setzt bewusst auf eine Hervorhebung philosophischer Grundannahmen einer ethischen Bewertbarkeit Sozialen Handelns, um sich von den in den letzten Jahren aus vorwiegend theologisch orientierter Feder stammenden Werken zur Ethik der Sozialen Arbeit behutsam ergänzend abzugrenzen.

Roth, im Juni 2012   Peter Eisenmann

A   Sozialphilosophische Grundannahmen

I   Mensch und Gesellschaft

1   Anthropologische Grundüberlegungen

Handeln in der Sozialen Arbeit bedeutet Handeln *an* der Gesellschaft, *in* der Gesellschaft und *mit* der Gesellschaft. Der Begriff des Sozialen lässt sich aus dem lateinischen *socialis* ableiten und meint somit einerseits ein *kameradschaftliches, geselliges, freundschaftliches* Verhalten gegenüber den gesellschaftlichen Mitgliedern. Andrerseits bezieht er sich – die *Bundesgenossen* explizit meinend – auf die Ordnung der menschlichen Gesellschaft und folgert geradezu die Verpflichtung zu einem gemeinschaftsfördernden wie auch gemeinnützigen Verhalten eines jeden Einzelnen.

Nun wissen wir, dass sich im Laufe der historischen und politischen Entwicklung gesellschaftliche Systeme unterschiedlichster Art herausgebildet haben und sich zumeist auf differenzierte sogenannte „Menschenbilder" beziehen. Die Unterschiedlichkeit der Ordnungsentwürfe wird mit den verschiedenen Sichtweisen und Denkhaltungen bezüglich des Menschen und seines Stellenwertes im Rahmen des Gesellschaftlichen begründet. Dabei geht es heute nicht mehr nur darum, das Woher und das Wohin des Menschen zu reflektieren, sondern es gilt sich stärker denn je über die Einbettung des Einzelnen in den gesellschaftlichen Rahmen, über sein Verhältnis zu den Mitmenschen und zur Gesamtheit aller Gedanken zu machen.

Wenn also bereits *Aristoteles* (384–322 v.Chr.) davon überzeugt gewesen ist, dass der Mensch ein politisches Wesen darstellt, das sich nur in der Sozialität mit anderen zu verwirklichen weiß, und er zugleich behauptete „alle Menschen haben also von Natur aus den Drang nach einer solchen Gemeinschaft"[1], so meinte er damit, dass der Staat zu den „naturgemäßen Gebilden" gehört und der Mensch „von Natur aus ein staatenbildendes Lebewesen" ist. *Aristoteles* setzt also voraus, dass die Gemeinschaft als gesellschaftliche Organisation in einem Staat natürlicherweise besteht und ursprünglicher als der Einzelne ist – Letzterer also in die Gemeinschaft hineingeboren wird, „da der Einzelne nicht autark für sich zu leben vermag" und er sich deshalb auch sonst wie „ein Teil zu einem Ganzen" verhält.[2] Allerdings gibt *Aristoteles* sofort zu bedenken, dass der Mensch in einer gesellschaftlichen Formation leben muss, die für Gesetz und Ordnung sorgt, da er sonst ohne dieses Eingebundensein als das schlechteste aller Lebewesen gilt. Der Mensch als natürliches Wesen verfügt von Natur aus über eine Vielzahl von Tugenden –

---

1 Aristoteles: Politik I, 1–3 in: Pieper, Annemarie (Hrsg.), Aristoteles, Diederichs Verlag, München 1995, S. 168.
2 Ebd.

wie etwa die Klugheit oder die Tüchtigkeit –, die er allerdings durchaus im falschesten, also entgegengesetzten Sinne einzusetzen vermag und deshalb umso stärker der Ordnung einer staatlichen Gemeinschaft bedarf.

Der zu Beginn genannte Begriff des Sozialen, also *socialis*, steht in engem Zusammenhang mit *socius*, dem Gefährten, der als Bundesgenosse mit anderen ein Bündnis eingeht und sich in einer verbindenden, teilnehmenden Gemeinschaft zum gemeinsamen Handeln zusammenschließt. Wie wir im weiteren Verlauf sehen werden, gilt es dann aber ein gemeinsames Handeln und ein funktionierendes gesellschaftliches Zusammenleben erreichen und absichern zu können. Dies wiederum bedeutet, dass Handlungsmuster und Vorgehensweisen, über die ein gemeinsamer Konsens zu erzielen ist, vorgegeben werden müssen. Um dies erreichen zu können, muss eine gewisse Gemeinsamkeit von Wertvorstellungen und -konzepten hergestellt werden. Als Mindestanforderung hierbei gilt die Verständigung darüber, welche Werte gemeint sind und mittels welcher Normen diese letztendlich durchgesetzt werden sollen.

Um nun den „politischen Menschen" des *Aristoteles* in eine Ordnung einbringen zu können, muss man sich Gedanken darüber machen, wie man grundsätzlich diesen Menschen einschätzt, was und wie man über ihn denkt. Dabei geht es zunächst weniger um seine Herkunft und seine Zielbestimmtheit. Es geht, noch dazu unter steter Berücksichtigung des Sozialen, also des Gemeinschaftlichen, um seinen Stellenwert innerhalb der Gesellschaft, der er angehört. Es stellt sich die Frage nach dem Verhältnis des Einzelnen zu seinen Mitmenschen einerseits und andrerseits zur Gesamtheit aller, der *societas*.

a) Der individualisierte Mensch

Beschäftigt man sich mit dem Menschen, so steht vom Grundsätzlichen her zunächst der Einzelne im Vordergrund jeglicher Überlegungen. Dies beginnt im klassischen Denken der Philosophen des Altertums, setzt sich über die Epochen des Mittelalters bis in die neuzeitlichen Sichtweisen fort und tritt, wie wir wissen und nicht selten beklagen, auch nicht in der Modernität des Heute außer Kraft.

Der Mensch wird zumindest in der modernen, nach demokratischen Wertvorstellungen und Regeln konzipierten staatlichen Gemeinschaft als Individuum gesehen, das sich als Person in dieses Ordnungssystem einbringt. Es ist die Politik, die sich darum zu bemühen hat, das menschliche Zusammenleben in geordneten Bahnen verlaufen zu lassen. „Denn Politik… muss mit der unaufhörlichen Spannung zurechtkommen, die darin liegt, dass der Mensch als Person alles Soziale transzendiert und sich zugleich doch nur in Sozialität entfalten kann."[3] *Sutor* zielt damit auf das eigentliche Grundprinzip der Christlichen Soziallehre, aus dem sich alle anderen Sozialprinzipien ableiten lassen, dem Personalitätsprinzip, ab. Das Prinzip der Personalität geht davon aus, dass der Mensch in seiner Personalität

---

3 Bernhard Sutor, Politische Ethik. Gesamtdarstellung auf der Basis der christlichen Soziallehre, F. Schöningh, Paderborn 1991, S. 19.

„Träger, Schöpfer und Ziel aller gesellschaftlichen Einrichtungen"[4] ist. Auch unser Staat hat sich in seinem Sozialen Handeln dieses Prinzip zueigen gemacht, indem er beispielsweise eine Unterstützung sozial schwacher Mitbürger der strikten Einzelfallprüfung unterzieht.

Der Mensch als Individuum stellt eine Singularität dar, die sich in seinem spezifischen Personsein äußert. Nur über dieses Personsein lässt sich die Wesenseinheit des Menschen erfassen und entsprechend würdigen. Deshalb ist Soziales Handeln im Allgemeinen und im Speziellen in der Sozialen Arbeit ein absolut auf die Einzelperson bezogenes Handeln und muss dies auch dann bleiben, wenn das methodische Vorgehen in bestimmten Fällen gruppenbezogen empfehlenswert oder gar notwendig sein kann.

Schon die vorchristliche griechische Philosophie zum Beispiel eines *Platon* (427–348 v. Chr.) oder *Aristoteles* ging vom Individuum aus, wenngleich sie den Menschen noch nicht als Person begriffen hat. *Heraklit* (550–480 v. Chr.) sprach ihm den Besitz des *logos* zu, damit nicht nur die Vernunft meinend, sondern auch die Verbindung zur Sprache, durch die sich erstere zu äußern versteht. Vernunft und Sprache befähigen den Menschen zu einer verantwortlichen Lebensführung und zu einer entsprechenden Gestaltung des Miteinander in der Gemeinschaft. Und *Aristoteles* erkennt im Menschen das Politische und damit das Soziale, weil er über Vernunft und Sprache verfügt. „Er hat ein geistiges Innenleben und einen sozialen Raum der Vermittlung von Sinn."[5]

Sutor weist darauf hin, dass der Personbegriff zuerst in der Theologie benutzt worden ist, um in Anlehnung an die Lehre vom dreifaltigen Gott den Menschen besser charakterisieren zu können, da sein Wesen nicht einfach definiert werden kann.

Wenn der Mensch zunächst als Gattungsbegriff verstanden werden kann, so verdeutlicht er sich erst in dem endlichen, zeitlich bedingten, also kontingentierten Personsein. Laut christlicher Lehre ist der Mensch als Geschöpf Gottes zugleich Ebenbild Gottes und besitzt deshalb eine herausragende Wertigkeit: die Würde des Menschen. Löst man sich von der christlichen Sichtweise, so versteht man den Menschen gemeinhin als ein natürliches Wesen. Ihm werden gewisse Qualitäten und Rechte zugesprochen, die ihm als Teil der Natur wesensimmanent sind.

Schreibt man diesen spezifischen Qualitäten und Grundrechten die ihnen zukommende Wertigkeit zu, so erkennt man vorab bereits die immense Bedeutung der konsequenten Anerkenntnis derselben im Rahmen der sozialen Eingliederung des Einzelnen in das große Ganze der Gemeinschaft. Fehlt es daran, so entstehen jene Probleme, die letztlich Soziales Handeln im Rahmen der Sozialen Arbeit notwendig machen.

---

4 Johannes XXIII., Enzyklika: Mater et Magistra, Nr. 219, 1961.
5 B. Sutor, a. a. O., S. 20.

b) Der vergesellschaftete Mensch

Versteht man den Menschen als dieses von *Aristoteles* definierte politische, also soziale Wesen, das in der Gemeinschaft der vielen, gleichberechtigten Bürger (etwa der griechischen *polis*) lebt und setzt man den Begriff des Sozialen mit dem Gesellschaftlichen gleich, so erkennt man, dass sich daraus ein ständiges Spannungsverhältnis zwischen dem Individuum und der Gesellschaft ergibt. Letztere dient vorrangig dem Auffangen und der Korrektur von Fehlentwicklungen und Missständen zum Wohle des Einzelnen wie auch der Gesamtheit. Das Individuum bringt sich also bewusst in die Gesellschaft ein und möchte sich dort etablieren, was nicht immer problemlos geschieht.

Es verwundert nicht, dass die antike Philosophie des *Aristoteles* den Menschen als Subjekt begreift, das als Einzelperson nicht existenzfähig und immer an die Gemeinschaft mit anderen gebunden ist. Diese Erkenntnis hat auch in ihren weiteren Ausführungen bis heute Bestand. Es entwickeln sich zum einen soziale Wertebeziehungen zwischen dem Individuum und der Gesellschaft, die notwendig sind, um in ihr bestehen zu können – da keiner autark, autonom handeln kann, weil jeder vom anderen abhängig ist. Zum anderen entsteht aber dadurch eine Abhängigkeit, aus der sich wiederum soziale Probleme entwickeln. Im alltäglichen Leben kommt es zu Konkurrenz und Wechselbeziehungen zwischen unterschiedlichen Werte- und Normenkonzepten. Dabei bildet sich jedes Individuum eine persönliche Rangfolge von Werten und Normen, die nicht grundsätzlich verkollektiviert werden kann. Diese Hierarchie entsteht durch eine Werteerfahrung, die der Mensch innerhalb seines vergesellschafteten Daseins macht.

Ohne hier schon vorgreifen zu wollen, muss darauf hingewiesen werden, dass derartige Erfahrungen nicht ohne soziale Zwänge entstehen. Somit macht es das gesellschaftliche Leben notwendig, dass man sich Normfestlegungen und Normierungen im Handeln unterwirft, auch wenn das Individuum bestrebt ist, sich von solchen Zwängen befreien zu können.

Der christliche Philosoph und frühmittelalterliche Kirchenlehrer *Augustinus* (354–430 n.Chr.) sieht den Menschen als kleinen Kern des Zusammenlebens und somit als Ausgangspunkt der Gesellschaft. Der Mensch ist kleinste Einheit der Weltgemeinschaft, die von Gott gelenkt und geleitet wird. Diese setzt sich aus allen Staaten zusammen, die wiederum von vielen Gemeinden als der spezifischen Form von häuslichen Gemeinschaften, den Familien, gebildet werden. Das Modell des *Augustinus* wird bestimmt von der Vorstellung, dass es nur in kleinen Gemeinwesen, also einerseits in Familien andrerseits in Kleinstaaten, ein wohlgeordnetes Leben des Menschen geben kann. So wie der Familienvater dies innerhalb der kleineren Gemeinschaft der Familie im Sinne harmonischen Einvernehmens zu regeln weiß, so tut dies Gott in dem großen Zusammenschluss von assoziierten, aufeinander abgestimmten Staaten.[6]

---

6 Augustinus, De civitate Dei, 431–427; in: Kurt Flasch, Augustinus, Diederichs Verlag, München 1996, S. 204 ff.

Während *Augustinus* in seinem Denken eher bei *Platon* ansetzt, gilt *Thomas von Aquin* (1225–1274) als bekennender Schüler *Aristoteles'*, indem er „nur ein paar kleine Modifikationen" an dessen Werk vorgenommen hat.[7] Auch heute noch sieht man in ihm den Hauptvertreter der Lehre von der Gemeinschaftsbezogenheit des Menschen. Der Mensch ist wie schon bei *Aristoteles* auf die Gemeinschaft angewiesen, während diese sich wiederum für den Einzelnen einsetzt. Nur in Gemeinschaft kann sich der Mensch entfalten, indem er alle seine Fähigkeiten einbringt.

Nach *Thomas von Aquin* liegt es in seinem ureigensten Interesse sich für die Gemeinschaft einzusetzen. Was hier für den Einzelnen gilt, hat natürlich dann auch im Umkehrschluss Gültigkeit für die Gemeinschaft. Das bedeutet, dass sich die Gemeinschaft auch verpflichtet, sich um jeden Einzelnen zu bemühen. Es mag nun nicht weiter verwundern, wenn die Christliche Soziallehre gerade aus dem Denken eines *Thomas von Aquin* die wesentlichen Sozialprinzipien wie die *Solidarität*, die *Subsidiarität* und die *Sozialität*, wie auch das *Individualprinzip* abgeleitet hat. Zudem bedeutet dies für das Handeln in der Sozialen Arbeit, dass der Mensch sich verstärkt in die Gesellschaft einzubringen hat, um die bestehenden und entstehenden Missstände und Fehlentwicklungen bewältigen zu können.

Die durch *Francis Bacon* und *Galileo Galilei* erzielten Fortschritte im naturwissenschaftlichen Denken der frühen Neuzeit zeigten ebenso wichtige Veränderungen im bis dahin vorherrschenden Menschenbild, wie die für die Kirche weitreichenden Veränderungen durch die der Reformation folgenden Religionskriege und die Verwüstungen des Dreißigjährigen Krieges (1618–1648).

Mit *Thomas Hobbes* (1588–1679) hält ein mit mathematischen Methoden arbeitender empirischer Naturwissenschaftler und Vertreter der materialistischen Erkenntnistheorie Einzug in die Philosophie. Er interpretiert die materielle Welt als ein kompliziertes mechanisches Räderwerk, in welchem sich der Mensch ebenso mechanisch bewegt. All seine psychischen Triebkräfte (Lust, Schmerz, Liebe, Hass etc.) dienen lediglich dem der Notwendigkeit gehorchenden physischen Trieb der Selbsterhaltung. Somit kann von einem freien Willen des Menschen seiner Ansicht nach nicht die Rede sein. Ausgehend von seiner materialistischen Anthropologie der Schriften „Vom Körper" und „Vom Menschen" entwickelt *Hobbes* seine berühmte Staatsphilosophie, die davon ausgeht, dass der Mensch zunächst nicht Staatsbürger, sondern ein Wesen ist, „das sich selbst erhalten und darüber hinaus noch seine Existenz genießen will. Er will möglichst viel für sich haben und nimmt auf seinen Nächsten keine Rücksicht."[8]

Im Gegensatz zu den vorher Genannten sieht *Hobbes* den Menschen nicht als ‚zoon politikon', nicht als das von Natur aus die Gemeinschaft suchende Wesen. Er ist für ihn jener ‚homo homini lupus', der sich als moderner Mensch wie ein Wolf entsprechend seinen naturgesetzlichen Gegebenheiten in Konkurrenz zu seinen

---
7 Edmund Jacoby: 50 Klassiker Philosophen. Denker von der Antike bis heute, Gerstenberg Verlag, Hildesheim 2001, S. 90.
8 A.a.O., S. 113.

Mitmenschen verhält. Als Folge würde das eintreten, was ihn die Historie seiner Zeit in überreichem Maße gelehrt hat, das gegenseitige, endlose Vernichten – würde er nicht über den Verstand verfügen, der ihn nach Frieden im Interesse aller streben ließe. Hier kommt in der *Hobbes*'schen Staatslehre schließlich der Gedanke vom Gesellschaftsvertrag zwischen den Menschen und einer zentral lenkenden Instanz, dem Souverän, hinein, wie wir ihn dann später bei *Rousseau* in hervorragender Weise durchdacht und ausformuliert wiederfinden.

Doch zunächst ist noch auf *John Locke* (1632–1704) hinzuweisen, der dem Menschen ein natürliches Recht auf Selbsterhaltung zuspricht und insofern den Gedanken des Gesellschaftsvertrages ebenfalls aufgreift, als er zur Verbesserung der Überlebenschancen des Einzelnen eine vertragliche Regelung der Rechte zwischen dem staatlichen Souverän und den Mitgliedern der Gesellschaft für notwendig hält.

Indem er alle Menschen von Natur aus für gleich und frei erachtet, ihnen das Recht auf Leben, Gesundheit, Freiheit und Eigentum, ohne die Rechte anderer damit beeinträchtigen zu wollen, zuspricht, erhebt er den Menschen – im Gegensatz zu *Hobbes* – zu einem ethisch-moralisch wertvollen Subjekt. Diesem stehen deshalb subjektive Individualrechte zu, die ihm als natürlichem Wesen immanent sind: die Menschenrechte, die nicht zuletzt für das Handeln in der Sozialen Arbeit grundlegend sind! Es sind jene Rechte, auf die sich schließlich die Väter der amerikanischen Verfassung von 1786 ebenso berufen, wie die Protagonisten der Französischen Revolution von 1789.

Für den bereits voll der Neuzeit zuzurechnenden *Jean-Jaques Rousseau* (1712–1778) bildet ein Gesellschaftsvertrag – jener berühmte „contrat social" – die Voraussetzung zur Beendigung des Kampfes der Menschen gegeneinander. Der Mensch ist für ihn ein Einzelwesen, das mit anderen Menschen Verträge im Sinne der Nächstenliebe abschließen soll. So sieht er beispielsweise das Schließen einer Freundschaft als eine Form der vertraglichen Bindung. Er ist davon überzeugt, dass der Mensch von Natur aus gut ist. Wie man sieht, unterscheidet sich *Rousseau* damit aufs Schärfste von *Hobbes* oder *Locke*. Es sind die sich im Zuge der fortschreitenden Zeit wandelnden und unnatürlicher werdenden gesellschaftlichen Verhältnisse, die den Menschen verderben.

Rousseau redet dem Naturrecht und der natürlichen Moral das Wort, wendet sich gegen jede heuchlerische Moral und hält die Zivilisation für einen Irrweg.[9]

In seinem zweiten „Discours sur l'inégalité" von 1755 weist er der zivilisatorischen Entwicklung die Schuld dafür zu, dass die Menschen durch die gesellschaftlichen Verhältnisse quasi sozial ungleich werden und es mithin Reichtum und Armut, gesellschaftlich höher und niedriger Stehende gibt. Die von ihm definierte, gleichsam andere eher gesellschaftliche oder politische Ungleichheit „besteht in den verschiedenen Privilegien, die einige zum Nachteil der anderen genießen, wie etwa reicher, angesehener, mächtiger zu sein als andere oder gar Gehorsam von

---

9 Vgl. E. Jacoby, a.a.O., S. 156f.

ihnen verlangen zu können".[10] *Rousseau* beabsichtigt jedoch keineswegs, wie *Hans Maier* deutlich herausstellt[11], die physische, d. h. natürliche Ungleichheit unter den Menschen zu leugnen. Er anerkennt die Unterschiede des Alters, der Gesundheit, der Körperkraft und der geistigen sowie seelischen Eigenschaften, weil die Ursache derselben eben die Natur ist.

Eigentlich ist es *Rousseau*, der mit dieser Unterscheidung zweier Ungleichheiten all jenen das ideelle Gedankengut für sozialkritische Theorien und Überlegungen geliefert hat. Indem er den Ursprung der Ungleichheit unter den Menschen am Eigentum, das er nicht durch das Naturrecht gegeben sieht, festmacht, geißelt er – wie später vordringlich *Karl Marx* – das Privateigentum als das Grundübel. *„Es verstößt gegen das Recht der Natur, dass eine Handvoll von Menschen im Überfluss erstickt, während es der ausgehungerten Menge am Notwendigsten fehlt."*[12] Aus dieser Erkenntnis folgert *Rousseau*, dass es bei Anerkennung eines vernünftigen Rechts auf Eigentum eine wichtige Aufgabe des Staates ist, die Gesellschaft nicht durch zu große Unterschiede in den Eigentumsverhältnissen zu gefährden. Gelingt ihm dies nicht, droht sie auseinander zu brechen, da gesellschaftliche Spannungen eben durch die Gegensätzlichkeit von Arm und Reich entstehen. Dies hat sich letztlich durch die Entwicklung der Französischen Revolution von 1789 deutlich gezeigt.

c) Der Mensch zwischen Individualität und Sozialität

Wie man unschwer erkennen kann, gehen die bedeutendsten philosophischen Denker aller Jahrhunderte in ihren anthropologischen Betrachtungen stets von dem Bedürfnis des Menschen, sowohl Einzelperson wie auch Gesellschaftsmitglied sein zu wollen, aus. Es sind unter anderem gegenseitige Abhängigkeiten, Unterordnungsnotwendigkeiten, Hilfsbereitschaft und Hilfsbedürftigkeiten, aber auch Bestrebungen zur Verselbständigung, Tendenzen zur Selbstverwirklichung, Abschottungsbemühungen und Ichbezogenheiten, die zu Spannungen innerhalb einer Gemeinschaft führen. Es ergibt sich somit insbesondere ein Spannungsverhältnis zwischen Individualität und Sozialität, in welchem sich der Mensch einzurichten hat. Das vielfach benutzte Schlagwort von der Selbstverwirklichung kann als symptomatisch für die Entwicklung unserer Zeit gelten, verdeutlicht es doch, wie sich soziale Wertebeziehungen zwischen Individuum und Gesellschaft verändern können.

Erklärbar wird dies durch Veränderungen im täglichen Leben, durch die es zu Konkurrenz und Wechselbeziehungen zwischen unterschiedlichen Werten und Normen kommt. Dabei bildet sich jedes Individuum eine persönliche Werte- und Normenrangfolge. Diese Rangfolgen entstehen durch Werteerfahrung, die

---

10 Hans Maier, Jean-Jacques Rousseau, in: Heinz Rausch, Politische Denker II, Verlag Ernst Vögel, München 1977, S. 55.
11 Ebd.
12 Discours sur l'inégalité, in: Jacoby, a.a.O., S. 158.

der Mensch innerhalb der ständigen allgemeinen Erfahrungsgewinnung im Laufe der Sozialisation macht. Rangfolgen müssen ständig neu festgelegt werden, wodurch sie nicht selten zu Automatismen werden.

> → So kann zum Beispiel das Bedürfnis trinken zu müssen auf verschiedene Weise befriedigt werden, etwa durch das Trinken von Wasser oder Bier. Geht es einem dabei vordringlich um den Genuss, so wird man ggf. das Bier als Getränk dem Wasser vorziehen. Muss man jedoch auf gesundheitliche Belange Rücksicht nehmen, so wird man das Wasser zum Durstlöschen nehmen. Es entsteht also eine persönliche Rangfolgefestlegung entsprechend der Wertigkeit, die man der Gesundheit oder dem Genuss beimisst:
>
> Bedürfnisbefriedigung „Trinken":   → Gesundheit   ⇒ Wasser
>   → Genuss   ⇒ Bier

So gilt es etwa dem Alkoholiker klar zu machen, dass er seine Rangfolge verändern muss, um bereits bestehende oder weitere Beeinträchtigungen, die der Vorzug des Genuss-Wertes mit sich bringt, wieder abbauen und künftig vermeiden zu können. In diesem Zusammenhang können dann Verhaltensvorschriften der Gesellschaft in Form von Normen sehr hilfreich sein, da sie eine soziale Entlastungsfunktion bei der Entscheidung des Individuums über die persönliche Rangfolge der Werte darstellen. Natürlich ist die Akzeptanz solcher Vorschriften nicht zwangsläufig gegeben, da der Mensch nach Freisetzung von sozialen Zwängen strebt, auch wenn es das gesellschaftliche Leben notwendig macht, sich an Normen zu halten.

Letzteres gilt natürlich auch für das Beispiel des Alkoholikers, der sich gewissen Verhaltensvorschriften nicht auf Dauer entziehen kann, will er nicht der gesellschaftlichen Ächtung unterliegen. Das bedeutet, dass nicht nur er, sondern jeder Mensch, der in unserer Gesellschaft lebt, täglich dieses Spannungsfeld zwischen Individualität und Sozialität erfährt. Daraus entstehen dann die unterschiedlichen sozialen Wertebeziehungen auf dem Wege der Sozialisation und der damit verbundenen Anpassung.

Stellt man sich die Frage, warum man etwas Bestimmtes macht, zum Beispiel Alkohol zu trinken oder diesen zugunsten anderer Getränke zu meiden, so führt dies zu unterschiedlichen Erkenntnissen beziehungsweise Ursachen. Ist es zum einen die bereits genannte Werterangfolge, so kann es auch eine stillschweigende Vereinbarung durch Gewohnheit, Erfahrung, Erziehung, Religiosität etc. sein. Es kann aber auch die Tatsache sein, dass der Mensch in einem sozialen Verband lebt, in dem es die Notwendigkeit relativer Gleichförmigkeit des Verhaltens der Mitglieder auf der Basis von Vereinbarungen gibt. Je größer dieser Verband, die Population ist, desto mehr wird das Wollen des Einzelnen zum Müssen im Sinne des gemeinschaftlichen Wohlergehens.

Daraus folgt die Normierung von Verhaltensregeln, da weder Individuen noch Gruppen immer neue Vereinbarungen treffen können.

Den Menschen lehrt die gemachte Erfahrung, dass ein Anecken in der Gesellschaft durch ein falsches oder nichtkonformes Verhalten zur Reflexion desselben führt. Es stellt sich ihm die Frage, gegen welchen Wert oder besser gar welche

Norm er mit seinem Handeln oder Verhalten verstoßen hat? Dabei entspricht die Verhaltensnorm einer Vorschrift, die dadurch Sicherheit bietet, dass die Mehrheit der Mitglieder einer Gesellschaft ihr entsprechend handelt. Es tritt eine Entlastungsfunktion dadurch ein, dass sich alle anderen genauso verhalten. Die damit gemeinte soziale Prägung bedeutet zugleich die Vernachlässigung der individuellen Prägung. Das heißt, dass es eine absolute Individualität nicht geben kann, da immer eine bestimmte Prägung vorhanden und eben auch notwendig ist. Daraus ergibt sich wiederum eine doppelte Problematik:

Unterliegt der Mensch einer sehr individualistisch orientierten Prägung, indem er sein eigenes Wertekonzept ohne Rücksicht auf andere Gesellschaftsmitglieder entwickelt, so führt dies letzten Endes zu einem egoistischen Verhalten. Ist die soziale Prägung insbesondere durch staatliche und gesellschaftliche Institutionen so dominant, dass praktisch kein Raum mehr für individuelle Handlungsmöglichkeiten mehr bleibt, so wird der Mensch vergesellschaftet und unterliegt der Verkollektivierung. Unausweichliche, an Normen orientierte Vorgaben erzielen dann eine Verpauschalierung des Verhaltens.

Im gesellschaftlichen Zusammenleben sind wie im täglichen Handeln am Arbeitsplatz wertorientierte Normen notwendig, weil sie die Verlässlichkeit und Einschätzbarkeit eines sachkompetenten Verhaltens fördern. Dieses Verhalten darf jedoch nicht zum vorprogrammierten dogmatischen Verhalten werden, sondern es muss sich jeder Situation neu anpassen, da im Sozialen Handeln im Allgemeinen und in der Sozialen Arbeit im Besonderen der Mensch in seiner Individualität zu begreifen und dementsprechend zu behandeln ist.

→ Nehmen wir ein Beispiel aus der Drogenberatung:
Im Idealfall kommt der Drogenabhängige von sich aus, freiwillig in die Beratungsstelle und erwartet Hilfe durch Sachkompetenz. Er weiß, dass er sich mit seiner Sucht sowohl normabweichend verhält wie auch gegen gültige Wertvorstellungen verstößt und deshalb der Gefahr der gesellschaftlichen Ausgrenzung unterliegt. Es ist nun die Aufgabe der Sozialen Arbeit, die Reintegration in die Gesellschaft, aus der er ausgegrenzt zu werden droht, zu betreiben, indem sie zum Beispiel die Akzeptanz des Klienten bezüglich gültiger gesellschaftskonformer Wertvorstellungen wiederherzustellen versucht.

Ein nichtkonformes gesellschaftliches Verhalten, wie etwa das Ausleben einer Sucht, entspricht zunächst dem Streben nach Individualität, kollidiert aber zugleich mit dem Bedürfnis des Menschen auch als Einzelner mit den anderen in Harmonie leben zu wollen. Ist er stärker in Gruppen integriert, so gibt der Mensch das Streben nach Individualität zugunsten der Sozialität auf. Hier zeigt sich wieder ein Spannungsfeld, das zwischen Anpassung an die Gesellschaft und der persönlichen Entfaltungsfreiheit besteht. Schließlich akzeptiert der Mensch nicht alle Werte und Normen so wie sie sind, sondern versucht Abweichungen zu finden. Diese sind lediglich im Rahmen der gesellschaftlichen Toleranzbreite hinnehmbar, will die Gesellschaft nicht als Ganzes Schaden erleiden.

Der einzelne Mensch muss praktisch seinen persönlichen Stellenwert zwischen der Individualität einerseits und der Sozialität andrerseits finden. Er muss wissen, dass er eine unteilbare Einheit in einmaliger Ausprägung ist und keiner dem anderen in körperlicher, geistiger und charakterlicher Struktur gleich ist.[13] Er muss zudem erkennen, dass die Eingliederung in die Gesellschaft nicht Verneinung, sondern Entwicklung des Individuellen bedeutet, da sich der Mensch erst in sozialen Beziehungen, welche Individualität prägen, entwickeln kann. „*Je mehr der Einzelne die Werte, die er in seiner sozial-kulturell vorgegebenen Umwelt vorfindet, sich individuell aneignet, um so besser kann er seine individuelle Eigenart ausprägen...Je mangelhafter die sozialen Beziehungen sind, um so schwerer hat es die Person, ihre Individualität zu entfalten, obwohl es nicht prinzipiell unmöglich ist.*"[14]

Die Gesamtheit aller gesellschaftlichen Mitglieder muss wissen, dass nur die Summe der sozialen Beziehungen einzelner individuell geprägter Menschen das Gesamtkonzept einer Gesellschaft ausmacht. Andrerseits ist es aber auch dieses Gesamtkonzept, das den Einzelnen in hohem Maße prägt. Dieses Wechselspiel beginnt dann problematisch zu werden, wenn es – wie bereits genannt – entweder den Individualismus oder den Kollektivismus überbetont. Im Grunde handelt es sich dann um Extremformen politischer Philosophie, die den Menschen nicht mehr in seinem Personsein begreifen, sondern ideologisieren. So musste bisher der blanke Individualismus ebenso scheitern wie ein überzogener Sozialismus. Die Geschichte hat gezeigt, dass in der Regel das eine ins anarchistische Chaos, das andere in eine menschenverachtende Verkollektivierung führt.

2 Die Gesellschaft im Wandel der Strukturen

a) Von der Großfamilie zum Single-Haushalt

Die Zeit der Industriellen Revolution führte im letzten Drittel des 19. Jahrhunderts zur Veränderung der Erwerbsstrukturen und der traditionellen Lebensformen, indem die handwerklichen und landwirtschaftlichen Produktionsweisen durch die maschinelle Massenproduktion Ergänzung fanden. Mit der Verstädterung und dem Entstehen der Arbeiterschicht ging ein starkes Bevölkerungswachstum einher, das aufgrund der Verarmung weiter Teile der Bevölkerung immer stärker die sogenannte ‚Soziale Frage' aufwarf. Viele Menschen waren gezwungen, durch Arbeit in den neu entstehenden Fabriken für den Lebensunterhalt zu sorgen, um ihre vielköpfigen Familien ernähren zu können. Das ständig zunehmende Potential an Arbeit suchenden Personen drückte auf den Arbeitsmarkt und damit die zu zahlenden Löhne. Die Existenzbedingungen verschlechterten sich rasant, weshalb von einer Verelendung der Arbeiterschaft, des ‚Proletariats', die Rede war. Die Notwendigkeit, für die Arbeiterschaft menschenwürdige Lebensbedingungen zu schaffen und sie gegen die Risiken des Lebens absichern zu müssen, wurde um der Wahrung des sozialen Friedens willen immer stärker. Zudem vermochte die

---

13 Vgl. B. Sutor, a.a.O., S. 22.
14 A.a.O., S. 22 f.

sich gegen die damalige Herrschaft richtende politische und gewerkschaftliche Arbeiterbewegung Zug um Zug den Sozialstatus der Arbeiterschaft zu verbessern. Die sozialwissenschaftliche Forschung geht heute davon aus, dass die unter Fürst *Bismarck* eingeführten Sozialversicherungen und die daraus erbrachten Sozialleistungen der Preis für die Industrialisierung gewesen sind.

In jener Zeit der Umstrukturierung der Arbeitswelt lief zugleich ein Prozess der Veränderung der Lebensverhältnisse ab, der bis heute erhebliche Folgewirkungen zeigte. Der Zuzug zu den Arbeitsstätten in der Stadt hatte den Zusammenbruch der einstmals festgefügten, traditionellen Sozialordnung zur Folge. Diese Ordnung gewährte relative soziale Sicherheit und Stabilität – wenngleich auf einem nicht selten niedrigen Niveau. Die Großfamilie fing den sozial Schwächeren ebenso auf wie den kranken, den alten und den pflegebedürftigen Angehörigen.

Die insgesamt eher bescheidenen Lebensverhältnisse, wie sie bis in die Mitte des vorigen Jahrhunderts weitgehend Bestand hatten, verändern sich erst durch die Entstehung des Wirtschaftswunders in der noch jungen Bundesrepublik Deutschland ab Mitte der 50er Jahre des vorigen Jahrhunderts. Die gravierende Verbesserung der Lebensverhältnisse für den Durchschnittsbürger, der in einer prosperierenden Wohlstandsgesellschaft lebt, wirkt sich schließlich auch auf die Familiengröße aus. Ein bis heute noch nicht überwundener Geburtenrückgang geht Hand in Hand mit Veränderungen bis hin zur Auflösung einstiger Familienstrukturen. Die Kleinfamilie beginnt zu dominieren, nimmt im Laufe der Zeit die unterschiedlichsten Formen an und führt nicht selten in die Vereinzelung der Alleinerziehung oder des Single-Daseins. Natürlich ergeben sich aus dieser Entwicklung zum Teil schwerwiegende soziale Problematiken, die wiederum neue Lösungen erfordern. Je stärker der Einzelne – herausgelöst aus einem so nicht mehr bestehenden Familienverband – auf sich selbst gestellt ist, desto mehr ist er auf seine eigene soziale Leistungsfähigkeit angewiesen. Kann er diese nicht mehr erbringen, so wird er von den sozialen Ersatzleistungen des Sozialstaates abhängig. Kann der Sozialstaat diese auch nicht mehr in ausreichendem Umfang leisten, so steht die Gesellschaft vor der Frage, wie sie die notwendigen finanziellen Transferleistungen angesichts einer dramatischen Staatverschuldung zu erbringen vermag. Wenn zugleich von neoliberalistischen Tendenzen innerhalb unserer marktwirtschaftlichen Ordnung mit der Forderung nach stärkerer Selbsthilfe des Einzelnen die Rede ist, so erklärt sich dies eben auch aus der abnehmenden Finanzierbarkeit eines sich immer mehr zurücknehmenden Sozialstaates.

b) Sesshaftigkeit, Mobilität, Flexibilität und Multioptionalität

Der wirtschaftliche Aufschwung Deutschlands nach der Katastrophe des Zweiten Weltkrieges führte rasch zu neuerlichen Strukturveränderungen, welche sich auch dann zeigten, als der Weg von der einstmaligen Produktions- in die Kommunikations- bzw. Dienstleistungsgesellschaft gegangen werden musste. Diese Veränderungen der Wirtschaftsstrukturen brachten zugleich die Notwendigkeit größerer unternehmerischer, aber auch persönlicher Mobilität, Flexibilität und das Entstehen von Multioptionalität mit sich.

Will man zwei Musterbeispiele für den wirtschaftlichen Strukturwandel in Deutschland herausgreifen, so kommt man an den sich über die Jahrzehnte hinweg verändernden Verhältnissen in Bayern einerseits und in Nordrhein-Westfalen andrerseits nicht vorbei. Galt ersteres Bundesland nach dem Zweiten Weltkrieg lange Zeit als ein vorwiegend agrarisch strukturiertes Flächenland, das gerade noch im Nürnberger Großraum über nennenswerte Industriezweige verfügte – wie etwa Grundig, MAN, AEG, Hercules, Victoria, Triumph oder nicht zuletzt Siemens –, so dominierten im süddeutschen Raum Ackerbau und Viehzucht. Letzteres Bundesland, also NRW, wurde traditionsgemäß jahrzehntelang vom Bergbau und der Stahlerzeugung sowie von verwandten Industriezweigen beherrscht. Erst allmählich begannen sich die wirtschaftlichen Strukturen zu verändern, indem in Bayern zum einen erhebliche Anstrengungen zur erfolgreichen Ansiedlung von Hightech-Unternehmen unternommen worden sind. In Nordrhein-Westfalen hingegen mussten wiederum große Bemühungen vorgenommen werden, um den Verlust eines kaum mehr benötigten Bergbaus durch andere Wirtschaftszweige allmählich kompensieren zu können.

In beiden ‚Musterfällen' ging es, wie eigentlich überall im Land, während der letzten beiden Jahrzehnte darum, einer neuen Mobilität das Wort zu reden, um den Menschen andernorts wieder zu Arbeit zu verhelfen. Der genannte Wechsel von der Produktions- in die Dienstleistungsgesellschaft – bei gleichzeitiger Abwicklung einer total maroden Industrielandschaft in den neuen Bundesländern, als Ergebnis der Wiedervereinigung von 1990 – schuf zusammen mit einer zunehmenden Verlagerung von Arbeitsplätzen in das lohngünstigere Ausland ein drastisches Ansteigen der Arbeitslosenzahlen auf zeitweise mehr als 5 Millionen.

Um überhaupt noch einen Ausbildungs- bzw. Arbeitsplatz erhalten zu können, nahm der Ruf nach höherer Flexibilität und größerer Mobilität in unserer Gesellschaft stark zu. Zugleich zeigte sich aufgrund konkreter Vermittlungserfahrungen seitens der Arbeitsverwaltung, dass die arbeitssuchenden Menschen nur zu einem geringen Maße Mobilität aufweisen und das Bedürfnis nach Sesshaftigkeit weit größer als angenommen ist. Hinzu kommt, dass eine gerade in den letzten Jahrzehnten rasant zunehmende Vertechnisierung der Arbeitswelt durch den Einsatz computergesteuerter Verfahren und Optionen die Forderung nach größerer Flexibilität in der Berufsfindung und -ausübung immer schwieriger macht. Zugleich bietet diese Entwicklung aber auch neue Chancen und durchaus vielfältige Optionen. Diese Tendenzen sind eher zur Verschärfung sozialer Probleme als zu deren Abbau geeignet, weil dadurch eventuell gegebene Chancen zur Wiedereingliederung ins Berufsleben (durchaus verständlicherweise) vergeben werden.

II Verwirklichung des Menschen in sozialen Beziehungen

1 Differenzierungsmerkmale

Wenngleich bereits im vorausgehenden Kapitel dargestellt, so soll doch nun vertiefend darauf eingegangen werden, dass der Ausgangspunkt jeglichen Handelns stets der Mensch ist und dies in seinen spezifischen sozialen Beziehungen, sei es in der personalen zu sich selbst oder zu anderen Individuen, sei es in der Familie, innerhalb der Gemeinschaft oder als Bürger eines Staates:

> „Ursprung, Träger und Ziel aller gesellschaftlichen Einrichtungen ist und muß sein, die menschliche Person, die von ihrem Wesen selbst her des gesellschaftlichen Lebens bedarf."[15]

a) Personalität des Menschen

Hier drückt sich neben dem bereits weiter oben angesprochenen kardinalen Personalitätsprinzip der Christlichen Soziallehre die Beziehungsnotwendigkeit des Menschen aus. Diese beginnt sich auf der personalen Ebene zu entwickeln und endet schließlich in der Einordnung in das gesellschaftliche große Ganze.

In der gleichen, oben zitierten Pastoralkonstitution wird darauf hingewiesen, dass die menschliche Person ein selbständiges Einzelwesen ist, das zur eigenen Entfaltung auf die Verbindung mit anderen Personen angewiesen ist:

> „Der Mensch ist aus seiner innersten Natur ein soziales Wesen, und ohne Beziehung zu den anderen kann er weder leben noch seine Gaben zur Entfaltung bringen."[16]

Auf diese Erkenntnis muss gerade deshalb immer wieder hingewiesen werden, weil sie für den Sozialpädagogen von essentieller Bedeutung ist, um das möglicherweise gegebene Fehlverhalten seiner Klientel besser einstufen zu können. Die Auseinandersetzung mit dem anderen und dessen ggf. asozialem Verhalten erfordert dann ein Nachdenken über das Bild vom Menschen, das dem eigenen Menschenbild wie auch dem des Klienten zugrunde liegt.

Die philosophisch-politischen Denker des 17. Jahrhunderts, *Thomas Hobbes* und *John Locke*, gingen noch davon aus, dass der Mensch von Natur aus ein Wesen ist, das sich selbst erhalten will, das um seiner selbst willen lebt, das seine Existenz genießt. Der Mensch wird bei *Thomas Hobbes* als „des Menschen Wolf"[17] gesehen, der auf seinen Nächsten keine Rücksicht nimmt. Es ist im Grunde jener moderne Menschentyp, der uns heute immer wieder vorgehalten wird und der letztlich die so genannte Ego- oder Ellbogengesellschaft prägt. Dieser Mensch sucht nicht die

---
15 ‚Gaudium et spes'. II. Vatikanisches Konzil: Pastoralkonstitution über die Kirche in der Welt von heute, 1965; in: B. Sutor, a.a.O., S. 20.
16 A.a.O., S. 22.
17 E. Jacoby beschreibt jenen *Homo homini lupus*, a.a.O., S. 113f.

Gemeinschaft mit anderen, weil er glaubt, diese nicht brauchen zu müssen. Ganz im Gegenteil: es sind Menschen damit gemeint, die sich gegenseitig zerfleischen würden, wenn sie nicht über einen Verstand verfügten, der Einhalt um des Friedens willen gebieten würde.

Wenngleich *John Locke* auch von der Selbsterhaltung des Menschen (durchaus auf Kosten anderer) ausgeht, so sieht er ihn doch schon eher bereit dafür, eine Art Entgegenkommen anderen gegenüber zu zeigen, indem er andere Menschen eben auch von Natur aus gleich und frei sieht. Er gesteht ihnen zu, dass sie das Recht haben, „ihr Leben, ihre Gesundheit, ihre Freiheit und ihr Eigentum zu verteidigen, nicht aber das Recht, anderen ihre gleichen Rechte zu nehmen oder zu schmälern".[18]

Für *John Locke* ist der Mensch nicht mehr ein von Natur aus egoistisches Wesen, das bei der Verfolgung eigensüchtiger Interessen durchaus bereits an das Leben im Jenseits denkt und deshalb moralische Bedenken in seinem Leben geltend macht, wenn es um die Erlangung der Glückseligkeit geht. Vielleicht lässt sich hier bereits ein leichter Wandel von jener Sichtweise des egoistischen Menschen, der von Natur eher als schlecht gelten kann, erkennen.

Schließlich ist es *Jean-Jaques Rousseau* der den Menschen von Natur aus als gut erachtet: „Nichts ist sanfter als der Mensch in seinem ursprünglichen Zustand."[19] Er erkennt allerdings auch, dass erst durch die Einführung des Eigentums, durch den Beginn der Zivilisation der Mensch seine natürliche Sanftmut verloren hat. Er begann nach Lob und Anerkennung seiner Mitmenschen zu gieren und die Eigenliebe, welche er als Ursache für vielerlei Übel in der Welt und im Verkehr der Menschen untereinander erkennt, entsteht. Als Ergebnis sieht er Rivalität, Neid und Missgunst, Kampf und Streit, Hader und Auseinandersetzung, weshalb er das Abschließen eines Gesellschaftsvertrags zur Gründung eines geordneten Staatswesens für notwendig erachtet.

Rousseau bindet damit den Menschen als zunächst einzelne Person in ein größeres Ganzes ein. Er macht ihn zum Staatsbürger, der durch Vernunft, Sittlichkeit, Eigentum und bürgerliche Freiheit geprägt ist und somit aus dem Urzustand heraustritt. Er will aber zugleich, dass der Mensch durch die zivilisatorische Einbindung nicht in seinem Innersten zerstört wird und fordert deshalb dieses ‚retour à la nature'. Über die Erziehung im Sinne einer Herzensbildung, die er statt der abstrakten Ausbildung des Verstandes benötigt, soll der natürliche Instinkt des jungen Menschen ebenso gefördert werden wie er neben der Schärfung des Intellekts zugleich die handwerkliche Ausbildung braucht. Für *Rousseau* gilt der Mensch als Produkt der Erziehung.

Dieses durchaus wieder als modern geltende Bild des personalisierten Menschen bekommt seine Bedeutung immer dann, wenn die zivilisatorische Prägung in ein krisenhaftes Verhalten führt und Sozialproblematiken auszulösen beginnt. Die zuvor genannten negativen Verhaltensweisen können dann ins soziale Abseits führen, wenn man sich nicht auf die Gemeinschaft mit anderen fördernden, sozialen Verhaltensmustern besinnt.

---

18 A.a.O., S. 122.
19 Rousseau in seinem „Contrat social ou principes du droit politiques" von 1762.

b) Familie und sonstige semiadäquate Lebensgemeinschaften

An diesem Punkt kommt die Familie über die Sozialisation ins Spiel, die nach *Dieter Claessen* mit der Fähigkeit einer Person zur soziokulturell bestimmten Selbststeuerung gleichgesetzt wird. *Hermann L. Gukenbiehl* bezieht dies auf die Familie und präzisiert wie folgt:

> „Im Verlauf der familialen Sozialisation, durch die kultur-, gesellschafts- und familienspezifische Durchformung dieses Prozesses und durch die Übernahme kultureller und sozialer Grundrollen (z.B. Deutscher, Kind) in diesem besonderen ‚sozialen Medium' Familie erreicht das Kind die erste Stufe der ‚exzentrischen Positionalität' (Helmuth Plessner), der Fähigkeit zur soziokulturell bestimmten Selbststeuerung seines (sozialen) Handelns."[20]

Da sich das Bild der Familie gerade im Laufe der letzten Jahrzehnte ziemlich deutlich verändert hat, zumindest in der Vielheit der Ausformung zugenommen und damit erheblichen Einfluss auf das Sozialverhalten ihrer Mitglieder mit Auswirkung auf gesamtgesellschaftliche Normen- und Wertvorstellungen genommen hat, sollen einige Betrachtungen hierzu angestrengt werden.

Die lateinische *familia* verstand sich ursprünglich als „Hausgenossenschaft" oder „Dienerschaft" und wird in unserer Zeit vorwiegend im Sinne einer Klein- oder Kernfamilie als Lebensgemeinschaft der Eltern und ihrer unselbständigen Kinder begriffen. Dabei ist man lange Zeit in der Regel davon ausgegangen, dass es bei den Eltern um ein Ehepaar geht. Soziologisch betrachtet handelt es sich bei der Familie als Grundgebilde menschlichen Zusammenlebens um die verbreitetste soziale Gruppe, deren unterschiedliche Einbettung in umfassendere soziale Beziehungsgeflechte, wie etwa die Sippe oder die Großfamilie, von den jeweiligen Strukturen unterschiedlicher Gesellschaftsordnungen einer konkreten kulturellen und historischen wie politischen Situation abhängt. So unterschied sich die Familie nicht nur von der Größe her in der Epoche der beginnenden wie auch entwickelten Industrialisierung von jener unseres Kommunikations- und Dienstleistungszeitalters. Hinzu kommt, dass die soziale Einbettung des Einzelnen in seine Familie früher eben so umfassend gewesen ist, dass seine Verhaltensprägung beinahe ausschließlich hier passierte. Hielt sich beispielsweise ein Familienmitglied nicht an die für die gesellschaftliche Integration als notwendig erachteten Vorgaben, so wurde es zum ‚schwarzen Schaf', das nicht selten ausgestoßen oder zur Auswanderung gezwungen wurde.

Die Familie galt im Grunde bis heute als jene Institution, in der sich die grundlegenden Erziehungsprozesse abspielen. Der renommierte Soziologe *René König* spricht davon, dass es durch die seitens der Familie geleistete Sozialisation des Nachwuchses zur ‚soziokulturellen Geburt des Menschen' kommen würde und *W. J. Goode* sieht in dieser Sozialisationsleistung die ‚Verklammerung des Individuums mit der weiteren Sozialstruktur'. *Helmut Schelsky*, der als ausgewiesener

---
20 Hermann L. Gukenbiehl „Persönlichkeit", in: Bernhard Schäfers (Hrsg.), Grundbegriffe der Soziologie, 2. Aufl., Leske+Budrich, Opladen 1989, S. 231.

Kritiker der marxistischen Sozialtheorie und anerkannter Familiensoziologe[21] vor allem auch die Entwicklung der Gesellschaftsstruktur im Deutschland der 60er und 70er Jahre des vorigen Jahrhunderts analysiert hat, nimmt einen ‚Funktionsverlust der Familie' wahr. Sie habe die Aufgaben der wirtschaftlichen Erhaltung, der Daseinsvorsorge bei Krankheit, Invalidität und Alter verloren und konzentriere sich nur noch auf die Zeugung und Sozialisation des Nachwuchses, sowie auf die Pflege der innerfamiliären Gefühls- und Intimbeziehungen.

Die Familie reduziere sich auf ein partnerschaftliches Verhältnis, das sich durch Ausklammern wichtiger ursprünglicher Aufgaben entlastet. *Schelsky* verbindet mit dieser Funktionsverengung eine erhöhte Gefahr für die Stabilität der Familie als Institution. In Anlehnung an diese Sichtweise ließe sich angesichts reduzierter gegenseitiger Verantwortlichkeiten von einer semiadäquaten Lebensgemeinschaft unter dem Gesichtspunkt einer vorwiegend temporären Bedingtheit sprechen.

Schließlich ist seit den Endsechziger Jahren das idealtypische Familienbild im Zusammenhang mit einer allgemein intensivierten Infragestellung traditioneller Werte und gesellschaftlicher Institutionen immer stärker in die Kritik geraten. Sowohl in der Theorie wie auch in der Praxis wurden Alternativen zur klassischen Form der Familie gesucht und vermeintlich in verschiedenen Formen der Wohngemeinschaften und Kommunen gefunden. Die klassische, noch vollständige Kernfamilie gilt in unserer Zeit nicht mehr als die dominierende Familienform und findet Ergänzung durch mehr oder weniger freie Lebensgemeinschaften bis hin zur so genannten ‚Patchwork-Familie'. Die Familiensoziologie kennt heute eine Fülle von Formen, als da beispielsweise sind: Die Adoptivfamilie, die Ein-Eltern-Familie, die Fortsetzungsfamilie, Lebensabschnitts-Partnerschaften, Living-apart-together, Mehrgenerationenfamilie, nichteheliche Lebensgemeinschaften, die Pflegefamilie, die Stieffamilie, die Zweitfamilie, die Zwei-Kern-Familie und weitere Mischformen partnerschaftlichen, zumindest temporären Zusammenlebens, von denen im klassischen Sinne sicher nicht immer von Familie gesprochen werden kann.

Nach wie vor ist allgemein die Gleichsetzung der Familie mit der vollständigen Vater-Mutter-Kind-Gemeinschaft am weitesten verbreitet, was wiederum der konservativen Rechtsauffassung unseres Grundgesetzes in Artikel 6, Abs. 1 von der Familie als Ehegemeinschaft mit Kindern entspricht:

> *„Familie im Sinne des Grundgesetzes ist nicht jede beliebige Gruppe, die sich zu einer familienähnlichen Gemeinschaft zusammentut, sondern die Gemeinschaft von Eltern und Kindern, also die Kleinfamilie moderner Prägung...Das Grundgesetz sieht dabei die Ehe als alleinige Grundlage einer vollständigen Familiengemeinschaft an."*[22]

Geht man auch heute noch von der anthropologischen Tatsache aus, dass das neugeborene Kind „auf intensive Zuwendung durch eine Bezugsperson ange-

---

21 Als Hauptwerk gilt nach wie vor: Helmut Schelsky, Wandlungen der deutschen Familie in der Gegenwart, F. Enke Verlag, Stuttgart 1955.
22 Wolfgang Rüfner, Familie heute und alternative Lebensformen, in: Max Wingen (Hrsg.) Familie im Wandel – Situation, Bewertung, Schlußfolgerungen, Verlag des Katholisch-Sozialen Instituts, Bad Honnef 1989, S. 63.

wiesen ist, damit überhaupt der sichere Aufbau der ‚Basis-Persönlichkeit' (*A. Kardiner*) geleistet werden kann"[23], so lassen sich bei vielen neueren Formen familienähnlichen Zusammenlebens zumindest Zweifel äußern, ob eine optimale Integration der Heranwachsenden wie auch der späteren Erwachsenen in die Gesamtgesellschaft überhaupt gelingen kann. Es bleibt die Frage, inwieweit ein nicht erzieltes bzw. nicht zu erzielendes Optimum dann als ursächlich für entstehende Sozialproblematiken gilt.

Zudem ergeben sich Folgerungen für das Sozialrecht, wenngleich Familie nicht nur nach der im Volksmund synonym gebrauchten Verwandtschaft definiert, sondern auch nach dem gemeinsamen Lebensvollzug bestimmt und als Grundlage sozialpolitischer Entscheidungen der Kommune angewandt wird. Das Kindergeld wird beispielsweise im Prinzip nur für leibliche Kinder – unabhängig davon, wo sie tatsächlich leben – gezahlt. In Bezug auf die Sozialhilfeleistungen gilt dies gleichermaßen, wenn zum Beispiel weitere Verwandte ersten Grades in die Berechnung mit einbezogen werden, auch wenn diese nicht im selben Haushalt leben.[24]

c) Gemeinschaft – Gesellschaft – Staat

Wenn hier von der Familie gesprochen worden ist, dann war damit der „kleinfamiliale Privathaushalt" gemeint, der sich auf die Haushaltsgruppe der Eltern und Kinder „mit seiner Reduktion der Familienfunktionen auf Wohnen, Konsum, Sozialisation, Solidarität und Freizeit, mit seiner Intimisierung und Emotionalisierung der Binnenbeziehungen mit seiner Grenzziehung gegenüber einer von Sachlichkeit und Zweckrationalität geprägten Außenwelt"[25] konzentriert und erst in den letzten zwei Jahrhunderten zur vorherrschenden Familienform entwickelt hat.

Damit wandelte sich die Familie zu einer sich von der Außenwelt stärker abkapselnden Lebensgemeinschaft, die nicht mehr in so starkem Maße mit der Gesellschaft, sei es mit der Kirche oder mit dem Staat, verbunden ist. Verursacht wurde dies durch historische (Säkularisierung), politische (Demokratisierung) und wirtschaftliche Entwicklungen (Industrialisierung und Urbanisierung), die gravierende Veränderungen für die gesamte Gesellschaft ergeben haben. Gemeint sind hiermit vordringlich zunächst die Trennung des Privaten von der Öffentlichkeit, eine sowohl soziale wie auch räumliche Trennung des Wohnens und des Arbeitens, aber auch die Umstellung des familialen Haushalts von der Vorrats- auf die Marktwirtschaft. Mit dem 20. Jahrhundert kommen verstärkt eine erhöhte Lebenserwartung, zunehmende Individualisierungstendenzen, veränderte Vorstellungen von Ehe und Familie, höhere Anforderungen an Sozialisations- und Integrationsleistungen der Familie wie auch vermehrte Freizeiten und deren Gestaltungsmöglich-

---

23 Der Große Brockhaus, Band 3, F. A. Brockhaus Verlag, Wiesbaden 1978, S. 634.
24 Vgl. hierzu: Matthias Petzold, Familien heute. Sieben Typen familialen Zusammenlebens, in: Das Online-Familienhandbuch, www.familienhandbuch.de (Stand: 06.04.2005).
25 H.L. Gukenbiehl „Familie", in: a.a.O., 84.

keiten im Sinne einer Multioptionalität hinzu. Als Ergebnis zeigen sich heute eine starke Zunahme der Ein- und Zweipersonenhaushalte, der Ein-Kind-Familie, der alleinerziehenden Elternteile, der Getrenntlebenden und der nichtehelichen Lebensgemeinschaften bei gleichzeitig abnehmenden Heiratsquoten.[26]

Mit diesen aufgezeigten Entwicklungen wird eine gewisse Krise bezüglich der bedeutendsten Form eines engen menschlichen Zusammenlebens deutlich. Sie weist darauf hin, dass sich das Zusammenleben aus dem familialen Bereich in das Leben innerhalb von Gemeinschaften fortentwickelt. Auch die Gemeinschaft wird in der Soziologie als eine spezifische Form des engen und vertrauten Zusammenlebens, die dem Wesen des Menschen besonders entspricht, begriffen.

Der Soziologe *Ferdinand Tönnies* (1855–1936) hat in seinem grundlegenden Werk „Gemeinschaft und Gesellschaft" bereits 1887 darauf hingewiesen, dass man überall da von Gemeinschaft sprechen kann, „wo immer Menschen in organischer Weise durch ihren Willen miteinander verbunden sind und einander bejahen".[27] Letztlich sind für ihn alle sozialen Gebilde entweder Gemeinschaften bzw. Gesellschaften oder aber Abwandlungen und Differenzierungen derselben. Sie gestalten sich in Form von Verwandtschaft, Nachbarschaft und Freundschaft und verfügen alle über eine gewisse soziale Kraft und Sympathie, die für einen verbindenden Zusammenhalt verantwortlich sind. Natürlich sind auch jene Zusammenschlüsse gemeinschaftlicher Art darunter zu verstehen, die sich aus Arbeits- und Freizeitgestaltung, aus Berufs-, Kommunal- und Interessensverbänden, aber auch aus Religion, Tradition, Brauchtum und Sitten ergeben.

Im Altertum wurde der Gemeinschaftsbegriff einer spezifischen Bedeutung zugeordnet. *Aristoteles* ging von der ‚Pluralität', der ‚Vielheit' aus und sah in der griechischen ‚polis' eine Gemeinschaft der vielen freien, gleichberechtigten Bürger, die zusammen genommen die Gemeinschaft des Stadtstaates bildeten. Die Gemeinschaft der vielen einzelnen Freien erfüllt – und dies deckt sich durchaus mit der heutigen Sichtweise und der Aufgabenstellung der Sozialen Arbeit, wenn man entsprechende Begrifflichkeiten verwendet[28] – eine soziale Aufgabe im Sinne einer besonderen Sorgepflicht für all die Ungleichen. Erst durch diese Fürsorge wird die Gemeinschaft schließlich zum Staat, dessen Auftrag und Legitimation die Fürsorge bzw. das Gemeinwohl als Sozialprinzip ist.

Dadurch erklärt sich auch, dass *Aristoteles* den Menschen als soziales Wesen begriffen hat, das auf die Gemeinschaft (der ‚polis') angelegt ist und damit ein an diese gebundenes Wesen darstellt. Umgekehrt gilt, dass die Gemeinschaft dann auch auf den einzelnen freien Menschen angewiesen ist, da sie sich aus der Vielzahl der einzelnen Menschen zusammensetzt. Man kann dies im Sinne des *Aristoteles* als Gliederung von der kleinen bis zur größten Form von Gemeinschaft verstehen,

---

26 Vgl. hierzu auch: Gukenbiehl, a. a. O., S. 85.
27 Bernhard Schäfers „Gemeinschaft" in: a. a. O., S. 101.
28 So braucht man nur den ‚Freien' als den die Gesellschaft tragenden Bürger einerseits und mit den ‚Ungleichen' die sozial Schwachen und (Hilfs-)Bedürftigen andrerseits zu verstehen.

indem man zunächst von der Familie ausgeht, dann über das Dorf und die Stadt schließlich zum Staat und der gesamten Weltgemeinschaft gelangt.

Ähnliches findet man auch bei dem frühchristlichen Denker *Augustinus* (354–430 n.Chr.), der die Gesellschaft der Menschen von der kleinsten Einheit bis zur ganzen Welt gliedert. Zunächst sieht er den Menschen als Einzelwesen, das sich dann im ‚Haus', danach in der ‚Gemeinde', im ‚Staat' und schließlich in der ‚Welt' organisiert. Freilich setzt er über alles ‚Gott', als das Ziel all dieser Einheiten. Für ihn ist die gesamte Gesellschaft nur von ‚Gott' her zu verstehen, da er sie ausschließlich auf ‚Gott' bezogen sieht.

Für *Thomas von Aquin* besteht ebenfalls eine bestimmte Beziehung zwischen den Menschen, der Welt und Gott. Er sieht dies im Sinne einer Analogie: so wie Gott die Welt (über einen regierenden König als Gott vertretenden Herrscher) lenkt, so lenkt auch die Vernunft des Menschen dessen Seele und Leib. *Thomas von Aquin* ist genauso wie *Aristoteles* davon überzeugt, dass der Mensch ein auf die Gemeinschaft angelegtes Wesen ist, sich nur in dieser entfalten kann und sich für diese einsetzt. Auch hier finden wir wieder den sozialen Bezug, indem dem Menschen die Aufgabe des Sozialen Handelns aufgrund der ihm wesenseigenen Sozialität zufällt.

Mit dem bereits angesprochenen ‚Gesellschaftsvertrag' von *Rousseau* wird eine ähnliche Hinwendung zum Handeln in Gemeinschaft deutlich. Dieser Vertrag dient der Beendigung des Kampfes der Menschen gegeneinander, er wird von den einzelnen Individuen – quasi im Sinne einer moralischen, sich selbst entäußernden Verpflichtung untereinander – zum absoluten Wohl aller Gemeinschaftsmitglieder abgeschlossen.

Bei *Aristoteles* kann man sicher den eher politologischen Aspekt seiner ‚Gesellschaftstheorie' erkennen. Zugleich weiß man jedoch, dass der einzelne Mensch nicht einfach in ‚der' Gesellschaft lebt, sondern kleineren gemeinschaftlichen Gebilden als Organisationsformen des Zusammenlebens, wie in spezifischen Gruppen, Vereinen, Organisationen und Institutionen angehört. Damit wird der Gemeinschafts- und Gesellschaftsbegriff nach *Tönnies* laut *Schäfers* als soziologischer Begriff deutlich wiederum klar erkennbar.

Trotzdem muss darauf hingewiesen werden, dass sich das Verständnis von den Begrifflichkeiten ‚Gemeinschaft' und ‚Gesellschaft' zwar von der Soziologie her differenziert, aber vom landläufigen Gebrauch her eher verwischt hat. Sicher lässt sich dies auch auf eine weniger akzeptierte, aus dem Zeitgeist heraus jedoch zu verstehende Art der Verklärung des Gemeinschaftlichen zurückführen. So wurde ‚Gemeinschaft' bei *Tönnies* noch als gesinnungsmäßige Verbundenheit und ‚Gesellschaft' als zweckhafte Organisation verstanden. Während sich Erstere durch ein starkes Wir-Gefühl, gemeinsame Überzeugungen und hohe Solidarität auszeichnete, drückte die Letztere eher Künstlichkeit, Anonymität, eine von außen kommende, dem Menschen „verpasste" Organisationsform menschlichen Beziehungsgeflechts aus.

Sutor weist darauf hin, dass man heute in der Soziologie lieber wertfrei von Klein- und Großgruppen, von Primär- und Sekundärgruppen, von informellen und formellen Gruppen spricht und lenkt den Blick auch hier auf die Sichtweisen der Christlichen Soziallehre, die allen gesellschaftlichen Gebilden einen personalen Ursprung mit dem Ziel der Entfaltung des Menschen zuspricht[29]:

- sie sind Beziehungseinheiten, die einen spezifischen Sinn oder Zweck haben;
- sie leben vom Konsens ihrer Mitglieder in der Verfolgung des gemeinsamen Zweckes;
- sie sind Ordnungseinheiten, die einer Autorität bedürfen.

Daraus lässt sich der Schluss ziehen, dass – wie wir ja auch aus der Realität des täglichen Lebens wissen – jede Form des gemeinschaftlichen Zusammenlebens von Menschen nicht ohne eine gewisse Ordnung, ein Geregeltsein oder ein autoritatives Eingreifen zu funktionieren scheint. Werden ‚Gemeinschaft' wie auch ‚Gesellschaft' als differenzierte Ordnungseinheiten verstanden, so bedarf es der autoritativen Durchsetzung, um die jeweils gesteckten gemeinsamen Zielsetzungen erreichen zu können. Dabei ist das Wort des christlichen Soziallehrers *Oswald von Nell-Breuning* von großer Bedeutung, dass „die Autorität für das Gemeinwesen nicht konstitutiv, sondern konsekutiv" ist![30]

Letztlich gilt dies auch für den ‚Staat`, der nicht um seiner selbst willen existiert, sondern sich aus der Notwendigkeit eines geordneten Zusammenlebens in Gemeinschaft und Gesellschaft ergibt. Der Staat kann als ein „dauerhaft organisierter Herrschaftsverband, ... der die Verbandsinteressen zu sichern und die Gemeinschaftsinteressen der Verbandsangehörigen wahrzunehmen hat und insoweit grundsätzlich den Primat gegenüber allen anderen menschlichen Verbänden beanspruchen darf", verstanden werden.[31] Er hat all die Aufgaben zu übernehmen, die zur Wahrnehmung der Gemeinschaftsinteressen notwendig sind. Grundsätzlich sollte dies subsidiär und in begrenzter Form geschehen, um nicht die Freiheit einschränkend zu wirken.

Hier ergänzen sich die rechtsstaatlichen mit den sozialstaatlichen Staatszwecken. Während der Rechtsstaat dafür Sorge trägt, dass sich die Bürger auf der Basis der ihnen zugesprochenen und von Natur aus zustehenden Grundrechte in der Gesellschaft entwickeln und verwirklichen können, ist es der Sozialstaat, der für den gerechten Ausgleich und die notwendige soziale Grund(ab)sicherung sorgt. Um beides erreichen zu können, verfügt der Staat, der bei *Max Weber* als „politischer Anstaltsbetrieb" gesehen wird und für sich „das Monopol legitimer physischer Gewaltsamkeit" beansprucht, über einen Verwaltungsstab der Beamten, der diesen physischen Zwang für ein geographisches Gebiet erfolgreich durchzusetzen vermag[32]. An anderer Stelle betont er dies nochmals: „Man kann vielmehr den modernen Staat soziologisch letztlich nur definieren aus einem spezifischen *Mittel*, das ihm, wie jedem politischen Verband, eignet: das der physischen Gewaltsam-

---

29 B. Sutor, a.a.O., S. 28f.
30 Vgl. B. Sutor, a.a.O., S. 30.
31 Der Große Brockhaus, Band 10, Wiesbaden 1980, S. 654.
32 Max Weber, Wirtschaft und Gesellschaft. Grundriss der verstehenden Soziologie, 5. rev. Auflage, Mohr Verlag, Tübingen 1980, S. 822.

keit"[33]. Dies heißt nichts anderes, als dass allein der Staat berechtigt ist, seine Ziele und Zwecke unter Androhung und Anwendung von legitimer Gewalt durchzusetzen.

Ein derartiges Vorgehen ist nach unserem modernen Verständnis überhaupt nur auf der Grundlage der in der Verfassung verankerten und sich aus den unveräußerlichen Menschenrechten ergebenden Grundrechte denkbar. *Hans-Peter Waldrich* meint, dass „jede weitergehende soziologische Definition des Staates ... den unter diesem Begriff zusammengefaßten sozialen Tatbeständen nicht gerecht" wird.[34] Anders ausgedrückt bedeutet dies, dass der Staat beispielsweise seine verfassungsrechtliche Verpflichtung zu sozialstaatlichem Handeln im Sinne sozialpolitischer Aktivität nur dann erfüllen kann, wenn er auf der Basis bestehender Rechte für eine gerechte Umverteilung vorhandener Mittel per Gesetz und anderer repressiver Maßnahmen sorgt. Um sich als sozialer Staat beweisen zu können, kommt es quasi zu einer ‚rechtlichen Gewaltanwendung', da der Einzelne in der Regel sicher nicht immer freiwillig auf vermeintlich oder tatsächlich ihm Zustehendes verzichten möchte.

Natürlich verbindet sich damit das Solidaritätsprinzip als eines jener Sozialprinzipien, die wir als bedeutende Ziel- und Wertvorstellungen für die Regelung gemeinschaftlicher Beziehungen in einer Gesellschaft, die den sozialen Ausgleich herzustellen versucht, kennen und für unabdingbar halten. Der Staat ist bei der Durchsetzung dieser Prinzipien, zu denen das Subsidiaritätsprinzip ebenso zählt wie das Gemeinwohlprinzip, auf die Loyalität seiner Bürger angewiesen. Sie sollen aus Einsicht in die Notwendigkeit das subjektive Gefühl des freiwilligen Handelns und Befolgens staatlicher Anweisungen entwickeln, um so den repressiven Charakter staatlicher (Ein-)Forderungen nicht als solchen zu empfinden. Dass dies nicht jedem leicht fällt, zeigen die mehr oder weniger erfolgreichen Versuche von Gesellschaftsmitgliedern, aus dem Konzept der staatlichen Vorgaben, Anweisungen, Erwartungen und Verpflichtungen ausbrechen zu wollen – oder aber mit diesen einfach nicht zurecht zu kommen. Gerade Letzteres führt häufig in das soziale Abseits, aus dem kein Weg mehr so leicht wieder herausführt.

Die Soziale Arbeit und Soziales Handeln verstehen sich dann in ihrem eigentlichen Wortsinn, indem sie so tätig werden, dass die entsprechende Klientel so beraten und betreut wird, dass sie eben diesen Weg wieder zurück in das Gesellschaftliche und damit in die staatliche Ordnung findet.

2   Wandlungsprozesse und soziale Folgeaspekte

Im Laufe der zweiten Hälfte des 20. Jahrhunderts, also nach Beendigung des Zweiten Weltkriegs, mit dem Beginn des Wiederaufbaus Europas, mit der global-

---

33 A.a.O., S. 821; vgl. auch: Gregor Fitzi, Max Webers politisches Denken, UVK Verlagsgesellschaft Konstanz 2004, (UTB 2570), S. 255 f.
34 Hans-Peter Waldrich „Staat", in: B. Schäfers, a.a.O., S. 323.

politischen Veränderung der Kräfte- und Mächteverhältnisse durch das Entstehen neuer Weltmächte wie der Vereinigten Staaten von Amerika und der Sowjetunion, mit der wachsenden Einflussnahme liberaldemokratischer Wert- und Zielvorstellungen gerade auch im Deutschland der zunächst westalliierten Besatzungsmächte, begann ein Prozess der fortschreitenden gesellschaftlichen Entwicklung, der sich in immer rasanter vollziehenden Schüben bis heute vollzogen hat.

Bezieht man diese Entwicklungsprozesse auf das sich verändernde Menschenbild und das daraus resultierende Verständnis von der Stellung des Individuums in der Gesellschaft, so koppelt sich dies auch an neue Wertvorstellungen und politische Zielkonzepte. Der Bürger in Deutschland musste sich erst allmählich von den konservativ-autoritären Leitbildern einer zuletzt totalitären Herrschaft befreien, um zu verstehen, was die Demokratie für die gesellschaftliche Entwicklung im Ganzen und die persönliche Emanzipation im Einzelnen bedeutet. Trotz einer bereits relativ kurzen Demokratiephase in der sogenannten ‚Weimarer Republik' (1919–1933), in der der Mensch durchaus noch von den gesellschaftlichen Gegebenheiten der vormaligen Kaiserzeit weitgehend geprägt blieb, musste er erst lernen, dass der liberale Grundgedanke demokratischer Herrschaft ein gänzlich neues Verständnis

- von der Legitimation des Staates gegenüber seinen Bürgern,
- von der Stellung des Menschen in Staat und Gesellschaft,
- vom Verhältnis der Menschen zu- und miteinander,
- von den Rechten und Pflichten des Einzelnen,
- von den Wert- und Normvorstellungen

hervorruft.

Nach unserem heutigen Verständnis legitimiert sich der moderne Staat über seine absolute Schutzfunktion in bezug auf die Durchsetzung und Wahrung der Würde des Menschen. Das Grundgesetz hat die Achtung, die Unantastbarkeit und den Schutz der Menschenwürde an so herausragender Stelle in Artikel 1, Satz 1 unserer Verfassung positioniert, damit unmissverständlich klar wird, dass sich jegliches staatliche Handeln aus dieser Kardinalklausel zu ergeben hat. Damit verbunden ist das aus der christlichen Soziallehre herrührende Gemeinwohlprinzip, das ebenfalls Legitimationsgrundlage im Sinne einer ausschließlich am sozialen Wohlbefinden des Menschen orientierten Politik darstellt.

Dieses für jedermann anzustrebende Wohlbefinden bedeutet zugleich Verpflichtung für die Politik, die sozialen Belange der Bürger in den Mittelpunkt innenpolitischer Zielsetzungen zu stellen. Erst über eine ausreichende soziale Absicherung, die zunächst aus einem eigenverantwortlichen Handeln des Einzelnen resultiert, wird der soziale Frieden in einer Gesellschaft erzielt. Die Staatsqualität und die Festigkeit oder Unerschütterlichkeit des Vertrauens der Bürger in das demokratische Herrschaftssystem ergeben sich nicht zuletzt aus der Ernsthaftigkeit des Strebens der Politik nach konsequenter Umsetzung des in Artikel 1 GG kardinalen Wertes der Achtung der Menschenwürde, welche wiederum Ausgangspunkt jeglichen politischen und sozialen Handelns ist.

Der Mensch nimmt somit in Staat und Gesellschaft eine zentrale Position ein, da er Ausgangspunkt und Ziel jeglichen Handelns ist. Auch hier ließe sich wieder auf die Sozialität des Menschen eingehen, die seit den Überlegungen der antiken Philosophie bis heute stets aufs Neue angestrengt werden. So gelten *Platon* und *Aristoteles* als Vertreter bzw. Begründer des sozio-zentrischen wie auch des individuo-zentrischen Ansatzes, den Menschen zu bestimmen. Ersterer Ansatz versteht den Menschen als Geschöpf der Gesellschaft, wobei das Individuum die abhängige Variable und die Gesellschaft die unabhängige darstellt. Bei dem zweiten Ansatz ist die Gemeinschaft als Funktion des Individuums zu verstehen. Im Grunde genommen handelt es sich lediglich um einen Perspektivenwechsel, bei dem entweder der Mensch oder aber die Gemeinschaft oberste Priorität besitzt und das jeweils andere hervorbringt.

Platon weist der Gemeinschaft die Aufgabe der Erziehung zu, da er den Menschen für absolut formbar hält. *Johannes Schilling* interpretiert *Platon* dahingehend, dass er den Menschen für ein Geschöpf hält, „einen ‚homunculus‘, der dem Normensystem der Gemeinschaft in jeder Weise entspricht" und nur deshalb zu einem sozialen Wesen werden kann, „wenn er von gesellschaftlichen Prägeinstanzen dazu erzogen wird".[35]

In unserer Zeit lässt sich die Frage nach dem Stellenwert des Menschen allgemein angesichts von in weiten Teilen der Welt zunehmenden kriegerischen Auseinandersetzungen, eines vermehrt religiös motivierten, Menschen verachtenden Terrorismus, von Folter und Misshandlung, von sozialer Unterversorgung und gewissen Abschottungstendenzen gegenüber Missachtungen der Menschenwürde und sonstiger Fehlentwicklungen menschlichen Verhaltens immer schwerer beantworten.

> Für den im breiten Feld der Sozialen Arbeit Handelnden ergibt sich aus diesen Tatbeständen eine erhöhte Wachsamkeit gegenüber derartigen Entwicklungen, ein verstärkter Einsatz für Warnung, Aufklärung und Beratung bis hin zur Nutzung all der Einwirkungsmöglichkeiten auf die politischen und sozialen Akteure in Gesellschaft und Staat.

Die Entwicklungen unserer Zeit haben auch nicht vor den Verhältnissen, die zum einen die Menschen zueinander und zum anderen miteinander haben, Halt gemacht. Trotz erheblicher Anstrengungen der Sozialen Arbeit ist es bislang nicht gelungen, die sozialen Problembereiche bzw. die Zahl der Problemfälle zu reduzieren. Staatliche Maßnahmen, zum Beispiel durch Sicherung eines so genannten Existenzminimums für das Individuum, konnten zwar das Absinken bedürftiger Personen in das soziale Elend weitgehend verhindern, aber eben nicht die Zahl der Berechtigten grundsätzlich verringern.

---

35 Johannes Schilling greift in seinem Buch: „Anthropologie. Menschenbilder in der Sozialen Arbeit", Luchterhand Verlag, Neuwied 2000, S. 197 auf Heiner Keupp (Hrsg.), Lust an der Erkenntnis: Der Mensch als soziales Wesen. Sozialpsychologisches Denken im 20. Jahrhundert. Ein Lesebuch, Piper Verlag, München 1995, S. 20 zurück.

Angesichts knapper werdender Unterstützungs- und Fördermittel des Staates steht der Einzelne der Sozialpolitik immer skeptischer gegenüber, da diese in zunehmendem Maße auf Leistungsreduzierungen und Selbstversorgungskonzepte überzugehen gezwungen ist. Damit beginnt sich das für das Miteinander so wichtige Solidaritätsprinzip immer stärker auszuhöhlen, so dass der Zugang des Einzelnen zum anderen für die notwendige Bildung einer gesellschaftlich relevanten Solidargemeinschaft erheblich erschwert wird. Dies soll jedoch nicht an der Bedeutung der Eigenverantwortlichkeit des Einzelnen gerade im Interesse des gemeinschaftlichen Ganzen und dem Subsidiaritätsprinzip entsprechend Abstriche vornehmen. Gerade weil die wirtschaftliche und die finanzielle Situation eines Staates nicht auf Dauer immer nur von der positiven Seite aus betrachtet werden kann, ist der Selbstverantwortlichkeit zunehmende Bedeutung zuzumessen. Das meint auch, dass der Einzelne die ihm zustehenden Rechte, wie etwa die Grundrechte, im Sinne einer Gesamtverantwortlichkeit für die Gesellschaft begreift und dementsprechend pflichtgemäß handelt. Eine stärker ausgeprägte „Rechts"-Mentalität muss durch ein ebenso entwickeltes „Pflicht"-Bewusstsein Ergänzung finden. Dies lässt sich dadurch verexemplifizieren, indem man nicht nur – in Anlehnung an das berühmte Wort des ehemaligen amerikanischen Präsidenten *John F. Kennedy* – danach fragt, was Gesellschaft und Staat für einen tun können, sondern auch danach, was man für diese leisten kann.

Die in unserer Verfassung festgeschriebenen Rechte des Menschen stellen angesichts einer unseligen politischen, totalitären Vergangenheit der Deutschen zweifellos eine absolute Notwendigkeit des Schutzes der personalen Entwicklung, des demokratischen Selbstverständnisses und der legitimierenden Grundlage politischen Handelns dar. Sie beinhalten unveräußerliche Wertvorstellungen wie auch notwendige Normen, um erstere durchsetzen und erhalten zu können. Sie stellen im Grunde genommen deshalb ein Novum in der deutschen politischen Geschichte dar, weil sie die staatliche Macht relativieren, indem sie dem Einzelnen eine Handhabe zur Abwehr staatlicher Willkür liefern. Insofern gewinnen die aus ihnen abgeleiteten Normen durch Gesetze und Verordnungen eine in der Regel seitens der betroffenen Bürger unbezweifelte Relevanz, schützen sie doch nicht zuletzt diese selbst.

Die in der Verfassung Deutschlands verankerten Wertvorstellungen und Normierungen tragen eine unverwechselbare soziale Prägung, richten sie sich doch an den Bürger eines Staates, der diesen als soziales Wesen begreift. Die besondere Sozialorientiertheit der Werte und Normen unseres Staates zeigt sich nicht zuletzt dadurch, dass er dem sozialsten aller Werte, dem Kardinalwert der Menschenwürde, aus dem sich all die anderen Wertvorstellungen ableiten lassen, oberste Priorität einräumt.

Damit wird deutlich, dass die Bindung jeglichen Sozialen Handelns an die Grundwerte einer Gesellschaft im Allgemeinen und die universalen Menschenrechte im Besonderen unabdingbare Voraussetzung für ein ethisch wertvolles und auch ethisch bewertbares Handeln notwendig, ja wesensimmanent ist. Nicht zuletzt deshalb lässt sich die Soziale Arbeit nicht nur auf eine sozialstaatliche

Funktionsausübung im Sinne eines Korrektivs sozialer Missstände durch Dienstleistungserbringung reduzieren. Ihre Bestimmtheit geht angesichts einer immer stärkeren gesellschaftlichen Öffnung und globalen Vernetzung weit darüber hinaus. Eine zumindest seit dem Zusammenbruch der einstmaligen Sozialistischen Staatengemeinschaft Mitte der 90er Jahre des vorigen Jahrhunderts wachsende Akzeptanz eines weltweiten Gültigkeitsanspruchs universaler Menschenrechte schlägt sich schließlich in einem erweiterten Selbstverständnis von Sozialer Arbeit nieder.

Sowohl die „International Federation of Social Workers" (IFSW) wie auch die „International Association of Schools of Social Work" (IASSW) propagieren spätestens seit dem Jahr 2000 eine Neudefinition von Sozialer Arbeit, indem ihr die fundamentale Bedeutung der Prinzipien der Menschenrechte und der sozialen Gerechtigkeit zugesprochen werden.[36] Wenige Jahre zuvor setzt sich *Silvia Staub-Bernasconi* mit dem fachlichen Selbstverständnis von Sozialer Arbeit auseinander und postuliert einen selbstdefinierten, professionellen Auftrag von Sozialer Arbeit als „Menschenrechtsprofession".[37] Wenngleich sich in dieser Kategorisierung durchaus eine gewisse originäre Selbstverständlichkeit in der Auftrags- und Aufgabenstellung zeigt, so hat die dezidierte Bindung an die Menschenrechte zu einem seither vertieften Selbstverständnis und Selbstbewusstsein für eine berufliche Tätigkeit, die nicht zuletzt lange Zeit unter einer Image-Krise zu leiden hatte, erfolgreich beigetragen.

---

36 Vgl. S. Staub-Bernasconi, Soziale Arbeit: Dienstleistung oder Menschenrechtsprofession?, in: Lob-Hüdepohl/Lesch, Ethik Sozialer Arbeit. Ein Handbuch, Ferdinand Schöningh, Paderborn 2007, S. 20 f.
37 Vgl. S. Staub-Bernasconi, Das fachliche Selbstverständnis Sozialer Arbeit – Wege aus der Bescheidenheit. Soziale Arbeit als Human Rights Profession, in: Wolf Rainer Wendt (Hrsg.), Soziale Arbeit im Wandel ihres Selbstverständnisses – Beruf und Identität, Lambertus Freiburg 1995
– s. a. W. Maaser, Lehrbuch Ethik. Grundlagen, Problemfelder und Perspektiven, Juventa Weilheim/München 2007, S. 49 ff.
– s. a. S. Staub-Bernasconi, a. a.O, S. 24 ff.

B Grundlagen der Philosophie/Ethik

I Ethisch-philosophische Grundlagen Sozialer Arbeit

1 Ethik und Moral: eine Begriffsabgrenzung

Ethik und Moral sind Begriffe, die – vielfach angewandt – doch immer wieder für eine gewisse Verwirrung sorgen, jedoch in bestimmter Weise einen direkten Bezug zu den Werten und Normen einer Gesellschaft herstellen. Grundsätzlich ist davon auszugehen, dass die Ethik als wissenschaftliche Disziplin zu verstehen ist, die sich mit dem menschlichen Handeln auseinandersetzt. Sie will aber nicht als Handlungstheorie verstanden werden, da es ihr eigentlich vordringlich nur um jene Handlungen geht, die unter moralischen Gesichtspunkten zu sehen sind, die also einen Anspruch auf Moralität erheben.

Für *Annemarie Pieper* fragt die Ethik „nach diesem qualitativen Moment, das eine Handlung zu einer moralisch guten Handlung macht, und befasst sich in diesem Zusammenhang mit Begriffen wie Moral, das Gute, Pflicht, Sollen, Erlaubnis, Glück u. a.".[1] Im Unterschied zur Moral beschäftigt sie sich mit moralisch wertbaren Handlungen unter Einsatz bestimmter Vorgehensweisen wie etwa der deskriptiven oder der normativen Methode (siehe Kap. B II), ohne jedoch ideologisieren oder moralisieren zu wollen, worauf *Aristoteles* bereits hingewiesen hat. Dies will heißen, dass die Ethik sich um objektiv verbindliche Aussagen bemüht, während die Moral rein subjektive Vorgaben bezüglich Verhalten und dessen Wertung macht.

Der Begriff ‚Ethik' leitet sich aus dem griechischen *ethos* ab und bedeutet sowohl Sitte wie auch Brauch, aber auch den Ort, an dem man zu Hause ist. Gemeint sind auch alle Gewohnheiten und Gepflogenheiten, die Denkweisen, die in diesem häuslichen Bereich anzutreffen sind. Schließlich kommt der Charakter hinzu, mit dem auch ausgedrückt wird, dass man so handelt, wie man es durch seine Erziehung, Gewöhnung und Herkunft für richtig hält.

Max Klopfer geht von einem Zusammenwirken der beiden Bedeutungsaspekte aus und kommt zu dem Schluss, dass Ethos dann eine innerliche Akzeptanz seiner Handlungen und der ihnen zugrundeliegenden Werte ausdrückt. Er meint, dass sich das Handeln des Menschen zu den Werten in „ein Verhältnis gesetzt hat", weshalb es dann nicht mehr unbedacht, sondern aus einer inneren Einsicht heraus erfolgt.[2]

---

1 Annemarie Pieper, Einführung in die Ethik, A. Francke Verlag, UTB 1637, 5. Aufl., Tübingen/Basel 2003, S. 11.
2 Max Klopfer, Einführung in die Ethik, in: Max Klopfer/Artur Kolbe, Ethik 1. Grundfragen ethischer Verantwortung, Hanns-Seidel-Stiftung, 2. erweiterte und überarbeitete Aufl., München 2001, S. 5.

Das menschliche Handeln wird damit auf eine höhere Bedeutungsebene gehoben, es verliert seine Beiläufigkeit oder den Eindruck des Unüberlegten, des Unbesonnenen. Es gewinnt eine qualitative Veränderung im Sinne einer ethischen Wertbarkeit, indem es den Charakter, die Tugendhaftigkeit und das moralische Empfinden des Handelnden ausdrückt. Es ist nicht verwunderlich, dass sich diese Sichtweise auf *Aristoteles* zurückführen lässt, der diese Zusammenhänge zwischen dem Ethos und der Ethik in seiner Nikomachischen Ethik beschreibt. Dort findet man seine ausführliche Begründung für die Verbindung zwischen Gewohnheit und Charakter: „Also entstehen die sittlichen Vorzüge in uns weder mit Naturzwang noch gegen die Natur, sondern es ist unsere Natur, fähig zu sein sie aufzunehmen, und dem vollkommenen Zustande nähern wir uns durch Gewöhnung."[3]

Sicher lehnt sich *Jürgen Schwarz* mit seiner Sichtweise an *Aristoteles* an, wenn er meint: „Zunächst sind es die ganz persönlichen Eigenarten des Verhaltens, dann aber zunehmend die typischen Umgangsformen von Gruppen oder ganzen Völkern, wobei der persönliche Lebensbereich mit eingeschlossen ist." Diese Definition wiederum zielt dennoch stärker darauf ab, die Ethik als einen reinen Verhaltenskodex zu begreifen, „der sich von unmittelbaren Sitten und Gebräuchen ableitet, sich in bestimmten ungeschriebenen Gesetzen niederschlägt und dann Denken, Fühlen, Wollen und schließlich Handeln des einzelnen Menschen bestimmt."[4]

Schwarz macht die Unterscheidung zur Moral zumindest nicht leichter, wenn er dieses Ethos auch als Moral bezeichnet und mit dem lateinischen Begriff „mores" die Verbindung zu Sitte oder Gesittung herstellt. Seine Definition lässt die der Ethik eben im Unterschied zur Moral anhaftende Wissenschaftlichkeit in der Bedeutungsfindung und Inhaltsbestimmung vermissen. Dies gilt auch dann, wenn er zugesteht, dass es bei der Ethik als Wissenschaft vom Ethos neben verschiedenen voneinander abweichenden Moralauffassungen „etwas Letztes, Allgemeingültiges, Unbedingtes gibt, das zu allen Zeiten und an allen Orten in gleicher Weise gelten sollte".[5] Die Unterscheidung von der Moral nimmt er dadurch vor, dass er sie – durchaus nachvollziehbar – nicht als Beschreibung: ‚So ist es', sondern als eine Forderung: ‚So soll es sein' versteht.

Versucht man, das bisher Gesagte für eine kurze Begriffserklärung zusammenzufassen, so ließen sich folgende Merksätze formulieren:

> **Ethik** ist die wissenschaftliche Analyse des sittlichen Wollens und Handelns des Menschen unter Berücksichtigung personen- und situationsbedingter unterschiedlicher Gegebenheiten!

---

3 Aristoteles, Nikomachische Ethik II,1; Wissenschaftliche Buchgesellschaft, Darmstadt 1983, S. 296.
4 Jürgen Schwarz, Ethisch handeln lernen. Ein Weg zu begründetem Urteilen, AOL Verlag, Lichtenau 2000, S. 5.
5 A. a. O., S. 6.

Klopfer weist zu Recht darauf hin, dass das eigentliche Objekt der Ethik die Moral ist, „die auf ihre Moralität hinsichtlich des Handelnden untersucht wird".[6] Auch hier fällt wieder die enge Verbundenheit zwischen Ethik und Moral auf. Moral wird zumeist wie folgt verstanden:

> **Moral** entwickelt sich aus in einer bestimmten Zeit geltenden Grundsätzen und Normen, die auf Tradition, religiösen Glaubenssätzen und gesellschaftlichen Gegebenheiten beruhen und das Verhalten des Einzelnen gegenüber anderen beeinflussen!

Versucht man dennoch eine Differenzierung zwischen den beiden philosophischen Begriffen vorzunehmen, so wird man feststellen, dass sich

- die Moral *praktisch* mit dem Handeln bezogen auf die Sittlichkeit auseinandersetzt und
- die Ethik als philosophische Lehre die *theoretische* Auseinandersetzung mit der Sittlichkeit darstellt,

so dass *Niklas Luhmann* die Ethik als ‚Reflexionstheorie der Moral' bezeichnet hat.

Die Ethik steht als Ergebnis dieser Differenzierung in einer mittelbaren Beziehung zum Handeln des Menschen, während die Moral unmittelbar mit dem Handeln selbst verbunden ist. Einerseits lässt sich behaupten, dass die Ethik als Folge der Moral angesehen werden muss, während man andrerseits ein moralisch gebotenes Verhalten aus Erkenntnissen der durch die Ethik vorgenommenen Analysen ableiten könnte. Im Grunde ähnelt dies der Streitfrage, was zuerst da war – das Huhn oder das Ei! Offenkundig bleibt der wichtige Zusammenhang zwischen Ethik und Moral. Dies gilt auch dann, wenn – wie *Sutor* glaubt – Ethik keine Moral hervorbringen kann.[7]

2   Die Bedeutung der Ethik für die Soziale Arbeit

Will man die Aufgabenstellung und die Zielsetzungen der Sozialen Arbeit erfassen, so muss man von zwei grundlegenden Schwerpunkten ausgehen:

1. Zum einen geht es um → das Individuum, indem Hilfeleistung zur Selbstfindung und zur Entfaltung der Persönlichkeit geboten wird.
2. Zum anderen geht es um → die Gesellschaft, indem auf eine Verbesserung bzw. Veränderung der gesellschaftlichen Gegebenheiten und Bedingungen hingewirkt werden soll.

In beiden Bereichen wird das zentrale Ziel der Hilfestellung deutlich.

Soziale Arbeit stellt soziale Hilfe dar und verbindet sich immer mit der Sorge um das Wohlergehen des Individuums in der Gesellschaft. Dabei muss Wert

---

6 M. Klopfer, a.a.O., S. 6.
7 B. Sutor, Kleine politische Ethik, Bundeszentrale für Politische Bildung, Bonn 1997, S. 10 (Verlagsausgabe bei Leske und Budrich, Opladen 1997).

darauf gelegt werden, dass eine verengte Sichtweise des ‚Sozialen' und damit der Sozialen Arbeit im Besonderen und des Sozialen Handelns im Allgemeinen heute mehr denn je nicht mehr geboten erscheint. Soziale Arbeit würde sich sonst in dem immer noch landläufig gängigen Denkmuster von der Arbeit mit sozial Schwachen, Ausgegrenzten und randständigen Individuen und Gruppen erschöpfen.

Nimmt man den Begriff des ‚Sozialen' ernst, so wird man unschwer erkennen, dass er sich zuvorderst mit dem Gesellschaftsbegriff vereinbaren lässt. Das, was aber häufig mit der Sozialen Arbeit in Verbindung gebracht wird, ist im Grunde genommen eher das Gegenteil, nämlich die ‚A-Sozialität' – das, was außerhalb der Gesellschaft passiert, was sich im Gegensatz zu ihr entwickelt. Aus dieser Sichtweise heraus ergibt sich der Schluss, dass Soziale Arbeit im Sinne einer ‚Re-Sozialisierung' tätig wird, was wiederum den oben genannten Schwerpunktsetzungen nur bedingt gerecht werden würde.

Albert Mühlum hat die professionellen Ziele der Sozialarbeit wie folgt formuliert:

Es geht ihm um „die Befähigung des Klienten zur Durchsetzung seiner Rechte und seiner legitimen Interessen und zur Wahrnehmung seiner Pflichten und – soweit die Klienten selber dazu nicht in der Lage sind – die Vertretung ihrer Interessen gegenüber dem Umfeld".[8] *Mühlum* wird mit seiner Zielbeschreibung oberflächlich betrachtet nur dem erstgenannten Schwerpunktbereich gerecht, da er Sozialarbeit zunächst lediglich als ‚Sozialerziehung' versteht. Aus seiner Sicht ergeben sich dann selbstverständlich nachfolgende ‚Erziehungs'-Ziele:

- die Entfaltung der Persönlichkeit bzw. der Individualität
- die Entwicklung der Fähigkeiten zur Lebensbewältigung und -tüchtigkeit
- das Vermögen zur Anpassung an und Integration in die Gesellschaft
- die Entwicklung eines normgerechten Verhaltens und der Mitmenschlichkeit
- die Bindung an Werte
- die Entwicklung von Verantwortungsbereitschaft
- die Fähigkeit zur Selbstbestimmung, insbesondere von Mündigkeit, Eigenständigkeit, Selbstverantwortlichkeit, Autonomie, Bereitschaft zur Veränderung von Bestehendem

Schaut man sich diese Ziele genauer an, so wird die Relevanz derselben für die Gesellschaft dadurch erkennbar, dass sie in den Zielen selbst begründet liegt. So sind die genannten ‚Entwicklungs'-Ziele ohne den direkten gesellschaftlichen Bezug überhaupt nicht denkbar. Zudem beinhalten sie eindeutige gesellschaftliche Interessen, wie dies etwa an den Forderungen nach Mitmenschlichkeit, Wertbindung oder Anpassung und Integration in die Gesellschaft sehr deutlich wird.

---

8 Albert Mühlum, Sozialpädagogik und Sozialarbeit. Ein Vergleich, Verlag Soziale Theorie und Praxis 2. Aufl., Frankfurt/Main 1996, S. 124.

Hermann Baum geht in seiner Betrachtung der Ethik für soziale bzw. helfende Berufe ganz anders an die Frage nach der Bedeutung der Ethik für die Soziale Arbeit heran. Er wirft zwei Fragen auf und versucht Antwort zu geben:

1. Zum einen stellt er die Frage, ob sowohl das theoretische wie auch praktische Problem der Sozialen Arbeit auch ein ethisches ist?

Er weist darauf hin, dass die einen mit ‚Nein' antworten würden, weil für sie ethisches Denken nur unnützer Ballast sei und ein effizientes Handeln, auf das es beim Helfen ankomme, dadurch verhindert werde. Für diese Personen gelte allein die fachliche Kompetenz, mit deren Hilfe sich die sozialen Probleme am besten lösen liessen. *Baum* setzt diesem Personenkreis jene gegenüber, die der Meinung sind, dass die Probleme, mit denen sie im beruflichen Alltag konfrontiert werden, ohne eine ethisches Wissen und Wollen trotz fachlicher Kompetenz nicht zu lösen sind.[9]

Nach Ansicht des Verfassers ist fachliche Kompetenz unbestritten als äußerst wichtige Voraussetzung für Soziales Handeln anzusehen. Wie in jedem anderen Beruf auch bedarf es einer gründlichen Ausbildung, die das Handwerkszeug des Sozialarbeiters bzw. -pädagogen liefert. Hierzu gehören beispielsweise fundierte Kenntnisse der Menschen- und Grundrechte, des Sozialrechts, der Grundlagen der Psychologie und der Pädagogik, Kenntnisse der Gesprächsführung und rhetorisches Geschick, ein hohes Maß an Einfühlungsvermögen, Menschenkenntnis und Verantwortungsbewusstsein etc. Doch bei all dem ist zu berücksichtigen, dass es immer um die Arbeit mit Menschen geht, was wiederum bedeutet, dass der Besitz sozialer Kompetenzen selbstverständlich unabdingbar ist, also eine ‚conditio sine qua non' darstellt.

Gerade deshalb gewinnt die ethische Dimension menschlichen Handelns und hier besonders der Werte- und Normenbezug eine besonders große Bedeutung. Immer dann, wenn man es mit Menschen und eben nicht mit Gegenständen oder Gütern zu tun hat, tritt die ethische Relevanz des Handelns in den Vordergrund. Dies setzt schon dann ein, wenn der Einzelne in den beruflichen Bereich der Sozialen Arbeit eintritt, sei es bei der Wahl des Sozialwesen-Studiums oder aber beim beruflichen Engagement im Gesamtspektrum sozialarbeiterischer Tätigkeit. Es wird immer um eine gewisse Form der Konfrontation von wenig oder gar keinem gesellschaftskonformem Verhalten und Handeln mit den tatsächlichen und notwendigen Gegebenheiten und Anforderungen der Gesellschaft gehen. Dabei treten für eine erklärtermaßen Menschenrechtsprofession wertbezogene Vorstellungen und normorientierte Erfordernisse auf, an die man sich mehr oder weniger strikt, aber eben doch grundsätzlich zu halten hat.

Natürlich lässt sich dagegen einwenden, dass es nicht in jedem Fall geboten erscheint, sich ausführliche Gedanken über die ethische Relevanz einer zu treffen-

---

9 Hermann Baum, Ethik sozialer Berufe, F. Schöningh Verlag, Paderborn 1996, S. 94.

den Entscheidung[10] oder auszuführenden Handlung machen zu müssen. Im beruflichen Alltag des Sozialpädagogen treten nicht selten Situationen auf, in welchen eine sofortige Entscheidung notwendig ist.

> → Der zum Beispiel in der Asylantenarbeit tätige Sozialarbeiter wird hauptsächlich damit betraut sein, den Bewerbern beim Ausfüllen der nötigen Amtsformulare beratend hilfreich zur Seite zu stehen. Er kann sich bei dieser Tätigkeit auf ein rein formales Vorgehen beschränken und damit den Forderungen des Gesetzgebers genügen. Er kann sich aber auch auf eine ethische (Be-)Wertung der persönlichen Lage des Bewerbers einlassen und unter Berücksichtigung des Bekenntnisses zu den unveräußerlichen Menschenrechten die Anwendung der verfassungsrechtlich verankerten Grundrechte – vor allem des Schutzes der Menschenwürde – einfordern.

Während zu Beginn einer beruflichen Entwicklung als Sozialarbeiter bzw. -pädagoge das Nachdenken über die Berücksichtigung ethischer Überlegungen zu kurz kommen wird, läuft man mit zunehmender Erfahrung Gefahr in ein routinemäßiges Vorgehen zu verfallen. Man wird sich stark an ähnlichen Situationen und personalen Gegebenheiten orientieren und dementsprechend handeln. Sicher wird man davon ausgehen können, dass ethische Erwägungen bereits dann zumindest unbewusst das Handeln beeinflussen, wenn sich in ähnlichen Fällen ein positives Ergebnis gezeigt hat. Allerdings ist vor einem zu starken und beinahe ausschließlichen Rückgriff auf Entscheidungen, die aus Gewohnheit getroffen werden, zu warnen.

Es konnte bereits festgestellt werden, dass sich die soziale Tätigkeit mit Personen an deren jeweiliger Individualität auszurichten hat. Dies bedeutet, dass man dem Klienten nur dann gerecht werden kann, wenn man ihn als Person mit spezifischen Stärken und Schwächen begreift, die den beratenden, betreuenden oder therapierenden Sozialpädagogen unweigerlich dazu bringen muss, unter Berücksichtigung ethischer Gesichtspunkte vorzugehen. *Baum* weist darauf hin, dass diese ethischen Annahmen, die in Entscheidungen über das Wohl und Wehe der Klienten einfließen, bewusst oder unbewusst, reflektiert oder völlig unkritisch sein mögen – was dann aber nach Auffassung des Verfassers lediglich den erwähnten Gewöhnungseffekt widerspiegelt. *Baum* weist allerdings auch darauf hin, dass Professionalität den Status der Reflexion verlangt.[11]

Es entspricht dem hohen Ideal des Autors, einem jeden sozial Handelnden, also gerade dem Sozialpädagogen, die Notwendigkeit der ständigen ethischen Reflexion so dringend nahe zu legen, dass sie ihm zur Selbstverständlichkeit – aber eben nicht zur Gewohnheit – wird! Die fachliche Kompetenz entwickelt sich nicht zuletzt auch aus der Kompetenz zu ethischen Wertungen gelangen zu können. Anders ausgedrückt heißt dies, dass eine Symbiose aus fachlich wie auch ethisch motiviertem Handeln entstehen muss, um dem in einer bestimmten Problemsituation geforderten Handeln entsprechen zu können. *Baum* drückt den gleichen

---
10 Vgl. Kap. C II, 6., in welchem auf besondere Kriterien einer Entscheidungsfindung, die ethischen Ansprüchen genügt, näher eingegangen wird.
11 H. Baum, ebd.

Gedanken dadurch aus, dass er die Ethik zum beruflich erforderten Fachwissen zählt und die fachliche Kompetenz als Teil des Berufsethos begreift.

2. Um dem Stellenwert der Ethik in der Sozialen Arbeit näher zu kommen, hat Baum eine zweite Frage gestellt, die sich mit der Art ethischer Problematik in der Sozialarbeit beschäftigt.

Mit dieser zweiten Frage stellt *Baum* die eingangs des Kapitels genannte grundlegende Schwerpunktbildung der Sozialen Arbeit unter einen ethisch relevanten Gesichtspunkt. Er verweist darauf, dass es eine Lagerbildung gibt, bei der die einen davon ausgehen, dass die ethischen Probleme der Sozialarbeit im Grunde auf gesellschaftlicher Ebene liegen. Er befürchtet, dass die Sozialarbeit riskiert, „sich mit dem Makel zu behaften, als Handlangerin einer ungerechten Gesellschaft zu fungieren", dass sie ihr zum Überleben verhilft und letztlich die Sozialarbeit nur soziale Ungerechtigkeit perpetuiert.

Baum erkennt zugleich, dass es wiederum auch jene gibt, die die ethische Problematik sozialer Arbeit auf individueller Ebene angesiedelt sehen. Diese würden „den nach ihrer Meinung gefährlich-autoritären Charakter sozialarbeiterischer Intervention" unterstreichen und damit „ihr eigenes erklärtes Ziel ... den Klienten in die Selbständigkeit, zur Selbstbestimmung zu führen"[12], diskreditieren. *Baum* weiß natürlich, dass Sozialarbeit nicht als Tätigkeit zugunsten herrschender Gesellschaftsschichten verstanden werden darf.

Die Soziale Arbeit hat im Gegenteil geradezu die Pflicht auf Missstände in der gesellschaftlichen Entwicklung aufmerksam zu machen und ggf. eine daraus resultierende Unterprivilegierung mit den gebotenen Mitteln zu bekämpfen. Natürlich erschwert sich gerade diese Intervention nicht zuletzt dadurch, dass die Soziale Arbeit vordringlich im Dienste des Staates und damit der von ihm verwalteten Gesellschaft steht. Das kann und darf aber nicht zugleich bedeuten, dass sie unkritisch mit den gesellschaftlichen Gegebenheiten umgeht und jeder einzelne soziale Problemfall daran scheitert.

Auch hier ergibt sich – wie bereits bei der ersten Fragestellung erkennbar – eine Art Symbiose der unterschiedlichen Interpretationen bezüglich der Art ethischer Problematik in der Sozialarbeit.

→ Nehmen wir beispielsweise an, eine bedürftige Person wendet sich an das zuständige Sozialamt, um die ihr per Gesetz aufgrund ihrer sozialen Lage zustehende Hilfe zum Lebensunterhalt zu beantragen. Der zuständige Sachbearbeiter nimmt rein formal die benötigten Auskünfte auf und erlässt kurze Zeit später eine entsprechende Anordnung. Der ggf. zu Rate gezogene Sozialarbeiter stellt fest, dass rein formal richtig entschieden worden ist, aber bei einer wohlwollenderen Fallprüfung entsprechend mehr an Leistung ‚herausspringen' müsste. Für den Sozialarbeiter ergibt sich die Frage, inwieweit er entweder nur den formalen Vorgaben des Gesetzgebers gerecht zu werden hat, oder eben auch den ebenso gerechtfertigten Ansprüchen des Antragstellers. Versteht er seine Tätigkeit

---

12 H. Baum, a.a.O., S. 95.

> richtig, so wird er unter Ausschöpfung der gesetzlichen Regeln alles tun, was die soziale Situation seines Klienten verbessern hilft.

Auch *Hans Thiersch* setzt sich mit der Frage des Stellenwertes der Ethik in der Sozialen Arbeit auseinander[13]. Er weist darauf hin, dass ethische Fragestellungen mittels durchaus unterschiedlicher Positionen die Diskussion in der Sozialen Arbeit zunehmend bestimmen. Dabei kennt er diejenigen, die den allgemeinen Verfall der Sitten beklagen und wieder die Durchsetzung verbindlicher Regeln fordern, während andere wiederum die Notwendigkeit neuer Regeln in einer sich verändernden Gesellschaft sehen. Im Mittelpunkt deren Diskussion steht s. E. die Frage nach dem, was als Gerechtigkeit gelten soll?

Thiersch glaubt weiterhin jene Gruppe feststellen zu können, die ein Handeln auf moralischer Basis ablehnt und stattdessen auf fundierte ethische Erkenntnisse abstützt. Für ihn ist die Diskussion über die Moral ein Hinweis auf die heute vorherrschenden generellen Unsicherheiten, die sich aus den gravierenden gesellschaftlichen Widersprüchen ergeben. So nennt er beispielsweise die Diskrepanz zwischen der Wohlfahrtsstruktur der industriellen Gesellschaften und der Verelendung der Länder der Zweiten und Dritten Welt. Weiter weist er darauf hin, dass sich die Werte der Aufklärung – Freiheit, Gleichheit, aber auch soziale Gerechtigkeit etc. – in einer von den Zwängen des Marktes und der Produktion beherrschten Gesellschaft nicht mehr eindeutig verwirklichen lassen. Zudem gilt für *Thiersch* eine im Vergleich zu den Männern immer noch bestehende Unterprivilegierung der Frauen.

Es ist *Thiersch* vor allem darin zuzustimmen, dass er weitere Unsicherheiten aus einer sich fortentwickelnden Pluralisierung der Gesellschaft resultieren sieht. Diese Vielgestaltigkeit, gesellschaftlicher, politischer und anderer Phänomene gipfelt durchaus in unüberschaubaren, vielfältigen und partikularen Lebenswelten, Milieus oder Lebenslagen. Sicher handelt es sich dabei um eine Entwicklung, die für die Soziale Arbeit bedeutsam ist und neue Aufgaben erbringt, da die Pluralisierung nicht nur Chancen in sich birgt, sondern für so manchen die Lebensbewältigung erheblich zu erschweren vermag. Umso notwendiger ist es nach Ansicht von *Thiersch*, die alten nicht mehr funktionierenden Deutungs- und Problemlösungsmuster zur Diskussion zu stellen, um letztlich neue zu finden.

Die genannten unterschiedlichen Sichtweisen schließen sich von vorneherein nicht gegenseitig aus und sind nicht unvereinbar. Sie legen zum einen dar, dass Sozialarbeit dann als Herrschaftsinstrument verstanden werden kann, wenn sie die ihr von der Gesellschaft übertragenen Aufgaben loyal und bedingungslos erfüllt. Gesellschaft als solche versteht sich aber von vorneherein schon nicht als etwas Festgefügtes, das keine innere Flexibilität zulässt. Sie befindet sich im steten Wandel und rekrutiert sich aus den unterschiedlichen Entwicklungen der Individuen, denen sie sich wiederum anpasst. Dabei sollte die Soziale Arbeit nicht den Bremser

---

13 Hans Thiersch, Lebenswelt und Moral. Beiträge zur moralischen Orientierung Sozialer Arbeit, Juventa Verlag, Weinheim/München 1995, S. 11 ff.

spielen, der sich bemüht, das Bestehende zu bewahren. Im Gegensatz zu der sich aus rechtsstaatlichen Grundsätzen statisch entwickelnden Gesellschaft stellt die den sozialpolitischen Vorgaben gehorchende Soziale Arbeit das dynamische Element gesellschaftlicher Entwicklungen dar. Durch den direkten Kontakt und Umgang mit ihrer Sozialklientel hat sie quasi die Hand am Puls der Hilfesuchenden und übernimmt eine Art Wächteramt. Sie erkennt am schnellsten die negativen Auswirkungen gesellschaftlicher Veränderungen auf die Menschen und hat die Pflicht, diesen rasch und entschieden entgegenzuwirken. In diesem Zusammenhang zeigt sich sehr deutlich, wie wichtig es ist, über die Möglichkeiten politischer Einflussnahme Bescheid zu wissen, wie und welches Engagement notwendig ist und welche Interessenvertretungsorganisationen von Belang sind.

Hier wird dann wieder die Bedeutung der Ethik offenkundig, wenn es um die Abwägung und Wertung gesellschaftlicher Erfordernisse im Vergleich zu den individuellen Bedürfnissen einer hilfebedürftigen Klientel geht. Dabei hat die Soziale Arbeit aus ihrem ethischen Grundverständnis heraus nicht die Gesellschaft bzw. den Staat gegenüber dem Einzelnen zu verteidigen, sondern eher umgekehrt als bekennende Menschenrechtsprofession das Individuum (aber auch Gruppen) dann zu schützen und abzusichern, wenn es um deren persönliche soziale Beeinträchtigung durch gesellschaftliche Entwicklungen und staatliche Maßnahmen geht – sei es durch die Gefährdung der Menschenwürde aufgrund existentieller Schieflagen oder aber aufgrund gesetzlicher Regelungen, welche die anderen sozialen Grundrechte beeinträchtigen.

Diese Art der professionellen Hilfe der Sozialen Arbeit muss immer als Hilfe zur Selbsthilfe verstanden werden und zeigt sich in dem Bemühen, die Klientel so lange beratend und unterstützend zu begleiten, bis das Ziel eines selbstbestimmenden Handelns und der persönlichen wie auch materiellen Unabhängigkeit erreicht ist. In Anlehnung an *Schopenhauer* (1788–1860) formuliert *Baum* das fundamentale Gesetz der Ethik helfender Berufe wie folgt:

> „Hilfe zur Selbsthilfe darf in dem Maße, wie sie moralisch zu sein beansprucht, niemanden schaden, sondern muß allen so weit wie möglich helfen."[14]

---

14 H. Baum, a.a.O., S. 116.
Baum nimmt Bezug auf Arthur Schopenhauer, der in „Preisschrift zur Grundlage der Moral", Werke in zehn Bänden, Band VI, Zürich 1977, S. 177 als Prinzip ethischen Handelns folgende Formulierung trifft:
„*Neminem laede; immo omnes, quantum potes, iuva* (Verletze niemanden, vielmehr hilf allen, soweit du kannst)."; vgl. hierzu auch C. Wolfgang Müller, Von der tätigen Nächstenliebe zum Helfen als Beruf, in: Lob-Hüdepohl/Lesch, a.a.O., S. 13 ff.

3 Die ‚Goldene Regel' und die Frage der Handlungsgerechtigkeit

Mit der ‚Goldenen Regel' lernen wir eine seit alters her gebräuchliche Regel zur Beurteilung des richtigen, sittlichen Verhaltens gegenüber den Mitmenschen kennen, die in vielen Kulturen Europas und Asiens bekannt ist und Anwendung findet. Sie findet sich zum Beispiel in der Religionsgeschichte in den Gesprächen des Chinesen *Konfuzius* (551–479 v.Chr.) in ihrer negativen Form, aber auch im Alten Testament, im altindischen Epos „Mahabharta" (um ca. 400 v.Chr. – 400 n.Chr. entstanden), das den Hinduismus beeinflusste, ebenso bereits bei *Thales von Milet* (640–546 v.Chr.), oder bei *Seneca* (ca. 4 v.Chr. – 65 n.Chr.) sowie im jüdischen Talmud und im Islam. Sie ist auch unter ihrem lateinischen Namen „regula aurea" bekannt. Sie ist seit dem 6. vorchristlichen Jahrhundert bekannt, wenngleich sie als Begriff erst seit dem 16. Jahrhundert nachweisbar ist.

Die ‚Goldene Regel' ist uns in zwei Formulierungen überliefert, die man als entweder „positive" oder aber als „negative" Fassung kennt:

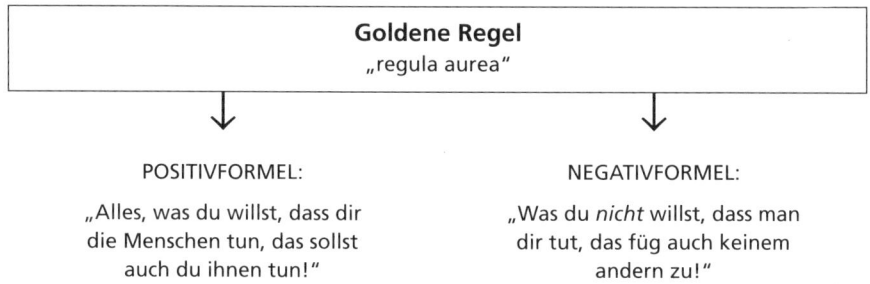

Da die ‚Goldene Regel' in vielfacher Überlieferung vorliegt, variieren die positiven wie auch die negativen Formulierungen, ohne jedoch damit die Grundaussage zu verfälschen. Beispielhaft hierfür ist etwa die Formulierung, die sich im Evangelium des *Matthäus* im neuen Testament finden lässt: *„Alles nun, was ihr wollt, dass euch die Leute tun sollen, das tut ihr ihnen auch. Das ist das Gesetz und die Propheten."*[15] Schon in den nicht direkt der Bibel zuzurechnenden, möglicherweise später hinzugefügten Schriften der Apokryphen findet sich im Buch Tobias eine der Negativformel ähnliche Formulierung, die heute noch fast jedes (Schul-)Kind als Sprichwort kennt: „Was du nicht willst, dass man dir tue, das tue einem anderen auch nicht."[16] Und so ließen sich eine Fülle weiterer Fundstellen nicht

---

15 Neues Testament in der Übersetzung von Martin Luther, Evangelium des Matthäus, 7. Kapitel 12.
16 Die Apokryphen in der Übersetzung von Martin Luther, Das Buch Tobias, 4. Kapitel 16.

nur aus der Bibel, sondern auch bei den Kirchendenkern wie etwa bei *Augustinus*[17] nennen, die jedoch immer auf das Kernanliegen hinweisen:

Jeder, der gegenüber anderen Menschen handelt, soll – ja muss – seine Handlungsweise darauf überprüfen, ob sie einem anderen Schaden zufügen könnte. Diese Überprüfung muss vom Handelnden als dem eigentlichen Verursacher ausgehen, aber sollte aus der Perspektive des Betroffenen betrachtet werden. Man muss also bereits im Vorfeld einer Handlung darüber nachdenken, welche Folgen dieses Handeln für einen anderen, davon betroffenen Menschen hat.

Heute hat sich dieser Grundsatz der Handlungsüberlegung im so genannten Verursacherprinzip niedergeschlagen. Es beinhaltet einen Perspektivenwechsel, der bedeutet, dass immer erst von der Sichtweise des Betroffenen ausgegangen werden soll. Natürlich muss man sich von vorneherein darüber im Klaren sein, dass die Aufforderung, sich in die Lage eines anderen, in unserem Fall in die des von meinem Handeln Betroffenen, zu versetzen, ein hohes Maß an subjektivem Empfinden bedeutet. Es ergibt sich sodann die Frage, ob man damit dem Betroffenen gerecht werden kann, da man ja die eigene Subjektivität der des anderen gegenübersetzt und letztlich auch vorzieht. Das heißt, dass die ‚Goldene Regel' im Grunde keine Entscheidung im Sinne einer ‚Gut oder Böse'- Klassifizierung einer Handlungsweise vornehmen kann, sondern lediglich eine Entscheidungsbeeinflussung durch das, was der Handelnde aus seiner Sicht intuitiv für sich und andere zumutbar erachtet.

Klopfer interpretiert die ‚Goldene Regel' so, dass sie methodisch gesehen eine wenigstens zweischrittige Anwendung auf einen zu beurteilenden Einzelfall verlangt. Der Handelnde muss sich s. E. in einem Gedankenexperiment zum einen auf die Seite des Betroffenen stellen und zum anderen dabei die mit der Handlung für den Betroffenen verbundenen Umstände empathisch in sich vergegenwärtigen. *Klopfer* zieht den Schluss aus diesem Gedankenexperiment, dass der Handelnde dann die beabsichtigte Handlung zu unterlassen hat, wenn er sie zwar von seinem Standpunkt aus für gut, aber aus der Sicht des Betroffenen umgekehrt für schlecht heißt. Er leitet die für ihn methodische Hauptfrage ab:

„Möchte ich der von meiner Handlung Betroffene sein?"[18]

– und empfiehlt diese Handlung zu unterlassen, wenn die Frage nicht mit einem zweifachen ‚Ja' (also des Handelnden wie auch des Betroffenen) beantwortet werden kann.

Eine ähnliche Sichtweise vertritt *Pieper*, die zunächst davon ausgeht, dass sich in den verschiedenen historisch entstandenen Normensystemen ein „Normenpluralismus" in Gestalt von Geboten und Verboten, Handlungsanweisungen, Vorschriften und Regeln entwickelt hat, der es schwer macht, in der Alltagspraxis zu einem richtigen Handeln und Verhalten zu gelangen. Dabei stellt sich für sie die Frage, ob

---

17 Bei Augustinus ist es eine Gewissenseinsicht, „dass wir einem anderen nicht antun dürfen, was wir selbst nicht leiden mögen" (Confessiones, 1. Buch, Kap. 18).
18 M. Klopfer, a. a. O., S. 10.

nun die ‚Goldene Regel' als ein als Moralkriterium fungierender formaler Grundsatz, auf den sich die ganze Normenvielfalt zurückführen lässt, verstanden werden kann? *Pieper* interpretiert die ‚regula aurea' nicht selbst als Norm, sondern in der Funktion des Maßstabes zur Bewertung moralischer Normen. Das bedeutet, dass diese Regel nicht vorschreibt, *was* inhaltlich getan werden soll, sondern sie fordert vielmehr rein formal, *wie* grundsätzlich zu handeln ist, damit die Handlung als moralisch anerkannt wird. „Die Handlung gilt dann als moralisch, wenn sie nicht Folge eines bloß subjektiven, unmittelbaren Wollens (Bedürfnisses oder Interesses) ist, sondern Ausdruck eines sich von seinem unmittelbaren Begehren distanzierenden und auf den Willen anderer Subjekte beziehenden, intersubjektiv vermittelten Willens."[19]

Fassen wir diese Überlegungen zusammen, so ergibt sich folgende definitorische Begriffserklärung:

> Die ‚**Goldene Regel**' wird als Empfehlung verstanden, mittels der beiden Formulierungen eine Handlungsentscheidung auf ihre Richtigkeit hin zu überprüfen – ohne damit zugleich eine inhaltliche Verbindlichkeit auszusprechen. Sie setzt einen im Grunde unverbindlichen Maßstab, mit dessen Hilfe sich eine beabsichtigte Handlung auf ihre moralisch unbedenkliche Praktikabilität hin ausführen lässt. Dabei fordert sie den gleichen Maßstab für sich selbst anzusetzen, den man eben auch dem anderen bedenkenlos zumuten kann.

Welche Bedeutung hat die ‚Goldene Regel' für das Soziale Handeln? Die der Sozialen Arbeit überantwortete Klientel gilt im Allgemeinen dadurch als auffällig, dass sie sich in ihrem Tun und Lassen eher kaum oder wenig gesellschaftskonform gibt, bzw. in eine solche Lage aufgrund persönlicher wie auch gesellschaftlicher Umstände geraten ist. Je nach dem Ausmaß dieser Nonkonformität bewegt sie sich am Rande der Gesellschaft oder schlimmstenfalls außerhalb derselben. Es ist nun die Aufgabe der Sozialarbeit das Handeln oder Verhalten dieser Personen zu analysieren und hieraus Vorschläge und Wege zur Reintegration der Betreffenden zu finden. Dabei ergibt sich die Schwierigkeit, entsprechend der ‚Goldenen Regel' jenen Maßstab der Bewertung eines Handelns bzw. Verhaltens zu finden, der mit dem Maßstab des Klienten vereinbar erscheint und zugleich den Anforderungen von Gemeinschaft, Gesellschaft und Staat (siehe Kap. A II, 1c) genügt.

Daraus wiederum ergibt sich die Frage nach der Handlungsgerechtigkeit, indem der Sozialarbeiter bzw. -pädagoge sich fragen muss, ob das, was er für richtig und den gesellschaftlichen Ansprüchen gerecht werdend empfindet, so auch von Seiten des Klienten empfunden wird? Auch wenn die ‚Goldene Regel' selbst nicht Norm sein will und kann, sondern lediglich als Maßstab verstanden werden soll, so verbindet sich damit doch zugleich das Problem, dem eigenen wie dem Handeln des anderen gerecht werden zu wollen und zu können.

> → Nehmen wir beispielsweise den Klienten, der verkündet, dass er bereit ist, sich durch Selbstmord das Leben zu nehmen. Dieses Vorhaben stellt uns alle vor ein erhebliches moralisches Problem. Der Klient fordert im Sinne der ‚Goldenen Regel', dass man (in

---

19 A. Pieper, a.a.O., S. 40.

> unserem Fall als Sozialarbeiter) sich auf seine moralische Ebene begibt und sein Vorhaben gutheißt. Der Sozialarbeiter wiederum ist angehalten, gerade dies zu verhindern, indem er *seine* moralische Ebene auf den Suizidgefährdeten zu übertragen versucht, weil er damit den moralischen Ansprüchen der Gesellschaft gerecht zu werden trachtet, zugleich zunächst aber dann nicht mehr jenen des Klienten gerecht wird. Der Sozialarbeiter muss also alles daran setzen, eine gemeinsame moralische Ebene zu finden und letztlich durchzusetzen – auch wenn dies vordergründig eher seiner Ebene entspricht, in der Regel aber im erfolgreichen Nachhinein auch von dem Klienten akzeptiert wird.

Man kann durchaus sagen, dass die ‚Goldene Regel' dann versagt, wenn es um ein extremes moralisches Verhalten geht, aber dann Sinn macht, solange von einem ‚normalen', das heißt unkomplizierteren moralischen Verhalten ausgegangen werden kann. Sie schafft im Grunde schon alleine dadurch Gerechtigkeit, dass sie der jeweiligen Situation bzw. dem jeweiligen Handeln und Verhalten aller Betroffenen gerecht zu werden versucht. Im Grunde geht es ja um die moralische Beurteilung des Verhältnisses der eigenen (oder auch gesellschaftlichen) Bedürfnisse und Interessen zu denen des anderen – in unserem Fall des Klienten. Es geht darum, ein friedliches und humanes Zusammenleben der Menschen, ein relativ störungsfreies Zusammenwirken in einer Gesellschaft durch den Versuch zu erzielen, dem Einzelnen in der Gesamtheit aller möglichst gerecht werden zu wollen.

Anzenbacher sieht diese Zielsetzung mittels der ‚Goldenen Regel' dadurch zum Ausdruck gebracht

- dass Menschen sich wechselseitig als gleichwertig achten und anerkennen sollen,
- dass jeder in seinem Handeln berücksichtigen sollte, dass andere Menschen so wie er selbst Bedürfnisse und Interessen haben.[20]

Dies kann dann nicht gelingen, wenn das Empfinden des gerechten Handelns einseitig bleibt und damit nicht mehr dem Grundanliegen der ‚Goldenen Regel' entspricht.

4 Von der Allgemeinen Ethik zur Angewandten Ethik

Versteht man ‚Ethik' als den theoretischen Überbau über ein wertorientiertes und mittels Normen geregeltes Soziales Handeln, das sich letztlich in Postulierungen, Vorgaben, Richtlinien oder sonstigen Handlungsanweisungen mitteilt und aufgrund philosophischer Überlegungen und Erkenntnisse als zweckmäßig und gesellschaftskonform erweist, so geht es bei der Angewandten Ethik zum einen um eine praktische Umsetzung in den wichtigsten ethischen Konfliktfeldern und Handlungsbereichen. Zum anderen geht es darum, diese noch junge Wissenschaftsdisziplin dort anzusiedeln, wo sowohl im allgemeinen gesellschaftlichen Bereich wie auch in den spezifischen Politikfeldern die Frage virulent wird, wie

---
20 Arno Anzenbacher, Einführung in die Ethik, Patmos Verlag, Düsseldorf 2001, S. 14.

man in besonderen Situationen, die zu einer ethischen Handlungsabwägung führen, moralisch richtig und ethisch wertvoll entscheidet bzw. zu entscheiden hat.

Dagmar Fenner sieht die Angewandte Ethik dort gefragt, wo es um „gegenwartsdringliche Fragen" geht, welche „akute Probleme oder Konflikte im Bereich menschlichen Handelns" zeigen.[21] Gemeint ist damit laut *J. Nida-Rümelin* die konkrete Bezugnahme auf sogenannte „Bereichsethiken ... mit ihren unterschiedlichen Fokussierungen".[22] Diese Bereichsethiken beziehen sich auf spezifische Handlungsbereiche mit ihren jeweils aktuellen moralischen Konflikten – als da vor allem sind: *Medizinethik, Naturethik, Wissenschaftsethik, Technikethik, Medienethik* und *Wirtschaftsethik*. Hinzu treten in jüngster Zeit die sich aus Elementen der Medizinethik heraus verselbständigende *Pflegeethik* und die *Feministische Ethik*. Letztere – auch „*Gender-Ethik*" genannt – versucht, den eher männlichen Denkmustern und Moralauffassungen, beispielsweise hinsichtlich Gleichheit und Gerechtigkeit, die eher weiblichen Orientierungen an ethischen Prinzipien wie Fürsorge, Verantwortungsübernahme und Mitgefühl entgegenzusetzen. *Fenner* weist zu Recht darauf hin, dass diese Ethik eigentlich keinem spezifischen (Praxis-)Bereich zugeordnet werden kann. Dies gilt für sie auch bezüglich der „*Sozialethik*" (s.a. Kap. B, III, 7), da diese „die soziale Dimension der verschiedenen menschlichen Praxisfelder hervorhebt".[23] Es bleibt somit strittig, ob und inwieweit letztere Ethiken zu den eigentlichen Bereichen einer Angewandten Ethik zu zählen sind. Andere Autoren, wie etwa *Knoepffler*, erweitern das Bereichsspektrum, indem sie die *Bioethik* oder die *Sportethik* hinzuzählen.[24]

Da sich die Angewandte Ethik mit Konflikten in gesellschaftsrelevanten Handlungsbereichen beschäftigt, stellt sie sich in erster Linie der Frage nach den moralischen Gegebenheiten und Notwendigkeiten der Art und Weise des Handeln-Könnens und Handeln-Müssens. Als Beispiele für die Problematik eines aktuelleren ethisch-moralischen Handlungskonfliktes mag zum einen die Sterbehilfe, bei der es sowohl um das Abwägen von moralischen wie auch rechtlichen Regelungen und Standards geht, gelten. Ebenfalls aus aktuellerem Anlass stellt sich für die Wissenschaftsethik angesichts der atomaren Katastrophe in Japan im März 2011 die Frage nach der weiterhin nicht nur technisch, sondern gerade auch moralisch vertretbaren Nutzung der Kernenergie zur Erzeugung von Strom. Das tägliche Geschehen bringt laufend neue Konfliktfelder mit sich, die den jeweiligen Bereichsethiken zugeordnet werden können. Diese wiederum versuchen Lösungen zu finden und praktikable Handlungsanweisungen zu entwickeln, die sich dann unter einer Angewandten Ethik subsumieren lassen – ohne jedoch auf die theoretischen Grundannahmen einer Allgemeinen Ethik verzichten zu können.

---

21 Dagmar Fenner, Einführung in die Angewandte Ethik, Francke Verlag, Tübingen 2010, S. 1.
22 Julian Nida-Rümelin, Theoretische und Angewandte Ethik: Paradigmen, Begründungen, Bereiche, in: ders. (Hrsg.): Angewandte Ethik. Die Bereichsethiken und ihre theoretische Fundierung. Ein Handbuch, Stuttgart 2005, 2., aktual. Aufl., S. 87; nach: D. Fenner, a.a.O., S. 46.
23 D. Fenner, a.a.O., S. 49; s.a.
24 Nikolaus Knoepffler, Angewandte Ethik, Böhlau Verlag, Köln 2010, S. 8.

II   Theorien ethischer Grundtypen

1   Grundnorm und ethische Sichtweisen

Es wurde bereits festgestellt, dass sich die Ethik mit dem menschlichen Handeln beschäftigt, ohne aber als handlungstheoretisches Konstrukt zu gelten, da es vorrangig allein um die Moralität menschlicher Handlungen geht. Ihr wohnt somit ein qualitatives Element inne, das nach der moralisch guten Handlung fragt. Dies tut sie mittels verschiedener Methoden, von denen zum einen die deskriptive und zum anderen die normative Methode die grundlegende ist.

Ethische Sichtweisen und Typen ethischer Begründungsmodelle leiten sich jeweils von einer behaupteten Grundnorm ab:

> **Grundnorm** = das von einer Ethik formulierte Gebot, um dessen Erfüllung es in allem Gebotenen geht, weil mit diesem Gebot (entsprechend dieser Ethik) gesagt ist, was Wohlverhalten überhaupt heißt.

Die Grundnorm bedeutet deshalb, dass eine moralisch gute Handlung im Wohlverhalten gesehen werden muss:

> → So verpflichtet zum Beispiel das verfassungsrechtliche Gebot des Schutzes der Menschenwürde sowohl den Staat wie auch alle Bürger desselben, dieses Gebot zu achten, und fordert somit ein Wohlverhalten aller gegenüber allen ein!

Damit wird zunächst eine allgemeine Aussage getroffen, die sich aber auf alle spezifischen Handlungsfelder der Sozialen Arbeit in Form von ‚abgeleiteten Normen' umsetzen lässt. Diese ‚abgeleiteten Normen' stellen wiederum Gebote für Einzelbereiche des Handelns entsprechend der konkreten Gegebenheiten individueller Situationen dar:

> → Bei den täglichen Situationen der vielfältigen Tätigkeitsbereiche der Sozialen Arbeit als bekennender Menschenrechtsprofession, wie zum Beispiel der Beratung, der Pflege oder der Therapierung etc. sollte – ja muss – stets das Gebot des *Schutzes der Menschenwürde* und der sich daraus ergebenden Rechte und Pflichten aller Beteiligten eingehalten werden.

Von dieser Grundnorm und den aus ihr sich ableitenden Normen ausgehend ergeben sich verschiedene Sichtweisen, bzw. Methoden ethischer Vorgehensweise:

a)   Die deskriptive Ethik

> Die **deskriptive** – oder auch *empirisch* genannte – **Ethik** bezieht sich auf Aussagen über bestehende Moralkodices, Wertordnungssysteme und Rechtsordnungen. Zudem beschränkt sie sich auf die Beschreibung einer zu einem bestimmten Zeitpunkt existierenden Gesellschaft – also auf eine ‚Tatsachenwelt' –, die wiederum durch Werte gekennzeichnet ist. Damit sind jene Werte gemeint, die durch ethisch seitens dieser Gesellschaft

> anerkannte Normen sanktioniert werden. Diese Sichtweise beschreibt deren Entstehung und den jeweiligen Stellenwert in den verschiedenen Epochen und Kulturen, ohne durch Bewertungen und Normierungen klare Vorgaben zu machen.

Die definitorische Klärung dieser Ethikform von *Annemarie Pieper* macht dies deutlich:

> *"Als deskriptiv werden jene Theorieansätze in der Ethik bezeichnet, die sich überwiegend mit der Frage befassen, wie die menschliche Praxis als ein empirisches, geschichtliches Geschehen so beschrieben, analysiert und interpretiert werden kann, daß die Bedeutung des Moralischen aus dem Handlungskontext erhellt wird."*[25]

Was *Pieper* damit meint ist Folgendes: Die genannte Bedeutung des Moralischen wird allein durch die unter verschiedensten Gesichtspunkten erfolgende Beschreibung typischer Situationen, Verhaltensweisen und Redewendungen dargestellt und erläutert. Dabei wird kein Anspruch erhoben, ein Kriterium oder einen Maßstab zur Beurteilung der Moralität zu erhalten, sondern es soll von den im Selbstverständnis der Menschen enthaltenen Normen- und Wertsystemen ausgegangen werden.[26]

Bernhard Schleißheimer sieht dies ähnlich und bezieht diese Ethik auf ein in einer bestimmten Epoche herrschendes Ethos einer Gruppe von Menschen, das erforscht, beschrieben und erklärt wird. Für ihn stellt diese Sichtweise Ethik als eine empirische und historische Wissenschaft dar, weil sie beschreibt, „wie Menschen irgendwo oder irgendwann tatsächlich leben und handeln oder gelebt und gehandelt haben".[27] *Schleißheimer* zählt die deskriptive Ethik sowohl zur Psychologie, zur Soziologie und zur Völkerkunde wie auch zu den Geschichts- und Kulturwissenschaften.

Was sowohl bei *Pieper* wie auch bei *Schleißheimer* mit der deskriptiven Ethik gemeint ist, lässt sich auf einen einfachen Nenner bringen. Es ist eine Sichtweise, die von einem ‚Ist-Zustand' ausgeht, die das Bestehende darstellt, ohne eine eigene Wertung vorzunehmen, da diese bereits in dem vorhandenen und von den Menschen zumeist verinnerlichten Wert- und Normsystemen existiert. Einer derartigen Darstellung liegt die normative Neutralität zugrunde, das heißt, sie stellt praktisch fest, was an Moralität vorhanden ist, ohne darauf einzugehen, ob sie von bestimmten Normen praktisch erzwungen wird.

Nico Scarano nennt beispielhaft kulturanthropologische Studien, die die Moralsysteme von Kulturen der Gegenwart wie auch der Vergangenheit durch eine empirische Beschreibung der Moral einzelner Gesellschaften erfassen. Er nennt dies eine eher „observationelle, eine beobachtende Haltung gegenüber ihrem

---

[25] Annemarie Pieper, Einführung in die Ethik, A. Francke Verlag, Tübingen u. Basel, 5. Aufl. 2003, UTB 1637, S. 239.
[26] Vgl. A. Pieper, a.a.O., S. 250.
[27] Bernhard Schleißheimer, Ethik heute. Eine Antwort auf die Frage nach dem guten Leben, Verlag Königshausen & Neumann, Würzburg 2003, S. 21.

Gegenstandsbereich"[28]. *Scarano* weist darauf hin, dass andere wissenschaftliche Disziplinen einen eher explanativen, also erklärenden Ansatz verwenden und nennt insbesondere die Soziologie, die vor allem die gesellschaftlichen Funktionen moralischer Konventionen oder Festschreibungen zu erklären versucht. Ethisches Verhalten unter Berücksichtigung von Kriterien der Moralität wird bezüglich der Integration in die Gesellschaften untersucht und danach gefragt, inwiefern sich moderne Gesellschaften durch sich in den Beweggründen und Erwartungen der Mitglieder verändernde moralische Normen zu wandeln vermögen. Vordringlich ist die Fragestellung, inwieweit es „für die Beschreibung der Funktionsweise einer Gesellschaft überhaupt der Bezugnahme auf die moralischen Beweggründe und Erwartungen ihrer Mitglieder"[29] bedarf?

Scarano geht noch auf die Moralpsychologie als wissenschaftliche Disziplin ein, die sich mit der Untersuchung des Erwerbs moralischer Kompetenzen beschäftigt und nennt schließlich die evolutionstheoretische Perspektive, die die Untersuchung des Entstehens und Auftretens der Moral zum Gegenstand hat.

Das österreichische ‚Institut für angewandte Ethik' der Universität Salzburg versteht sich als Forschungsstätte, die sich mit der interdisziplinären Betrachtung ethischer Fragestellungen sowohl durch die Beschäftigung mit der Ethik selbst als auch mit den für sie relevantesten Fachgebieten der Medizin, der Technik und der Wirtschaft auseinandersetzt – also mit der angewandten Ethik. *Edgar Morscher* geht in dem von ihm in diesem Institut herausgegebenen Forschungsbericht davon aus, dass man Moral empirisch untersuchen und aus den Ergebnissen eine rein deskriptive Moraltheorie oder Ethik aufbauen kann. Für ihn scheint der Moral- mit dem Ethikbegriff identisch zu sein, da er beide Begriffe beinahe synonym verwendet. Die deskriptive Ethik stellt für ihn das systematische Feststellen, Beschreiben, Erklären und Vorhersagen von moralischen Verhaltensweisen, Einstellungen und Überzeugungen dar, ohne jedoch eine präskriptive Beurteilung vorzunehmen.

Für *Morscher* ist die deskriptive Ethik keine selbständige wissenschaftliche Disziplin, da sie aus einer Fülle empirischer Einzeluntersuchungen zu ethischen Problemen besteht, die sich verschiedenen Einzelwissenschaften zuordnen lassen. Hier trifft er sich mit *Scarano* und anderen, die ebenfalls davon ausgehen, dass zwar verschiedene Theorien der Ethik bestehen, aber bisher nicht in eine einzige zusammengeführt werden konnten. Als besondere Beispiele empirischer Untersuchungen moralisch/ethischer Phänomene nennt er:

- psychologische Untersuchungen zur Ausbildung des moralischen Bewusstseins innerhalb der psychischen Entwicklung des Kindes,
- soziologische Untersuchungen zur Entwicklung, Durchsetzung und Verbreitung moralischer Normen in einer Gesellschaft oder zum Wertewandel,

---

28 Nico Scarano, Metaethik – ein systematischer Überblick, in: Handbuch Ethik, hrsg. von M. Düwell, C. Hübenthal, M.H. Werner, Metzler Verlag, Stuttgart/Weimar 2002, S. 25 ff.
29 Ebd.

- historische und ethnologische Untersuchungen zum Vergleich von moralischen Einstellungen in verschiedenen Kulturen und historischen Zeitabschnitten.[30]

Fragt man sich, welche Bedeutung die deskriptive Ethik für die Soziale Arbeit hat, so zeigt sich, dass sie durch die Beschreibung eines Ist-Zustands moralischen Verhaltens, dem in sozialen Bereichen Handelnden Erkenntnisse an die Hand gibt, die für dessen Einschätzung des Klienten von Wichtigkeit sind. Er erhält Erkenntnisse über das gegebene moralische Verhalten in einer Gesellschaft, die er mit dem Verhalten des Klienten vergleichen und daran messen kann. Dadurch lässt sich eine Vorgehensweise aufbauen, die dem Klienten bei der ggf. notwendigen Reintegration in die Gesellschaft hilfreich ist. Konkret bedeutet dies, dass das von den in einer Gesellschaft gültigen Wertvorstellungen und Normenorientierungen abweichende Verhalten der betreffenden Person oder Gruppe erst über die deskriptive bzw. empirische Ethik erfasst und dementsprechend korrigiert werden kann.

Hier wird allerdings bereits deutlich, dass dies nicht ohne eine präskriptive Beurteilung des Verhaltens oder Handelns dieser Personen oder Gruppen geschehen kann. Das alleinige Feststellen und Erklären kann nicht ausreichend sein, um eine ggf. notwendige Verhaltensänderung herbeiführen zu wollen. Notwendig ist es jedoch schon alleine deshalb, weil erst durch den Vergleich zwischen dem gesellschaftlich Wünschbaren oder gar Erforderlichen auf der einen Seite und dem tatsächlichen Verhalten der Klientel auf der anderen Seite ein mögliches Fehlverhalten offenkundig wird. Dem schließt sich die Wertung dieses Verhaltens an, indem es an den gültigen Werte- und Normenkonzepten gemessen wird. Schließlich entwickelt sich aus dieser Bewertung die erforderliche Vorgehensweise sozialarbeiterischen und sozialen Handelns.

b) Die normative Ethik

> Die **normative** – oder auch *präskriptiv* genannte – **Ethik** fragt nach Werten, die allseits anerkannt werden und sucht nach allgemeingültigen Normen. Das heißt, dass sie die Richtigkeit und Korrektheit der Aussagen über moralische Werte und Handlungsformen untersucht. Von jenen Werten und Normen leitet sie die Beurteilung von Handlungen entweder als ‚gut' oder ‚schlecht' ab, indem sie kritisch-wertend vorgeht und sich damit normativ auseinandersetzt. Dieser ethische Typus bzw. diese Sichtweise bemüht sich allgemeingültige Motivationen, Prinzipien und Ziele herauszuarbeiten.

Begreift man die Ethik als etwas, das quasi handfeste Vorgaben für das eigene Handeln wie auch für das Verhalten bzw. Handeln anderer liefert, so müsste man ihr eine reine Normenorientierung zusprechen. Sie würde sich auf ein festgefügtes Normenkonzept stützen und damit für jedermann gültige Regeln aufstellen. Wie sonst ließe sich zum Beispiel die Frage beantworten, nach welchen

---

30 Edgar Morscher, Was ist und was soll die Wirtschaftsethik? Forschungsberichte und Mitteilungen des Forschungsinstituts für angewandte Ethik der Universität Salzburg, Heft 24, 2. korr. Aufl. 2004, S. 11.

Richtlinien die moralisch eindeutig gebotene und ethisch als richtig zu wertende Handlungsweise von Menschen in einer Gesellschaft zu erfolgen hat?

Würde man diese Frage für wenig oder gar nicht relevant erachten, so müsste man sich auch nicht wundern, wenn ein vernünftiges Zusammenspiel der Mitglieder in der Gesellschaft nicht zustande käme, so dass ein gedeihliches Zusammenleben früher oder später nicht mehr möglich wäre. Diese Gesellschaft würde letztlich auseinanderfallen. Die Historie hat in den verschiedensten Epochen immer wieder den Beweis dafür geliefert – wie beispielsweise schon die Bibel mit Sodom und Gomorra oder aber der Zerfall des Römischen Reiches gezeigt haben.

Es ist also nicht unbedingt von der Hand zu weisen, wenn auch in modernen Gesellschaften unserer Zeit immer wieder auf den Werte- und Sittenverfall hingewiesen oder dieser gar beklagt wird und der Ruf nach klaren Wertekonzepten und Normenvorgaben laut wird.

Johann Schneider führt diesen Ruf auf verschiedene gesellschaftliche Entwicklungen zurück, die eine veränderte moralische Bindung des Handelns erkennen lassen. Er nennt exemplarisch:

- eine zunehmende Wirtschaftskriminalität, wie zum Beispiel Korruption, Steuerhinterziehung und Unterschlagung u. ä., die ihn zweifeln lassen, ob die bestehenden Gesetze noch eingehalten werden und Normen überhaupt noch gelten;
- eine vorhandene Krise des Sozialstaates, die Entwicklung einer neoliberalen Ellenbogengesellschaft, die Orientierung an der shareholder-value-Haltung[31], die ihn die notwendige Solidarität und wechselseitige Verantwortlichkeit in der Gesellschaft vermissen lassen. Zugleich geißelt er das Anspruchsdenken an andere und an den Staat im Namen der Gerechtigkeit, „wobei die einen damit mehr Gleichheit, die anderen mehr Ungleichheit, die einen das Ergebnis, die anderen die Spielregeln der ökonomischen Verteilungsprozesse meinen ...";
- ein Anspruchsdenken, das auf die Ablösung der Pflicht- und Akzeptanzwerte zugunsten von Selbstverwirklichung und Genussstreben hinausläuft und die Frage nach in der Gesellschaft vorhandenen gemeinsamen Werten, die Halt und Orientierung geben, laut werden lässt;
- die Frage nach der Verbindlichkeit der Menschenrechte, wie sie sich aufgrund multikultureller Verhältnisse im Innern zeigt und die sich in den internationalen Beziehungen bzgl. der Rechtfertigung eines Zwangs zur Durchsetzung stellt?[32]

---

31 Gemeint ist damit zunächst der Wert des Eigenkapitals an einem Unternehmen für den Aktionär. Im übertragenen Sinn, der hier wohl bei *Schneider* anzunehmen ist, geht es um den Eigenwert einer Person in einer Gesellschaft, der über den Wert der Gesamtgesellschaft gestellt wird. So wie der Aktionär alleine sein investiertes Kapital und dessen möglichst große Vermehrung sieht, so stellt er sich auch als Person in den Mittelpunkt der gesellschaftlichen Entwicklung.

32 Johann Schneider, Gut und Böse – Falsch und Richtig. Zu Ethik und Moral der sozialen Berufe, Fachhochschulverlag, Frankfurt am Main 1999, S. 7 f.

All dies zeigt sich in Zeiten globaler Veränderungen und besonders zum einen in Zeiten, in denen es der Gesellschaft eines Staates wirtschaftlich nicht besonders gut geht, in denen beispielsweise Massenarbeitslosigkeit und vermehrtes soziales Elend herrschen oder aber die Schere zwischen Arm und Reich immer weiter aufgeht, weshalb sich ein gewisser Unmut an der Politik äußert. Man fürchtet die Einschränkung der dem Individuum zustehenden Grundrechte und die Abwertung der damit in Verbindung stehenden Grundwerte. Andrerseits ist der Staat dann versucht, über eine stärkere Normenvorgabe bzw. Normierung von gesellschaftlichen (Handlungs-)Abläufen mögliche Unruhen in der Gesellschaft, die den inneren Frieden gefährden könnten, oder gar Zerfallserscheinungen vorzubeugen. Zum anderen ruft man stärker nach normativ festgelegten ethisch-moralischen Grundsätzen, wenn die Politik ein tatsächlich soziales Handeln diesen entsprechend immer stärker vermissen lässt und sich zum Beispiel mit Neuwahlen die Chance ergibt, anderen die Möglichkeit zur Durchsetzung eines auf besseren moralischen Grundsätzen fußenden politischen Konzepts zu verwirklichen. Auffallend ist eben, dass sich die politischen Parteien gerade in Vorwahlzeiten, also während der Wahlkampfphase, auf moralische Wertekonzepte und Normorientierungen berufen und sich gegenseitig zum Wächter der ‚politischen Ethik' erheben.

Die normative Ethik geht – wie die Ethik überhaupt – ebenfalls von der Frage nach der Moral als solcher aus: sie will wissen, ob diese über normative Festlegungen definiert werden soll, wann und ob sie als richtig oder falsch, gut oder böse bezeichnet werden kann? Dies bezieht sich sowohl auf die Handlungsweisen des Individuums, wie auf die gesellschaftlichen und politischen Institutionen eines Staates. In beiden Fällen stellt sich die Frage nach der moralischen Legitimität bzw. Legitimation. Die normative Ethik hat demzufolge die Aufgabe, die Frage nach dem rechten moralisch-ethischen Bezug des Handelns zu stellen und die entsprechenden Antworten zu geben.

„So erörtert sie als personale Ethik Prinzipien einer moralkonformen Lebensführung, thematisiert als politische Ethik das Ideal einer gerechten Gesellschaft oder diskutiert beispielsweise im Bereich der angewandten Ethik die Haltung der modernen Medizin gegenüber Leben und Tod. Solche Untersuchungen sind Teil einer normativen Theorie der Moral, gehören also zur normativen Ethik."[33]

Die normative Ethik untersucht auf der Basis der in der jeweiligen Zeit gültigen gesellschaftlichen Gegebenheiten die moralischen Gemeinsamkeiten und entwickelt ethisch begründete Wertvorstellungen und Normenkonzepte. Diese Vorgaben werden als notwendig für die Bewältigung der individuellen Lebensführung angesehen, sie liefern Handlungskriterien für das gesellschaftspolitische Vorgehen und setzen Maßstäbe im Sinne von moralischen Normen mit universalistischem Geltungsanspruch.

→ Ausgehend von der modernen Demokratie, die sich mittels des Anspruchs auf Verwirklichung der Menschenrechte legitimiert, hat sich der Kardinalwert von der Achtung und dem Schutz der Menschenwürde heute immer stärker zur personalen Verhaltens- und

---
33 N. Scarano, a.a.O.

> politischen Handlungsnorm entwickelt. Dies geht seit einigen Jahren so weit, dass daraus ein globalpolitischer Anspruch geworden ist, mit dessen Hilfe der weltweite Einsatz von militärischer Macht zur Durchsetzung dieses zur Norm gewordenen Wertes gerechtfertigt wird.

Die normative oder präskriptive Ethik führt eine kritisch-wertende und eben normative Auseinandersetzung mit der Moral. Sie stellt somit auch eine Wertethik dar, die gerade für den Zusammenhang mit dem Generalthema dieses Buches von grundlegender Bedeutung ist. Nach *Morscher* tritt diese Ethik in zwei Formen auf, die sich historisch parallel entwickelt haben: zum einen ist es die Theologische Ethik (oder Moraltheologie) und zum anderen die Philosophische Ethik (oder Moralphilosophie). Der Unterschied liegt in der Methodik bei gleicher Zielsetzung und Aufgabenstellung. Während erstere ursprünglich übernatürliche Quellen der Erkenntnis herangezogen hat, um sich dann zunehmend rationalen Überlegungen zu öffnen, stützt sich die letztere ausschließlich auf Erfahrung und Vernunft. So erklärt sich der heutige theologische Zugang nicht zuletzt aus den Festschreibungen religiöser Dokumente, sondern auch aus der die gesellschaftlichen Gegenwartsprobleme analysierenden Christlichen Gesellschaftslehre. Der philosophische Zugang zu ethischen Fragestellungen – vorwiegend ausgehend von den Philosophen der Antike – geht hingegen ausschließlich von einer sich an der Vernunftbegabtheit des Menschen orientierenden Analyse seines Verhaltens und Handelns aus.[34]

Es wurde bereits festgestellt, dass die normative Sichtweise der Ethik im Unterschied zur deskriptiven insbesondere in ihrem universellen Gültigkeits- und Verbindlichkeitsanspruch liegt. Während die deskriptive Form sich auf die Beschreibung und Erklärung moralischen Verhaltens einer bestimmten Gruppe, Gemeinschaft oder Gesellschaft beschränkt, geht die normative Ethik darüber hinaus und beansprucht die grundsätzliche Geltung ihrer Prinzipien für alle Menschen, die sie begründend darstellt – wie dies anhand des obigen Beispiels deutlich wird. Wenngleich dieser Anspruch schwer durchsetzbar erscheint und vielleicht auch nie völlig durchgesetzt werden kann, gilt sie heute als für das einigermaßen geordnete Zusammenleben der Menschen dieser Welt unverzichtbar.

---

34 Vgl. E. Morscher, a.a.O., S. 12f.

Theorien ethischer Grundtypen

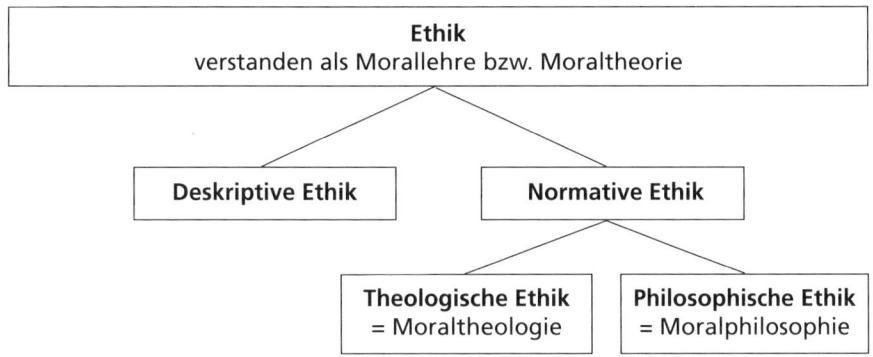

Schaubild nach E. Morscher, a.a.O., S. 14

c) **Die Metaethik**

> Die **Metaethik** hinterfragt, was eigentlich mit Begriffen wie Wert und Norm, gut und schlecht, falsch und richtig gemeint ist und was dann mit einer auf dieser Basis erfolgenden Beurteilung bzw. Bewertung einer Handlung bezweckt wird. Damit verbindet sich im Grunde genommen die eher philosophische Reflexion ethischen Handelns. Es ist eine Sichtweise, die sich gleichermaßen mit der deskriptiven wie auch der normativen Ethik beschäftigt und nach der Abgrenzung moralischer Werte und Handlungsnormen, aber auch nach deren erkenntnistheoretischen, sprachphilosophischen und ontologischen Grundlagen fragt.

Nach *Pieper* könnte man die Metaethik als Wissenschaftstheorie der Ethik bezeichnen, wenn man sie „auf die Struktur der ethischen Reflexion selber sowie auf die Art und Weise bezieht, wie die Ethik über ihren Gegenstand spricht. Diese die ethische Reflexion in kritischer Absicht auf ihren Anspruch und ihre Grenzen hin untersuchende Reflexion ist meta-ethisch im eigentlichen Sinn".[35] *Pieper* differenziert dabei die kontinentaleuropäische Sichtweise von jener des angelsächsischen Sprachraums, indem sie letzterer den Charakter des eigentlich ‚Metamoralischen' zuweist, weil es ihr vielmehr um moralische Begriffe und Wörter wie ‚sollen', ‚dürfen', ‚Pflicht', ‚Gewissen' etc. geht, die als metamoralische Aussagen neutrale und nicht wertende Aussagen über Normen als Tatsachen treffen. Als Beispiel nennt sie:

→ „Unter einem guten Menschen versteht man ... in der Regel jemanden mit den Charaktereigenschaften x, y, z."[36]

Metaethische Aussagen treffen nach *Pieper* keine Behauptungen über die Moral, sondern über wissenschaftlich fundierte ethische Sätze, Theorien und Systeme, die

---

35 A. Pieper, a.a.O., S. 86.
36 Ebd.

beschrieben, analysiert, rekonstruiert, erklärt und unter wissenschaftlichen Gesichtspunkten kritisch beurteilt werden. Da für sie Moral Gegenstand der Ethik ist, ist die Ethik Gegenstand der Metaethik, weil „sie sich in kritischer Selbstanalyse auf ihre methodisch-systematischen Bedingungen hin befragt und ihrer Prinzipien vergewissert".[37]

Manche Autoren verwenden für die Metaethik auch noch die Bezeichnung ‚analytische Ethik', so *Bernhard Schleißheimer*, der (in Anlehnung an den Sprachanalytiker *Ludwig Wittgenstein*) von der Sprache der Ethik ausgeht: „Die Ebene der Metaethik oder (sprach-)analytischen Ethik ist also die metasprachliche Ebene, die Ebene der Reflexion über die Sprache der Ethik. Die (sprach-)analytische Ethik geht von der These aus, dass ein Ethos ausschließlich nur in sprachlicher Form Gegenstand der Reflexion und Beurteilung sein kann, so dass alle Ethik letztlich Sprachanalyse sein müsse."[38]

Vergleicht man beide definitorischen Aussagen, so treffen sie sich im Kern derselben, nämlich darin, dass es sich um sprachlich formulierte Analysen von ethischen Grundsätzen handelt. Dabei geht es nicht um irgendwelche Wertungen oder um das Fällen moralischer Urteile, die man wiederum der normativen Ethik überlässt. Es stellt sich natürlich die Frage, was moralische Urteile sind oder worin eine moralische Wertung besteht? Zudem ließe sich fragen, was das eine Urteil von einem anderen bzw. die eine Wertung von einer anderen unterscheidet?

Scarano sieht in der Beantwortung dieser Fragen die eigentliche Aufgabe der Metaethik:

> „Metaethische Theorien fällen selbst keine moralischen Urteile wie die normativen Ethiken. Sie beschreiben auch nicht, welche moralischen Urteile gefällt werden und welche Rolle moralische Urteile für unser Denken und Handeln spielen, wie die deskriptiv arbeitenden Moraltheorien. Vielmehr setzen sie eine Stufe tiefer an und fragen, was überhaupt unter einem moralischen Urteil zu verstehen ist."[39]

Die Metaethik macht letztlich nur Aussagen – aber keine normativen – über die moralischen Urteile und formuliert Hypothesen über diese. Damit zeigt sie ihren eigentlichen Wissenschaftscharakter und erhebt die Ethik zu einer, wenn auch nicht eigenständigen Wissenschaft.

Eine metaethische Vorgehensweise bedeutet, dass bestimmte in der Ethik verwandte sprachliche Ausdrücke geklärt werden. Das geschieht insbesondere mit der Analyse des Bedeutungsgehalts und dem Herausfinden der logischen Struktur ethischer Urteile.

d) Die Diskursethik

Wenn es nun aber darum geht, der Frage nachzugehen, inwieweit ein moralisches Urteil oder eine moralische Wertung einen gewissen Geltungsanspruch stellen

---
37 A.a.O., S. 87.
38 B. Schleißheimer, a.a.O., S. 21.
39 N. Scarano, a.a.O.

kann, so kann dies nicht allein auf der Basis metaethischer Hinterfragungen von Wert und Norm geschehen – auch wenn es sich bei der Diskursethik teilweise um eine kognitivistische Metaethik handelt. Es geht somit weniger um die inhaltliche Feststellung, als um die durch gestörte Interaktion verloren gegangene soziale Akzeptanz und somit um eine problematisch gewordene Umsetzung bzw. Geltendmachung von für die Lebenswelt notwendigen Erklärungskonzepten, Wertevorstellungen und Normensystemen.

So ging *Jürgen Habermas*, dem die Postulierung einer Diskursethik zugeschrieben wird, davon aus, dass es im Zuge seiner Forderung nach einer stärkeren Demokratisierung aller Gesellschaftsbereiche ein verständigungsorientiertes kommunikatives Handeln geben muss, um zu einem die jeweiligen Betroffenen umfassenden Konsens zu gelangen. Es handelt sich also um ein „Überprüfungsverfahren in einer tatsächlichen Kommunikation", bei dem „alle Betroffenen zu den strittigen Normen Stellung nehmen, ihre Interessen selbst artikulieren, sich in die anderen Betroffenen hineinversetzen und dadurch selbst bestimmte Lernprozesse durchlaufen können, … womit schließlich gewährleistet wird, dass tatsächlich ein unparteilicher, moralischer Standpunkt eingenommen werden kann".[40]

Der von *Habermas* geforderte Austausch von Argumenten dient der Verständigung, der gegenseitigen Respektierung als mündige Personen und einer in einem quasi neomarxistischen Sinne geforderten Gleichheit aller Betroffenen. In seiner erstmals 1983 formulierten Diskursethik spricht er von einem ‚Universalisierungsprinzip' der Diskursethik: „Jede gültige Norm muß der Bedingung genügen, daß die Folgen und Nebenfolgen, die sich aus der allgemeinen Befolgung der strittigen Norm für die Befriedigung der Interessen eines jeden Einzelnen voraussichtlich ergeben, von allen zwanglos akzeptiert werden können."[41]

Nach *Habermas* stellt dieses Prinzip eine ‚Argumentationsregel' dar, die praktisch die Vorgehensweise festlegen soll. Daraus ergibt sich die eigentliche diskursethische Grundannahme:

> Für die **Diskursethik** gilt als Grundannahme, dass jede gültige Norm nur dann die Zustimmung aller Betroffenen findet, wenn diese an einem praktischen diskursiven Prozess teilgenommen haben und aufgrund dessen ein allgemeiner Konsens hergestellt werden kann.

Diese Grundannahme zur Erzielung einer Übereinkunft mittels demokratischer Methoden erinnert an jene Regeln einer fairen Vorgehensweise, wie sie *John Rawls* für die Entwicklung einer sozial gerechten Gesellschaft postuliert hat (vgl. Kap. E, II 2b). Sowohl bei *Habermas* wie auch bei *Rawls* entzündete sich an der Annahme eines solchen real herstellbaren Konsenses Kritik. Dies führte bei ersterem dazu, dass *Habermas* später eine konsensuale Übereinkunft als Ideal begriffen hat. Bei

---
40 Lob-Hüdepohl/Lesch, a.a.O., S. 79.
41 J. Habermas, Moralbewußtsein und kommunikatives Handeln, Suhrkamp Verlag, Frankfurt/Main, 1983, S. 131.

letzterem wurde sie zu einem fiktiven, jedoch für das weitere theoretische Konstrukt notwendigen Prozess erklärt.

e) Vergleichende Zusammenfassung

Es war eingangs dieses Kapitels darauf hinzuweisen, dass es Unterschiede zwischen den Begrifflichkeiten ‚Ethik' und ‚Moral' gibt und sich zudem auch verschiedene Sichtweisen von Ethik entwickelt haben. Im Grunde genommen handelt es sich um zwei verschiedene Argumentationsebenen, wobei manche wissenschaftliche Autoren, wie etwa *Pieper*, die Moral der Aussagenebene erster Ordnung und die Ethik jener der zweiten Ordnung zuweisen. Gemeint ist damit, dass durch die Ebene erster Ordnung ein unmittelbarer Bezug zum Handeln hergestellt wird, während die Ebene zweiter Ordnung lediglich mittelbar zu verstehen ist.[42]

Unter der → **deskriptiven Ethik** versteht man – verkürzt ausgedrückt – die beschreibende Tatsachenfeststellung:

> → In der ehemaligen DDR war die soziale Absicherung ausschließlich Aufgabe des Staates. Die sozialistische Fürsorgepflicht nahm dem Einzelnen jegliche Privatvorsorge ab, so dass er in einem für jedermann gleichen sozialen Sicherungssystem lebte.

Diese Aussage nimmt keine Wertung vor, was Aufgabe der normativen Ethik wäre. Die Metaethik wiederum hätte sich beispielsweise Gedanken über das sozialistische Menschenbild, das Personenverständnis etc. machen müssen.

Moralische Aussagen nehmen Stellung und können sowohl über Einzelnormen wie auch allgemeine Handlungsanweisungen jemanden zu einem verpflichtenden Handeln auffordern Sie haben dann einen wertenden Charakter und zählen zur → **normativen Ethik**:

> → Versteht man die biblischen zehn Gebote als Verhaltenskodex, so ist der gläubige Christ dazu verpflichtet, diese einzuhalten. In ähnlicher Weise gilt dies auch für die vom Staat erlassenen und für den einzelnen Bürger verbindlichen Gesetze.

Auch hier gilt wieder, dass sich die Metaethik Gedanken über die in den Geboten bzw. Gesetzen beinhalteten Begrifflichkeiten und deren Inhalte zu machen hätte, während die deskriptive Ethik das daraus resultierende Verhalten mit möglichen Folgewirkungen beschreiben müsste.

Wenn wir davon ausgehen, dass ethische Aussagen „einen *Maßstab* zur Beurteilung der Moralität einer Moral oder von Handlungsweisen"[43] formulieren, so werden derartige Aussagen von der → **Metaethik** sowohl analysiert wie auch beschrieben:

> → Die Medizinethik verlangt vom handelnden Arzt, dass er sich den Grundsätzen des Hippokratischen Eids verpflichtet fühlt und den Patienten unter Achtung dessen Menschenwürde behandelt.

---

42 Vgl. A. Pieper, a.a.O., S. 88.
43 M. Klopfer, a.a.O., S. 34.

Während die deskriptive Ethik diese Aussage als Tatsache feststellt und ggf. auf Möglichkeiten der Sanktionierung abweichenden Verhaltens hinweist, müsste die normative Ethik, die Bewertung des Handelns des Arztes unter Berücksichtigung der im Hippokratischen Eid beinhalteten Wertvorstellungen vornehmen.

Aus den genannten Beispielen geht eine gewisse unterschiedliche Sichtweise der vorliegenden Fragestellungen hervor, die zugleich eine andere Herangehensweise an die involvierten Problematiken offenbart. Für die Soziale Arbeit bedeutet dies, dass sie sich im Grunde an der normativen Ethik orientiert, ohne aber zugleich die beiden anderen Sichtweisen von vorneherein vernachlässigen zu können. Da die Soziale Arbeit und das allgemeine Soziale Handeln aber an die Vorgaben von Gesellschaft und Staat, an die sozialpolitischen Entscheidungen der jeweiligen Regierung, die sich durch gesetzliche Regelungen, Vorschriften, Anordnungen und sonstige Anweisungen mitteilen, gebunden ist, unterliegen sie quasi der Normierung in ihrem Handeln. Anders ausgedrückt bedeutet dies, dass sie die vorliegenden Normen und Gesetze zu analysieren und entsprechend wertend umzusetzen haben.

2 Typisierung ethischer Begründungslehren und Argumentationsmodelle

Aus dem eben genannten Bezug der Sozialen Arbeit zur normativen Ethik ergeben sich auch die Motivationen, Prinzipien und Ziele, die letztlich ihr Vorgehen bestimmen. Diese wiederum bestimmen – je nach Präferenz – ganz konkrete Begründungs- und Argumentationsmodelle ethischer Formen, die sich als bedeutsam entwickelt und durchgesetzt haben. Dabei soll an dieser Stelle bereits darauf hingewiesen werden, dass die *Grundnormen* der drei Begründungsmodelle

1. Die Berücksichtigung der Folgen des Handelns
2. Das Handeln aus pflichtgemäßer, innerer Einstellung
3. Die Wertorientierung des Handelns

im Sinne einer gleichwertigen Bedeutung für die Soziale Arbeit zu verstehen sind.

a) Die Teleologie

Die Teleologie wird als Lehre von der Zweckmäßigkeit des Handelns verstanden und bringt eine logische Zielbestimmtheit und Zielgerichtetheit zum Ausdruck.[44] Sie drückt eine gewisse Finalität im Handeln aus, indem der Ausgangspunkt, die Ursache des Handelns bereits auf das Endergebnis ausgerichtet ist. Kausalität: also Ursache und Finalität: also Endziel stellen die beiden Seiten bzw. Auffassungsweisen ein und desselben Geschehens oder Handelns dar. Deshalb spricht dieses Begründungsmodell auch von den ‚Zweckursachen', von einem Wirken nach Zwe-

---
44 Die Teleologie leitet sich von dem jeweils griech. *teleios* oder *telos* = Ziel und *logos* = Vernunft ab.

cken und durch Zwecke, womit eine absolute Zielstrebigkeit deutlich erkennbar wird.

Der teleologische Begründungsansatz findet sich bereits bei den griechischen Philosophen des Altertums, wie etwa *Anaxagoras, Sokrates, Platon* oder *Aristoteles*. Letzterer lehrte, dass alles Lebende sein Ziel von Beginn an in sich trägt und das ganze Universum danach strebt, sich in der Erkenntnis des auslösenden Anfangs zu vollenden.

Aus diesem Begründungsmodell leitet sich die → *teleologische Ethik* ab und wird dann als **Erfolgsethik** verstanden:

> **Grundnorm:** Ein Handeln wird erst durch das, was es hervorbringt, sittlich gut!

Als wichtigste Vertreter dieser Begründungslehre zählen neben *Aristoteles* die angelsächsischen Denker *Jeremy Bentham* (1748–1832) und *John Stuart Mill* (1806–1873), die deutschen Philosophen *Immanuel Kant* (1724–1804), *Johann Gottlieb Fichte* (1762–1814), *Friedrich Wilhelm Joseph Schelling* (1175–1854) und *Arthur Schopenhauer*, während *Thomas Hobbes* (1588–1679), *Francis Bacon* (1561–1626) und *René Descartes* (1596–1650) als Gegner und Vertreter einer Lehre vom Unzweckmäßigen (Dysteleologie) gelten.

Der teleologische Begründungsansatz wird auch ‚konsequentialistisch' genannt, da er von Anfang an die Konsequenzen des Handelns berücksichtigt. Er wählt als entscheidendes Kriterium der ethischen Bewertung einer Handlung deren Ziel (= telos), das entweder

1. als *Folge* des Handelns oder
2. durch das *ethische Handeln* selbst

schon erreicht wird.

> → So ist das eigentliche Ziel Sozialen Handelns, *Hilfe* (durch Beratung, Begleitung, Pflege etc.) für die Klientel zu gewähren; dabei ist das erreichte Ergebnis beabsichtigte Folge des Handelns und wird bereits dadurch ethisch wertvoll.

Dem teleologischen Argumentationsmodell rechnet man weitere ethische Theoriemodelle zu:

- den Hedonismus
- den Eudämonismus
- den Utilitarismus

Ohne diese Theoriemodelle weiter auszuführen, sollen dennoch die Kernelemente kurz herausgestellt gestellt werden. Der ‚Hedonismus' meint das Streben nach Genuss als Lebensziel. Er ist der Auffassung, „das menschliche Handeln sei ausschließlich motiviert durch den Gewinn von Lust (= griech. *hedone*) wie auch Freude und die Vermeidung von Unlust".[45] Das bedeutet, dass man eigentlich

---

[45] A. Anzenbacher, a.a.O., S. 22.

nur seinen Genuss zu befriedigen versucht und nur das für gut hält, was einem diese Lust verschafft. Dabei nimmt man keine Rücksicht auf andere Menschen.

Der ‚Eudämonismus' besagt, dass das irdische Glück das Wichtigste im Leben ist. Gut ist das, was glücklich macht. Es gibt verschiedene Ausprägungen des Glücks, beginnend mit der Lust (= Hedonismus) bis hin zur höchsten Stufe, die sich in einer sittlich wertvollen Handlung widerspiegelt. Der griechische Begriff für Glück (= *eudaimonia*) ist das für *Aristoteles* in aller Praxis erstrebte Ziel, „das vollkommene und selbst genügsame Gut", „das Endziel des Handelns"[46].

Beim ‚Utilitarismus' geht es darum, das größtmögliche Glück für eine möglichst große Zahl von Menschen zu erstreben. Gut ist das, was nützlich ist. Ein ethisches Bemühen ist dann sinnvoll, wenn es nach dem Glück für alle als dem größten Nutzen (abgeleitet vom lateinischen ‚*utile*' = nützlich) strebt.

b) Die Deontologie

Die Deontologie geht als Begriff auf *J. Bentham* zurück und gilt als Bezeichnung für seine sowohl die Pflicht wie auch den Eigennutz verbindende utilitaristische Ethik. In der weiteren Entwicklung nannte man all jene ethischen Richtungen, die „die Normativität sittlichen Verhaltens unabhängig von den äußeren Zwecken und Konsequenzen der Handlungen aus der Pflicht ableiten"[47], deontologisch. Somit gilt die Deontologie als → **Pflichtenlehre** (*deon* = das Pflichtgemäße), die Formeln aufstellt, wie man sich richtig, das heißt pflichtgemäß im Sinne der Vollkommenheit zur Bewältigung der Lebensaufgaben verhält.

Die Deontologie wird aber auch als → **Gesinnungsethik**, deren wichtigster Vertreter *I. Kant* ist, verstanden:

> **Grundnorm:** Ein Handeln wird erst durch die innere Einstellung, aus der heraus sie begangen wird, sittlich gut!

Dieses Erklärungsmodell geht von der Behauptung aus, dass die ethische Bewertbarkeit einer Handlung oder eines Verhaltens durch die **Motivation**, die innere Einstellung der Handelnden bestimmt wird. Dabei kommt es auf den ‚guten Willen' an, der sich in der Regel aus der Vernünftigkeit aller Menschen ergibt. Der Anspruch der Allgemeingültigkeit wiederum stützt sich in der deontologischen Ethik auf

- die im Gegensatz zum Tier allgemeine Vernunftbegabung des Menschen
- die Einsichtigkeit bzw. Selbstverständlichkeit ein und desselben formalen
- Moralgesetzes, das die jeweils eigene Vernunft jedem Menschen gibt.[48]

Während, wie oben dargelegt, bei der Teleologie der Wert einer Handlung ausschließlich vom Wert der Folgen dieser Handlung abhängt, ergibt sich diese

---
46 Aristoteles, Nikomachische Ethik I, 1097b 20, nach: A. Anzenbacher, a.a.O., S. 151.
47 Der große Brockhaus, Band 3, Wiesbaden 1978, S. 68.
48 Vgl. H. Baum, a.a.O., S. 49.

Abhängigkeit in der Deontologie ausschließlich aus dem Wert der Handlungsweise, die mittels der Handlung selbst verwirklicht wird.

Gemeint ist damit das innere Handlungskonzept des Handelnden, also die Frage nach dem, was den Handelnden überhaupt erst zum Handeln bringt und mit welcher Einstellung, aus welchem Beweggrund heraus er zum Handeln gelangt? Ein Beispiel soll dies verdeutlichen:

> → Das Handeln in der Sozialen Arbeit resultiert aus der fundamentalen Erkenntnis der Hilfsbedürftigkeit des Menschen und der Einsicht zur grundsätzlichen Hilfsbereitschaft derselben. Ohne eine derartige motivierende Grundannahme ist – ebenso wie aus möglicherweise rein finanziellen Gründen – eine Berufsausübung im Bereich des Sozialen verfehlt.

Folgt man der Argumentation von *Baum*, dass zwar jedes Handeln Folgen nach sich zieht, die Werten entsprechen oder widersprechen, ein bestimmtes Handeln aber durch eine innere Instanz, die eine Gehorsamspflicht herstellt, erst zum richtigen Handeln erklärt – so ließe sich eine Brücke zwischen der Pflichtenlehre zur Gesinnungsethik bauen. *Baum* weist darauf hin, dass ein so verstandenes pflichtgemäßes, das heißt aus der inneren Überzeugung kommendes Handeln selbst dann moralisch gut ist, wenn die durchaus mitbedachten Folgen letztlich andere als die vorausgesehenen sind.[49] Da das menschliche Handeln aufgrund seiner Wesenheit nie immer vollkommen sein kann, kommt es eigentlich nicht auf die Folgen als solche an, sondern darauf, ob bei allem pflichtgemäßen Bedenken die Vermeidung negativer Folgen grundsätzlich bedacht worden ist.

c) Die Axiologie

Die Axiologie (griech. ‚axios' = Wert) wird als Theorie der Werte verstanden und die daraus resultierende Ethik somit als → **Wertethik** oder → **Wertschätzungsethik**. Sie gilt als Theorie der sittlichen Werte, die mit ihrer Ethik sowohl Werte wie auch Unwerte statuiert, und zählt somit zum normativen Grundtypus. Ihre Begründung findet sie darin, dass der Mensch die moralische Verpflichtung hat, „in seinem Handeln den jeweils höchstmöglichen Wert zu berücksichtigen, den er geistig erfühlt hat".[50]

> **Grundnorm:** Werte und die strikte Orientierung an ihnen sind das allgemeingültige Prinzip ethisch guten Handelns!

Die axiologische Ethik hat es mit dem zu tun, welchen Wert die Menschen ihrem Tun und Lassen selbst zuschreiben. Dabei gilt das Wohl und Wehe der Mitmenschen als Objekt des moralischen, wertorientierten Bemühens, ohne damit zwingend einen persönlichen Bezug herstellen zu wollen. Das bedeutet, dass sowohl die innere Einstellung des Handelnden, seine Gesinnung, wie auch das Ergebnis seines

---

49 A. a. O., S. 50.
50 Ebd.

Handelns als Wert – unabhängig von menschlicher Wertschätzung – betrachtet werden.

Die axiologische Ethik wird hauptsächlich von *Edmund Husserl* (1859–1938) im Rahmen seiner ‚phänomenologischen Philosophie'[51] vertreten und gilt als Neuansatz zur Grundlegung einer Ethik in der Gegenwartsphilosophie. Als Grundthese vertreten die Anhänger dieses wertethischen Ansatzes folgende Erkenntnis: *„Wie sich die rational erkennende Wesensschau zur Wesenheit verhält, so verhält sich das irrational erkennende Wertgefühl zum Wert."*[52] Damit wird zum Ausdruck gebracht, dass Werte sich über ein ‚Wertfühlen' erschließen und nicht rational erfassbar sind.

Zudem wird behauptet, dass eine eigene Werte-Welt, die eine hierarchische Ordnung aufweist, existiert. Der Mensch kann, wie bereits betont, aufgrund seiner geistigen Fähigkeiten diese Werte fühlen. Dadurch ist der Mensch zwar moralisch verpflichtet, in seinem Handeln den jeweils höchstmöglichen Wert zu berücksichtigen, wobei aber nach dem Verständnis des Verfassers berücksichtigt werden müsste, dass dies immer nur aus seinem subjektiven Fühlen heraus geschehen kann. Dies erscheint deshalb wichtig zu sein, weil nur dann ein unterschiedliches Wertverständnis und Wertverhalten erklärlich wird und wichtige Ansätze für das sozialpädagogische Arbeiten daraus ableitbar sind.

Dadurch, dass die Fähigkeit des ‚Wertfühlens' im Prinzip jedermann zugesprochen wird, werden Werte

1. als etwas erfasst, was objektiv-real gegeben ist, und
2. zugleich als allgemeingültige Aufforderung zu einem diese Werte respektierenden Handeln

verstanden.

Das bedeutet beispielsweise für die Soziale Arbeit:

> → Die Beratung eines Klienten erfolgt auf der Basis eines Zieles, das mit derselben verfolgt wird. Dieses Ziel stellt zugleich den eigentlichen Wert bzw. das Wertkonzept des Handelns dar, da es letztlich kein soziales Handeln ohne in der Regel allgemeine Wertorientierung geben kann.

Gerade dieses ethische Argumentationsmodell macht deutlich, wie wichtig es für den Sozialarbeiter ist, sich nicht nur in das Denken des Klienten hineinzuversetzen, sondern dass auch immer der Versuch unternommen werden muss, sich in dessen Fühlen hineinzuversetzen. Gefordert ist damit das Vermögen zur Empathie, um dem ganzen Menschen, der die Hilfe des Sozialarbeiters sucht, auch wirklich weitgehendst gerecht werden zu können.

---

51 Die phänomenologische Philosophie versucht, die Wesenheiten und Wesenssachverhalte, wie sie sich aus innerer wie äußerer Erfahrung ergeben, offen darzulegen, um damit das Wesen erkennen zu können. Das Ergebnis wird ‚Wesensschau' genannt. Weshalb man auch von der Phänomenologie als Wesensphilosophie spricht.
52 Anzenbacher, a. a. O., S. 223.

Natürlich existiert eine Fülle weiterer ethischer Begründungstheorien, die sich vorwiegend seit dem 19. Jahrhundert entwickelt haben. So zum Beispiel die ‚intentionalistische' und die ‚nichtintentionalistische' Theorie, denen zufolge der Wert einer Handlung entweder von der Absicht, dem Willen bzw. der Gesinnung des Handelnden oder von den tatsächlich eintretenden Handlungsfolgen abhängig gemacht wird.[53] Da beide Theorien in gewissen Zusammenhängen sowohl mit der Teleologie wie auch der Deontologie gesehen werden müssen, soll hier nicht weiter auf sie eingegangen werden. Hinzuweisen ist jedoch noch auf zwei weitere für das tägliche Handeln wichtigere Erklärungsmodelle ethisch bewertbaren Sozialen Handelns, auf die → *Situationsethik* und die → *Normenethik*:

d) Der situationsbezogene Erklärungsansatz

Die Situationsethik geht davon aus, dass ethisch begründete Entscheidungen allein von der jeweiligen Situation, in welcher eine Person handelt, abhängig sind. Man kann nur aus der Situation heraus und in der konkreten Situation entscheiden, welches Handeln richtig ist. Berücksichtigt werden muss dabei, dass dies keinesfalls zu möglicherweise vorgegebenen Entscheidungen führen kann. Die ethische Bewertung eines Handelns hängt ab:

- von einer konkreten Situation, die sich nicht zu wiederholen braucht,
- von einer bestimmten Person, die nicht immer dieselbe sein muss, und
- von einem bestimmten Handeln, das, von einer bestimmten Person kommend und sich der jeweiligen Situation anpassend, eben auch nicht immer dasselbe sein muss.

> → Eine plötzlich aufgetretene Unfallsituation zwingt zu einem spontanen, aber nicht unüberlegten Handeln, das der spezifischen Unfalllage angemessen sein muss. Dabei richtet sich die Handlungsweise sowohl an den unfallbedingten Gegebenheiten wie auch an den persönlichen Befindlichkeiten der Betroffenen (= helfende und hilfsbedürftige Person) aus.

Anhand dieses Beispiels sieht man, dass in bestimmten Situationen ein konkretes Handeln notwendig wird, es dafür in der Regel eben keine klaren Vorgaben gibt. Es geht darum, mit der Situation so fertig zu werden, dass man sich selbst aber auch nicht von anderen etwas vorzuwerfen hat. Daraus ergibt sich eine gewisse Verantwortlichkeit bzw. Mitverantwortung für das Geschehen in der jeweiligen Situation.

Eine ethisch ‚richtige' Entscheidungsfindung ist oftmals sehr schwierig[54], da die auftretenden Situationen in der Regel sehr komplex sind. *Anzenbacher* meint, dass sie sich nicht immer „glatt" unter Regeln subsumieren lassen, wozu seines Erach-

---

53 Vgl. hierzu A. Anzenbacher, a.a.O., S. 265.
54 Vgl. hierzu Kap. B III, 8.

tens *Kant*, der die Schwierigkeiten unterschätzte, die durch Komplexität und Pflichtenkollisionen entstehen, geneigt hat.[55]

e) Der normenorientierte Erklärungsansatz

Die Normenethik sieht das Handeln ausschließlich an den vorgegebenen Normen orientiert. Es findet eine Normenanwendung ohne Beachtung des konkreten Falles nach dem Grundsatz statt, dass bestehende Gesetze bzw. Vorschriften unbedingt erfüllt werden müssen.

> → Das Beispiel von der Unfallsituation hat gezeigt, wie wichtig die Berücksichtigung des Handelns einer *bestimmten Person* in einer *bestimmten Situation* ist. Ein an der Normenethik orientiertes Handeln hingegen würde sich ausschließlich nach vorgeschriebenen Mustern richten. Der Einsatz der Ersten Hilfe würde in der Regel nach den in dem entsprechenden, für jeden Erwerber eines Führerscheins obligatorischen Erste-Hilfe-Kurs erworbenen Kenntnissen erfolgen und damit unter Umständen zu in dieser Situation unangebrachten Hilfen führen.

Auf die Soziale Arbeit angewandt, wird man sofort erkennen, dass ein derartiges Vorgehen nur sehr bedingt zu empfehlen wäre. Natürlich gibt es im alltäglichen Beratungs-, Betreuungs-, Pflege- oder allgemeinen sozialen Hilfebereich immer wieder Situationen, die sich zumindest äußerlich sehr ähnlich sind. Man wird jedoch stets feststellen können, dass bei näherem Besehen Unterschiede auftreten, die nicht zuletzt an den wechselnden Personen sowohl bei den Helfenden wie auch bei den Hilfsbedürftigen erkennbar werden. Und selbst dann, wenn nur eine der beteiligten Personen eine andere ist, ergibt sich im Grunde schon eine neue Situation. Jeder, der in der Sozialen Arbeit tätig wird, sieht sich zunächst mit Gesetzen und Vorschriften, arbeitsplatzspezifischen Anweisungen und Vorgaben, Empfehlungen und Erfahrungen anderer Personen konfrontiert, die zur Anwendung gebracht werden müssen bzw. aus denen gelernt werden soll. Er wird im Laufe seiner beruflichen Entwicklung zum einen dort darauf zuzugreifen lernen, wo es ihm angebracht erscheint und er wird zum anderen die eigenen Erfahrungen so einzusetzen lernen, wie es der besonderen sozialen Lage einer bestimmten Klientel am besten gerecht wird.

> Man beachte, dass in der Regel sowohl die Situationsanalyse wie auch die Orientierung an bestehenden bzw. vorgegebenen Normen zusammenkommen muss, da
> • Normen ohne Situation leer
> • Situationen ohne Normenorientierung blind
> sind!

---

[55] A. Anzenbacher, a.a.O., S. 69; unter der ‚Komplexität' versteht er Umstände und Kontingenzen, die zu einer Erschwerung der Situationsbeurteilung führen können; mit der ‚Pflichtenkollision' meint er, dass unterschiedliche moralische Prinzipien wie Hilfsbereitschaft und Ehrlichkeit miteinander kollidieren könnten.

III Formen ethischen Handelns in der Sozialen Arbeit

1 Die Tugendethik

Die Tugendethik geht auf *Aristoteles* zurück, wenngleich sie im ‚Neo-Aristotelismus' der 90er Jahre des vorigen Jahrhunderts ihre Renaissance erlebt hat, so dass heute das Reden und Schreiben über Tugenden wieder sinnvoll ist. Der ‚Tugend'-Begriff wiederum leitet sich aus dem althochdeutschen ‚tugund' oder ‚tugan' ab und bedeutet ‚Tauglichkeit' bzw. ‚taugen'. Im lateinischen *virtus* (griech. *arete*) ist ebenfalls die ‚Tauglichkeit' oder ‚Tüchtigkeit' beinhaltet, wobei die Tauglichkeit mehr und mehr als sittliche Haltung des Menschen verstanden worden ist. *Klopfer* drückt dies mit heutigem Verständnis als „die Fähigkeit zu einem wertbestimmten Verhalten"[56] aus.

In seinem die Tugendethik wiederbelebenden Werk „Der Verlust der Tugend" unternimmt *Alaisdair MacIntyre*[57] den interessanten Versuch, eine tugendethische Transformation des Sittlichen in die sozialen Zusammenhänge und Traditionen unserer Zeit vorzunehmen. Er weist darauf hin, dass wir auch heute noch mit den verschiedenen sozialen Rollen der Mitglieder einer Gesellschaft eine bestimmte Tugendhaftigkeit verbinden. Dies lässt sich an der Frage festmachen, was zum Beispiel in einem vorhandenen sozialen Kontext eine ‚gute Mutter', einen ‚guten Freund' oder auch einen ‚guten Staatsbürger' ausmacht. *MacIntyre* definiert Tugend als *„eine erworbene menschliche Eigenschaft, deren Besitz und Ausübung uns im allgemeinen in die Lage versetzt, die Güter zu erreichen, die einer Praxis inhärent sind, und deren Fehlen wirksam verhindert, solche Güter zu erreichen"*.[58]

MacIntyre will damit zum Ausdruck bringen, dass es sich bei den Tugenden um jene Haltungen handelt, die auf die Erlangung bestimmter ‚Güter' abzielen, die für die gesamte Gemeinschaft, die davon betroffen ist, von Bedeutung sind und die sie gemeinschaftlich für sinnvoll und gut halten.

Es kann davon ausgegangen werden, dass das, was inhaltlich die verschiedenen Tugenden ausmacht, sowohl von kulturellen wie auch zum Teil von historischen Gegebenheiten abhängig oder geprägt ist. So mögen die Kulturen jeweils über einen unterschiedlichen Tugendkatalog verfügen, der Inhalt der Tugenden selbst spiegelt aber einen relativ unveränderten Bestand an Werthaltungen wieder.

---

56 M. Klopfer, Lerneinheit Wirtschaftsethik, hrsg. von der Siemens AG, 2. Aufl., München 1994, S. 9.
57 A. MacIntyre, After Virtue. A Study in Moral Theory, 1981 (dt. Der Verlust der Tugend. Zur moralischen Krise der Gegenwart, 1987).
58 A. MacIntyre, a.a.O., S. 255f.; zit. nach A. Anzenbacher, a.a.O., S. 148.

> → So sagt man beispielsweise den Deutschen eine besondere Rechtsgläubigkeit oder auch einen besonderen Ordnungs- und Perfektionssinn nach, während man etwa in den südlichen Ländern Europas viel stärker einen unverkrampfteren Umgang damit feststellen kann.

Mit diesem Beispiel lassen sich Unterschiede in den Werthaltungen deutlich machen, ohne zugleich an einer grundsätzlichen, jeweils durchaus stabilen Wertorientierung Zweifel zu hegen. Der Mensch wird sein Verhalten und die damit verbundenen Entscheidungen nach einer gewissen ‚Tauglichkeit' befragen und dementsprechend handeln. Dies tut er in der Regel nicht bei jeder Entscheidung, sondern auf der durch Erfahrung und Gewohnheit erworbenen Basis relativ stabiler Werthaltungen.

a) Tugendmerkmale

In seiner Nikomachischen Ethik geht *Aristoteles* zunächst der Frage nach, wie eine Tugend entsteht, um sich erst dann damit zu beschäftigen, was sie ist? Bereits mit der Beantwortung der ersten Frage zeichnet sich ab, was für *Aristoteles* Gegenstand der Beantwortung der zweiten, ist: die Tugend wird als Mitte zwischen zwei gegensätzlichen Polen verstanden!

Bei der Suche nach der Antwort auf die zweite, für uns relevantere Frage argumentiert *Aristoteles* wie folgt:

> „Wenn es in der Seele drei Dinge gibt, die Leidenschaften, Fähigkeiten und Eigenschaften, so wird die Tugend wohl eines von diesen dreien sein. Unter Leidenschaften verstehe ich Begierde, Zorn, Angst, Mut, Neid, Freude, Liebe, Haß, Sehnsucht, Mißgunst, Mitleid und allgemein alles, bei dem Lust und Schmerz dabei sind. Fähigkeiten sind jene, durch die wir zu solchen Leidenschaften bereit sind, wie etwa daß wir fähig sind, Zorn, Schmerz oder Mitleid zu empfinden. Die Eigenschaften endlich sind es, durch die wir uns zu den Leidenschaften richtig oder falsch verhalten."[59]

Aristoteles argumentiert nun weiter, dass weder die Tugend noch Schlechtigkeit Leidenschaften sind und man wegen der letzteren weder gelobt noch getadelt wird, „sondern beides nur wegen der Tugend oder der Schlechtigkeit". Deshalb sind beide für ihn auch keine Fähigkeiten. „Denn wir heißen weder gut noch schlecht, weil wir zu irgendwelchen Leidenschaften fähig sind, und empfangen auch nicht deswegen Lob oder Tadel ... Wenn also Tugenden weder Leidenschaften noch Fähigkeiten sind, so bleibt nur, daß sie Eigenschaften sind."

Aristoteles knüpft nun die Eigenschaft einer Tugend an deren Tauglichkeit oder Tüchtigkeit und verdeutlicht dies beispielsweise, dass die Tüchtigkeit (= Tugend!) eines Menschen diejenige Eigenschaft ist, „durch die einer ein tüchtiger Mensch wird und seine Leistung gut vollbringt".[60] Damit hat er zunächst die Frage der

---

59 Aristoteles, Tugend als Mitte, Nikomachische Ethik II, 4–7; zit. nach A. Pieper, Aristoteles, Reihe ‚Philosophie jetzt' (Hrsg. Peter Sloterdijk), Diederichs Verlag, München 1995, S. 127.
60 Aristoteles, a.a.O., S. 128.

Tugend als Gattung beantwortet und versucht anschließend zu klären, welches die Natur der Tugend ist? Er geht davon aus, dass es stets ein Mehr, ein Weniger und ein Gleiches gibt und bezieht dies auch auf das menschliche Verhalten. Das Gleiche nennt er „eine Art Mitte zwischen Übermaß und Mangel". Bezogen auf die ethische Tugend, die sich nach *Aristoteles* mit Leidenschaften und Handlungen befasst, bedeutet dies, dass wir sowohl Übermaß und Mangel wie auch Mitte kennen:

> *„So kann man mehr oder weniger Angst empfinden oder Mut, Begierde, Zorn, Mitleid und überhaupt Freude und Schmerz, und beides auf eine unrichtige Art; dagegen es zu tun, wann man soll und wobei man es soll und wem gegenüber und wozu und wie, das ist die Mitte und das Beste, und dies kennzeichnet die Tugend. Ebenso gibt es auch bei den Handlungen Übermaß, Mangel und Mitte."*[61]

Wenn die Tugend die Mitte und damit das Gute darstellt, so ist ein übermäßiges wie auch ein mangelndes Handeln als schlecht anzusehen. *Aristoteles* musste insofern ausführlich zitiert werden, um zum einen wieder einmal deutlich zu machen, dass in unserer Zeit die Dinge oftmals mehr oder weniger bewusst falsch verstanden werden. So hat der Begriff ‚Mittelmaß' für uns heute einen eher negativen Charakter; Mittelmäßigkeit gilt als schlecht, wenn andrerseits ein gewisser Perfektionismus, ein Übermaß an Leistungsfähigkeit und -erbringung gefordert wird – gemäß dem Wort: ‚Das Bessere ist der Feind des Guten.'

Ein Absolutum an Leistung im Sinne des aristotelischen Übermaßes wird zum Beispiel im Sport durch ein ‚immer schneller, höher und weiter' gefordert. Am Arbeitsmarkt zählt einerseits ein Höchstmaß an Qualifikation, an fachlicher wie auch persönlicher ‚Qualität'; andrerseits wird man nicht selten wegen Überqualifizierung abqualifiziert. Diese Ambivalenz der Forderungen macht es für die Menschen heute schwer, ihren Platz in der Gesellschaft, besonders aber auch in der modernen Arbeitswelt zu finden und zu behaupten. Viele zerbrechen daran und werden zu sozialen Problemfällen, was sie wiederum zu potentiellen Klienten der Sozialen Arbeit werden lässt.

Was also meint *Aristoteles* mit seiner ‚Mesótes-Lehre'[62], der Lehre von der rechten Mitte? Kernbestandteil ist eben darauf hinzuweisen, dass ein Handeln in Extremen ein falsches Handeln ist. Das Extrem eines Handelns kann schon alleine deshalb kein normales Handeln sein, da es einfach nicht immer von jedem, zu jeder Zeit, in jeder Situation erbracht werden kann – und auch nicht muss! Extreme stellen das Außergewöhnliche zum Beispiel durch eine vorübergehende enorme Kraftanstrengung dar. Dies kann sowohl im Sinne einer körperlichen wie auch geistigen Kraftanstrengung verstanden werden. Es wird selbstverständlich immer Situationen geben, in welchen der Einzelne oder auch Gruppen, ganze

---

61 A.a.O., S. 129.
62 griech. *mesótes* = Mitte.

Gesellschaften aufgefordert oder gar gezwungen sind, im Übermaß zu handeln, um zum Beispiel einen vorherigen Mangel wieder auszugleichen.[63]

Daraus ergibt sich die Frage, wie diese Mitte erkannt und erreicht werden kann? Nach *Aristoteles* kann dies nur durch die Vernunft geschehen: „Die Tugend ist also ein Verhalten der Entscheidung, begründet in der Mitte im Bezug auf uns, einer Mitte, die durch Vernunft bestimmt wird und danach, wie sie der Verständige bestimmen würde."[64] Damit ist gemeint, dass ein Handeln aus reiflicher rationaler Überlegung heraus passieren und die Handlungsentscheidung aus der logischen Begründung erfolgen soll. *Hirschberger* interpretiert den aristotelischen Tugendbegriff als „das naturgerechte Handeln des Menschen in seiner Vollkommenheit".[65]

Klopfer ist der weiteren Frage nachgegangen, wie eine selbständige Bestimmung einer Tugend erfolgen kann und ist dabei auf zwei Bedingungen gestoßen:

a) Die *formale* Bestimmung als Mitte zwischen zwei Extremen
b) Die *materiale* oder *inhaltliche* Bestimmung des Zwecks menschlichen Handelns[66]

Er geht in Anlehnung an *Aristoteles* davon aus, dass ein tugendhaftes Handeln nur dann den Menschen glücklich macht, wenn es durch die Vermeidung seelischer Extreme gekennzeichnet ist. Zu denken ist an das jedermann bekannte Wort „Himmelhoch jauchzend – zu Tode betrübt!"

Glück gilt in der Philosophie der Antike als das so genannte „höchste Gut" und wird somit zum eigentlichen Inhalt tugendhafter Handlungen. Natürlich wurde im Laufe der Entwicklungsgeschichte der Ethik das ‚Glück' immer wieder durch andere ‚höchste Güter' ersetzt. So zum Beispiel in der Religion, in der ‚Gott', das ‚Paradies' oder die ‚Seelenruhe' diese Qualität angenommen haben. Uns wird heute nachgesagt, dass wir zum Beispiel ‚Gesundheit', ‚Wohlstand', ‚Reichtum', aber auch ‚Treue', ‚Verlässlichkeit' u. ä. als ‚höchstes Gut' auserkoren hätten. Das heißt, dass der inhaltliche Aspekt menschlichen Handelns durchaus veränderbar und durch ein anderes Gut ersetzbar ist – auch wenn das ‚Glück' nach wie vor einen vielleicht nicht immer offen zugegebenen sehr hohen Stellenwert in unserem Streben einnimmt.

Der formale Aspekt einer Tugendbestimmung kann, unabhängig vom jeweiligen gültigen ‚höchsten Gut', als zeitlose Methode verstanden werden. Hierbei muss jeder selbst herausfinden, wo für ihn die Mitte zwischen den beiden Extremen des Handelns anzusiedeln ist. Hier kann es keine Festlegungen geben, da dies abhängig ist

---

[63] Man denke etwa an die allgemein schlechte Lage Deutschlands in fast allen gesellschaftlichen Bereichen im internationalen Vergleich, die uns zwingt Versäumnisse = Mangel zurückliegender Jahre nunmehr durch eine allumfassende Kraftanstrengung wieder auszugleichen.
[64] Aristoteles, a. a. O.
[65] Johannes Hirschberger, Geschichte der Philosophie, Band I, 12. Aufl., Verlag Herder Freiburg im Breisgau (Lizenzausgabe Komet Verlagsgesellschaft Frechen 1980), S. 232 f.
[66] M. Klopfer, Lerneinheit Wirtschaftsethik, S. 10.

- von einem *bestimmten Menschen*, der
- in einer *bestimmten Situation*

seiner Meinung nach tugendhaft handelt.

Klopfer unterscheidet nun für die Bestimmung einer Tugend zwischen zwei verschiedenen Merkmalskategorien[67]:

I. Als *allgemeine* Merkmale *jeder* Tugend gelten:
 1. die Mitte zwischen zwei Extremen als formaler Aspekt
 2. der Bezug auf ein höchstes Gut als materialer Aspekt
II. Die *besonderen* Merkmale einer *bestimmten* Tugend beziehen sich:
 1. auf eine bestimmte Situation
 2. auf eine bestimmte Person

Verdeutlichen lässt sich diese Art der Tugendbestimmung anhand einer der altgriechischen Kardinaltugenden, der ‚Tapferkeit'. Sie ist zunächst wertneutral zu sehen und bekommt erst dann ihren Platz in der Mitte zugewiesen, wenn man von ihren Extremen der Tollkühnheit und der Feigheit ausgeht. Dabei ist zu berücksichtigen, dass das was unter diesen Extremen verstanden werden kann, zunächst subjektiv ist und jede Person für sich selbst zu entscheiden hat.

→ Für einen geübten Schwimmer kann der Sprung ins Wasser, um einen Ertrinkenden retten zu wollen, eine einfache tapfere Handlung sein; stürzt er sich ohne klare Risikoabwägung hinein, so grenzt dies an Tollkühnheit, unternimmt er jedoch nichts, so obsiegt ggf. die Feigheit. Für den Nichtschwimmer würde der Sprung ins Wasser grundsätzlich an Tollkühnheit grenzen, während sein Unterlassen nur dann feige wäre, wenn er anderweitig helfen könnte, dies aber nicht tut.

Es kann natürlich auch gewisse Vorgaben von anderen oder gesellschaftlichen Instanzen geben, die eine allzu subjektive Einschätzung korrigieren oder ihr gar Einhalt gebieten. So werden zum Beispiel beim Sport oder in der militärischen Ausbildung und Anwendung andere darauf achten, dass es nicht zu Überschätzungen kommt oder aber ggf. bei Unterschätzungen aufmunternd eingreifen.

b) Tugendarten

Da die spezifische Natur des Menschen in seiner Vernunft besteht, die Vernunft aber in Denken und Wollen zerfällt, ergeben sich zwei unterschiedliche Arten von Tugenden:

- die dianoetischen[68] oder Verstandestugenden und
- die ethischen oder Willenstugenden.

---

67 Vgl. Klopfer, a.a.O., S. 11.
68 griech. *diánoia* = Verstand, Vernunft.

Erstere gelten als „die Vollkommenheit des reinen Intellekts"[69]. Zu den Verstandestugenden werden vor allem die Weisheit, die Vernunft, das Wissen oder die Einsicht und Klugheit gezählt, was deutlich macht, dass das menschliche Leben bei *Aristoteles* – wie auch bei *Sokrates* und *Platon* – als vom Intellekt bestimmt aufgefasst wird.

Bei der zweiten Gattung der Willenstugenden handelt es sich um die eigentlichen ethischen Tugenden. Sie haben „den ausdrücklichen Zweck, der Tatsache des Willens gerecht zu werden als einer geistigen Macht, die vom bloßen Wissen grundsätzlich verschieden ist. Die ethischen Tugenden betreffen nämlich die Herrschaft der Seele über den Leib und seine Begierden".[70] *Aristoteles* zählt zu ihnen u. a. Tapferkeit, Selbstbeherrschung, Freigiebigkeit, Hochherzigkeit, Seelengröße, Sanftmut, Wahrhaftigkeit, Gerechtigkeit und Freundschaft.

- Die *dianoetischen Tugenden* werden deshalb als Verstandestugenden bezeichnet, weil sie als der durch rationale Überlegung entwickelten Theorie zugesprochen werden. Dabei teilen sie sich in zwei Gruppen auf: beide sind vernunftorientiert und unterscheiden sich durch einen unterschiedlichen Bezug der Vernunft,
  – einmal auf das, was keine Veränderung durch menschliches Tun zulässt,
  – zum anderen auf das, was durch menschliches Tun verändert werden kann.[71]

Aristoteles zählt zur ersten Gruppe den Intellekt, die Weisheit und die Wissenschaft, während zur zweiten Gruppe all das gerechnet wird, was einem moralisch relevanten Handeln in der Praxis zuzuordnen ist, wie etwa die praktische Vernunft, die als Klugheit gilt. Hinzu kämen noch die Tugenden des ‚Könnens' und der ‚Kunst', die zur (weniger relevanten) ‚poetischen' bzw. ‚technischen Vernunft' gehören.

> Die *dianoetischen Tugenden* legen die Vernunftorientiertheit des Handelns fest!

- Die **ethischen oder Willenstugenden** bestimmen den irrationalen Teil der Seele; sie drücken etwas aus, was oft gegen die Vernunft geschieht. So handelt der Mensch nicht selten wider besseren Wissens bzw. entgegen rationaler Erkenntnisse und Einsichten. Es geht also um das moralisch gute Handeln, wozu uns die ethischen Tugenden befähigen sollen. *Anzenbacher* weist darauf hin, dass uns durch die Gewöhnung an die ethischen Tugenden ein moralisch gutes Verhalten und Handeln praktisch zur zweiten Natur wird. Zudem spielen ‚Neigungen' bzw. ‚Lust' insofern eine wichtige Rolle, weil dann das moralisch Gute „leicht, gerne und mit Freude getan wird".[72]

Wie wir bereits am Beispiel der ‚Tapferkeit' sehen konnten, verbindet sich damit die Einstufung in die richtige Mitte zwischen Tollkühnheit und Feigheit, was

---

69 J. Hirschberger, a.a.O., S. 233.
70 Ebd.
71 Vgl. A. Anzenbacher, a.a.O., S. 141.
72 A.a.O., S. 138.

wiederum deutlich macht, dass es sich um eine Willenstugend handeln muss. Natürlich gilt dann auch grundsätzlich:

> Die *Willenstugenden* legen die rechte Mitte für das Handeln fest!

Für den täglichen Gebrauch ist es nicht einfach zu erkennen, inwieweit das persönliche Handeln durch den Verstand oder durch den Willen bestimmt wird. Weil dies so ist, darf durchaus angenommen werden, dass sich beide Aspekte bzw. Kategorien der Ethik nicht gegenseitig ausschließen, sondern vielmehr ergänzen. Begreift man die Willenstugenden auch als Bestandteil einer Einstellungs- oder Gesinnungsethik sowie die Verstandestugenden als relevante Faktoren für eine Verantwortungsethik, so ergibt sich daraus eine gewisse Bestimmtheit des Handelns, die durch das Trachten nach dem Guten einerseits und dem Erzielen rationaler Sachergebnisse andrerseits gekennzeichnet ist.

Mit den Worten von *Wolfgang Erich Müller*[73] lässt sich zu den Tugendarten folgendes Fazit ziehen:

> Eine Handlung beruht damit auf dem komplexen Zusammenwirken von Vernunft und Willen, so dass das menschliche Verhalten die mannigfaltige Wirklichkeit sich aneignen und durch den Willen zu einer Vollendung bringen kann. So entsteht aus dem Zusammenwirken von Vernunft und Willen die Moralität.

Die Soziale Arbeit sieht sich häufig mit Problemen konfrontiert, die aus einem vermeintlichen Widerspruch von einem willentlichen Handeln, das jeglicher Vernunft entbehrt, resultiert.

- So ist dem Jugendlichen, der gegen das Gesetz verstoßen hat, in der Regel sein Fehlverhalten bewusst;
- der Drogenabhängige weiß im Allgemeinen von seiner Gesundheitsgefährdung;
- die verschuldete Familie erkennt zumeist die damit verbundene Gefahr der Ausweglosigkeit;
- der gewalttätige Schüler handelt so, obwohl ihm die Folgen weitgehend bewusst sind.

c) Kardinal- und sonstige Tugenden

Aristoteles fußt in Vielem auf *Platon* (427–348 v.Chr.), dessen Theorie von den Kardinaltugenden die weitere Entwicklung der Tugendlehre maßgeblich beeinflusst hat. *Platon* hat in seinem Dialog „Menon oder Über die Tugend" ein wohl eher fiktives Gespräch zwischen *Menon* und *Sokrates* als Übungsstück für die Mitglieder der kurz zuvor neu gegründeten Akademie aufgezeichnet, in welchem es sowohl um die Frage nach dem Wesen der Tugend wie auch nach deren Lehrbarkeit geht. Dabei kommt er zunächst – nach Überlegungen, ob sie vielleicht

---

73 Wolfgang Erich Müller, Argumentationsmodelle der Ethik. Positionen philosophischer, katholischer und evangelischer Ethik, Verlag W. Kohlhammer, Stuttgart 2003, S. 52.

geübt werden kann oder ob sie dem Menschen möglicherweise von Natur aus zueigen ist – zu dem Schluss, dass Tugend Wissen und somit lehrbar ist. Allerdings relativiert sich diese Erkenntnis gegen Ende des Dialogs wieder, wenn *Sokrates* resümierend feststellt:

> *„...Wenn wir aber jetzt in unserer Untersuchung richtig verfahren sind und die Wahrheit gesagt haben, dann dürfte die Tugend wohl weder ein Naturgeschenk noch lehrbar sein, vielmehr durch göttliche Schickung denen innewohnen, die ihrer teilhaftig sind,..."* Kurz darauf betont er nochmals: *„Dieser Darlegung zufolge, mein Menon, wird die Tugend also denen, welchen sie innewohnt, durch göttliche Schickung zuteil..."*[74]

Müller weist darauf hin, dass es im Grunde ‚die' Tugend bei *Platon* nicht gibt, „dafür aber *viele* Tugenden, die für die jeweilige Person in Relation zu ihren entsprechenden Aufgaben gelten"[75], so dass es auch keinen Allgemeinbegriff ‚der' Tugend geben könne.

In jenem Dialog nennt *Menon* nun mit der „Tapferkeit", der „Besonnenheit", der „Weisheit" und mit dem „Mut" Begriffe, die er zur Tugend zusammenfasst und die heute als die Kardinal- oder Grundtugenden gelten. Dabei ist zu berücksichtigen, dass im weiteren Entwicklungsverlauf anstelle des Mutes die ‚Gerechtigkeit' als die vierte Kardinaltugend genannt wird. Wenn *Menon* diese Begriffe zur Tugend zusammengefasst hat, so spiegelt dies lediglich die Annahme der antiken Philosophie wider, dass alle Tugenden in einem inneren Zusammenhang stehen, aus sich selbst hervorgehen bzw. sich quasi gegenseitig bedingen. So geht *Klopfer* beispielsweise davon aus, dass der Ungerechte oft auch als unbeherrscht oder feige erlebt werde und es einer Art ‚Zentralinstanz' bedürfe, durch die alle Tugenden ihre jeweilige rechte Mitte zugeordnet bekommen. Er entnimmt der antiken Philosophie die Klugheit und weist ihr diese Funktion zu: „Ein Mensch, der nicht gelernt hat, in dieser Weise klug zu handeln, verfehlt demnach alle Tugenden und handelt in allen Lebenslagen sittlich falsch."[76]

> Als **Kardinaltugenden *Platons*** werden die Weisheit, die Tapferkeit, die Besonnenheit und die Gerechtigkeit genannt. In der Literatur sind auch abweichende Begriffe geläufig, zum Beispiel für erstere die Vernunft, für die zweite das Mutartige und für die dritte die Mäßigung; in der Regel kehrt die Gerechtigkeit als vierte Tugend unverändert wieder.

- Die **Weisheit** nimmt, wenn sie als **Vernunft** verstanden wird, für den geistigen Bereich des Menschen den höchsten Rang ein, denn sie ist in der Lage, das *wahre Gute* bzw. die *Idee des Guten* ‚mit den Augen des Geistes' zu schauen.[77] Die zur Tugend der Weisheit gewordene Vernunft kann als übergeordnete Kraft verstanden werden, die die anderen sinnlichen Teile der Seele leitet und ordnet.

---

74 Platon, Menon oder Über die Tugend 99+100; in: Rafael Ferber, Platon, Reihe ‚Philosophie jetzt!' (Hrsg. Peter Sloterdijk), Diederichs Verlag, München 1995, S. 167 f.
75 A. a. O., S. 35.
76 Klopfer, Lerneinheit Wirtschaftsethik, S. 11.
77 A. Anzenbacher, a. a. O., S. 139.

Allgemein wird die Weisheit als das Wissen verstanden, das sich aus Erfahrung und Lebensklugheit gebildet hat. Nicht zuletzt deshalb spricht man älteren, erfahrenen Menschen den Besitz dieser Tugend zu und hat sie von der Antike bis in die Gegenwart in den Kreis der Weisen, zum Beispiel heute als politische Berater der ‚Wirtschaftsweisen', berufen. In gewisser Abweichung davon subsumiert man mit der Vernunft eine Art der Besonnenheit, der Einsicht, des Denkvermögens und der Intelligenz. Dies umfasst das Vermögen der Ideenbildung und die Fähigkeit, die Dinge und Geschehnisse in ihrem inneren und äußeren Zusammenhang zu begreifen.[78] Gerade Letzteres unterscheidet die Vernunft vom Verstand, der allgemein als die Fähigkeit des richtigen Erkennens und Beurteilens gesehen wird und der philosophisch das zergliedernde, begrifflich ordnende, schlussfolgernde und erklärende Denken bedeutet.

Versucht man diese Tugend als eine der richtigen Mitte zu sehen, so müsste das eine Extrem als ‚Besserwisserei', das andere als ‚Ignoranz' verstanden werden.

- Die **Tapferkeit** oder das **Mutartige** bezieht sich auf das wahre Gute, das auch bei bestehenden Schwierigkeiten oder Hindernissen erzielt werden soll. Der Mensch strebt eine bestimmte Sache an, da er sie (unbedingt) haben möchte. Es ist für ihn nun sehr wichtig, einen Weg zu finden, der seinem Begehren gerecht wird. Er wird sich also, der Vernunft gehorchend, befleißigen müssen, sein Ziel ohne in Extreme zu verfallen erreichen zu können. Um den richtigen Weg zu finden hilft ihm zum einen die Erfahrung und Lebensklugheit, zum anderen die Tugend der Besonnenheit, die ihm ein mäßigendes Verhalten vorgibt.

- Die **Besonnenheit** oder **Mäßigung** als Tugend macht für das Handeln und Verhalten den Einsatz aller Sinne erforderlich; es geht darum, sich auf das zu besinnen, was einem die Klugheit und die Lebenserfahrung an für die bestehende Situation relevanten Erkenntnissen vorgeben. Bei Berücksichtigung derselben wird man sich in aller Regel zurückhalten und eine vorschnelle Handlung bzw. Entscheidung zu vermeiden wissen. Die Besonnenheit setzt sich der Ungeduld und einem ggf. ungestümen Vorgehen entgegen.

Die Besonnenheit stellt lt. Brockhaus eine Einstellung dar, die den Einfluss der Vernunft auf die Richtung des Handelns sichert.[79] Das will heißen, dass der Mensch als vernunftbegabtes Wesen immer unter Einsatz seiner Sinne handeln müsste und extreme Handlungsweisen von vornherein eigentlich gar nicht vorkommen dürften. Da man aber immer mit der Unvernünftigkeit nicht nur des jungen, noch weniger erfahrenen Menschen rechnen muss, kommt es eben zu extremen Handlungsweisen.

Als extreme Formen der Besonnenheit sind einerseits die Unbesonnenheit bzw. Unvernünftigkeit und zum anderen die Leichtfertigkeit oder ein ungestümes Vorgehen zu erkennen.

- Die **Gerechtigkeit** schließlich ist dann gegeben, wenn jeder der als Triebkraft des Handelns zu verstehende ‚Seelenteil' über die zuvor genannten Tugenden „das

---

78 Vgl. hierzu: „Der Große Brockhaus", Band 12, Wiesbaden 1981, S. 80.
79 Vgl. hierzu: „Der Große Brockhaus", Band 2, Wiesbaden 1978, S. 78.

Seine tut und nicht vielerlei treibt".[80] Das heißt, dass dann ein in sich gerechtes und damit tugendhaftes Handeln des Menschen zustande kommt, wenn jede der anderen Tugenden vernunftgemäß eingesetzt wird. Damit wird die Gerechtigkeit bei *Platon* zum Grundwert, der sich aus allen anderen Tugenden ergibt. Dieser Zusammenhang wird vielfach nach Auffassung des Verfassers dahingehend falsch verstanden, indem man die Gerechtigkeit als Ausgangs- und nicht als Endwert sieht.

Als gerecht wird im Allgemeinen ein Handeln empfunden, das jedem *sein* Recht gewährt; es ließe sich auch sagen, dass das gerecht ist, was dem jeweils geltenden Recht entspricht. Damit würde man jedoch den Gerechtigkeitsbegriff zu eindimensional auf die seit *Thomas von Aquin* vorherrschende Überlieferung verkürzen und der modernen Interpretation von der Einhaltung der Gesetze (= ‚iustitia legalis') das Wort reden. Bei dieser Sichtweise geht es im Grunde darum, dass einem selbst Gerechtigkeit widerfährt, man also *sein* Recht bekommt.

Die Tugend der Gerechtigkeit wendet sich aber über das eigene Handeln und Verhalten eben wesentlich dem anderen, dem Mitmenschen, zu. Damit ist in der Interpretation des Tugendbegriffs seit der Antike bis in unsere Zeit ein Perspektivenwechsel eingetreten, der schließlich auch zu einer stärkeren Ich-Bezogenheit im Denken und Handeln geführt hat. In Abwandlung des berühmten, bereits angesprochenen Wortes des früheren amerikanischen Präsidenten *John F. Kennedy*[81] ließe sich sagen, dass man nicht danach fragen sollte, welche Gerechtigkeit einem andere in ihrem Handeln entgegenbringen sollen, sondern danach, wie gerecht ich anderen mit meinem Handeln werden kann.

Fragt man nach den beiden extremen Gegenpositionen der Gerechtigkeit, so ließe sich heute einerseits die Ungerechtigkeit, als das nennen, was dem Anderen als Mensch und Person unter Missachtung bestehender Gesetze nicht gerecht wird; andrerseits wäre die reine Rechtsdurchsetzung, ohne Berücksichtigung der Verhaltensdispositionen des Anderen, der blanke Versuch absolute Gerechtigkeit dem geltenden Gesetz entsprechend herstellen zu wollen.

---

80 Platon, Der Staat IV, 433 a.
81 „Ask not what your country can do for you – ask what you can do for your country!" John F. Kennedy als 35. Präsident der Vereinigten Staaten von Amerika (1961–1963) in seiner Inaugural-Rede im Januar 1961.

> Die **Kardinaltugenden** Platons zielen auf ein moralisch unbedenkliches Handeln gegenüber dem anderen ab, indem es durch ein den Tugenden entsprechendes Verhalten zu einem inneren vollkommenen Gleichgewicht der ‚Seelenteile' kommt, das sich in einem vernunftorientierten, überlegten und aus der Erfahrung ergebenden Vorgehen zeigt!

Die **Tugenden** entsprechen bei *Aristoteles* im Wesentlichen jenen *Platons*, spiegeln aber aufgrund ihrer wesentlich höheren in der Fachliteratur unterschiedlich angegebenen Zahl eine vertiefende Nuancierung in der Erweiterung wider. Dies kommt dadurch zustande, dass er zwischen den dianoetischen (= theoretischen oder Verstandestugenden) und den ethischen (= praktischen oder Willenstugenden) Tugenden unterscheidet.

So zählt er zu den *Verstandestugenden* die ‚Klugheit', die ‚Einsichtigkeit', die ‚Vernunft', die ‚Weisheit' und die ‚Wissenschaftlichkeit'. Bei diesen Tugenden orientiert sich der Mensch an der ihm innenwohnenden Vernunft, die ihm die richtigen Mittel und Wege für sein Handeln vorgibt.

Die Tugend der **Vernunft** teilt *Aristoteles* in zwei Gruppen ein: einmal begreift er sie als eine theoretische Kategorie, die sich auf das bezieht, was keine Veränderung durch menschliches Handeln zulässt, zum anderen bezieht sie sich auf das, was durch das Tun verändert werden kann. Dort, wo nichts verändert werden kann, findet sich auch die quasi ‚theoretische' Vernunft im Sinne der **Weisheit**, als das Wissen um das ‚von Natur aus Würdigste' und die **Wissenschaft**[82], die sich aus diesem Wissen ableitet. Schließlich erlangt man durch die Weisheit die höchste Glückseligkeit. Dort, wo sich eine Veränderung ergibt, findet sich die aus der ‚praktischen' Vernunft resultierende **Klugheit**. Diese wird häufig als Gesamtheit des menschlichen Erkenntnisvermögens begriffen; sie gilt als Inbegriff sittlicher Mündigkeit und Freiheit, als Ursache, Wurzel, Maß, Richtschnur aller Tugenden.[83] Zu dieser Gruppe werden auch die sich aus der ‚poetischen' bzw. ‚technischen' Vernunft kommenden Tugenden des technischen und ästhetischen Könnens und der Kunst abgeleitet, auf die nicht weiter eingegangen werden soll. Wendet man sich noch der **Einsichtigkeit** zu, so ist damit das Erkennen eines Problemzusammenhangs und dessen innerer Struktur gemeint; diese wiederum kann sich aus dem Zusammenwirken der zuvor genannten Tugenden ergeben.

Dem stehen die *Willenstugenden* gegenüber, die den irrationalen Teil des Menschen, seine Triebe und Affekte, bestimmen – letztlich aber wieder durch die Vernunft in Zaum gehalten werden. Zu diesen eigentlichen ethischen Tugenden zählt er wie schon *Platon* die ‚Tapferkeit', die ‚Mäßigung' bzw. ‚Besonnenheit' und auch die ‚Gerechtigkeit'. Hinzu kommen die ‚Großzügigkeit' bzw. ‚Freigebigkeit' und die ‚Hochherzigkeit', die ‚Hochsinnigkeit', der ‚gesunde Ehrgeiz' und die ‚Sanftmut', die ‚Aufrichtigkeit' oder ‚Wahrhaftigkeit', die ‚Artigkeit' und die

---

82 Vgl. A. Anzenbacher, a.a.O., S. 141.
83 Vgl. hierzu Josef Pieper, Das Viergespann. Klugheit, Gerechtigkeit, Tapferkeit, Maß, Kösel Verlag, München 1998; oder ders., Über die Tugenden. Klugheit, Gerechtigkeit, Tapferkeit, Maß, Kösel Verlag, München 2004.

‚Freundlichkeit'. Zudem werden in der Literatur Begriffe wie Hilfsbereitschaft, Toleranz, Seelengröße, Höflichkeit, Einfühlsamkeit, vornehme Ruhe, gerechte Empörung, gesellschaftliche Gewandtheit, Ehre, Freundschaft und Würde in vielfach begrifflicher Abwandlung genannt.

Unter Ausklammerung der sich hier wiederholenden Kardinaltugenden sollen die wichtigeren der anderen bei *Aristoteles* genannten Willenstugenden jeweils ein kurze Erläuterung erfahren. Nimmt man die **Großzügigkeit** oder auch Freigebigkeit und die **Hochherzigkeit**, so verbindet sich damit eine Haltung, die sich nicht in der Beschäftigung mit allen Kleinigkeiten eines Handelns und Verhaltens erschöpft, sondern eher darüber hinwegsieht und die großen Zusammenhänge erkennt. Zudem gibt man dem anderen, ohne aufzurechnen. Geht es um Geld und Besitz, so zeigen sich Großzügigkeit und Hochherzigkeit zwischen Verschwendung und Geiz bzw. zwischen Großtuerei und Engherzigkeit angesiedelt.

Handelt es sich um das Ansehen, die Würde und Ehre einer Peron, so gelten die Tugenden des **Ehrgeiz**es, der **Hochsinnigkeit** und der **Sanftmut**. Gemeint sind damit spezifische Eigenschaften des Menschen, die in ihrer gesunden Ausprägung die Persönlichkeit prägen. Jede Form der Übertreibung egal in welche Richtung bedeutet letztlich einen Persönlichkeitsverlust, der von der Lächerlichkeit bis hin zu Ablehnung führen kann. So steht der gesunde Ehrgeiz sowohl im Gegensatz zu seinem übertriebenen wie auch unterentwickelten Extrem. Der aufgeblasene Hochmut erscheint genauso unliebsam zu sein, wie das Handeln aus niederen Beweggründen; dagegen verleiht eine Haltung, die hohen Sinnes ist – die quasi nur das Positive, das Gute, das Ehrwürdige im Sinn hat – dem Menschen den eigentlichen Stellenwert in Ehre und Würde. Ähnlich verhält es sich mit der Sanftmut. Sie kann bei einem Zuviel als allzu große Friedfertigkeit und damit genauso als Schwäche ausgelegt werden, wie wenn sie sich ins Gegenteil der Streitbarkeit und Rücksichtslosigkeit verkehrt.

Schließlich sind da noch jene Tugenden, die in der Kommunikation mit anderen eine besondere Rolle spielen. Nehmen wir die **Wahrhaftigkeit** oder Aufrichtigkeit, so sind dies Eigenschaften, die heute sowohl im gesellschaftlichen wie auch im politischen Bereich in hohem Maße erwartet werden – und dies gerade deshalb, weil sie eben so selten anzutreffen sind. Bei der Wahrhaftigkeit geht es ganz wesentlich darum, dass man seine eigenen Aussagen aus den persönlichen Überzeugungen heraus entwickelt und sich dann auch an diese hält. Richtig angewandt verleihen sie einem das Gefühl aufrecht gehen zu können, ohne sich oder etwas verstecken, verheimlichen zu müssen und jedermann in die Augen sehen zu können. In ihrer übertriebenen Form kann die Wahrhaftigkeit zur verbissenen Wahrheitsliebe, zu einem absoluten Wahrheitsanspruch führen, während das andere Extrem in die Unglaubwürdigkeit, in die Lüge führt.

Wenden wir uns noch der **Artigkeit** und der **Freundlichkeit** zu. Beide Tugenden nehmen beim kommunikativen Umgang mit anderen Menschen ihren besonderen Platz ein. Schon das Kind lernt von früh auf, sich ‚artig' gegenüber anderen zu verhalten, Anstand und Freundlichkeit zu zeigen, sich selbst zurückzunehmen und der Situation unterzuordnen. Der artige Mensch ist aber nicht nur der Mensch, der sich den gesellschaftlichen Gepflogenheiten anpasst und ggf. auch unterordnet, er sollte auch der sein, der seine spezifische Art des Verhaltens und Handelns anwendet und freundlich, also wohlwollend und aufgeschlossen dem anderen gegenübertritt. Der ‚artige' Mensch ist weder der wenig selbstbewusste, vielleicht gar verschüchterte Mensch, der dies durch Possenschneiderei zu überdecken versucht, noch derjenige, der sich nichts traut und Steifheit zeigt, sondern er ist genau der, wie es seiner ‚Art' entspricht. Je unbefangener der Mensch einem anderen gegenübertritt, desto freundlicher ist er in der Regel. Er wird dies als richtige Mitte seines Verhaltens verstehen, solange ihm die Bezugsperson ebenfalls in neutraler Weise begegnet. Flüchtet man sich entweder in Unfreundlichkeit oder in eine übertriebene, scheinheilige Überfreundlichkeit, so stellt dies zumeist eine Reaktion auf das Verhalten der anderen Person dar.

Betrachtet man die in der Literatur in unterschiedlicher Weise bei *Aristoteles* herausgefilterten Tugenden und versteht man diese als spezifische Verhaltenseigenschaften des Menschen gegenüber den Mitmenschen, dann wird man erkennen können, dass sie nach wie vor gültige Handlungs- bzw. Verhaltensanweisungen darstellen können, die heute eigentlich notwendiger denn je sind. Dadurch aber, dass die zurückliegenden Jahrzehnte zunächst eine deutliche Abkehr von tugendethischen Unterweisungen vordringlich in der Schule, aber nicht zuletzt auch zu Hause im Rahmen der Erziehung gezeigt haben, ist eine gesellschaftliche Situation entstanden, die eher zum Gegeneinander als zum Miteinander geführt hat. Die Korrekturen dieser Entwicklung haben auch zur Wiederbelebung der Tugendlehre geführt.[84]

> *Platon* versteht **Tugenden** im Sinne einer Seelenkraft, die somit Eigenschaften sind, welche von innen heraus mit dem Ziel durch ein tugendhaftes Handeln im Einklang mit der Natur leben zu können, wirken. *Aristoteles* geht davon aus, dass man sich die Tugenden dadurch erarbeitet, indem man sie anwendet. Tugenden gelten für ihn als Fertigkeiten, die man durch das eigene von der Vernunft gelenkte Tun mittels Einübung erwirbt. „Darum werden uns die Tugenden weder von Natur noch gegen die Natur zuteil, sondern wir haben die natürliche Anlage, sie in uns aufzunehmen, zur Wirklichkeit aber wird diese Anlage durch Gewöhnung." (aus: Nikomachische Ethik II)

Thomas von Aquin verbindet in seiner Normenethik die christliche Tradition mit dem tugendethischen Denken der griechischen Philosophen und schafft mit den drei religiösen, direkt auf Gott bezogenen und deshalb *göttlichen Tugenden* **Glaube**, **Hoffnung** und **Liebe** eine Dreiheit, die man durchaus als Kardinaltugenden des gläubigen Christen verstehen kann. Diese auch *theologische Tugenden* genannten Eigenschaften werden dem Menschen durch die Gnade Gottes geschenkt und

---

[84] So wurde in den letzten Jahren in den Schulen einzelner Bundesländer wieder die Unterrichtung ethischer Lehrinhalte eingeführt, die u. a. auch das tugendhafte Verhalten gegenüber anderen und die Vermittlung spezifischer Anstandsregeln beinhalten.

sollen die moralischen Tugenden ergänzen und vervollkommnen.[85] Vielfach werden sie den vier Tugenden *Platons* hinzugezählt und zu den eigentlichen sieben Kardinaltugenden erklärt.

Der Ursprung dieser Tugenddreiheit liegt bereits in der Bibel, wo es heißt: *„Nun aber bleibt Glaube, Hoffnung, Liebe, diese drei..."*[86]. Zumeist wird diese Bibelstelle dahingehend falsch wiedergegeben, dass man den Plural angibt: „Nun aber bleiben..." Der in der biblischen Originalstelle gebrauchte Singular lässt sich als Hinweis interpretieren, dass die drei genannten Begriffe als Einheit verstanden werden sollen, da sie aus christlicher Sicht und auf Gott abzielend nur in ihrer Zusammengehörigkeit einen wahren Sinn ergeben.

Schließt man sich dieser Sichtweise an, so kann man durchaus eine gewisse Abfolge im Sinne einer Steigerung annehmen. Als Grundvoraussetzung gilt der Glaube an Gott, der einem Hoffnung macht auf die ewige Liebe. Es ist der ‚rechte' (= richtige) Glaube, der die Hoffnung auf ein ewiges Leben aufrecht erhält. Säkularisiert man diese Interpretation und überträgt sie auf das Zusammenleben in der modernen globalisierten oder auch multikulturalisierten Gesellschaft, so könnte es zunächst der Glaube an das Gute im Menschen, an seine unverletzliche Würde, an seinen rechtlichen Gleichheitsanspruch sein, der die Hoffnung auf ein Miteinander in Frieden, gegenseitiger Achtung und Würdigung weckt, und schließlich in eine der Nächstenliebe gleichende Wertschätzung führt, die jegliche Feindschaft ausschließt.

Dass dieses Bild eher einer Utopie denn der politischen Wirklichkeit in unserer Zeit entspricht, zeigen uns die täglichen Nachrichten aus aller Welt, die von einer wohl gegenteiligen Entwicklung berichten. Umso notwendiger aber auch problematischer zugleich erscheinen die politischen bis militärischen Anstrengungen eine friedliche, geeinte Welt schaffen zu wollen.

Es ist der Glaube an den Menschen, der einen darauf hoffen lässt, dass es mit viel Einfühlungsvermögen und Zuwendung im Sinne der Nächstenliebe gelingen kann, auch einer schwierigeren Klientel in der Sozialen Arbeit helfen zu können.

Die *bürgerlichen Tugenden* werden im Grunde nicht mehr als echte Tugenden begriffen; sie gelten als Sekundärtugenden, die sich aus den Primärtugenden entwickelt haben.

Ausgangspunkt ist das Bürgertum des 19. Jahrhunderts, das eigene Wertmaßstäbe des Handelns entwickelt. Es ist die Zeit des sich aus der Industriellen Revolution der zweiten Hälfte des 19. Jahrhunderts herausbildenden industriellen Unternehmertums, des entstehenden kapitalistischen Wirtschaftssystems, aber auch eines prosperierenden Bürgertums, dessen Einfluss auf die gesellschaftliche Entwicklung umfassend und nachhaltig ist. Zugleich prägen die Erfordernisse der

---

85 Im Übrigen setzt sich Thomas auch mit der Tugendlehre des Aristoteles auseinander und erhebt die ‚Klugheit' zur Kardinaltugend der praktischen Vernunft, die ‚Gerechtigkeit' wird zur Kardinaltugend des Willens, während er die ‚Tapferkeit' und die ‚Mäßigung' dem Mutartigen und dem Begehren zuordnet. (vgl. Anzenbacher, a.a.O., S. 144).

86 Der Apostel Paulus im 1. Brief an die Korinther 13. Kapitel, Vers 13.

industriellen Massenproduktion, der Ansiedlung hunderttausender von Menschen in den Städten und in den entstehenden industriellen Ballungsräumen, der Veränderung von Familienstrukturen, einer Bevölkerungsexplosion bei zunehmender Verelendung, die Verhaltens- und Handlungsweisen der Menschen der Zeit.

Es werden neue Einstellungen, Haltungen und Verhaltensweisen notwendig, um das Zusammenleben im privaten wie auch im Arbeits-Bereich relativ reibungslos gestalten zu können. Es kommt zur Entstehung von quasi ‚bürgerlichen Kardinaltugenden' wie Ordnung, Fleiß, Sauberkeit und Pünktlichkeit. Diese Tugenden besitzen auch heute noch ihre große Bedeutung, auch wenn es den Anschein hat, dass sie nicht mehr in ihrer einstigen Absolutheit gesehen werden können. Sowohl ihr Anspruch wie auch ihre Akzeptanz und ihre Durchsetzung haben sich im Laufe der letzten Jahrzehnte relativiert.

- Nehmen wir als erstes die **Ordnung**, so wissen wir alle, welche prägende Bedeutung diese Tugend hat, da sie uns als Aufforderung bereits von Kindesbeinen an recht bekannt ist. Wir haben uns immer einzuordnen, gar unterzuordnen, rangieren ggf. beruflich wie privat an übergeordneter Stelle. Wir haben Ordnung zu schaffen, im eigenen Zimmer bzw. in der eigenen Wohnung, am Arbeitsplatz – in unserem Leben. Schließlich haben wir auch für Ordnung zu sorgen, die andere betrifft, aber doch alle berührt, wie etwa in der Schulklasse, in der Wohngemeinschaft, in der Mitarbeiter- und Kollegenschaft, in der Gesellschaft etc. – in unserem Sozialverhalten.

Überall dort, wo Menschen zusammenleben, ist eine gewisse Ordnung notwendig, um nicht ins Chaos zu gelangen. Und dennoch gilt es auf die beiden Extreme zu achten, damit Ordnung richtig verstanden und praktiziert wird. Übertreibt man es mit der Ordnung, so kann es zu einer Penibilität kommen, die als spießig empfunden wird; untertreibt man es, so kann dies zur Unordnung führen, die vielleicht noch für den Einzelnen erträglich sein mag, gesellschaftlich aber chaotische Zustände herbeizuführen vermag.

Wir alle haben uns an Ordnungen, an geregelte Abläufe zu gewöhnen, sei es in der Familie, in der Schule, am Arbeitsplatz oder in der Gemeinschaft mit anderen Mitbürgern. Würden wir dies nicht oder nur unzureichend tun, so würde man damit das Gemeinschaftliche, den normalen Ablauf gemeinsamen Lebens stören.

- Es bleibt unbestritten, dass von den Menschen seit jeher ein gewisser Einsatz ihrer Kräfte, somit **Fleiß** gefordert worden ist, um etwas bewerkstelligen, bewegen, fortentwickeln, oder um sich ganz einfach am Leben halten zu können. Schon die Jäger und Sammler der Frühzeit mussten sich anstrengen, damit sie sich und ihre Familie versorgen konnten. Die Sklaven und Unfreien des Altertums schufteten für ihre Herren, die Untertanen im Mittelalter für die adligen und die kirchlichen Fürsten, die ausgebeuteten Arbeiter des 19. Jahrhunderts für den kapitalistischen Unternehmer.

Da die gesellschaftliche Entwicklung zunehmend die Arbeit als solche veränderte und damit auch neue Arbeitsverhältnisse hervorgebracht hat, entwickelte sich eine direkte Korrelation zwischen Arbeitsleistung und Entgelt. Die bürgerliche Redewendung „*Ohne Fleiß kein Preis!*" vermag dies sehr deutlich zum Ausdruck zu bringen. Sie dient auch heute noch als Ansporn, führte zur leistungsbezogenen (= fleißorientierten) Entlohnung und zeigt sich wieder verstärkt durch die Einführung von Lohnzuschlägen und Leistungsprämien für den Arbeitnehmer jedweder Art, sowie durch Leistungswettbewerbe, Prämierungen und Zertifizierungsnachweise für Behörden, Betriebe und Unternehmen. Die sportliche Höchstleistung wird nur durch fleißiges Trainieren, die schulische Bestleistung durch fleißiges Lernen und die berufliche Karriere durch hohen persönlichen Einsatz erzielt.

Derjenige, der sich all dem nicht entzieht, wird auch heute noch geachtet und anerkennend als ‚fleißiger Mensch' gesehen. Demjenigen, dem die Leistungsanstrengung nicht gelingt, oder der sich ihr verweigert, läuft Gefahr in das gesellschaftliche Abseits zu gelangen. Wir erkennen immer stärker, dass es zunehmend Menschen nicht gelingt, dem gesellschaftlichen Leistungsdruck standhalten zu können.

Darunter ist zum einen eine sicherlich geringere Zahl jener, die nicht bereit ist, die geforderten Leistungen erbringen zu wollen. Es sind aber auch jene darunter, die nicht fähig sind, den Leistungsanforderungen entweder körperlich oder geistig gerecht zu werden. Gerade hier tut sich ein weiter Bereich für Soziales Handeln im Allgemeinen und insbesondere für die Soziale Arbeit auf, um diesen Personen so zu helfen, dass sie trotzdem ihren, ihnen angemessenen Platz in der Gesellschaft sichern können.

Auch der Fleiß kann der ‚Mesotes-Lehre' entsprechend zunächst als eine Tugend gesehen werden, die eine mittlere Position einnimmt. Ist er kaum oder gar nicht vorhanden, so spricht man von Faulheit als dem einen Extrem, übertreibt man ihn, so kann er zur Überanstrengung, zur persönlichen wie auch von außen kommenden Ausbeutung der Kräfte als anderes Extrem führen.

- Aufgrund der veränderten Lebensumstände, die mit der Umstrukturierung der Arbeits- und Wohnverhältnisse, mit einem hohem Bevölkerungszuwachs, der Verdichtung der Population in den Städten und in den vor allem dort angesiedelten Fabriken und sonstigen Arbeitsstätten einherging, entstand die Notwendigkeit nach größerer **Sauberkeit**. Es ging seither darum, erhöhte hygienische Standards zu setzen, um mögliche gesundheitliche Schädigungen oder gar Epidemien zu vermeiden. Dies betraf vorwiegend die sanitären Verhältnisse am Arbeitsplatz, in der Wohnung und im gesamten öffentlichen Bereich. Das bürgerliche Verständnis von Sauberkeit bezieht sich aber nicht nur auf die Hygiene, sondern auch auf Kleidung, das direkte wie auch indirekte Umfeld. Hinzu kommt der Bezug zum Charakterlichen, zum Denken, Handeln und Verhalten sowohl im privaten wie im öffentlichen Bereich, zum Beispiel in der Wirtschaft, in der Politik, in den gesellschaftlichen Organisationen und Institutionen.

Mit der Sauberkeit geht nicht selten die Ordnung einher. Beide Begriffe werden häufig gleichzeitig, oftmals sogar synonym verwendet: ‚Sauber und ordentlich', womit man etwas bezeichnet, das ansprechend, geordnet und gepflegt, ganz einfach ‚in Ordnung ist', aber auch mit Sorgfalt, tipptopp ausgeführt worden ist.

In den Augen der meisten Bürger wird der Obdachlose als unsauber empfunden, da er ein unordentliches Leben führt. Dies gilt auch dann, wenn er auf Hygiene und saubere Kleidung Wert legt. Er entspricht eben nicht den Vorstellungen der Allgemeinheit von einer bürgerlichen Lebensgestaltung und wird deshalb missachtet – selbst dann, wenn im Grunde kein direktes Eigenverschulden vorliegt, sondern die gesellschaftlichen Gegebenheiten und Entwicklungen über diese Person hinweggegangen sind. Ein breites Feld des immer notwendigeren Handelns, das sich für die Soziale Arbeit hier auftut.

• Es stellt sich vorweg die Frage, ob die tugendhafte Umsetzung der **Pünktlichkeit** nicht – wie übrigens bei den zuvor genannten Tugenden auch – eine Angelegenheit des Alters ist? Je jünger man ist, desto weniger hält man von ihr, je älter man wird, desto ernster nimmt man sie. Der junge Mensch wird erst allmählich an die Ordnung, das Fleißigsein und die Sauberkeit gewöhnt, so eben auch an die Pünktlichkeit. Dies geschieht im Laufe der Sozialisation anfangs noch spielerisch, später zunehmend ernsthafter und schließlich mit Sanktionen belegt, wenn man sich nicht an die Vorgaben hält. Pünktlichkeit wird zusammen mit den anderen bürgerlichen Tugenden systematisch eingeübt, bis sie so verinnerlicht worden ist, dass deren tägliche Praktizierung mehr oder weniger zur Selbstverständlichkeit geworden ist. Zuständig hierfür sind, neben der Familie, die Sozialisationsinstanzen vom Kindergarten bis zur Arbeitsstätte.

Die Pünktlichkeit gilt wiederum als richtige Mitte zwischen den beiden Extremen Unpünktlichkeit und Überpünktlichkeit. Während der junge oder jüngere Mensch nicht selten zum Beispiel den Zug, oder Bus und Straßenbahn in letzter Minute zu erreichen versucht, begibt sich der ältere oder gar alte Mensch so rechtzeitig zur Haltestelle, dass er das Verkehrsmittel auf keinen Fall – wegen möglicherweise unvorhergesehen auftretender Ereignisse – verpasst. Zudem hat sich in den letzten Jahrzehnten eine weniger strikte Sichtweise der Pünktlichkeit ergeben. Auch aus verkehrstechnischen Gründen wurde vor längerer Zeit insbesondere in den großen Städten die gleitende Arbeitszeit eingeführt, um ein durch die gleichzeitige An- und Abfahrt von Firmen- und Behördenmitarbeitern entstehendes Verkehrschaos zu vermeiden. Dadurch gewann der Mitarbeiter mehr Spielraum für seine zeitlichen Dispositionen, was sich natürlich auch ins private Verhalten übertragen hat. Andrerseits erwartet man heute noch die pünktliche Abfahrt und Ankunft von Bussen und Bahnen, den pünktlichen Kino- oder Theaterbeginn etc.

Bei den genannten bürgerlichen Tugenden ist eine gewisse Relativität der Bedeutung der einzelnen Tugenden zu berücksichtigen; das heißt man misst ihnen eine von Person zu Person unterschiedliche Wertigkeit zu. Das Einhalten und die Wertschätzung resultieren aus dem Vorbildhaften des persönlichen Umfelds, aus der Erziehung zu Hause, in der Partner- und Freundschaft, in den sozialen Gruppen und Gebilden, die alle prägende Wirkung besitzen. Ein tugendhaftes Verhalten kann auch als Einengung persönlicher Freiheiten empfunden werden, wenn man beispielsweise zu einer bestimmten Ordnung, zu einer überdurchschnittlichen Leistung aufgrund besonderen Fleißes, zu einem pünktlichen Erscheinen und der Einhaltung von Hygienevorschriften am Arbeitsplatz gezwungen wird.

Dem ist zu entgegnen, dass die moderne (Massen-)Gesellschaft einfach ohne Einhaltung gewisser Verhaltensregeln nicht auskommen kann, da sonst ein gedeihliches Miteinander zumindest erschwert, wenn nicht gar unmöglich wird. Deshalb ergeben sich gerade dann Probleme, wenn Einzelne aus der Verpflichtung zur Respektierung und Praktizierung der bürgerlichen Tugenden auszubrechen versuchen. Sie auf diese Zusammenhänge und Wirkungen hinzuweisen, ist wiederum auch Aufgabe der Sozialen Arbeit.

Natürlich haben sich im Laufe der Zeit weitere Eigenschaften, Verhaltensweisen und -forderungen herausgebildet, die man ebenfalls zu den bürgerlichen Tugenden zählen könnte. So u. a. zum Beispiel bezogen auf die Arbeit mit anvertrauten Personen:

- Die **Toleranz,** Duldsamkeit oder Nachsicht von bzw. gegenüber anderen Meinungen und Anschauungen, von Lebensweisen und Wertorientierungen. Es handelt sich also hierbei um eine Tugend, die immer dort von Bedeutung ist, wo es um die Akzeptanz anderer Menschen in ihrem Tun und Lassen, um ihre Art zu leben, um ihr äußeres Erscheinungsbild wie auch um die Charaktereigenschaften, um Religiosität oder Weltanschauung, um Geschlecht oder Hautfarbe, um Rationalität oder Emotionalität geht.
- Die **Empathie** oder das Einfühlungsvermögen, verstanden als Bereitschaft, sich in andere hineinversetzen zu können. Eine Art Tugend, die für den Sozialpädagogen von großer Wichtigkeit ist, da sehr viel vom Erfolg seiner Arbeit davon abhängt, inwieweit es ihm gelingt, den Klienten ‚erkennen', die Beweggründe seines Handelns und Verhaltens erfassen und schließlich Verständnis und Hilfestellung entwickeln zu können.
- Zur letztgenannten Fähigkeit gehört auch die Bereitschaft zur **Wertschätzung** des anderen. Es ist sicher wenig sinnvoll, all das, was der Klient tut oder lässt, grundsätzlich abzulehnen; es gilt vielmehr, auch bei einem offenkundig wenig gesellschaftskonformen Verhalten die eigentlichen Beweggründe zu erfassen und zu bewerten, um aus der Bewertung des vorhandenen Positiven das ggf. überwiegende Negative bearbeiten zu können.
- Von jedem, der beruflich mit anderen Menschen zu tun hat, wird eine gewisse **Authentizität** sich selbst, aber auch den anderen gegenüber erwartet. In der Sozialen Arbeit ist derjenige gefragt, der aus innerer Überzeugung handelt, zu seinem Handeln steht und sich dabei nicht verbiegen lässt. Schließlich steht die **Glaubwürdigkeit** auf dem Spiel, die für die beratende und therapierende Tätigkeit von großer Wichtigkeit und damit absolut notwendig ist.
- In diesem Zusammenhang kommt es auch auf die **Offenheit** des Sozialarbeiters an, der nur so die potentiell schwierige Klientel für sich gewinnen kann. Jeglicher Kontakt zwischen Klient und Sozialarbeiter/-pädagoge wird dann sofort abreißen, wenn ersterer merkt, dass man ihm nicht offen und ehrlich gegenübertritt – was natürlich im umgekehrten Verhältnis in ähnlicher Weise, wenn auch nicht unbedingt mit den gleichen Wirkungen, Gültigkeit besitzt.

Was das Arbeitsverhältnis anbelangt, so ergeben sich beispielhaft weitere Forderungen tugendhaften Charakters:

- Sowohl der Arbeitgeber wie auch die Klienten erwarten von einem in der Sozialen Arbeit Tätigen ein hohes Maß an **Zuverlässigkeit**. Man muss sich auf jemanden verlassen können, damit man sich selbst auf die Person einstellen kann. Gerade in der Beratung und Betreuung erscheint es dem Verfasser besonders wichtig zu sein, dass eine gewisse Kontinuität durch Verlässlichkeit erreicht wird, um den gewünschten Erfolg erzielen zu können. Diejenigen, die in der Langzeitbetreuung tätig sind, wissen am ehesten, wie wichtig der Aufbau einer Vertrauensbasis durch die zuverlässige Arbeit oder Pflege seitens ein und derselben Person ist. Gerade alte Menschen sind sehr stark auf eine bestimmte Person fixiert, die sie ohnehin nicht von vorneherein, sondern erst nach längerer Gewöhnung akzeptieren.
- Da aber die Klientel sowohl in der Sozialen Arbeit wie auch in der ambulanten oder stationären Pflege nicht immer gleich bleibt und sich zum Beispiel gerade bei alten Menschen naturgemäß häufig ändert, wird eine hohe **Flexibilität** von den Sozialarbeitern/-pädagogen erwartet. Man kann dies auch als Forderung nach einer großen **Anpassungsfähigkeit** begreifen. Diese bezieht sich selbstverständlich nicht allein auf das Verhältnis zur Klientel, sondern auch auf die inneren Abläufe der Tätigkeit in der Arbeitsstätte, gegenüber Mitarbeitern und Vorgesetzten, gegenüber Anweisungen und Vorschriften, gegenüber sich verändernden gesetzlichen Grundlagen, die sich beispielsweise aus einer geänderten Sozialpolitik ergeben etc.
- Jeder Arbeitgeber fordert ein gewisse **Loyalität** des Mitarbeiters gegenüber der Leitung oder der Trägerschaft. Viele Organisationen, Betriebe und Unternehmen versuchen, diese über die Herstellung einer ‚corporate identity' zu erzeugen, schaffen Leitbilder, die für die Mitarbeiter verbindliche Richtlinien des Handelns darstellen und gestalten deren einheitlichen Habitus. Diese Loyalität gilt es sowohl im Innenverhältnis zu zeigen, wie sie auch nach außen getragen werden soll, um eine gewisse Einheitlichkeit im Vorgehen zu demonstrieren.
- Wie in jedem anderen Beruf auch werden in einem bestimmten Maße **Einordnungsfähigkeit** wie auch die **Teamfähigkeit** erwartet. Jeder Berufsanfänger wird sich anfangs damit schwer tun, sich in andere, möglicherweise hierarchisch strukturierte Personenverhältnisse einzuordnen, oder sich diesen gar unterordnen zu müssen. Und immer dort, wo es darum geht, zusammen mit anderen etwas erreichen zu wollen, stellt sich die Aufgabe mit diesen gemeinsam etwas zu erarbeiten.
- Schließlich ließe sich noch die in den 60er Jahren des vorigen Jahrhunderts verstärkt aufgetretene Forderung nach **Mobilität** nennen. Ein sich verändernder Arbeitsmarkt bedeutet, dass nicht jeder vor Ort den Arbeitsplatz seiner Wahl findet. Zudem kann davon ausgegangen werden, dass die Tätigkeiten im Rahmen der Sozialen Arbeit dort anfallen, wo die sozialen Brennpunkte und Problemfelder entstehen. Die Fähigkeit zur Mobilität wird zusammen mit der Anpassungsfähigkeit und der Flexibilität zur Forderung nach einem tugendhaften Verhalten.

Im Grunde genommen scheinen diese sogenannten bürgerlichen oder auch modernen Tugenden geeignet zu sein, die eigentlichen Tugenden abzuwerten, da die letzteren eben ‚nur' philosophischer Natur, die ersteren aber eher unphilosophischer, das heißt praktischer Art sind. Deshalb werden die bürgerlichen Tugenden häufig auch als ‚Sekundärtugenden' bezeichnet, die auf primär philosophischen Überlegungen aufbauen und sich mehr oder weniger verpraktizieren. *Klopfer* weist zu Recht darauf hin, dass aber auch die Antike bestimmte, quasi ‚bürgerliche' Tugenden kannte, da man im alten Athen den ‚Akademiker', der Mitglied der Akademie Platons gewesen ist, im Straßenbild an seiner gepflegten Kleidung erkannt habe[87].

Zugrunde liegt dem allen *Platons* Idee des Guten. Ein tugendhaftes Leben sucht das Gute zu verwirklichen; alles sittliche Handeln zielt darauf ab. Kehrt man zum Wortursprung zurück und verweist nochmals darauf, dass Tugend ‚Tauglichkeit' bedeutet, dass unser Handeln etwas ‚taugen' muss, so erkennt man den tatsächlichen Zusammenhang.

d) Tugendethik als Motivationshilfe und/oder Prinzipientreue

Fasst man all das über die verschiedenen Tugenden und ihre charakteristischen Ausprägungen zusammen, so stellt sich die Frage, über welche Nützlichkeit sie bezüglich des Sozialen Handelns verfügen. Stellen sie nicht häufig obsolet gewordene Leerformen eines Verhaltens dar, die einer sich aufgrund immer rascher verändernden strukturellen Gegebenheiten ständig sozial anders und komplexer gestaltenden Gesellschaft nicht mehr gerecht werden können, oder ist ein ‚tugendhaftes' Verhalten und Handeln gerade deshalb notwendiger denn je?

Verstehen wir unser Handeln als etwas, das aus einer gewissen inneren Einstellung heraus geschieht, das ein bestimmtes Motiv für unser Tätigwerden braucht, um ziel- und erfolgsorientiert vorgehen zu können, so wird man an einer Rückbesinnung auf die Tugendethik nicht vorbei kommen. In Zusammenhang mit der Abwägung des persönlichen Vorgehens wird man sich immer wieder vor die Frage gestellt finden, welche Vorgehensweise die der jeweiligen bestimmten Person in der jeweils bestimmten Situation wohl angemessenste zu sein hat? Dann erscheint es sinnvoll zu sein, sich der Tugenden in ihren jeweils extremen Formen bewusst zu werden, um den Mittelweg als den eigentlich ‚tauglichen' Weg wählen zu können. Wählt man nun die Tauglichkeit als adäquates Mittel zur Bemessung der eigenen Entscheidung, so erhält man ein zumindest verlässliches Kriterium für die ethische Bewertbarkeit des Handelns. Zudem ergibt sich aus dieser Entscheidungshilfe zugleich eine Motivationshilfe für das Handeln. Da ein tugendhaftes Sozialverhalten und Handeln auch als ein sich an Prinzipien orientierendes Verhalten verstanden werden kann, ergibt sich daraus eine gewisse Prinzipientreue, die – trotz latenter Tendenzen zu einer Verunglimpfung – gerade in den Bereichen des Sozialen Handelns ihre Berechtigung besitzt.

---

[87] Siehe auch M. Klopfer, Lerneinheit Wirtschaftsethik, S. 12.

2 Die Pflichtethik

Johannes Hirschberger, der sich hier auf die Schule der Stoa[88], deren ethisches Modell als Pflichtethik verstanden wird, bezieht, schreibt in seiner viel beachteten „Geschichte der Philosophie":

> „Wer nur das tut, was sachlich gesehen richtig ist, aber vielleicht nur durch Zufall oder aus Neigung diese sachliche Richtigkeit getroffen hat, hat noch nicht die vollendete Sittlichkeit. Sie hat nur, wer das Gute tut speziell unter dem Gesichtspunkt gerade des Seinsollenden, um der Pflicht als solcher willen."[89]

Während *Aristoteles* den sittlichen Begriff der Pflicht noch nicht kannte, leitet er sich in der Stoa von der Natur ab und wird zum verbindlichen Maßstab. Das bedeutet, dass die Pflicht, weil sie als sittliches Naturgesetz gilt, praktisch dem Menschen als moralischer Anspruch wesensimmanent, also von Natur aus zueigen ist. *Cicero* greift den Naturrechtsgedanken in seiner berühmten Schrift „De officiis" (= „Vom pflichtgemäßen Handeln") auf und spitzt ihn dahingehend zu, indem er es für eine unabdingbare Pflicht hält, all das zu tun, was das Schicksal oder Geschick einem vorgegeben hat. Es ist nicht möglich, sich diesem pflichtgemäßen Handeln zu entziehen; man hat sich ihm bedingungslos in „stoischer" Ergebenheit zu beugen. Der stoische Begriff der Pflicht nimmt großen Einfluss auf die viel später von *Kant* angestrengten ethischen Überlegungen.

Die Pflichtethik wird dem deontologischen oder deontischen Begründungsmodell eines normativen Ethiktyps zugerechnet, das davon ausgeht, dass nur jene *Erwägungen* entscheidend sind, die einer Handlung zugrunde liegen und nicht nur deren *Folgen* berücksichtigt werden sollten. Damit unterscheidet sich diese Form ethischen Handelns von einer konsequentialistischen Ethik und wird auch als Gegenstück zur Erfolgsethik gesehen. Wie schon bei den Stoikern zieht sich die Erkenntnis, dass der Pflicht in der Moral eine große Bedeutung zukommt, durch die Geschichte der Ethik und deren verschiedenen Systeme.

Der Pflichtgedanke gilt als besonderes Kriterium der moralischen Einstellung eines Menschen bei der Verfolgung seiner Interessen. Es ist von großer Bedeutung, aus welcher inneren Einstellung heraus der Mensch seine Interessen wahrnimmt. *Immanuel Kant* hat mit der Pflichtethik einen neuen Typus der Ethik der reinen Pflicht geschaffen, demzufolge nur die Befolgung der Pflicht um der Pflicht willen als moralisch gilt. Für *Kant* sind Neigung und Handlungsfolgen zunächst unerheblich.

---

88 Bei der ‚Stoa' handelt es sich um eine nach ihrem Versammlungsort (griech. Stoa = Säulenhalle) benannte Philosophenschule, die um 308 v. Chr. von dem Griechen Zenon von Kition gegründet wurde und bis in die römische Kaiserzeit (um das 2. Jhdt. n. Chr.) Bestand hatte. Sie vertrat z. B. die Lehre, dass die wahre Glückseligkeit u. a. von dem Gehorsam gegenüber dem göttlichen Gesetz und von dem Pflichtgebot der Vernunft abhängig sei. Für die ‚Stoiker' gelten die ‚Gerechtigkeit', die ‚Tapferkeit', die ‚Beherrschung' und die ‚Menschlichkeit' als Grundtugenden, die sich in dem Ideal des ‚Weisen' untrennbar zusammenfügen.

89 J. Hirschberger, a. a. O., S. 262.

a) Kants kategorischer Imperativ in der Grundformel

Im Zentrum der Überlegungen *Kants* steht in seiner „Kritik der praktischen Vernunft" die Frage nach der Beschaffenheit des Willens, welcher wiederum als Bewertungsmaßstab für eine Handlung gilt. Es ist lediglich der ‚gute Wille', der uneingeschränkt als gut bezeichnet werden kann, wenn er sich aus der Vernunft und deren Prinzipien entwickelt. Er behauptet, dass nur dieser ‚gute Wille' einen ebenfalls uneingeschränkten Wert besitzt und auch wirklich ‚gut' ist. Alles andere, wie etwa die ‚Klugheit' als Tugend, der ‚Mut' als Charaktereigenschaft oder der ‚Reichtum' als Glücksgabe können sowohl für gute wie auch für schlechte Zwecke eingesetzt werden und sind deshalb als eingeschränkt wertvoll zu betrachten. Dabei muss man sehen, dass gerade Tugend für *Kant* weder Fertigkeit noch Gewohnheit ist, sondern sich aus der Verknüpfung von Willen und Pflicht ergibt, dann als Tugendpflicht gegenüber sich selbst und anderen Menschen verstanden wird und nur so einen gewissen Wert erhält.

Kant verwendet nun den Pflichtbegriff zur Erhellung der Idee von dem an sich guten Willen. Demzufolge würde er ein Handeln aus einer Pflicht heraus, die quasi von außen kommt, also mehr oder weniger erwartet bzw. gar aufgezwungen wird, als nicht besonders wertvoll erachten; dieses dann eher pflichtgemäße Handeln würde erst dann einen gewissen Wert erzielen, wenn es dem (eigenen) Willen entsprechend erfolgt. Fassen wir diese Annahmen mit anderen Worten, so kommt man zu dem Postulat:

> Ein einen **moralischen Wert** beanspruchendes Handeln wird erst damit zur Pflicht, wenn es ausschließlich aus innerem Wollen heraus geschieht.

Nach *Kant* wird der moralische Wert einer Handlung nicht nach dem Zweck derselben bemessen, da das Ziel sich aus der Naturnotwendigkeit des Handelns selbst ergibt. Wenn also nun eine von Natur aus gegebene Notwendigkeit des Handelns vorhanden ist, so ist man in seinem Handeln eigentlich nicht mehr frei. Dies führt zu der Schlussfolgerung, dass die sittliche Qualität einer pflichtgemäßen Handlung von einem auf die Vernunft bezogenen Willen des Handelnden abhängt. Damit wendet sich *Kant* von der Nutzenorientierung des Handelns ab und argumentiert gegen die Neigungen des Menschen als Grundlage der Moral und als ethische Rechtfertigung.

Das Handeln gleicht einer Vorgabe, die einer Pflicht zum Handeln und nicht einer Neigung dazu gleichkommt. *Schneider* interpretiert diesen Zusammenhang zu Recht damit, dass er die Pflicht an die Stelle der Neigung gesetzt sieht: „Neigungen und Wünsche sind für ihn [Kant] unzuverlässig und individuell zu unterschiedlich, vor allem verfehlen sie das Ziel jeder Moral, die Neigungen in die moralische Pflicht zu nehmen. Wären die Neigungen schon selbst moralisch, gäbe es keine ethischen Probleme."[90] *Kant* stößt bei diesen Überlegungen darauf, dass es etwas geben muss, das unabhängig von Situation, Person, Kultur oder gar

---
90 J. Schneider, a.a.O., S. 28.

Epoche allen zueigen und eben nicht nur individuell verschieden ist: die Vernunft. Sie stellt für ihn ein allen Menschen innewohnendes Kriterium dar, das ihm die Begründung dafür liefert, dass es bei Gebrauch derselben im Gegensatz zu den Neigungen keine ethischen Probleme gibt. Das ethische Handeln begründet sich aus der Vernunft, der alle Menschen aufgrund ihrer Vernunftbegabtheit zustimmen müssen.

Die nun von *Kant* verkündete ‚praktische' und damit ‚wertende' Vernunft erhält ihre eigentliche Funktion erst über den kategorischen Imperativ. Dabei muss darauf hingewiesen werden, dass die Anwendung als ethische Grundnorm nicht im Sinne einer Moralklausel verstanden werden sollte, sondern eigentlich als Anleitung dafür, wie die praktische Vernunft funktioniert. Das heißt, dass für *Kant* dieser kategorische Imperativ einem bedingungslosen Befehl[91] gleichkommt, der fordert, über den Einsatz der (praktischen) Vernunft zu einem moralisch wertenden Handeln zu gelangen. Verkürzt lässt sich daraus folgern, dass erst die Vernunft ein moralisches Werten möglich macht. Da aber durch die allgemeine Vernunft des Menschen, die im Prinzip jedem normal entwickelten Menschen zueigen ist, auch die Fähigkeit zur Beurteilung der ethischen Qualität seines Handelns gegeben ist, lässt sich die im kategorischen Imperativ beinhaltete Regel verallgemeinern. „Die entwickelte moralische Vernunft sagt dem Menschen, daß er nur nach allgemeingültigen Prinzipien handeln, also prüfen soll, ob seine Maxime allgemeingültig ist."[92]

Kant verwendet an verschiedenen Stellen seines großen Werkes unterschiedliche Formulierungen seiner ethischen Grundnorm, die auch als „das gute Gewissen" umschrieben worden ist. Sie gelten als gleichwertig und stammen aus den beiden Werken „Grundlegung zur Metaphysik der Sitten" und „Kritik der praktischen Vernunft". So findet sich im erstgenannten Werk folgende, wohl bekannteste Formulierung:

> **Grundformel:** „Handle nur nach derjenigen Maxime, durch die (von der) du zugleich wollen kannst, dass sie ein allgemeines Gesetz werde."[93]

Bei dieser Formel wird deutlich, dass *Kant* zum einen damit die Überprüfung nach der Verallgemeinerungsfähigkeit der Handlungsweise fordert. Zum anderen ist es besonders wichtig zu sehen, dass er die Zweigerichtetheit jeder Handlung klar herausstellt, indem er einerseits die Berechtigung des eigenen Handelns auf die moralisch-ethische Bewertungsebene aller abstützt und zugleich damit alle Betroffenen – die eigene Person eingeschlossen – mit in das Handeln einbezieht.

In seiner „Kritik der praktischen Vernunft" gebraucht er eine leicht abweichende Formulierung, die jedoch nichts am Kern der Aussage ändert:

---

91 kategorisch = nachdrücklich, entschieden, unbedingt gültig
   Imperativ = in der Philosophie: *ein unbedingt gültiges, sittliches Gebot.*
92 H. Baum, a. a. O., S. 60.
93 I. Kant, Grundlegung zur Metaphysik der Sitten, Werke Bd. VII, Hrsg. W. Weischedel, Suhrkamp Verlag, Frankfurt 1968, S. 51.

> „Handle so, daß die Maxime deines Willens jederzeit zugleich als Prinzip einer allgemeinen Gesetzgebung gelten könne."[94]

Kant meint bei der zweiten Formulierung, die in einem direkten Zusammenhang mit seiner Elementarlehre von der ‚reinen praktischen Vernunft' zu sehen ist, dass die den Willen leitende reine Vernunft dem Menschen als allgemeines Gesetz gilt, welches folgerichtig als (allgemeines) Sittengesetz benannt werden muss.[95]

b) Die Bedeutung von Freiwilligkeit und Freiheit im kategorischen Imperativ

Baum zieht aus der ersten Formulierung den Schluss, dass dem Menschen zwei Aufgaben gestellt werden.[96] Zum einen geht es um die Suche nach der strikten Allgemeingültigkeit von Normen – da ja ein Gesetz als Norm verstanden werden muss – und zum anderen, dass der Mensch in seinem Handeln unabhängig bleibt. Was sich nach Auffassung d. Verf. damit verbindet, ist das Beharren auf der Eigenständigkeit der Willensentscheidung, die letztlich zu dem Handeln an sich führt. Daraus ergibt sich wiederum die bedeutsame Erkenntnis von dem auf einem freien Willen beruhenden freiwilligen Handeln. Ein solches Handeln kann eben nur gerade aus dieser Erkenntnis heraus als moralisch gelten, weil sich die Moral schließlich aus der individuellen Prägung des Einzelnen ergibt.

Man kann in der Ethik *Kants* davon ausgehen, dass er den Menschen weder als den blind Befehlenden noch als den rein gehorsamen Befehlsempfänger verstanden wissen will – auch wenn dies eine einfache sprachwissenschaftliche Übersetzung seiner Grundnorm vom ‚kategorischen Imperativ' in den ‚bedingungslosen Befehl' zum Ausdruck bringen würde. Erkennbar wird dies daran, dass er stets die Bedeutung des Willens ins Spiel bringt und damit ausdrückt, dass es sich eigentlich nur um einen ‚inneren Befehl', der aus der Willensentscheidung des Menschen selbst resultiert und nicht von äußeren Autoritäten aufgezwungen wird, handeln kann. Damit wird die freie Entscheidung, der Gedanke der ‚Freiheit', zu einer ‚conditio sine qua non' für diese Ethik. Es wird für *Kant* geradezu zur inneren willentlichen Pflicht, aus einer freiwilligen Verpflichtung heraus zu handeln.

Wenn man den Freiheitsbegriff aus einem heute allgemein gültigen Verständnis heraus definiert, so wird man knapp ausgedrückt dazu kommen, dass die Freiheit des einen dort endet, wo sie die Freiheit des anderen einzuschränken beginnt. Nimmt man beispielsweise die offizielle Definition des Freiheitsbegriffs der Staatslehre der ehemaligen Deutschen Demokratischen Republik zur Hilfe, so stößt man auf eine interessante Erkenntnis, da sie – wenn auch anders ausgedrückt – den Zusammenhang zwischen Freiwilligkeit und Pflicht klar erkennen lässt. In der

---

94 I. Kant, Kritik der praktischen Vernunft, § 7 ‚Grundgesetz der reinen praktischen Vernunft, Fourier Verlag, Wiesbaden 2003, S. 521.
95 Vgl. Kant, a.a.O., S. 522.
96 H. Baum, a.a.O., S. 61.

DDR wurde Freiheit als ‚Einsicht in die Notwendigkeit' verstanden – allerdings ideologisch dadurch verfälscht, dass das Notwendige von der Führungsspitze der Sozialistischen Einheitspartei Deutschlands (SED) vorgegeben worden ist.[97] Man kann nun diese Lesart der Freiheit in ihrer Grundaussage hernehmen und durchaus für unsere Interpretation der *Kantischen* Freiheit verwenden:

> Der Mensch ist erst dann zu einem ethisch wertvollen Handeln fähig, wenn er sich im Besitz der Einsicht in die Notwendigkeit des Handelns im Sinne einer freiwilligen Verpflichtung gegenüber dem kategorischen Imperativ befindet.

Versuchen wir den Zusammenhang zwischen der pflichtethischen Grundannahme im kategorischen Imperativ und dem Gedanken der Freiwilligkeit im Handeln mittels eines Beispiels zu verdeutlichen:

> → Ein Pfleger bzw. ein Sozialpädagoge wird zur Übernahme des Sonntagsdienstes in einer Klinik bzw. in einer Sozialstation eingeteilt, obwohl dies bereits in der Woche zuvor der Fall gewesen ist und andere Kollegen in den letzten Wochen unbehelligt geblieben sind. Die betreffende Person fühlt sich benachteiligt und ungerecht behandelt, weshalb sie sich bei der Leitung beschwert. Hierbei muss sie erfahren, dass andere Kollegen wegen Erkrankung bzw. aus Urlaubs-, familiären und Fortbildungsgründen nicht berücksichtigt werden können. Zudem traut die Leitung die Betreuung der etwas schwierigen Klientel eben nur der auserwählten, erfahrenen und besonders kompetenten Person zu. Diese wiederum muss erkennen, dass sie aufgrund der genannten Gründe Dienst tun muss. Gelingt es der Leitung, diese Einsicht in die Notwendigkeit zu erzielen, so handelt die beauftragte Person letztlich dann aus freier Entscheidung, wenn sie diese Einsicht verinnerlicht hat. Die verinnerlichte Einsicht wiederum bedeutet, dass die eingeteilte Person quasi aus eigenem Willen und Wollen heraus den Dienst übernimmt und dies für ihre Pflicht hält.

Natürlich wird ein derartiges Handeln davon gekennzeichnet sein, dass man dem kategorischen Imperativ entsprechend das eigene Verhalten in einer ähnlichen Situation auch von den anderen Kollegen erhofft. Die Person erwartet, dass ihre Maxime des Handelns zu einem allgemeinen Gesetz und damit für jedermann gültig wird.

c) Die Selbstzweckformel des kategorischen Imperativs

Im „Zweiten Abschnitt" seiner „Grundlegung der Metaphysik der Sitten" findet sich eine weitere Formulierung, die man dem aus dem kategorischen Imperativ sich ableitenden sogenannten ‚praktischen Imperativ' zurechnet. Für diese Formu-

---

[97] Lt. dem offiziellen ‚Kleines Politisches Wörterbuch' besteht die Freiheit „in der Herrschaft der gesellschaftlichen Menschen über Natur, Gesellschaft und sich selbst, die auf der Einsicht in die Notwendigkeit beruht.... In der dialektischen Wechselbeziehung zwischen Notwendigkeit und Freiheit ist die Notwendigkeit stets die Voraussetzung der Freiheit, da sie absolut wirkt... ‚Die Notwendigkeit verschwindet nicht, indem sie zur Freiheit wird.' (Lenin)". Hrsg. von einem Autorenkollektiv, wobei das entsprechende Zitat wahrscheinlich von dem für die marxistisch-leninistische Philosophie zuständigen Prof. Dr. Harald Schliwa stammen dürfte. Erschienen im Dietz Verlag, 4. Aufl., Berlin (Ost) 1983, S. 270.

lierung finden sich in der Literatur unterschiedliche Bezeichnungen. Allgemein wird sie als *Selbstzweckformel* bezeichnet, aber auch als ‚Zweck-an-sich-Formel' oder als ‚Würde-des-Menschen-Formel':

> **Selbstzweckformel:** „Handle so, dass du die Menschheit sowohl in deiner Person als auch in der Person eines jeden anderen, jederzeit zugleich als Zweck, niemals bloß als Mittel brauchst."[98]

Bei dieser Formel kommt es darauf an, dass vor der Durchführung einer Handlung vom Handelnden geprüft wird, ob sein Handeln die Würde eines Menschen verletzen könnte. Wichtig ist dabei, dass sowohl die Würde des von diesem Handeln Betroffenen, wie auch die Würde der handelnden Person selbst damit gemeint ist. Das heißt, dass mein Handeln mit dieser Formel unter dem Gesichtspunkt geprüft werden muss, ob ich einen anderen Menschen nur als Mittel für meine eigenen Zwecke benutze. *Henschel* meint hierzu zu Recht, dass der Selbstzweck des anderen, also seine Autonomie, gewahrt bleiben muss.[99] So ist es sicherlich richtig, andere Menschen für die Durchführung bestimmter Tätigkeiten zu gewinnen, sie also als ‚Mittel' hierfür einzusetzen. Im Grunde genommen wird praktisch jeder Mensch in gewisser Weise zum Mittel anderer oder seiner selbst, da er für irgendeine Handlung oder Tätigkeit, die einem anderen oder ihm selbst dienlich ist, gebraucht wird. Entscheidend dabei ist, dass dieses Tätigsein nicht als bloßer Mitteleinsatz, sondern auch als beidseitige Zweckerfüllung verstanden wird.

> → So dient das Handeln des Sozialpädagogen sowohl ihm selbst wie auch dem Klienten. Die Betreuung, die Begleitung oder die Beratung als Mittel soll dem anvertrauten Klienten Hilfestellung geben, ihm also nützlich sein und damit einen Zweck erfüllen. Mittels dieser Tätigkeit des Handelnden wird der Zweck erreicht, einen Beruf ausüben zu können, der eine existentielle Absicherung bedeutet.

So bäckt der Bäcker sein Brot nicht für sich selbst, sondern für seine Kunden, die ihm durch Kauf zugleich den Lebensunterhalt sichern helfen. Der Handwerker erledigt den Auftrag, indem er seine Dienstleistung als Mittel zu bestimmten Zwecken versteht etc. Bei all den Einsätzen anderer geht es immer darum, dass man dann niemanden als Mittel zu einem bestimmten Zweck einsetzen darf, wenn man ihn damit in seiner Würde bzw. seiner moralischen Integrität verletzt. Würde man den Bäcker für sein Brot nicht bezahlen, den Handwerker für seine Dienstleistung nicht entlohnen etc., so würde man seine Leistungserbringung missachten. *Klopfer* belegt dies mit einem wichtigen Beispiel, indem er darauf hinweist, dass man von einem Freund in einer Notsituation in zumutbarer Weise Hilfe verlangen kann. Der Selbstzweckformel entsprechend darf man aber nichts verlangen, das diesen Freund selbst gefährdet. So hält er es schlicht für unmoralisch,

---

[98] I. Kant, Grundlegung..., S. 61.
[99] R. Henschel, Pflichtethik Kants, in: M. Klopfer/A. Kolbe. A.a.O., S. 51.

einen Freund zum Schwören eines Meineids zu veranlassen, um einen Gerichtsprozess gewinnen zu können.[100]

d) Kants hypothetischer Imperativ

Kants kategorischer Imperativ liegt der Gedanke einer unbedingt zu erfüllenden Pflicht zugrunde. Das bedeutet – wie bereits dargelegt wurde –, dass die Ausführung einer Handlung unabhängig von irgendeiner Bedingung erfolgen soll:

> → Vor Gericht ist jeder Zeuge aufgefordert, „die Wahrheit und nichts als die Wahrheit" zu sagen. Auch der Klient in der Sozialarbeit sollte sich daran halten, damit eine vernünftige Basis vertrauensvoller und letztlich erfolgreicher Zusammenarbeit geschaffen werden kann.

Diese Forderung entspricht einer Pflichterfüllung, an die sich zunächst keine Bedingung knüpft. Im Übrigen kommt sie einer Lebensregel gleich, deren Einhaltung den Menschen in der Regel schon von Kindesbeinen an beigebracht und bei Nichteinhaltung mit Sanktionen belegt wird.

> → Das Gericht wird dann auf das sogenannte ‚Zeugnisverweigerungsrecht' aufmerksam machen müssen, wenn sich der Zeuge mit seiner Aussage möglicherweise selbst belasten würde. Auch der Klient wird dem Sozialpädagogen erst dann die volle Wahrheit mitteilen, wenn er in seiner speziellen Situation nicht Gefahr zu laufen droht, hieraus Nachteile zu erleiden.

Es gibt in der realen Lebenssituation durchaus Momente, wo es angebracht erscheint, dann eine ‚bedingungslose Pflichterfüllung' zumindest zu überdenken oder gar einzuschränken, wenn es darum geht, sich nicht selbst Schaden zuzufügen. Man könnte diese Einschränkung auch so formulieren: „Wer den Zweck will, der will auch das zugehörige Mittel, diesen Zweck zu erreichen."[101] Anders ausgedrückt bedeutet der hypothetische Imperativ, dass eine Handlung immer nur als Mittel zur Erzielung eines vorausgesetzten Zwecks ausgeführt wird. *Kant* selbst formulierte dies so: „Die Handlung wird nicht schlechthin, sondern nur als Mittel zu einer anderen Absicht geboten."[102]

Anzenbacher spricht davon, dass ein hypothetischer Imperativ immer eine „Wenn-dann-Struktur" aufweist: „Wenn du gesund bleiben willst, dann treibe Sport."[103] So wird zum Beispiel ein Beschuldigter seine Haut zunächst dadurch zu retten versuchen, dass er eine begangene Tat abstreitet; der Politiker wird in der Regel die eigentlichen Vorhaben dann zu leugnen versuchen, wenn sie für den Bürger Nachteile mit sich bringen, um keine Wählerstimmen zu verlieren; das Kind wird etwas zu verheimlichen versuchen, um Bestrafung zu vermeiden; der

---
100 M. Klopfer, Lerneinheit..., S. 13.
101 www.lateinboard.de/lexikon/Kategorischer_Imperativ (Stand: 15.08.2005).
102 I. Kant, Grundlegung..., S. 43.
103 A. Anzenbacher, a.a.O., S. 65.

Alkoholiker oder Drogenabhängige wird den ‚Stoff' so lange immer wieder verstecht halten, wie er mit Entzug rechnen muss usw.

Stets dann, wenn eine pflichtgemäße Forderung gestellt wird, die mit einer Bedingung verbunden wird, kann es sich nicht mehr um den kategorischen Imperativ handeln. Für *Kant* ergibt sich dann ein ‚hypothetischer Imperativ'[104], der nicht als Grundlage einer moralischen Handlung dienen kann. Das heißt, dass eine an eine Bedingung gebundene Pflicht nicht zum eigentlichen Bereich der Moral gehörig ist. Dadurch, dass die Bedingungslosigkeit als Kern jeder Pflichterfüllung für *Kant* aufgegeben wird, wird das grundlegende Anliegen jeder Moral verworfen.

Das bedeutet jedoch nicht, dass *Kant* ein Handeln, das sich an Bedingungen knüpft, absolut ablehnt. Der Mensch muss unterscheiden lernen, wann es für ihn eine moralisch gebotene, bedingungslose Pflicht des Handelns und wann es Handlungspflichten gibt, die durch Beschränkungen, Bedingungsvorgaben oder Rücksichtnahmen geprägt sind. Dennoch empfiehlt es sich seiner Auffassung nach vor der Festlegung einer Handlungsentscheidung sowohl die Grund- wie auch die Selbstzweckformel des kategorischen Imperativs zu berücksichtigen.

3   Die Nutzenethik

Mit dem 18. Jahrhundert beginnt sich vor allem in den angelsächsischen Ländern eine Ethik zu entwickeln, die den Endzweck menschlichen Handelns seiner Nützlichkeit entsprechend erkennt. Es handelt sich hierbei um eine teleologische, normative Ethik, weil sich die Richtigkeit einer Handlung aus ihren Folgen ergibt. Sie wird dem Utilitarismus zugesprochen und hebt damit das Nützlichkeitsprinzip hervor.

Ihre Wurzeln findet diese Sichtweise in der vorchristlichen materialistischen Philosophie des guten Lebens bei *Epikur* (341–270 v. Chr.). Dieser beschreibt den individuellen Nutzen als Glück und Lust, wendet sich aber gegen den eigentlichen Hedonismus und gegen eine rücksichtslose Ausschweifung. Für ihn ist der Genuss nur dann richtig, wenn es sich um ein kluges Genießen quasi im Verborgenen handelt, „so, dass man immer Freunde hat, so, dass man nicht vom Neid anderer gefährdet wird, ... Richtig genießen heißt in Maßen genießen, still vergnügt, ohne zu großen Ehrgeiz nach Macht und Ruhm."[105]

Der Utilitarismus ist nicht zuletzt dadurch in Verruf geraten, dass man die aus ihm hervorgehende Nutzenethik verkürzt auf den (eben nur halb richtigen) Nenner gebracht hat: ‚Gut ist, was nützlich ist!'. Als Utilitarist gilt deshalb derjenige, der ein Handeln pflegt, das ihm entweder finanzielle oder berufliche Vorteile

---
104 hypóthesis = griech. ‚Voraussetzung, Unterstellung'; hypothetisch = etwas, was zweifelhaft, angenommen ist.
105 50 Klassiker Philosophen, dargestellt v. E. Jacoby u. U. Braun, Gerstenberg Verlag, Hildesheim 2001, S. 60; vgl. auch: Epikur, Philosophie der Freude. Briefe. Hauptlehrsätze. Spruchsammlung, Frankfurt/Main 1999.

erbringt. Dabei verkennt derjenige, dass die Nützlichkeit für sich gesehen eben keine Handlungsmaxime an sich darstellt.

a) Der Nützlichkeitsgrundsatz oder das Utilitätsprinzip

Der Nützlichkeitsbegriff leitet sich aus dem lateinischen *utilis* ab und erhebt die Nützlichkeit zum Prinzip des Lebens und der Lebensführung. Die Vertreter dieser Sichtweise gehen davon aus, dass man bei der ethischen Beurteilung einer Handlung oder Lebenssituation keine moralischen Gesichtspunkte zu berücksichtigen hat. Als wichtigstes Kriterium für die Feststellung der sittlichen Qualität menschlichen Handelns gilt die Frage nach dem Nutzen oder einem möglichen Schaden, den dieses Handeln verursachen könnte. Allerdings muss eine Handlung, die in irgendeiner Weise Schaden verursacht, zugleich auch in gewisser Weise Nutzen bringen, um trotzdem eine moralische Rechtfertigung zu finden. Dabei zählen weder die Motive oder die Einstellungen bzw. Gesinnungen, die zu dem Handeln geführt haben.[106]

Diese ethische Grundannahme wurde besonders von *Jeremy Bentham* und *John Stuart Mill* vertreten und in verschiedenen Varianten bis heute weiterentwickelt. Lässt man die Berücksichtigung der faktischen Folgen, die aufgrund einer getroffenen Entscheidung oder vollzogenen Handlung eingetreten sind, außer acht, so kommt man schnell zu einer Fehlinterpretation des ethischen Nützlichkeitsprinzips. Schließlich gilt es die Nützlichkeit zu kalkulieren, indem man den Nutzen der Folgen an dem durch eine Handlung hervorgerufenen möglichen Glück bemisst. Auf einen Nenner gebracht, ließe sich sagen:

> Je größer der Nutzen, desto größer das *Glück und umso besser die Handlung!*

Damit wird zum Ausdruck gebracht, dass eine Handlung oder eine Entscheidung dann auf der Basis einer moralischen Wertorientierung ethisch begründbar ist, wenn es darum geht, eine größtmögliche Zahl aller Betroffenen zu erreichen. Wichtig ist in diesem Zusammenhang die Evaluierbarkeit des Handelns, um vermeiden zu können, dass der Nutzen dieses Handelns selbst lediglich behauptet oder gar vorgetäuscht wird. Wäre dies der Fall, so käme der utilitaristische Nützlichkeitsgedanke zu Recht in die Kritik. Als Folgerung ergibt sich als Handlungsgrundsatz:

> Es sind unter den verschiedenen *Handlungs- und Entscheidungsmöglichkeiten* jene auszuwählen, die für alle davon Betroffenen das höchste Glück bzw. den größtmöglichen Erfolg versprechen!

---

106 Der langjährige ehemalige Bundeskanzler Deutschlands, Helmut Kohl, hat die sich damit gerade für die Politik symptomatische Grundhaltung anläßlich einer Pressekonferenz am 03. September 1984 mit den Worten: „Entscheidend ist in der Politik, was dabei hinten raus kommt" auf den Punkt gebracht.

Es war zunächst *Bentham*, der das Prinzip der Nützlichkeit[107] zu einem moralischen Kriterium gekürt hat, mit dessen Hilfe man erkennen kann, ob eine Handlung richtig oder falsch ist. Er bezog sich dabei nicht nur auf das Handeln von Privatpersonen, sondern ausdrücklich auch auf jenes von Regierungen, die darauf achten müssten, ob sie das Glück jener Gruppe, der das politische Handeln im Sinne von deren Interessenvertretung gilt, vermehren oder vermindern. Für beide Akteure gelte, dass sie nur solche sittlich gebotenen Handlungsregeln aufstellen dürften, die ein Maximum an Glück zur Folge haben.

Bei *Bentham* ist Nützlichkeit als jene Eigenschaft an einem Objekt zu verstehen, die entweder Gewinn, Vorteil, Freude, Gutes oder Glück hervorbringt oder aber die Betroffenen vor Unheil, Leid, Bösem oder Unglück bewahrt. Diese Philosophie wird auch als ‚sozialer Utilitarismus' bezeichnet, da er nicht im Sinne einer bloßen Eigennützigkeit zu verstehen ist. Das bedeutet, dass der Einzelne in seinem Streben nach Glück erkennen muss, dass er dieses nur dann erzielen kann, wenn er sein persönliches Bemühen in das gesamtgesellschaftliche einbindet und damit das Glück möglichst aller anstrebt.

Während *Bentham* bei seinen Überlegungen bezüglich der Nützlichkeit eines Handelns für alle von dem Kriterium der Quantität ausgeht, betont *Mill* das Kennzeichen der Qualität, da nicht jede Glücks- oder Lustempfindung gleich gesetzt werden kann und damit gleichermaßen wertvoll ist. Es sind für ihn die voraussehbaren, kalkulierbaren und empirisch überprüfbaren Folgen einer Handlung, die die eigentlichen Aussagen über die moralische Qualität machen können. Das wiederum bedeutet, dass bestimmte Handlungsfolgen von vorneherein anzustreben sind, damit eine für eine teleologische Ethik charakteristische, moralisch wertvolle Handlung vollzogen werden kann Als Bewertungskriterium für einen Vergleich zwischen Quantität und Qualität gilt für ihn die Beurteilung durch jene, die über große Erfahrung verfügen.

Im Zentrum seiner Philosophie ist bei *Mill* somit ebenfalls das Glücksstreben (als Gebot der Pflicht) angesiedelt:

> „Wenn die menschliche Natur so beschaffen ist, daß sie nichts begehrt, was nicht entweder ein Teil des Glücks oder ein Mittel zum Glück ist,... ist Glück der einzige Zweck menschlichen Handelns und die Beförderung des Glücks der Maßstab, an dem alles menschliche Handeln gemessen werden muß – woraus notwendig folgt, daß es das Kriterium der Moral sein muß. Glück ist ‚der Endzweck des menschlichen Handelns' und daher auch ‚die Norm der Moral'."[108]

b) Vom Konsequenz- zum Sozialprinzip

Müller sieht im Glück als Erfüllung menschlicher Interessen die im Utilitarismus grundlegende werttheoretische Position: „Sittlich geboten ist die Handlung, die

---

107 Als das relevante Werk zum Nützlichkeitsprinzip gilt Benthams: „An Introduction to the Principles of Morals and Legislation", veröffentlicht in den Jahren 1780 und 1789.
108 J. St. Mill, Utilitarianism (1863); dt. „Der Utilitarismus", Stuttgart 1976, S. 66 f., 21: zit. nach A. Pieper, a. a. O., S. 162.

am meisten Lust hervorruft, vermindert um die von ihr hervorgerufene Unlust. Dieser so genannte Gratifikationswert einer Handlung bezieht sich nicht auf die Maximierung des eigenen Nutzens, sondern auf alle von einer Handlung Betroffenen. Damit lässt sich der Utilitarismus als eine auf das allgemeine Wohlergehen bezogene normative Ethik verstehen."[109]

Nimmt man nun eine Analyse des Moralprinzips von *Mill* vor, so bestätigt sich die Aussage, dass es sich bei dem ethischen Utilitarismus um eine sozialethische Form handelt, die jegliche egoistische Sichtweise des Nutzens verbietet. *Otfried Höffe*[110] hat eine derartige Analyse des Nützlichkeitsprinzips dadurch vorgenommen, dass er diese in vier Teilprinzipien ausdifferenziert:

- Das **Konsequenzprinzip** bezeichnet er als Teilprinzip, welches den Konsequenzen des Handelns bei der Bewertung seiner moralischen Qualität Vorrang einräumt; deshalb wird dies auch als ‚Konsequenzialismus' bezeichnet. Handlungen, die – unabhängig von ihren Folgen – in sich moralisch richtig oder falsch sind, kann es diesem Prinzip entsprechend nicht geben. Es ist also unerheblich aus welcher Einstellung oder Motivation heraus gehandelt wird, da allein die möglichen Folgen einer Entscheidung zählen.
- Das **Utilitätsprinzip** als Teilprinzip bedeutet, dass die tatsächliche Nützlichkeit des Handelns die entscheidende Konsequenz ist. Dabei orientiert sich die Beurteilung, ob eine Konsequenz zu bejahen oder abzulehnen ist, an dem, was an sich gut ist. Das, was an sich gut ist, definiert sich über das ‚Glück'.
- Das **Hedonische Prinzip** legt als Teilprinzip fest, dass das Handeln dem ‚Glück' dienen soll. Dieses ‚Glück', das in der Philosophie häufig als die höchste Erfüllung menschlicher Bedürfnisse verstanden wird, resultiert aus dem ‚An-sich-Guten' und lässt sich wiederum unterschiedlich auslegen. So kann es Lust und Freude, aber auch Zufriedenheit oder Glückseligkeit etc. bedeuten. Ethisch steht die Maximierung des Guten bzw. die Minimierung des Schlechten durch die entsprechende Handlungsalternative im Vordergrund, wobei es nicht auf eine qualitative Wertbemessung ankommt, sondern allein auf eine quantitative.
- Das **Sozialprinzip** ist schließlich jenes Teilprinzip, das dem Utilitarismus zu einer sozialethischen Sichtweise verhilft. Es lehnt einen reinen egoistischen Hedonismus ab und sorgt dafür, dass es nicht nur um das Glück des Handelnden allein geht, sondern um dasjenige aller von einer Handlungsentscheidung Betroffenen.

Aus der genannten Reihenfolge dieser Teilprinzipien ergibt sich eine logische Abfolge, sie stehen praktisch in einem notwendigen Erklärungszusammenhang. Gemeinsam ergibt sich daraus das Prinzip der utilitaristischen Ethik, die dann allerdings sofort ihren eigentlichen moralisch wertvollen Sinn verlieren würde,

---

109 W.E. Müller, a.a.O., Kap. 2.7 ‚Utilitarismus' (in Anlehnung an die Position des Utilitarismus bei Norbert Hoerster), S. 93.
110 O. Höffe (Hrsg.), Lexikon der Ethik, 6. Aufl., Beck Verlag, München 2002; vgl. auch H. Baum, a.a.O., S. 71.

ließe man das vierte Prinzip weg. Dann würde der Vorwurf der Eigennützlichkeit, der über einen allein auf den Handelnden bezogenen Konsequenzbezug erreicht werden würde, zu Recht erhoben.

Baum schlägt vor, dieses Utilitarismusprinzip als Imperativ wie folgt zu formulieren:

> „Wähle unter den dir offenstehenden Handlungsmöglichkeiten jene, die bewirkt, dass das Glück der meisten Menschen, die von deinem Handeln betroffen sind, maximal gefördert wird."[111]

Baum hält diese klare und leicht verständliche Regel gut für eine problemlose Anwendung geeignet und verdeutlicht dies durch ein gerade für die Sozialarbeit recht taugliches Beispiel[112]:

> → „Betrachten wir als Problembeispiel den Fall einer nachweislichen Kindesmisshandlung innerhalb der Familie X. Die Sozialarbeiterin Y wird vielleicht dafür plädieren, das Kind dem Zugriff des alkoholsüchtigen Vaters zu entziehen, es – vorübergehend – in ein Heim einzuweisen oder einer Pflegefamilie anzuvertrauen, und mit der Restfamilie eine Therapie durchzuführen, für den Vater eine Entziehungskur zu planen. Dieses Bündel an Maßnahmen – so mag sie sich nach Analyse der konkreten familiären Situation ganz im Sinne des Prinzips des ethischen Utilitarismus sagen – dient dem maximal-möglichen Glück sowohl des Kindes als auch seiner Familie, ja u. U. sogar der Nachbarn, die alles jahrelang miterleben mussten. Aus der Sicht des Prinzips wäre es also eine moralisch-richtige Entscheidung."

Im praktischen Alltag zeigt sich ein derartiger Fall jedoch vielfach mehrdimensional. Das heißt, dass sich die eigentliche Sachlage in der Regel noch viel komplexer darstellt, da es sich in diesem Beispiel um eine Vielzahl direkt oder indirekt betroffener Personen handelt, deren jeweilige Befindlichkeit berücksichtigt werden muss. *Baum* weist deshalb zu Recht darauf hin, dass das in dem Beispiel angewandte sogenannte ‚hedonistic calculus'- Verfahren wegen der situativen Gegebenheiten aus folgenden Überlegungen nicht ohne weiteres angewendet werden kann:

> → „Wie sollte beispielsweise die Entscheidung aussehen, wenn die zu Depressionen neigende Mutter mit ihrem Selbstmord droht, wenn ihr das Kind weggenommen werden würde; wenn das Kind selbst in seiner Ursprungsfamilie bleiben möchte, der Vater die Entziehungskur ablehnt und die Familie als ganze jede Therapie verweigert und die Nachbarn gleichgültig sind?"

Ganz abgesehen davon, dass *Mill* auf weitere maßgebende Probleme, die bei der Anwendung des Utilitarismus-Prinzips u.a. mit der Unterscheidung von ‚Glück' und ‚Lust', oder ‚Glück' und ‚Zufriedenheit' zusammenhängen, aufmerksam macht, ergibt sich die grundsätzliche Problematik alle Beteiligten in einer so schwierigen familiären Situation zufrieden stellen zu können. Wie bereits erwähnt, liegt dies generell an der Verschiedenheit der Bedürfnisse von Menschen, aber auch

---
111 H. Baum, a.a.O., S. 71.
112 A.a.O., S. 71 f.

an dem Bemühen, mittels der Nutzenethik jedermann so gut wie möglich gerecht werden zu wollen (und – wenn man an den Auftrag der Sozialen Arbeit denkt – auch zu sollen!).

Es soll noch ergänzt werden, dass *Klopfer* in seiner Schrift „Lerneinheit Wirtschaftsethik" auf ein s.E. wichtiges formal-methodisches Prinzip hinweist. Dieses besagt, dass die vernünftige Entscheidung einer einzelnen Person als Modell für die Entscheidungen durch Institutionen der Gesellschaft gelten soll. Er fordert, dass derjenige, der in diesen Institutionen die Entscheidungen trifft, über die Fähigkeit verfügt, sich als „sozial unparteiischer Beobachter" in die Bedürfnisse der anderen Menschen hineinzuversetzen.[113] Damit versucht er der Kritik am Utilitarismus, dass die Verschiedenheit der Bedürfnisse der Menschen zu wenig Berücksichtigung findet, zu begegnen. Nach Auffassung des Verfassers gilt dies in besonderem Maße für die Politiker und deren politisches Bemühen. Der vielfach – gerade auch in Wahlzeiten – erhobene Vorwurf, dass den Politikern der Bezug zu den realen Gegebenheiten an der Basis fehlt und sich die Politik dadurch an den eigentlichen Bedürfnissen der Bürger vorbei entwickelt, lässt sich dann nicht so ohne weiteres entkräften, wenn man eine erkennbare, hedonistische Lust am Machterhalt feststellen kann.

4 Die Verantwortungsethik

Neben der Pflichtethik ist wohl die Verantwortungsethik die wichtigste ethische Sichtweise für das Soziale Handeln. Schließlich übernimmt man mit der Betreuung oder Beratung von hilfebedürftigen Menschen eine große Verantwortung, der es gerecht zu werden gilt. Der in der Sozialen Arbeit Tätige steht meist vor dem Problem eine Entscheidung treffen zu müssen, die sein weiteres Vorgehen betrifft, sein Handeln beeinflusst und damit Auswirkungen auf die ihm anvertraute Person hat. „Wir wissen dann mit einem Male, dass es auf uns ankommt, dass unser Handeln, dass ein bestimmtes Handeln notwendig ist. Unsere *Verantwortung* drängt uns in manchen Situationen dazu zu handeln, in bestimmter Weise zu handeln."[114]

Natürlich kommt es auf die jeweilige Situation an, in der man handelt; dies kann eine lange vorhersehbare, eingeplante, aber auch eine spontane Situation sein. Situationen, in denen die Verantwortungsübernahme entweder durchreflektiert oder eben überraschend erfolgt.

→ Hat man mit einem Klienten beispielsweise einen Beratungstermin vereinbart, so wird man sich rechtzeitig mit dieser Person ggf. über die Aktenlage oder aufgrund eines zuvor abgefragten Grundwissens informiert und damit vorbereitet haben. Daraus resultiert in der Regel ein gezieltes, verantwortungsbewusstes Vorgehen. Erlaubt es die Situation aufgrund eines unvorgesehenen Zusammentreffens nicht, eine entsprechende Vorberei-

---

113 Vgl. M. Klopfer, Lerneinheit Wirtschaftsethik, S. 15.
114 B. Schleißheimer, a.a.O., S. 174.

> tung vorzunehmen, so ist das Handeln des Sozialpädagogen deswegen nicht weniger an seine Verantwortlichkeit gebunden. Aus Letzterem resultierende Entscheidungen sind dann ggf. erst nach genügender Zeit zur Reflexion in verantwortbarer Weise zu treffen.

a) Der Verantwortungsbegriff

Von Verantwortung zu sprechen, war lange Zeit nicht ‚in'. Im Gegenteil es wurde – nicht zuletzt durch die sogenannte ‚68er-Generation' – viel von Mitbestimmung, der Beteiligung an wichtigen Entscheidungen, ob in der Politik oder im Wirtschaftsbereich, ob bei den Lehrinhalten in Schule, Hochschule und Beruf oder in anderen gesellschaftlich relevanten Bereichen, geredet und dementsprechend gehandelt. Dass damit im Grunde genommen die Übernahme von Verantwortung einhergehen müsste, wurde zwar erkannt aber einfach nicht gewollt. Die eher von konservativen Kräften eingeforderte Verquickung von Mitbestimmung mit Mitverantwortung wurde nicht zuletzt aus ideologischen Gründen abgelehnt.

Dabei war es schließlich auch der weit über Deutschlands Grenzen hinaus bekannt gewordene und nach dem Ersten Weltkrieg in München lehrende Sozialwissenschaftler *Max Weber (1864–1920)*, der in seinem vor dem Landesverband Bayern des Freistudentischen Bundes am 28. Januar 1919 in der Münchener Buchhandlung Steinicke gehaltenen Vortrag auf die Unterscheidung von Gesinnungs- und Verantwortungsethik im Zusammenhang mit dem Begriff des Politischen dezidiert eingegangen ist. *Weber* geht von der übergeordneten Frage, „wie es denn aber mit der wirklichen Beziehung zwischen Ethik und Politik" steht aus und fragt weiter, ob es denn umgekehrt richtig sei, „daß ‚dieselbe' Ethik für das politische Handeln wie für jedes andere gelte?" Er kommt in diesem Zusammenhang zu der Erkenntnis, dass alles ethisch orientierte Handeln unter *zwei* voneinander grundverschiedenen Maximen stehen und entweder ‚gesinnungsethisch' oder ‚verantwortungsethisch' orientiert sein kann. Damit spricht *Weber* erstmals die beiden ethischen Varianten an, von denen insbesondere die „Verantwortungsethik" Eingang in die wissenschaftliche Diskussion gefunden hat.[115]

Hans Jonas (1903–1993) hat mit seinem Hauptwerk „Das Prinzip Verantwortung"[116] weltweite Anerkennung erlangt und dem Verantwortungsbegriff zu einer Renaissance verholfen. Wie der Untertitel bereits sagt, geht es *Jonas* vordringlich um die Veränderungen des Gesellschaftlichen, die sich aus der Hochtechnologi-

---

115 Max Weber, Politik als Beruf, Erstdruck in: Geistige Arbeit als Beruf, Duncker & Humblot, München/Leipzig 1919; vgl. hierzu auch H.-G. Gruber, Ethisch denken und handeln. Grundzüge einer Ethik der Sozialen Arbeit, Lucius Verlag, Stuttgart 2009, S. 139 f. Allerdings muss der Hinweis von Gruber, dass der Vortrag in Heidelberg gehalten worden ist als falsch angesehen werden. Ebenso falsch ist es, den Vornamen von Werner Schöllgen mit Wilhelm zu verwechseln (siehe a. a. O., S. 141).
- Über die Differenzierung der beiden Ethiken vgl. Kap. B III, 4 c.
116 Hans Jonas; Das Prinzip Verantwortung. Versuch einer Ethik für die technologische Zivilisation, erstmals im Insel Verlag, Frankfurt a. M. 1979; aktuell im Suhrkamp Taschenbuch Verlag, Frankfurt am Main 2003.

sierung der Moderne im Hinblick auf deren Zukunftswirkung ergeben. Es sind die ungeahnten Möglichkeiten, die sich für ein Leben in Zukunft abzeichnen und für die eine Verantwortungsübernahme immer zwingender wird:

> *„Im Zeichen der Technologie aber hat es die Ethik mit Handlungen zu tun (...), die eine beispiellose kausale Reichweite in die Zukunft haben, begleitet von einem Vorwissen, das ebenfalls, wie immer unvollständig, über alles ehemalige weit hinausgeht. Dazu die schiere Größenordnung der Fernwirkungen und oft auch ihre Unumkehrbarkeit. All dies rückt Verantwortung ins Zentrum der Ethik, und zwar mit Zeit- und Raumhorizonten, die denn der Taten entsprechen."*[117]

Des Weiteren waren es der Sozialethiker *Werner Schöllgen* und der Philosoph *Robert Spaemann*, die sich u.a. auch mit der Verantwortungsethik auseinandersetzten. Während die von der katholischen Sozialethik her geprägte Sicht der *Weber*schen Differenzierung bei *Schöllgen* erklärlicherweise auf wenig Zustimmung stößt, da *Weber* die Berücksichtigung der (möglichen) Folgen des Handelns durch den Handelnden ausschließlich der Verantwortungsethik beimisst[118], anerkennt *Spaemann*, dass die *Weber*sche Unterscheidung „inzwischen zum Allgemeingut und zu einem Topos in politischen Auseinandersetzungen geworden" ist. *Spaemann* ist zudem davon überzeugt, „daß die Unterscheidung von Gesinnungsethik und Verantwortungsethik... ziemlich ungeeignet ist, uns über die Eigenart des Sittlichen, über Ethik zu belehren".[119]

Vor allem *Hans Jonas* hat mit seinem Standardwerk zu den Herausforderungen im Zeitalter des rasanten technologischen Fortschreitens und der Globalisierung auf die wachsende Verantwortung hingewiesen und damit dazu beigetragen, dass der Verantwortungsbegriff eine völlig neue Dimension gewinnen konnte. In der Politik spricht man heute vermehrt von der Nachhaltigkeit politischer Entscheidungen, wenn es zum Beispiel um die Sicherung der wirtschaftlichen Ressourcen, um eine alternative Energiegewinnung oder um die soziale Absicherung in der Zukunft etc. geht. In der Gentechnologie oder in der Medizintechnik passieren Entwicklungen, die zu einer neuen Form der Verantwortlichkeit führen. Dabei gilt es darauf hinzuweisen, dass ‚Verantwortung' oder ‚Verantwortlichkeit' nicht nur als heute vielfach empfundene ‚Pflicht' oder ‚Verpflichtung' im Sinne einer moralischen Kategorie verstanden werden.

Man kommt dem Verantwortungsbegriff am ehesten nahe, wenn man ihn von seinem Wortstamm her aufschlüsselt. Man schneidet die ‚Verantwortung' praktisch auf und entdeckt die ‚Antwort', die in ihr steckt. Geht man einen Schritt weiter, so erkennt man dann, dass im Gesamtbegriff der ‚Verantwortung' das ‚Antwortgeben' enthalten ist. Nimmt man zusätzlich die Rechtssprache zur Hilfe,

---

117 H. Jonas, a.a.O., S. 8f.115.
118 Vgl. hierzu zum Beispiel: W. Schöllgen, Konkrete Ethik, Düsseldorf 1961.
119 R. Spaemann, Wer hat wofür Verantwortung? Kritische Überlegungen zur Unterscheidung von Gesinnungsethik und Verantwortungsethik. Rede von 1982, anlässlich der Verleihung der Thomas-Morus-Medaille; in: R. Spaemann, Grenzen. Zur ethischen Dimension des Handelns, Stuttgart 2011, S. 218–237.

so kommt man auf ein ‚Sich-Verantworten' und damit an den eigentlichen ethischen Kern des Verantwortungsbegriffs. Natürlich verbindet sich damit die Frage, wem gegenüber man Antwort geben soll, oder wem gegenüber man sich zu verantworten hat?

Schleißheimer nennt dies eine Dialogsituation: „Wir sind angesprochen durch die jeweilige Situation, von den Anderen, durch die Welt, in der wir leben. Unser Handeln ist gefordert. Und wir sollen so handeln, dass wir jederzeit darüber Antwort geben und durch unsere Antwort unser Handeln rechtfertigen können."[120] Grundsätzlich hat dies für jeden, der in irgendeiner Form – ob an oder mit Gütern, ob an oder mit Menschen – handelt, Gültigkeit. Im Grunde kommt es, wie bei der Nutzenethik darauf an, was das Handeln bewirkt und ob es aus dieser Sicht gerechtfertigt werden kann. So trägt jeder Mensch in welcher Funktion auch immer Verantwortung, die für ihn die Übernahme einer Verpflichtung sich selbst und anderen gegenüber bedeutet. Letztlich wird er an der Erfüllung dieser Verpflichtung gemessen.

Indem man Verantwortung übernimmt, trägt man diese und ist verantwortlich. Hieraus ergibt sich

- eine Person, die die Verantwortung trägt,
- für ihr Tun und Lassen verantwortlich ist,
- und die sich schließlich anderen, z.B. den Mitmenschen, bestimmten Institutionen, dem eigenen Gewissen oder Gott gegenüber zu verantworten hat.

Dabei kann die Person sowohl Subjekt wie auch Träger von Verantwortung sein und hat für sich selbst wie auch für die anderen die Folgen des eigenen Handelns zu tragen. Es ist hierbei bedeutsam, dass die Verantwortungsübernahme auf der Basis einer freiwilligen Entscheidung erfolgt. In der Regel wird sich daraus dann ein Problem ergeben, wenn man zu dieser Übernahme der Verantwortung gezwungen wird, weil sie quasi in Form einer mündlichen wie schriftlichen Anweisung einer vorgesetzten Person, eines Befehls oder einer gesetzlichen Regelung erfolgt. Es ist deshalb besonders wichtig, etwa in der Personalführung oder aber in der Arbeit mit Klienten, Anordnungen, Empfehlungen oder Verhaltensanweisungen in einer Weise rüber zu bringen, die der ‚Empfänger' als Notwendigkeit derselben anerkennt und so verinnerlicht, dass er eine freiwillige Verpflichtung zur Durchführung eingeht.

→ Für den Sozialarbeiter stellt sich häufig die Frage, wie er zum Beispiel einen Drogenabhängigen von der Überwindung der Drogensucht durch Zustimmung zu einer Entziehungskur überzeugen kann. Dadurch dass man ihn mit der Übernahme dieses Falles

---

120 B. Schleißheimer, a.a.O., S. 179; im weiteren Zusammenhang hierzu differenziert er den Verantwortungsbegriff auf und spricht von einer ‚sozialen Verantwortung', die auch als ‚moralische Verantwortung' verstanden wird (S. 181 f.). Für den Handlungsbereich der Sozialen Arbeit erscheint es sinnvoll, diesen Begriff zu wählen, da es sich ja hier besonders um eine Verantwortung vor und für Menschen und *für* deren Zusammenleben in der Gesellschaft handelt.

> betraut hat, hat er zugleich die Verantwortung für eine erfolgreiche Bewältigung der Drogensucht des Klienten übernommen. Es ist nun seine Pflicht, den Klienten argumentativ so von der Notwendigkeit einer Entziehungskur zu überzeugen, dass dieser sie schließlich aus freiem Willen heraus antritt.

Bei diesem Beispiel sollte klar geworden sein, dass sich hier verschiedene Verantwortungs-‚Ebenen' zeigen. Es ist nicht allein die Verantwortung des Sozialpädagogen, die hier gefragt und gemeint ist; auch der Klient trägt in zweierlei Hinsicht Verantwortung: einmal sich selbst gegenüber, da er ja aus der Sucht heraus will, und zum anderen dem ihn betreuenden Sozialpädagogen gegenüber. Man erkennt, dass man es

- mit verschiedenen Verantwortungsträgern zu tun hat,
- die wiederum unterschiedlichen Verantwortungsinstanzen gegenüber verantwortlich sind.

Als Verantwortungsträger gelten die beiden im Dialog miteinander befindlichen genannten Personen. Während der Sozialpädagoge sich gegenüber den Instanzen: er selbst, der Klient und schließlich die vorgesetzte Dienststelle etc. zu verantworten hat, trifft dies bei dem Klienten für die Instanzen: er selbst, der Sozialpädagoge und ggf. die Angehörigen usw. zu.

Es ist weiterhin zu berücksichtigen, dass Verantwortung und deren Übernahme nicht nur als Verpflichtung verstanden werden dürfen, da sich zugleich die Frage nach der Fähigkeit hierzu auftut. Es kann und darf nicht grundsätzlich davon ausgegangen werden, dass jedermann zu jeder Art von Verantwortungsübernahme fähig ist. Eine Verantwortungsfähigkeit kann unterschiedlich gewichtet sein und hängt von den verschiedenartigsten Gegebenheiten ab:

- es sind etwa die fachlichen und charakterlichen oder sittlichen Kompetenzen zu berücksichtigen,
- zudem spielen physische wie auch psychische (Beeinträchtigungs-) Faktoren eine Rolle.

Ergänzend muss auch eine gewisse Verantwortungsbereitschaft vorhanden sein und in das Kalkül mit einbezogen werden. Dies setzt voraus, dass man sich seiner Verantwortung überhaupt bewusst ist, erkennen kann, wofür man verantwortlich ist und dann auch bereit ist, diese Verantwortung zu übernehmen.[121] Da dies eine Willensfrage ist, gilt es auch hier, mittels überzeugender Argumentation die Bereitschaft zur willentlichen Verantwortungsübernahme herzustellen. Gelingt beides, nämlich sowohl die Verantwortungsbereitschaft zu erzielen wie auch eine Verantwortungsfähigkeit auszumachen, so gewinnt die Verantwortungsübernahme ihre moralische Begründung und Rechtfertigung.

---

121 B. Schleißheimer nennt die Verantwortungsbereitschaft eine ‚Grundtugend', die für alle anderen Tugenden vorauszusetzen ist. Daraus resultiert für ihn, dass ein tugendhaftes Verhalten „ein von Verantwortungsbewusstsein und Verantwortungsbereitschaft getragenes und geleitetes Handeln" bedeutet.(a. a. o., S. 208).

b) Bestimmungselemente ethischer Verantwortung

Die Beschäftigung mit dem Verantwortungsbegriff hat erkennen lassen, dass es bei dem von *Schleißheimer* ‚Dialogsituation' genannten Handeln mehrere Relationen zu berücksichtigen gilt. Er macht geltend, dass eine Verantwortung tragende Person jeweils in eine zweifache bzw. dreistellige Relation gesetzt wird: „Jemand ist *vor/gegenüber* jemand *für* jemand/etwas verantwortlich." Dabei sieht er die zwei Relationen durch die Präpositionen ‚vor' oder ‚gegenüber' und ‚für' gekennzeichnet.

Die drei Stellen oder Positionen erklärt er wie folgt:

- Eine Person, die verantwortlich ist als ‚Subjekt' oder ‚Träger' von Verantwortung.
- Jemand, *vor/gegenüber* dem er verantwortlich ist, als ‚Instanz', vor/gegenüber der Verantwortung besteht.
- Jemand/etwas, für den/die/das die Person verantwortlich ist, als ‚Gegenstand' (Objekt), *für* den Verantwortung besteht.[122]

Diese Zusammenhänge ließen sich auch als ‚Relationsmodell' bezeichnen; es mag zunächst komplizierter aussehen, als es tatsächlich ist. Das Schema oder Modell von *Schleißheimer* kann dahingehend vereinfacht werden, indem es mit verschiedenen Fragewörtern bzw. Fragestellungen die gleichen Verknüpfungen zum Ausdruck bringt. Erreicht werden soll damit, dass der Verantwortliche in seinem Handeln eine gewisse Sicherheit bezüglich des ethischen Sinns und moralischen Wertes seines Handelns erfährt. Anders ausgedrückt ließe sich festhalten, dass er nur dann in verantwortungsethisch richtiger Weise handelt, wenn er dabei

- zum einen die Relationen zwischen sich und dem Betroffenen, zwischen seinem Handeln und dessen Folgen berücksichtigt und
- zum anderen die für die Bestimmung des ethischen Sinns der Verantwortung erforderlichen Fragen für sich beantwortet.

Grundsätzlich ist davon auszugehen, dass eine Person, der Verantwortung übertragen worden ist, die zunächst eigentlich verantwortliche Person ist:

> **1. Feststellung**: *Jemand ist verantwortlich!* (Fragewort: *Wer?*)

Diese Verantwortung bezieht sich dann auf die handelnden bzw. betroffenen Personen:

> **2. Feststellung**: Man trägt jemandem gegenüber Verantwortung! (Fragewort: *Wem?*)

Die übernommene Verantwortung ist an ein bestimmtes Handeln, an einen spezifischen Sachzusammenhang, an die Ausführung einer speziellen Anweisung, Anordnung etc. gebunden:

---

122 Ebd.

> 3. Feststellung: Man trägt für etwas die Verantwortung! (Fragewort: Wofür?)

Sowohl die Verantwortungsübernahme wie auch die -durchführung erfolgt unter Berücksichtigung moralisch-ethischer Gesichtspunkte. Beiden liegen Wert- und Zielvorstellungen zugrunde, die ein verantwortungsbewusstes Handeln begleiten oder lenken:

> 4. Feststellung: Eine handelnde Person ist aufgrund einer bestimmten Wertvorstellung, eines Maßstabes verantwortlich! (Fragewort: Wodurch?/Weshalb?)

Klopfer schlägt vor, die von ihm zur Bestimmung des ethischen Sinns der Verantwortung in ähnlicher Weise genannten ‚Elemente' in einer Satzfrage zusammenzufassen und diese dann wie folgt zu formulieren[123]:

Wer hat **wofür** und vor **wem** und nach welchen **Maßstäben** Verantwortung?

Die im Zusammenhang mit der Verantwortung oben genannten Beispiele ließen sich anhand dieser Satzfrage auf ihre ethische Relevanz hin überprüfen. Es ließen sich sowohl die Verantwortungs- wie auch die ethischen Bezüge aufdecken und mögliche Defizite herausstellen, die bei einer weiteren bzw. künftigen Verantwortungsübernahme Berücksichtigung finden müssten. Für das praktische tägliche Handeln im Rahmen der Sozialen Arbeit lässt sich mit der Satzfrage ein probates Mittel an die Hand geben, das rasch eingesetzt werden und damit zu mehr Sicherheit in einem verantwortungsbewussten Handeln beitragen kann.

c)   Der Gegensatz von Gesinnungs- und Verantwortungsethik

Max Weber (1864–1920) hat sich vor allem in dem bereits genannten Text „Politik als Beruf" mit den Unterschieden zwischen Gesinnungs- und Verantwortungsethik beschäftigt. Sein besonderes Anliegen bei diesem Text war, dass ein Handeln nicht allein über die Folgen für die Betroffenen definiert werden kann. Es kommt seiner Ansicht nach auch wesentlich darauf an, nach den Motiven einer Handlungsweise zu fragen:

> „Wir müssen uns klarmachen, daß alles ethisch orientierte Handeln unter zwei voneinander grundverschiedenen, unaustragbar gegensätzlichen Maximen stehen kann: es kann ‚gesinnungsethisch' oder ‚verantwortungsethisch' orientiert sein. Nicht daß Gesinnungsethik mit Verantwortungslosigkeit und Verantwortungsethik mit Gesinnungslosigkeit identisch wäre. Davon ist natürlich keine Rede. Aber es ist ein abgrundtiefer Gegensatz, ob man unter der gesinnungsethischen Maxime handelt –religiös geredet –: ‚Der Christ tut recht und stellt den Erfolg Gott anheim' oder unter der verantwortungsethischen: daß man für die (voraussehbaren) Folgen seines Handelns aufzukommen hat."[124]

---

123   Klopfer, Lerneinheit Wirtschaftsethik, S. 16.
124   M. Weber, Politik als Beruf (1919), zit. aus: M. Weber, Soziologie. Weltgeschichtliche Analysen. Politik, Alfred Kröner Verlag, Stuttgart 1973, S. 174 ff.

Weber grenzt damit bewusst die Gesinnungsethik von der Verantwortungsethik ab. Er stellt deutlich heraus, dass es nicht um die Folgen eines Handelns an sich geht, sondern darum, welche ‚Gesinnung' oder innere Einstellung, Grundhaltung ihr zugrunde liegt. Für ihn trifft die handelnde Person keine Schuld, wenn die Folgen „einer aus reiner Gesinnung fließenden Handlung üble sind"; dafür verantwortlich hält er „die Welt", „die Dummheit der anderen Menschen". Für den ‚Verantwortungsethiker' läge die Verantwortung klar beim Handelnden selbst, da er die Folgen seines Handelns hätte voraussehen müssen. Worin liegt dann die Verantwortung des ‚Gesinnungsethikers'? *Weber* äußert sich hierzu beispielhaft:

„‚Verantwortlich' fühlt sich der Gesinnungsethiker nur dafür, daß die Flamme der reinen Gesinnung, die Flamme z. B. des Protestes gegen die Ungerechtigkeit der sozialen Ordnung, nicht erlischt."[125] Es ist der innere Beweggrund, der zu einem ethisch wertvollen Handeln führt; der Protest im genannten Beispiel wird von innen heraus ‚entfacht' – auch dann, wenn es sich um eine ‚irrationale Tat' handelt. Die Verantwortung bezieht sich allein auf den Beweggrund, die Idee des Handelns. Damit erfüllt sich für *Weber* ein absolutes moralisches Gebot, das sich in einer gesinnungsethisch orientierten Handlung selbst zeigt. Das Handeln des Gesinnungsethikers entzieht sich weitgehend der Rationalität bzw. der Logik menschlichen Handelns, da es sich jeglicher Zurechnung der Handlungsfolgen schlicht verweigert und die Kausalzusammenhänge gesellschaftlicher Handlungen nicht zur Kenntnis nimmt. Damit geht eine mögliche Schuldzuweisung am gesinnungsethisch motiviert Handelnden glatt vorbei. Dies erinnert daran, dass man jemandem, dessen Handeln fatale Folgen hervorbringt, ggf. die ‚Absolution' erteilt, weil er aus guter Gesinnung oder edler Einstellung heraus so gehandelt hat. Zumeist unterstellt man dann auch noch, dass die eingetretenen Folgen nicht absehbar oder erkennbar waren. In der Rechtsprechung führt die Berücksichtigung der Motivation für eine Tathandlung unter Umständen zu einem entweder geringeren oder höheren Strafmaß.

Fragt man danach, was die Differenzierung zwischen ‚Verantwortungs'- und ‚Gesinnungsethik' erbringt, so wird man darüber dankbar sein müssen, dass das menschliche Handeln nicht nur an seinen Folgen gemessen werden darf – auch wenn in unserer Zeit durchaus der Eindruck entsteht, dass hierfür ein Ausschließlichkeitsanspruch besteht. Ob in der Politik oder im Wirtschaftsleben, ob in den gesellschaftlichen Strukturveränderungen oder den zwischenmenschlichen Beziehungen – es wird allzu selten nach den Beweggründen und inneren Einstellungsveränderungen und viel mehr nach den Folgen dieser Entwicklungen gefragt. Vielleicht sollte man sich stärker darauf besinnen, dass sich bei *Weber* letztlich doch in gewisser Weise eine Symbiose zwischen den beiden Sichtweisen abgezeichnet hat. Dann nämlich, wenn die Legitimität einer Handlung dadurch gegeben ist, dass neben der Überzeugung von der Sittlichkeit, von der moralisch geprägten inneren Einstellung her, auch eine ethische Bewertung der erwünschten

---

125 Ebd.

wie auch unerwünschten Folgen des Handelns Berücksichtigung findet, abgezeichnet hat.

Ähnlich dem Utilitarismus, lässt sich auch die Gesinnungsethik Webers bewusst oder unbewusst missverstehen bzw. im gewünschten Sinne interpretieren. Und so ließe sich einerseits jegliches gesinnungsethische Handeln rechtfertigen und andrerseits je nach Sichtweise ächten, wenn man zum Beispiel den Gesinnungsbegriff wie etwa im Nationalsozialismus oder im islamistischen Fundamentalismus ideologisiert und damit gewiss nicht im Sinne Webers verfälscht. Aufgrund dieses Missverständnisses führte die Auseinandersetzung mit *Webers* Differenzierung des Verantwortungsbegriffs dazu, dass man den Gesinnungsbegriff[126] gerade in der politischen Auseinandersetzung bewusst verunglimpft hat, ohne zuzugestehen, dass es auch und gerade darum geht die eigentliche Motivation für das Handeln von Menschen zu hinterfragen. Dabei muss zugestanden werden, dass man sich natürlich auch in gewisser Weise hinter einer derartigen Fokussierung auf ein möglicherweise selbstgewähltes Motiv des Handelns verstecken kann, um von einer gewollten oder ungewollten Berücksichtigung der gegebenenfalls sich daraus ergebenden Folgen des Handelns ablenken zu können. Andrerseits ist eine Fixierung auf die eigentlichen Beweggründe des Handelns nicht von vorneherein schlecht, da jegliches soziale Handeln ohne begründete Motivation der Willkür und einer gewissen Willfährigkeit anheimzufallen droht.

5   Die Wirtschaftsethik

Das Wirtschaftssystem Deutschlands fußt auf keiner verfassungsrechtlichen Verankerung. Auf eine derartige Fixierung wurde bewusst verzichtet, um eine Festlegung in einer Zeit der unkalkulierbaren politischen, gesellschaftlichen und wirtschaftlichen Entwicklung von vorneherein zu vermeiden. Nach der Katastrophe des Zweiten Weltkriegs und der beinahe totalen Zerstörung der deutschen Wirtschaft schien die Bindung an ein bestimmtes Wirtschaftsmodell für das Nachkriegsdeutschland eher verwegen zu sein.

Selbst die Besatzungsmächte gingen von unterschiedlichen Vorstellungen aus, wie dieses zerschlagene Deutschland wieder aufgebaut werden könnte. Glaubten die einen, wie etwa Frankreich, aber auch Großbritannien, Deutschland zunächst wirtschaftlich klein halten zu müssen, indem massive wirtschaftliche Beschränkungen bis hin zur zentralistischen Planwirtschaft beabsichtigt waren, so setzten die Vereinigten Staaten von Amerika stärker auf ein eher kapitalistisches System mit einem freien Spiel der (Konkurrenz-) Kräfte.

Doch auch deutsche Wirtschaftswissenschaftler, allen voran *Alfred Müller-Armack* (1901–1978), *Wilhelm Röpke* (1899–1966) oder *Alexander Rüstow*

---

126 Der Autor versteht in diesem Zusammenhang den Gesinnungsbegriff als etwas, das konkret danach fragt, welchen Sinnes jemand ist, bzw. aus welcher inneren Einstellung heraus jemand handelt.

(1885–1963), entwickelten ihre Vorstellungen über ein marktwirtschaftliches System, das u. a. eine Verflechtung des Freiheitsgedankens mit der Gerechtigkeitsforderung widerspiegeln sollte. Im Wesentlichen beinhaltete ihre Konzeption die Hauptziele eines möglichst großen Wohlstands für alle, der Sicherung der Stabilität des Preisniveaus und einer ‚gerechten' Vermögensbildung für die Bürger.

Hinzu kam, dass die sogenannte ‚freie Soziale Marktwirtschaft' sich von vorneherein als wirtschaftspolitische Konzeption verstand, die eine Verbindung zwischen einer über den Rechtsstaat abgesicherten wirtschaftlichen Freiheit und den Zielsetzungen der sozialen Sicherheit und sozialen Gerechtigkeit des Sozialstaates herzustellen versucht. Aus dieser Grundlegung resultieren die eigentlichen Merkmale unserer auch heute noch gültigen Wirtschaftsordnung, wenngleich aufgrund der allgemeinen wirtschaftlichen Entwicklung unserer Zeit ein Erreichen der Zielsetzungen häufig nicht mehr den tatsächlichen Gegebenheiten und realen Möglichkeiten entspricht:

- Freiheit der Eigentumsnutzung
- Konsumfreiheit
- Gewerbefreiheit
- Wettbewerbsfreiheit
- Produktions- und Handelsfreiheit
- Freiheit der Berufs- und Arbeitsplatzwahl
- Sicherung der Vollbeschäftigung

Zu diesen wirtschaftlichen Freiheitsrechten, die sich zum Teil aus unserer Verfassung ergeben, tritt schließlich die aus der Sozialstaatlichkeit Deutschlands abgeleitete Forderung nach Einbeziehung sozialer Belange. Dies soll im Sinne der genannten sozialen Absicherung der Bürger auf der Basis einer sozial orientierten gerechten Verteilung der Güter geschehen.

a) Wirtschaftsethische Grundsätze und Fragestellungen

Aus der Erkenntnis, dass es das Anliegen der drei Volkswirtschaftler war, das Soziale im Sinne einer christlich-humanistischen Ethik mit dem Gedanken einer Marktwirtschaft zu verbinden, ergibt sich ein moralisch-ethischer Anspruch, der sich in den Sozialprinzipien der Solidarität, des Gemeinwohls, aber auch des Subsidiaritätsprinzips in besonderer Weise widerspiegelt.[127]

Eine Einbeziehung des Sozialgedankens in eine Wirtschaftsordnung leitet sich insbesondere bei *Röpke* aus seiner Grundüberzeugung ab, dass das Maß der Wirtschaft der Mensch ist, das Maß des Menschen ist wiederum sein Verhältnis zu Gott. Bei ihm wird der Einfluss der (vorwiegend evangelischen) christlichen Soziallehre besonders deutlich erkennbar. Bringt man diese Sichtweise in Verbindung mit dem Grundgesetz, so geht es um die Forderungen nach Freiheit und Menschenwürde, nach persönlicher Unabhängigkeit und der gerechten Behandlung des

---
[127] Vgl. hierzu besonders Kap. D, II 3).

Menschen in einem Wirtschaftssystem, das für eine optimale Güterverteilung entsprechend der wirtschaftlichen Zweckmäßigkeit und Produktivität zu sorgen hat. An ethischen Maßstäben gemessen, geht es auch um eine menschenwürdige Gestaltung der Produktion, um eine bedarfsgerechte Verteilung der Güter, um einen gerechten Lohn wie auch einen gerechten Preis und um eine Angemessenheit und Zweckmäßigkeit der Steuern.

Die drei vorrangig genannten Begründer unseres heutigen Wirtschaftssystems stießen nicht von vorneherein auf Zustimmung für die Intention, der Wirtschaft eine gewisse ethische Orientierung zu geben, indem man den Menschen in den Mittelpunkt wirtschaftlichen Denkens gerückt haben wollte. Vielfach hielt man ethische und wirtschaftliche Handlungsgrundsätze für zu widersprüchlich und kaum miteinander vereinbar. Möglicherweise spielten her die Erfahrungen mit den Ergebnissen eines kapitalistischen Wirtschaftens in der zweiten Hälfte des 19. Jahrhunderts ebenso eine Rolle wie jene aus der Diktatur des sogenannten Dritten Reiches.

Auch heute halten viele Menschen noch (oder wieder) unsere Marktwirtschaft für ein Wirtschaftssystem, in welchem Egoismus und Gewinnstreben des Unternehmers, gnadenloser Wettbewerb, rücksichtslose Ressourcenvernichtung und bedenkenlose Umweltzerstörung vorherrschen. Angesichts einer in den vergangenen Jahren anhaltenden Massenarbeitslosigkeit, einer nicht zu stoppenden Transferierung von Arbeitsplätzen ins billigere Ausland, des Abbaus gewohnter und verwöhnender, aber nicht mehr bezahlbarer Sozialleistungen und zunehmender Interdependenzen aufgrund einer irreversiblen Globalisierung, erscheinen die genannten Bedenken zumindest verständlich zu sein.

Es stellen sich die Fragen, ob zum einen ethische Grundsätze mit den Interessen der Wirtschaft in eine vernünftige Relation zueinander gebracht werden können, und zum anderen, inwieweit moralische Werte und Normen unter den Bedingungen der Marktwirtschaft überhaupt Gültigkeit erlangen können? Wir kennen aus der historischen Entwicklung, dass die Berücksichtigung ethischer Vorstellungen beispielsweise bei der Anerkennung der Bedürfnisse und der finanziellen Gegebenheiten der Menschen immer schon eine gewisse Rolle gespielt haben. Von der philosophischen Diskussion der Antike, über die Lehrsätze der Bibel, von der mittelalterlichen Auseinandersetzung bis in die Neuzeit, durchzog sich immer die Frage nach dem gerechten Preis, nach einem kaufmännischen und wirtschaftlichen Handeln im Sinne des Wohls der Menschen – auch, wenn häufig nicht dementsprechend verfahren wurde.

Die gravierende gesellschaftliche Differenzierung von der Antike bis in die Neuzeit, die im alten Athen und Rom sklavenhalterische Ausbeutung, der unselige Ablasshandel des Mittelalters, die Leibeigenschaft bis in die Neuzeit hinein, die Praktiken eines knebelnden Geldverleihs, wie sie zum Beispiel *William Shakespeare* in seinem „Kaufmann von Venedig" aufgezeigt hat, zeigen nur ausschnitthaft, welche Rolle im Grunde ethische Überlegungen gespielt haben, ohne dass sie stets mittels eines eigenständigen wirtschaftsethischen Konzepts Umsetzung gefunden haben.

b) Die ethische Begründung der Marktwirtschaft

Im Grunde genommen lässt sich mit der theoretischen Grundlegung eines quasi marktwirtschaftlichen Systems durch den schottischen Moralphilosophen *Adam Smith* (1723–1790) auch eine konkrete Aufnahme ethischer Gesichtspunkte festmachen. Es war *Smith*, der durch sein 1776 erschienenes Hauptwerk „Wohlstand der Nationen. Eine Untersuchung seiner Natur und seiner Ursachen" wie auch in der bereits 1759 abgefassten „Theorie der moralischen Gefühle" durch die Erkenntnis vom Zusammenhang von Ethik und Volkswirtschaftslehre praktisch ein wirtschaftsethisches Fundament legte, das auch heute noch trägt. Er geht von dem Begriff des ‚Wohlwollens' aus, der sich in dem Satz seines Hauptwerkes finden lässt:

„Nicht vom Wohlwollen des Metzgers, Brauers oder Bäckers erwarten wir das, was wir zum Essen brauchen, sondern davon, daß sie ihre eigenen Interessen wahrnehmen."[128]

Gemeint ist damit, dass die Menschen ihre eigenen Interessen verfolgen dürfen, solange dadurch alle ihren Vorteil haben. *Smith* entwickelt den dem Wohlwollen ursprünglich zugrundeliegenden ‚Sympathie'-Gedanken in Richtung ‚Zuneigung' und ‚Einfühlungsvermögen' fort und argumentiert, dass man sich erst so sehen kann, wie einen ein anderer sieht, wenn man sich in diesen einfühlt und das Ergebnis damit vergleicht, wie man von dem anderen gesehen werden will. *Smith* glaubt mit dieser Sichtweise zu einem unparteiischen Beobachter („impartial spectator") des Verhältnisses zwischen einem selbst und seinen Mitmenschen werden zu können. Er versteht sich als ein soziales Wesen, das sich in dem anderen widerspiegelt. *Smith* macht aus dem ‚unparteiischen Beobachter' eine ‚unsichtbare Hand' („invisible hand"), „die dafür sorgt, dass mein Handeln in der Gesellschaft und letztlich auch wieder mich verändern"[129]

All dies, aber vor allem sein Postulat von der ‚unsichtbaren Hand', überträgt er auf die Volkswirtschaft. Indem er das für ihn vorhandene Kommunikationsproblem, das sich auf einem großen Markt mit sehr vielen Menschen zwangsläufig ergibt, durch eine quasi übergeordnete Instanz – jene ‚unsichtbare Hand' – lösen will, erhebt er diese auf die Funktion eines ethischen Regulativs des Handelns. *Smith* schlägt hiermit eine idealtypische Sicht der Dinge vor, der zufolge es keiner irgendwie anordnenden Institution oder Macht bedarf, um zu einer optimalen Abstimmung des Handelns von Millionen von Menschen zu gelangen; dies ist s. E. ein von selbst ablaufender Abstimmungsprozess, der ohne ein direktes Eingreifen der Menschen geschieht. Es wird deutlich erkennbar, dass *Smith* von einem absolut optimistischen und idealistischen Menschenbild ausgeht, das er aber braucht, um sein Grundanliegen klar herausstellen zu können: er will mit seiner Sichtweise eine Idealvorstellung von dem Zusammenwirken der Menschen in einer Wirtschaftsordnung propagieren, in der die Bildung des Marktpreises zwar entsprechend des Angebotes und der Nachfrage erfolgt. Dieser Preis darf aber zum einen nicht von dem Wohlwollen des Verkäufers gegenüber dem Käufer abhängig gemacht werden.

---

128 Zit. nach M. Klopfer, Lerneinheit Wirtschaftsethik, S. 6.
129 Jacoby/Braun, Ethik und Volkswirtschaft. Adam Smith, a.a.O., S. 169.

Zum anderen darf es aber auch nicht zu einer mehr oder weniger willkürlichen Schadenszufügung kommen, was wiederum durch freiwillig akzeptierte Regeln der Ethik, die lediglich von der ‚unsichtbaren Hand' quasi überwacht werden, ausgeschlossen werden soll.

Klopfer hat nach Ansicht des Verfassers eine sehr treffende Interpretation des wirtschaftsethischen Denkens von *Smith* vorgenommen und weitere Schlüsse daraus gezogen: Das Zusammenleben der Menschen soll im Wirtschaftlichen so gestaltet sein, dass keine beeinträchtigenden Vorgaben seitens des Staates notwendig sind, solange alle einen Vorteil daraus ziehen. Natürlich muss es Gesetze geben, die dadurch, dass sie von jedermann anerkannt werden, ein moralisches und gerechtes Miteinander in der Wirtschaft ermöglichen. *Klopfer* zieht daraus den Schluss, dass

1. das ethische Denken in der Wirtschaft beim Einzelnen anfangen und
2. ein ethisches Verhalten durch staatliche Normen z. B. durch Gesetze erzielt werden muss.

Während ersteres durch ein „tugendhaftes Verhalten des Einzelnen" erreicht wird, wird das letztere mittels einer „Ethik der Rahmenordnung" hergestellt werden müssen.[130] Dies setzt natürlich das freiwillige Akzeptieren einer auf ethischer Basis aufbauenden Wirtschaftsordnung voraus, die dann keiner erzwungenen Durchsetzung mehr bedarf, sondern lediglich der indirekten Lenkung durch die ‚unsichtbare Hand' unterliegt.

c)   Die Relevanz der Wirtschaftsethik für das Soziale Handeln

Die eigentliche Bedeutung der wirtschaftsethischen Grundlegung durch *Adam Smith* liegt wohl darin, dass er im Grunde jegliche Form der staatlichen Regulierung wirtschaftlichen Handelns ablehnt. Dabei geht er von einer Idealkonstellation aus, die den Menschen zum einen als ein soziales Wesen mit hoher ethischer Gesinnung begreift und zum anderen alle am Wirtschaftsprozess Beteiligten als uneigennützig handelnde, wohlwollende und die ethischen Regeln freiwillig befolgende Personen sieht.

Der in dieser idealtypischen Sicht steckende ‚Sympathie'-Gedanke bedeutet in seiner Fortentwicklung zur ‚Zuneigung' und zum ‚Einfühlungsvermögen' eine wichtige Komponente für den in der Sozialen Arbeit tätigen Sozialpädagogen. Auch dieser sollte sein soziales Handeln aus einer gewissen Sympathie oder Zuneigung, verbunden mit einem hohen Einfühlungsvermögen, heraus gestalten. Zudem ist es für ihn wichtig zu wissen, dass die Probleme seiner Klientel sich in der Regel aus wirtschaftlichen Unzulänglichkeiten oder Negativentwicklungen ergeben. Dabei ist es zunächst unerheblich, ob es sich um persönliche Miseren oder um strukturelle gesamtgesellschaftliche Problemstellungen handelt, die sich auf die persönliche Situation auswirken.

---

130 M. Klopfer, Lerneinheit Wirtschaftsethik, S. 7.

Wenn nun in der Marktwirtschaft in Deutschland – aufgrund wirtschaftsethischer Überlegungen – eine Sozialkomponente beinhaltet ist, so erschöpft sich diese nicht allein in ihrem Anspruch für eine ausreichende soziale Absicherung der Bürger zu sorgen. Es geht vielmehr auch und gerade darum, die Wirtschaft und die darin Tätigen zu einem sozialethischen Handeln zu verpflichten. Nur eine derartige Verpflichtung kann einer möglichen ‚Ausbeutung des Menschen durch den Menschen' gebührend begegnen und sie verhindern. Im Gegensatz zu früheren, dem kapitalistischen Wirtschaftssystem angelasteten Praktiken, um des eigenen Profits willen, die soziale Situation des anderen nicht nur zu übersehen, sondern zum Teil auch zu verschlechtern, ist die Soziale Marktwirtschaft aufgerufen, alles zu tun, um die sozialen Gegebenheiten sowohl des Einzelnen wie auch der gesamten Gesellschaft verbessern zu helfen.

Wenn auch ein sozial(politisches) Handeln in der Demokratie der Bundesrepublik Deutschland nicht ausdrücklich qua Verfassung fest- oder vorgeschrieben ist, so lassen sich doch soziale, ethisch begründete Verpflichtungen sowohl des Staates gegenüber seinen Bürgern, wie auch der Bürger gegenüber Gesellschaft und Staat ausmachen.

→ So stellt beispielsweise der grundgesetzlich verankerte und dem Konzept der Sozialen Marktwirtschaft entsprungene Gedanke von der ‚Sozialpflichtigkeit des Eigentums' den hohen ethischen Anspruch, notfalls auf das Eigentum (gegen angemessene Entschädigung) zu verzichten, wenn es die übergeordneten sozialen Interessen etwa einer Gemeinde erforderlich machen:
Der zum Beispiel seit Generationen vererbte Grund steht dann zur Disposition, wenn die zuständige Gemeinde aus guten Gründen darauf einen Kindergarten, ein Altenheim oder ein sonstiges Objekt allgemeingesellschaftlichen Interesses bauen will. Im Übrigen kommt die Sozialpflichtigkeit auch dadurch zum Ausdruck, dass man von dem Grundbesitzer ein Einsehen in die Notwendigkeit des allgemeingesellschaftlichen Interesses verlangt und ein soziales, ethisch relevantes Handeln in der Kaufeinwilligung gesehen wird.

Der für die an die sozialpolitischen Vorgaben gebundenen Sozialen Arbeit wesentliche Wert ethischer Einflüsse auf das Wirtschaftssystem liegt darin, dass der Mensch in den Mittelpunkt des Denkens und Handelns gerückt worden ist. Unter dieser Prämisse hat die Soziale Marktwirtschaft all die finanziellen Mittel zu erwirtschaften, die für die Aufrechterhaltung einer funktionierenden Sozialordnung notwendig sind. Gelingt dies nicht, so verschärfen sich die sozialen Probleme für den einzelnen Bürger oder gar für ganze Gruppen, wie dies mit der Massenarbeitslosigkeit in den vergangenen Jahren sehr deutlich geworden ist. Da die Soziale Marktwirtschaft ebenfalls wie der sie in das Gesamtkonzept der Demokratie einbindende Staat an die Achtung und den Schutz der Menschenwürde gebunden ist, unterliegt sie der Einhaltung des obersten ethischen Gebotes und bestimmt somit jegliches wirtschaftliche Handeln.

6 Die Medizinethik und die Pflegeethik

Die Begleitung medizinischen Handelns durch die Ethik geht eigentlich bis in die vorchristliche Zeit zurück. Schon der griechische Arzt *Hippokrates* (ca. 460–375 v. Chr.), Gründer der Ärzteschule der Insel Kos und Begründer der wissenschaftlichen Heilkunde, gilt als der Schöpfer jenes Eides, der noch heute jedem Arzt abverlangt wird und der die ethischen Grundregeln des ärztlichen Verhaltens vorschreibt. Man kann in fast allen Kulturkreisen ähnliche (Selbst-)Verpflichtungen der Medizin bzgl. des ärztlichen Handelns feststellen. Sie dienen der Fixierung ethischer Richtlinien zur Begrenzung der medizinischen Möglichkeiten und Machbarkeiten. Neben dem Hippokratischen Eid kennen wir ein sich aufgrund der Entwicklungen immer wieder neu formulierendes ‚Genfer Ärztegelöbnis' (z. B. 1948, 1968 und 1983) oder die Verabschiedung von ethischen Grundsatzerklärungen und die seit den 80er Jahren verstärkte Bildung von Ethik-Kommissionen in den medizinischen Fakultäten, den Krankenhäusern und Kliniken oder bei den Ärztekammern.

Die Medizinethik, auch häufig ‚Ethik der Medizin' genannt, beschäftigt sich mit der Festlegung von sittlichen Normen, die für das gesamte Gesundheitswesen Gültigkeit haben sollen. Damit sind nicht nur die Ärzte oder das Pflegepersonal, sondern auch die verschiedenen medizinischen Einrichtungen, Institutionen, Organisationen und Forschungseinrichtungen involviert.

Die Medizinethik hat aufgrund der immer tiefer gehenden Entschlüsselung der Geheimnisse des menschlichen Körpers auf der einen Seite, aber auch wegen eines rasanten medizinischen Fortschritts in der Diagnostik und der Therapie von Krankheiten, sowie in der Entwicklung medizintechnischer Gerätschaften auf der anderen Seite einen enormen Aufschwung erlebt. Dies geschah nicht zuletzt wegen der über den eigentlichen medizinischen Bereich hinausgehenden Diskussionen, die diese Entwicklungen entfacht und sich an spezifischen Themenbereichen und Fragekomplexen festgemacht haben. So fanden seither Diskussionen unter besonderer Berücksichtigung ethisch-moralischer Gesichtspunkte zu einer Vielzahl von Problembereichen statt, von denen nur einige beispielhaft genannt werden sollen:

- Die Frage nach dem Beginn des Lebens
- Die Berechtigung einer pränatalen Diagnostik oder Präimplantationsdiagnostik(PID)
- Das Problem der Auswirkungen der Stammzellenforschung auf die Eingriffsmöglichkeiten des Menschen
- Kriterien und Indikationen des Schwangerschaftsabbruchs
- Ausmaß und Umsetzung des genetischen Screenings
- Belastungen im Arzt-Patienten-Verhältnis durch Schweigepflicht und Grenzen der Wahrheitsverpflichtung
- Forschung an Demenz- und Alzheimer-Kranken
- Moralische Probleme der Organtransplantation

- Verbot oder Notwendigkeit der Versuche an Mensch und Tier
- Die Ethik des Sterbens: Fragen nach dem Todeszeitpunkt, der Sterbehilfe und des Behandlungsabbruchs
- Die Frage nach dem Ende des Lebens: Fragen nach dem Eintritt des Herz- oder/und Hirntodes

Die Komplexität der genannten Fragestellungen, wie auch die Kompliziertheit in der Beantwortung derselben, macht deutlich, welche hohe Aufgabe auf die Medizinethik in unserer Zeit zugekommen ist. Da die Sensibilität der Patienten hinsichtlich der Medizin im Laufe der letzten Jahrzehnte nicht zuletzt wegen einer verstärkten medialen Berichterstattung ständig zugenommen hat, entwickelte sich zugleich auch ein verstärktes ethisches Bewusstsein, bzw. ein ethisch motiviertes Interesse am medizinischen Handeln. Daraus hat sich ein wachsender Anspruch des Menschen auf ethisch begründbare Handlungsweisen im Gesundheitswesen ergeben. Natürlich spielt dabei auch die politische Vergangenheit in Deutschland eine gewisse Rolle im Sinne eines erkenntnisleitenden Interesses. Die im Nationalsozialismus der Hitler-Ära durchgeführten medizinischen Versuche an Menschen bis hin zur Euthanasie, oder die massive unter ärztlicher Aufsicht bzw. Anweisung erfolgte Doping-Praxis in der ehemaligen DDR bzgl. deren Hochleistungssportler, haben zusätzlich zu dem gewachsenen ethischen Bewusstsein in der Medizin beigetragen. Daher ist die Sensibilität der Menschen dann besonders ausgeprägt, wenn einstmalige ethische Normen für überholt erscheinen, geändert und gar aufgehoben werden. Dies zeigt sich beispielhaft an der sich ausweitenden Praxis des Klonens von Tieren, die *noch* an ähnlichen Praktiken mit dem Menschen Halt macht.

a) Medizinisches Handeln

Wie der Hinweis auf *Hippokrates* zeigt, hat sich das medizinische Handeln an ethischen Grundsätzen orientiert. Diese haben sich im Laufe der Zeit zu einem ärztlichen Berufs- bzw. Standesethos entwickelt, das eigentlich Vorbild für andere Berufe geworden ist. So hat der auch ‚Asklepiadenschwur' genannte ‚Eid des Hippokrates' bis heute gültige Grundregeln und Grundsätze aufgestellt, die für das Berufsethos eines jeden Arztes im Speziellen und für die Medizinethik im Allgemeinen bestimmend geworden sind. Man kann davon ausgehen, dass jede andere ethisch-moralische Verpflichtung, die die Medizin in ihrem Handeln eingeht, sich letztlich immer auf diesen Eid, der in der überlieferten Form möglicherweise nicht von *Hippokrates* selbst geschrieben worden ist, zurückführen lässt.

Der Eid bietet „normierende, rationale und pragmatisch motivierte Leitlinien für die Medizinerausbildung, das Arzt-Patient-Verhältnis, den ärztlichen Beruf und dessen Handlungsstrategie an."[131] Aus dem ersten Teil des medizinethisch weniger

---
131 Axel W. Bauer (Prof. für Geschichte, Theorie und Ethik an der Universität Heidelberg), Der Hippokratische Eid, www.uni-heidelberg.de/institute/fak5/igm/g47/bauerhip.htm (Stand: 25.08.2005).

relevanten Teils des Eides lassen sich quasi eine Regelung der Rechtsbeziehung zwischen Lehrer und Schüler, des ärztlichen Honorars und der Altersversorgung, wie aber auch interessanterweise eine Begrenzung der Berufsausübung ähnlich einem Numerus Clausus entnehmen.[132] Im eigentlichen, für die heute noch gültigen Grundsätze wichtigen Textteil finden sich die Kernelemente bezüglich der Schadensvermeidung, eines Handelns zum Wohl des Patienten, eines Verbots der Sterbehilfe, aber auch des Schwangerschaftsabbruchs sowie der Schweigepflicht; zudem lassen sich Anleitungen zu einem sittlichen Verhalten des Arztes entnehmen:

- Zum Wohl des Patienten und zur Schadensabwendung heißt es: „Die diätetischen Maßnahmen werde ich nach Kräften und gemäß meinem Urteil zum Nutzen des Kranken einsetzen, Schädigung und Unrecht aber ausschließen."
- Für den Ausschluss der Sterbehilfe und der Abtreibung gilt: „Ich werde niemandem, nicht einmal auf ausdrückliches Verlangen, ein tödliches Medikament geben, und ich werde auch keinen entsprechenden Rat erteilen; ebenso werde ich keiner Frau ein Abtreibungsmittel aushändigen."
- Bezüglich der Schweigepflicht findet sich folgender Wortlaut: „Über alles, was ich während oder außerhalb der Behandlung im Leben der Menschen sehe oder höre und das man nicht nach außen tragen darf, werde ich schweigen und es geheim halten."
- Ein sittliches Verhalten wird mit den Worten angesprochen: „In wie viele Häuser ich auch kommen werde, zum Nutzen der Kranken will ich eintreten und mich jedem vorsätzlichen Unrecht und jeder anderen Sittenlosigkeit fernhalten, auch von sexuellen Handlungen mit Frauen und Männern, sowohl Freien als auch Sklaven."

Schließlich offenbart der Text des Eides einen in gewisser Weise heute noch gültigen Anspruch der Mediziner auf herausgehobene Reputation und Achtung in der Bevölkerung: *„Wenn ich diesen meinen Eid erfülle und ihn nicht antaste, so möge ich mein Leben und meine Kunst genießen, gerühmt bei allen Menschen für alle Zeiten;..."*[133]

Es ist angesichts der langen Zeit seit der Abfassung des Hippokratischen Eides selbstverständlich, dass er in seiner sittlichen Verpflichtung des Arztes sich lediglich auf die damals vorhandenen medizinischen und sozialen Gegebenheiten beziehen kann und den Veränderungen der Zeit angepasst werden muss. Dennoch

---

132 „... Denjenigen, der mich diese Kunst gelehrt hat, werde ich meinen Eltern gleichstellen und das Leben mit ihm teilen; falls es nötig ist, werde ich ihn mitversorgen. Seine männlichen Nachkommen werde ich wie meine Brüder achten und sie ohne Honorar und ohne Vertrag diese Kunst lehren, wenn sie sie erlernen wollen. Mit Unterricht, Vorlesungen und allen übrigen Aspekten der Ausbildung werde ich meine eigenen Söhne, die Söhne meines Lehrers und diejenigen Schüler versorgen, die nach ärztlichem Brauch den Vertrag unterschrieben und den Eid abgelegt haben, aber sonst niemanden." (Text nach Bauer, a.a.O.).
133 Der gesamte zitierte Text des Hippokratischen Eides folgt der deutschen Übersetzung durch A. W. Bauer, a.a.O.

erscheinen die zitierten Kernaussagen und herausgestellten Grundsätze für den Berufsstand so elementar zu sein, dass sie zumindest das Grundanliegen auch aus heutiger Sicht noch deutlich reflektieren. *Bauer* drückt dies dadurch aus, indem er in dem Eid „ein faires, pragmatisch begründbares Gleichgewicht"[134] in den berechtigten Ansprüchen aller Beteiligten, also der medizinischen Lehrer, der Studenten, des Arztes, der Patienten und der Gesellschaft erkennt.

In dem sogenannten „Genfer Ärztegelöbnis", auch „Genfer Deklaration" genannt, das vom Weltärztebund 1948 in Genf beschlossen worden ist, wurde eine Neufassung der ärztlichen Berufspflichten – in Anlehnung an den Hippokratischen Eid – vorgenommen. Dieses ‚Gelöbnis' wurde in den Jahren 1968 und 1983 jeweils zeitgemäß neu formuliert und vom Deutschen Ärztetag in der derzeit gültigen Fassung modifiziert:

> „...Die Erhaltung und Wiederherstellung der Gesundheit meiner Patienten soll oberstes Gebot meines Handelns sein. Ich werde alle mir anvertrauten Geheimnisse auch über den Tod des Patienten hinaus wahren. Ich werde mit all meinen Kräften die Ehre und die edle Überlieferung des ärztlichen Berufes aufrechterhalten und bei der Ausübung meiner ärztlichen Pflichten keinen Unterschied machen weder nach Religion, Nationalität, Rasse noch nach Parteizugehörigkeit oder sozialer Stellung. Ich werde jedem Menschenleben von der Empfängnis an Ehrfurcht entgegenbringen und selbst unter Bedrohung meine ärztliche Kunst nicht in Widerspruch zu den Geboten der Menschlichkeit anwenden..."[135]

Auch eine vom Weltärztebund erstmals 1964 verabschiedete „Deklaration zu ethischen Grundsätzen für die medizinische Forschung am Menschen" wurde in den Folgejahren mehrmals aktualisiert, womit dem rasanten medizinischen Forschungsfortschritt Rechnung getragen worden ist. Auf dem 100. deutschen Ärztetag 1997 in Eisenach wurde eine Muster-Berufsordnung vorgelegt und mit großer Mehrheit verabschiedet. Auffallend bei dieser neuen bis heute gültigen Berufsordnung ist ein verstärktes Herausstellen ethischer Grundsatzfragen. Dies betrifft insbesondere die Patientenrechte oder verbindliche Vorgaben für die Sterbebegleitung. Dabei ist es nach Angaben der Bundesärztekammer gelungen, „die ursprünglich unterschiedlichen Entwicklungsstränge in einem auch medizinethisch verpflichteten Regelwerk zu integrieren."[136]

Zudem hat die deutsche Bundesärztekammer 1994 eine „Zentrale Kommission zur Wahrung ethischer Grundsätze in der Medizin und ihren Grenzgebieten", deren Amtsperiode jeweils drei Jahre währt, ins Leben gerufen. Diese Kommission hat im Juli 1995 ihre Tätigkeit aufgenommen und sich 2004 neu konstituiert. Als Schwerpunkte legte sie damals die Themenfelder „Wandel des Arztbildes und professionelles Selbstverständnis", „Therapeutisches Klonen" und „Ethische Reflexion und Beratung im Krankenhausbereich" fest. Der jüngste Tätigkeitsbericht brachte als weiteres Themenfeld „Doping und ärztliche Ethik" oder verlegte sich

---

134 A. a. O.
135 Landesärztekammer Hessen, Franfurt/Main, www.laekh.de (Stand: 25. 08. 2005).
136 Christoph Fuchs/Thomas Gerst, Medizinethik in der Berufsordnung, www.bundesärztekammer.de vom 24. 08. 2005.

auf die „Anforderungen an ärztliches Handeln im Zusammenhang mit der im März 2009 in Kraft getretenen UN-Behindertenrechtskonvention".[137] Für die unabhängige und multidisziplinär zusammengesetzte Kommission gehört es zu den Hauptaufgaben, Stellungnahmen zu ethischen Fragen abzugeben und „angesichts des sprunghaft zunehmenden biomedizinischen Wissens und Könnens, …moralisch zu handeln und dies gegenüber Kritikern zu begründen".[138]

All die medizinethisch relevanten Erklärungen, Ordnungen oder Gelöbnisse können als Reaktionen auf veränderte medizinische Handlungsmöglichkeiten verstanden werden. Vieles, was früher medizinisch undenkbar war, ist heute selbstverständlicher Standard des Handelns. Dies gilt sowohl für die Bereiche der Diagnostik, der Operationstechniken, der medikamentösen Behandlung, der Reproduktionsmedizin, der Präventionsmaßnahmen, der prädikativen Medizin etc.

Zudem hat sich die Medizinethik auch einem wachsenden allgemeingesellschaftlichen Wertepluralismus, sich ständig verändernder Gesetzeslagen und einem zunehmenden Patientenbewusstsein anzupassen.

Es kommen weitere Faktoren hinzu, wie etwa die mit einer immer differenzierteren Spezialisierung der Medizin einhergehende Tendenz, den Patienten zu einem spezifischen Fall zu erklären, bei dem die Ganzheitlichkeit der Behandlung und der Betreuung auf der Strecke bleibt. Dies geschieht durch eine Verschiebung der Perspektive vom Kranken zur Krankheit, indem die Krankheit selbst in den Mittelpunkt des medizinischen Interesses rückt und der Patient Gefahr läuft, entpersönlicht und außen vor gelassen zu werden. Durch eine verstärkte Pluralisierung gesellschaftlicher Wertvorstellungen differenziert sich auch der Blick auf die ethisch relevanten Erfordernisse medizinischen Handelns, so dass es schwieriger wird, ein einheitliches, maßgebliches gesellschaftliches Gesamtethos zu entwickelt. Dies schlägt sich dann auch auf die Schaffung eines geschlossenen Konzepts für die Medizin durch, wie dies auf dem genannten Ärztetag in Eisenach deutlich geworden ist.

b) Grundsätze und Prinzipien der Medizinethik

Die Behandlung der Krankheit eines Patienten ist nur oberflächlich betrachtet eindimensionaler Art. Zumeist kommen mehrere Faktoren zusammen, die das komplette Erkrankungsbild ausmachen. Findet diese Erkenntnis Berücksichtigung, so ergeben sich zunächst vier grundsätzliche ethisch motivierte Zielsetzungen des medizinischen Handelns:

1. Zuallererst geht es um die Heilung kranker Menschen
2. Sollen Schmerz und Leid gelindert werden
3. Müssen Präventivmaßnahmen zur Förderung von Gesundheit und Vorbeugung von Krankheiten getroffen werden

---

137 Die Konvention vom Dezember 2006 trat am 03. Mai 2008 in Kraft und wurde von Deutschland am 24. Februar 2009 ratifiziert.
138 So der Präsident der Bundesärztekammer, Prof. Dr. Hoppe anlässlich der konstituierenden Sitzung der Zentralen Ethikkommission am 08.09.2004.

4. Gilt es Krankheit durch Rehabilitationsmaßnahmen überwinden zu helfen.

Für diese Schritte muss

a) die fachliche und sachliche Kompetenz
b) die sittliche Verantwortbarkeit

vorhanden sein.

Während zu ersterem die Behandlung nach allen Regeln der Kunst (‚arte legis') gehört, zählt zu zweitem die Fähigkeit, die getroffenen oder auch unterlassenen Maßnahmen ethisch begründen zu können.

In der Regel kommt der Arzt mit den Grundsätzen des Hippokratischen Eides problemlos aus:

> **Grundsätze ärztlichen Handelns nach dem Eid des Hippokrates:**
> - Das **Wohl** des Kranken ist das oberste Gesetz!
> - Der **Wille** des Kranken ist das oberste Gesetz!
> - Den Kranken vor **Schaden** zu bewahren ist oberste Pflicht!

Schwieriger wird es dann, wenn sich ein medizinischer zu einem medizinethischen Problemfall entwickelt. Hier kann es dann zu einem Spannungs- oder gar Kollisionsverhältnis zwischen mehreren ethischen Prinzipien kommen. Der behandelnde Arzt muss dann für eine gerade jetzt verantwortbare medizinethische Entscheidung eine begründete Abwägung zwischen den betreffenden Grundsätzen vornehmen. Als Ergebnis wird in der Regel aufgrund der Güterabwägung eine Kompromisslösung gefunden werden, die aber nicht immer als einzig richtige Entscheidung gelten kann.

Greift man die Grundsätze des Hippokratischen Eides nochmals auf und wandelt sie für die heutige Praxis leicht ab, so ergeben sich nachfolgende Prinzipien medizinischer Ethik, die das ärztliche Handeln tangieren:

1. Das **Fürsorgeprinzip** orientiert sich an einem umfassenden Streben nach Wohlbefinden des Patienten, das über das eigentlich medizinisch Gebotene hinausgeht. Als Problem dabei ergibt sich, dass die Grenze des Medizinischen überschritten wird und der Arzt hierfür eigentlich nicht mehr der richtige Ansprechpartner ist. Zudem ist es schwer, bei Patienten, die sich nicht selbst äußern können, festzulegen, was zum Wohlbefinden des Patienten getan oder unterlassen werden soll.
2. Das **Autonomieprinzip** fußt auf dem Schutz des Willens des Kranken; die freie Entscheidung des Patienten ist im Grunde genommen zu respektieren. Es kann jedoch davon ausgegangen werden, dass jede schwerere Erkrankung Auswirkungen auf den Willen des Patienten hat und möglicherweise die Freiheit der Willensentscheidung erheblich beeinträchtigt ist. Wie hat sich der Arzt zu entscheiden, wenn er den freien Willen des kranken Menschen nicht mehr zu erkennen können glaubt? Er ist dann praktisch gezwungen, für den Patienten zu entscheiden und geht damit ein Risiko ein. Ein derartiges Problem ergibt sich zunächst bei Kindern und psychisch Kranken, bei Patienten, welche die vor-

geschlagene Therapie nicht einsehen wollen (‚noncompliance'-Verhalten), oder eine medizinisch in seinem Fall nicht gebotene Therapie unbedingt haben wollen.

3. Das **Schadensvermeidungsprinzip** schreibt vor, dass alles getan werden muss, damit körperlicher wie auch seelischer Schaden, Schmerz und Leid vermieden werden. Da jedoch jeder medizinische Eingriff grundsätzlich die Gefahr in sich birgt, Schaden welcher Art auch immer zu verursachen, so ist abzuwägen, ob ein sekundär auftretender Schaden zum einen den primären – aufgrund der Krankheit vorhandenen – Schaden mehr als aufwiegt und zum anderen nur vorübergehender Art ist. Als Problem ergibt sich zudem, dass riskante (Versuchs-)Therapien, der Einsatz gentechnischer Möglichkeiten oder Maßnahmen der Euthanasie eine Schadensabwägung oft sehr schwierig gestalten.

4. Das **Gerechtigkeitsprinzip** bezieht sich darauf, dass die medizinische Versorgung dem Patienten insofern gerecht werden muss, dass sie gleiche Fälle gleich und ungleiche Fälle ungleich behandelt. Dies ist in einer Gesellschaft, die aufgrund eines Zwei-Ebenen-Systems gesundheitlicher Fürsorge und medizinischer Behandlung durch die gesetzliche und die private Kranken- und Pflegeversicherung gespalten ist, nicht ohne weiteres praktizierbar. Die sogenannte ‚Zweiklassenmedizin' stellt in diesem Zusammenhang ein gewisses Problem dar, das sich u. a. auch bei der Verteilung knapper Ressourcen wie Zeit und Zuwendung bzw. Aufmerksamkeit zeigt.

5. Das **Vertrauens-** oder **Aufrichtigkeitsprinzip** bedeutet, dass der Patient nach wie vor eher dem Arzt als Person sein Vertrauen schenkt, als den von ihm eingesetzten technischen Geräten. Er erwartet von ihm eine ehrliche Aussage bzgl. seines tatsächlichen Zustandes und der zu unternehmenden medizinischen Schritte, einschließlich der daraus resultierenden möglichen Risiken. Die Wahrhaftigkeit schafft auf längere Sicht ein gegenseitiges Loyalitätsverhältnis. Der Arzt nimmt im Leben des Patienten eine bedeutende persönliche Vertrauensstellung ein, die sich aufgrund der Kontinuität der persönlichen Kontakte ergibt. Zum Problem wird diese ärztliche Sonderstellung dann, wenn er dem Patienten beispielsweise die Wahrheit über ein schlimmes Krankheitsbild und den ggf. nicht mehr vorhandenen oder unwahrscheinlichen Heilungschancen sagen muss.

6. Das **Verschwiegenheitsprinzip** fußt auf der Schweigepflicht des Arztes, so wie es der Hippokratische Eid schon kannte. Es sieht vor, dass keinerlei Informationen, die sich aus dem Arzt-Pflegepersonal-Patienten-Verhältnis ergeben, zu anderen oder nach außen dringen. Dieses Prinzip ist im Zusammenhang mit dem Vertrauensprinzip zu sehen, so dass sich beide Prinzipien gegenseitig bedingen. Problematisch wird die Schweigepflicht vor allem dann, wenn Krankheitsfälle zur Gefahr für andere werden können oder Melde- und Anzeigepflichten aus ihnen entstehen.

Die genannten Grundsätze und Prinzipien verdeutlichen die hohe Sensibilität des Arzt-Patienten-Verhältnisses. Umso notwendiger sind die Schaffung klarer ethischer

Vorgaben und die absolute Verpflichtung des einzelnen Arztes auf diese. Dies gestaltet sich andrerseits dadurch nicht immer sehr leicht und einfach, da aufgrund der teilweise bereits genannten Gründe, wie etwa der Komplexität der Krankheitsbilder, der Entpersönlichung von diagnostischen Verfahrensweisen, der Behandlung und Betreuung, aber auch des Zeitfaktors und nicht zuletzt der Kostenentwicklungen, sich ein pragmatischeres und nicht selten technokratisiertes Verhältnis zwischen Arzt und Patient ergeben kann, das eine intensivierte persönliche Zuwendung und psychische Begleitung vernachlässigt oder nur noch bedingt zulässt.

c) Die ethische Verantwortung in der Pflegepraxis

Die für die Medizinethik aufgelisteten Grundsätze und Prinzipien sind für die Pflege ebenfalls gültig. Auch die Fragen, die sich aus dem Verhältnis zum Patienten ergeben, sind weitgehend dieselben.

- Was darf ein Patient über seine Krankheit wissen?
- Wie lange und intensiv muss eine pflegerische Betreuung geleistet werden?
- Wann und überhaupt darf mit dem Patienten über eine Erleichterung des Sterbens gesprochen werden?
- Welchen Beitrag kann das Pflegepersonal im Arzt-Patienten-Angehörigen-Verhältnis leisten?
- Inwieweit dürfen vertrauliche Daten gegenüber Dritten verwendet werden?

Diese und weitere spezifische Fragen stellten sich vor noch nicht allzu langer Zeit dem Pflegepersonal nur bedingt und ihre Beantwortung wurde meist anderen, zum Beispiel den Ärzten oder Seelsorgern überlassen.

Durch die Entwicklung einer eigenen pflegerischen Identität, aber auch durch eine stärkere Akademisierung etwa des Pflegepersonals insbesondere in der Pflegedienstleitung werden in zunehmendem Maße die entsprechenden Antworten vom Pflegepersonal selbst erwartet. Zudem lässt sich sagen, dass die Rolle der Pflege an Bedeutung zunimmt, je mehr die Behandlung des Patienten von den medizintechnischen Möglichkeiten bestimmt wird. Auch der gewachsene Professionsanspruch hat der Pflege ein neues Selbstbewusstsein verliehen, das es erlaubt, pflegerisch relevante Themen unter ethischen Gesichtspunkten zu diskutieren. Diesen Prozess der stärkeren Verselbständigung spezifisch pflegeethischer Fragen hat nicht zuletzt die Pflegewissenschaft gefördert, da sie selbst den Versuch unternehmen muss, die ethisch bedeutsamen Themenstellungen der Pflege zu reflektieren und sich ihrerseits als Pflegeforschung ethisch zu verantworten hat. Die ethische Reflexion der Pflegepraxis und der Pflegetheorie ist heute zu einem unverzichtbaren Bestandteil des Pflegeberufs geworden, was sich auch in der täglichen Pflegepraxis zeigt.

Betrachtet man die Ethik der Pflegeberufe etwas näher, so wird man feststellen können, dass eine gewisse Differenzierung der gebräuchlichen Begrifflichkeiten durchaus Sinn macht, auch wenn man sich letztlich doch für Pflegeethik als umfassenden Begriff entscheidet:

- Die ‚*Pflegeethik*' erfasst die ethische Reflexion über ein verantwortliches Handeln in der pflegerischen Berufsausübung und bezieht sich ausschließlich auf berufs- und standespolitische Komponenten der Ethik in der Pflege. Sie kann sich den Grundsätzen und Prinzipien der Medizinethik anschließen und diese für ihre Belange interpretieren und nutzbar machen: Die für die pflegerische Berufsausübung wichtigsten Grundsätze sind: „Wohltätigkeit", „Gerechtigkeit", „Autonomie", „Aufrichtigkeit" und „Loyalität".[139]
- Die ‚*Ethik in der Pflege*' bezieht sich auf das konkrete moralisch begründete Handeln im pflegerischen Alltag, im Umgang mit den anderen Pflegekräften, mit den anvertrauten Patienten und deren Familien, sowie mit den anderen Berufsgruppen im Gesundheitswesen. Diesem Handeln liegen spezifische Werte und Normen zugrunde, die von dem Pflegepersonal in der praktischen Ausübung berufsbedingter Tätigkeiten Berücksichtigung finden. Als Beispiele ließen sich vor allem Tugenden wie Verlässlichkeit, Höflichkeit, Korrektheit, Respekt, Akzeptanz etc. nennen.
- Die ‚*Ethik des Pflegens*' betrifft die rein pflegefachlichen Beziehungen von Pflegenden untereinander, zu den Patienten und zu deren Angehörigen. Wie bei den Ärzten so setzt man auch beim Pflegepersonal eine besondere Affinität zu ihrem humanitären Auftrag voraus. Eine misanthropische Grundeinstellung ist hier völlig fehl am Platz, auch wenn man sich seine Patienten nicht aussuchen kann. Hier kommt es einerseits auf Professionalität und Kollegialität ebenso an wie andrerseits auf eine gewisse Sympathie und Empathie, auf Unvoreingenommenheit und Anpassungsfähigkeit, auf die Bereitschaft zur gemeinsamen Verantwortungsübernahme und auf eine ganzheitliche, sorgende Zuwendung etc.

Ein tatsächliches Erlebnis aus der Praxis einer Krankenschwester soll die Notwendigkeit der ethischen Reflexion beispielhaft deutlich machen:[140]

> → „Ein 14 jähriges Mädchen wird mit einer Myokardinsuffizienz nach Gabe von Zytostatika auf der Intensivstation gepflegt. Seine Herzfunktion ist sehr schlecht und wird über eine Infusion mit besonders hohen Dosen herzstärkender (inotroper) Medikamente unterstützt. Nach einigen Wochen veranlasst die aussichtslose Situation die Ärzte zu der Entscheidung, die Therapie mit Inotropika zu beenden und das Kind sterben zu lassen. Die Ärzte wagen es jedoch nicht, die Eltern über ihre Entscheidung zu informieren. Sie befürchten, dass dies natürlich einen zu großen Schock für sie bedeutet. Daher wird nun beschlossen, die Infusionstherapie in herkömmlicher Weise, jedoch ohne Inotropika weiterzuführen. Als sich dann in den folgenden Tagen der Zustand der Patientin rapide verschlechtert, wird mit den Eltern immer noch nicht über das herannahende Ende ihrer Tochter gesprochen. Einige Pflegekräfte halten diese Vorgehensweise für nicht vertretbar;

---

139 Vgl. R.M. Veatch und S.T. Fry, Case studies in nursing ethics. Philadelphia, PA: J.B. Lippincott 1987; in: Sara T. Fry, Ethik in der Pflegepraxis. Anleitung für ethische Entscheidungsfindungen, Deutscher Berufsverband für Pflegeberufe (DBfK) e.V. 1995, S. 26.
140 Der Erlebnisbericht stammt von einer ehemaligen Studierenden im Studiengang ‚Pflege- und Gesundheitsmanagement' an der Hochschule für Angewandte Wissenschaften Würzburg-Schweinfurt.

> sie finden, dass die Eltern die Gelegenheit bekommen müssen, sich auf das Sterben ihrer Tochter vorbereiten zu können."

Dieses Beispiel wirft eine Vielzahl von Fragen auf:

- Sind die seitens der Ärzte getroffenen Entscheidungen bedenken- und widerstandslos hinzunehmen?
- Sind die Pflegekräfte in dieser Situation gezwungen, den Entscheidungen der Ärzte Folge zu leisten?
- Wie müssen sie mit Entscheidungen von Ärzten umgehen, die sie für nicht vertretbar halten?
- Darf in einer derartigen Situation der hippokratische Loyalitätsgrundsatz außer acht gelassen werden?
- Ist es die Aufgabe der Pflegekräfte dafür zu sorgen, dass den Eltern die Wahrheit gesagt wird, damit sie sich auf den nahen Tod ihres Kindes einstellen können?
- Welchen Beitrag kann das Pflegepersonal in dieser Situation leisten, dass dem Mädchen ein aus seiner Sicht menschenwürdiges Sterben ermöglicht wird?
- Welche Aufgabe haben die Pflegekräfte im Hinblick auf eine angemessene Sterbebegleitung?

Um entsprechende Antworten auf diese Fragen bekommen zu können, bedarf es der ethischen Reflexion innerhalb des Pflegepersonals.

Das obige Beispiel hat auch gezeigt, dass das problembezogene Alleingelassensein der Patientin und deren Eltern seitens der Ärzte das Pflegepersonal stärker in den Mittelpunkt des Handelns rückt. Es ist gerade dieses Personal, das den unmittelbaren Zugang zum Patienten hat und sich in dieser Ausnahmesituation in besonders ethisch reflektierter Weise verhalten muss. Das bedeutet, dass in der pflegerischen Praxis die unmittelbare Nähe zum Patienten unter Einbeziehung körperlicher Aspekte ungleich häufiger im Vordergrund steht als in der medizinischen Betreuung. Mit den aus dem jeweiligen Krankheitszustand resultierenden Beschwerden werden zunächst in der Regel die Pflegekräfte konfrontiert, ehe ein ärztliches Eingreifen ggf. notwendig wird.

Daraus ergibt sich, dass das eigentliche Ziel pflegerischen Handelns die Sorge um das Wohlbefinden des Kranken und die Förderung desselben ist. Darunter wird ein Wohlbefinden verstanden, das sich nicht nur auf die Befindlichkeit im Zustand des Krankseins oder auf das Vorhandenseins eines körperlichen Mangels bzw. Defekts bezieht, sondern auch auf Wohlbefinden der ganzen Person in einem sonst ungewohnten Zustand und Umfeld.

Anders formuliert bedeutet dies, dass der kranke Mensch gerade in diesem Zustand als Ganzes begriffen werden will und soll, ohne dass sich die Betreuungsmaßnahmen allein auf das Krankheitsbild und dessen Behandlung konzentrieren. In der Gesundheitspflege findet unter Berücksichtigung des Gesagten eine sechsfache Differenzierung des Wohlbefindlichkeitsbegriffs statt:

- Das **körperliche** Wohlbefinden bedeutet dem kranken Menschen als körperliches Wesen sehr viel, da er eine krankheitsbedingte Hinfälligkeit oder körperliche Insuffizienz deshalb schwer erträgt, weil er in seiner sonst gewohnten Bewegungsfreiheit mehr oder weniger stark eingeschränkt ist. Daher richten sich die pflegerischen Handlungen in erster Linie darauf, die körperliche Verfassung des Patienten möglichst zu erhalten, zu verbessern oder baldmöglichst wieder herzustellen.
- Das **beziehungsmäßige** Wohlbefinden spielt in der für den Patienten in höchstem Maße ungewohnten bis beängstigenden Umgebung z. B. des Krankenhauses eine wichtige Rolle. Schließlich kommt es darauf an, dem Patienten das Umfeld und die Aufenthaltsbedingungen so angenehm wie möglich zu gestalten, damit ein rasches Fortschreiten des Genesungsprozesses stattfinden kann. Dies gilt auch, wenn auch aufgrund anderer Gegebenheiten für die Pflege des Patienten in seinem Zuhause. Hierzu gehört, das dem Menschen als soziales Wesen innewohnende Kontakt- und Kommunikationsbedürfnis gerade in dieser, für ihn schwierigen Lage erst recht zu befriedigen. Es ist wichtig, das Pflegepersonal darauf hinzuweisen, dass ein (kurzes) zuwendendes Gespräch mit dem Patienten nicht immer als Zeitverlust abgetan werden darf – auch dann nicht, wenn Personalknappheit und hohe Pflegebedürftigenzahl es kaum zulassen sollten. Mehrmals täglich angewandt, kann es oft hilfreicher und der Genesung förderlicher sein, als eine unter Umständen sedative Medikation.
- Das **soziale** Wohlbefinden spielt insofern eine gewisse Rolle, als es notwendig erscheint, den Patienten auch in seinem Krankenzustand nicht unbedingt aus seinem sozialen Milieu herauszureißen und mit Menschen anderer Milieus zusammenzulegen. Gerade in einem für ihn als Schwäche empfundenen Zustand ist die Austauschmöglichkeit per Gespräch auf gleichem oder ähnlichem Niveau durchaus von Bedeutung. Dies heißt nicht, dass damit einer Mehrklassen-Versorgung das Wort geredet werden soll. Für Pflegende erhebt sich die Frage, wie sie dem ‚sozialen Wohlbefinden' der mit unterschiedlichen Befindlichkeiten und Prägungen ausgestatteten Pflegebedürftigen aufgrund ihrer begrenzten Möglichkeiten gerecht werden können.
- Das **persönliche** Wohlbefinden hat sich ausschließlich auf das Befinden des Patienten zu beziehen. Natürlich ist es nicht unwichtig, dass sich die Pflegekraft in ihrem Beruf wohl fühlt. Sie hat sich aufgrund der von ihr getroffenen Berufswahl so einzurichten, dass sie ihre Tätigkeit gerne und ohne Überforderung ausübt. Es ist die Aufgabe jeder Pflegedienstleitung darauf zu achten, dass es trotz oftmals widriger Umstände nicht zu einem ‚Burnout' der Pflegekraft kommt. Nur dann kann die dem Patienten angebotene Hilfe sich auf den Sinn, den das Leben für den Patienten hat, ausrichten und nicht auf den Sinn, den die Pflegenden ihrem Leben geben. Dies ist für den kranken Menschen besonders wichtig, um sich ggf. mit der Krankheit und ihren Folgen so zu identifizieren, dass es sich lohnt weiter leben zu wollen.
- Ein **lebensanschauliches** Wohlbefinden meint die im Zustand des Krankseins und Leidens besonders schwierige Sicht des Sinns des Lebens, aber auch die

aufgrund unterschiedlicher Menschenbilder sich stellende Sinnfrage und der dazugehörigen Antworten. So muss von dem Pflegepersonal durch die für einen gewissen Zeitraum enge Verbundenheit mit der Daseinssituation des Patienten auch eine unvoreingenommene Offenheit und neutrale Achtung bezüglich der lebensanschaulichen Überzeugungen der Patienten vorhanden sein. Indem man den Lebensfragen des Patienten Aufmerksamkeit schenkt und mit dessen situationsbedingter Empfindsamkeit einfühlsam und auf menschenwürdige Weise umgeht, lässt sich auch im Sinne eines ‚beziehungsmäßigen Wohlbefindens' eine Bereicherung des Pflegepersonal-Patienten-Verhältnisses erzielen.

- Ein **ethisches** Wohlbefinden kommt dann zustande, wenn der Mensch als ethisches Subjekt begriffen wird, dem eine unveräußerliche Würde zueigen ist. Dies stellt einen hohen Wert dar, der den Menschen fundamental von einer Sache unterscheidet. In der Pflege gilt die Achtung und der Schutz dieser Erkenntnis als eine absolute ‚conditio sine qua non'. Es ist anzuerkennen, dass auch der Patient als Mensch zu einem bewussten und freien und damit verantwortlichen Wählen und Entscheiden fähig ist. Gegen den freien Willen des Patienten zu handeln hat schon der Hippokratische Eid untersagt; es kommt allein darauf an, notwendig erscheinende Maßnahmen argumentativ so plausibel zu machen, dass sie letztlich dem Willen des Betroffenen entsprechen. Das Pflegepersonal ist beauftragt, den Patienten auch in seiner situativen Befindlichkeit als ethisch wertvolles Subjekt zu sehen und ihn in seiner Willensentscheidung so gut wie möglich zu unterstützen; es hat ihm die Möglichkeit zu bieten, freie Entscheidungen in Übereinstimmung mit seinen Werteprioritäten zu treffen.

Die unterschiedlichen Aspekte des Wohlbefindens zeigen, dass – trotz ihrer zweifelsfreien Berechtigung – eine ständige Berücksichtigung in der Pflege und durch das Pflegepersonal nicht immer gewährleistet werden kann. Die tägliche Praxis wird in der Regel immer wieder deutlich demonstrieren, dass so viele Faktoren der vorhandenen Gegebenheiten, der spezifischen Umstände, des menschlichen Verhaltens, der gesetzlichen Vorgaben und der hausinternen Anweisungen zu berücksichtigen sind, die eine Einhaltung aller Aspekte zumindest erheblich erschweren, wenn nicht gar unmöglich machen. Dies darf aber nicht von Anfang an dazu führen, dass man sie deshalb missachtet. Es geht vielmehr darum, in Kenntnis derselben zu handeln und ständig darum bemüht zu sein, das Beste daraus zu machen.

Die Forderung nach einem ethischen Grundsätzen entsprechenden Handeln richtet sich zunächst selbstverständlich an das Pflegepersonal, letztlich aber auch an den zu pflegenden Patienten. Auch er trägt Verantwortung für sich und sein Wohlergehen, wenn er sich in fremde Obhut begibt. Ihm stehen bestimmte Leistungen zu, auch wenn er keine darüber hinausgehenden Forderungen, die die Pflegenden zu lediglich Ausführenden degradieren würden, stellen kann. Das bedeutet zum Beispiel, dass der Patient keine Handlungen und Entscheidungen von den Pflegenden verlangen kann, die gegen ihre ethischen Überzeugungen verstoßen. Die Pflegepersonen hingegen entscheiden ihrerseits nicht ausschließlich nach eigenem Ermessen über das, was mit dem Patienten geschehen soll. Letzteres hängt entscheidend von seinen persönlichen Wünschen, seiner Lebensphilosophie und von seinen Lebensumständen ab. Damit soll gesagt sein, dass es um eine Form der Abstimmung der Handlungsweisen geht, die sich aus den unterschiedlichen Wertekonzepten, moralischen Überzeugungen und Prioritätensetzungen ergeben, die im Konfliktfall miteinander abgestimmt werden müssen. Es gilt also eine gemeinsame Basis einer ethisch begründeten Handlungskonzeption zu finden, die vor allem das Wohlbefinden des Patienten fördert, aber zugleich auch der beruflichen Zufriedenheit der Pflegeperson dient.

Auch für Pflegeberufe haben sich **Ethikkodizes** entwickelt, die eine Zusammenfassung von ethischen Prinzipien und Regeln darstellen. Sie beschreiben die Ziele und Werte des Berufes, das Verhalten und die innere Einstellung, die hinsichtlich des beruflichen Handelns notwendig sind und spiegeln sich heute vielfach in den Leitbildern von Kliniken, Pflegestationen und sonstigen pflegerischen Einrichtungen wider.

Die Geschichte der Ethikkodizes geht bis auf das Gelübde der Krankenschwester *Florence Nightingale* (1820–1910) zurück, die 1859/60 ihre pflegerischen Grundsätze in den ‚Notes on nursing' niedergeschrieben hat. Sie gilt heute noch als eine Frau, die sich einem hohen Ideal verschrieben und ihrer religiösen Berufung zur Pflege Folge geleistet hat. In starker Anlehnung an den Hippokratischen Eid gibt sie sich unter Hintanstellung ihrer persönlichen Bedürfnisse vollkommen dem Wohlergehen derer hin, die ihrer Sorge anvertraut werden. Dieses Gelübde gilt als ältestes pflegerisches Dokument.

Der 1899 gegründete ‚International Council of Nurses' (ICN) versteht sich als Zusammenschluss nationaler Berufsverbände der Pflege, in welchem Deutschland durch den ‚Deutschen Berufsverband für Pflegeberufe (DBfK) e.V.' vertreten ist. Der ICN begann erstmals 1923 an einem Konzept für einen Pflegeethik-Kodex zu arbeiten, konnte diesen aber auch wegen des Zweiten Weltkriegs nicht fertig stellen, so dass erst 1953 ein Entwurf vorgestellt wurde. In den folgenden Jahrzehnten fanden Überarbeitungen statt, die schließlich 2000 zu einer heute noch geltenden Fassung mit Modellcharakter für weitere ethische Festschreibungen in der ganzen Welt führten.

Der „ICN Code of Ethics for Nurses" ist auch unter dem deutschen Namen „Ethische Grundregeln für die Krankenpflege" bekannt und gliedert sich in vier Grundelemente, die die Standards ethischer Verhaltensweisen für die pflegerische Berufsausübung festlegen. In der Präambel geht der Kodex von vier *grundlegenden Aufgaben* aus:

1. Förderung der Gesundheit
2. Verhütung von Krankheit
3. Wiederherstellung der Gesundheit
4. Linderung von Leiden

Das Bekenntnis zu den Menschenrechten, allen voran dem Recht auf Leben, auf Würde und respektvoller Behandlung erscheint in einem Ethikkodex ebenso selbstverständlich zu sein, wie das Bekenntnis der Gleichbehandlung „ohne Rücksicht auf das Alter, Behinderung oder Krankheit, das Geschlecht, den Glauben, die Hautfarbe, die Kultur, die Nationalität, die politische Einstellung, die Rasse oder den sozialen Status."[141]

Der Kodex selbst gliedert sich in ebenfalls vier *Grundelemente* auf, die die eigentlichen Standards ethischer Verhaltensweise der Pflegenden[142] festschreiben:

1. Pflegende und ihre Mitmenschen

Dieses Element regelt das Verhältnis der Pflegeperson zu dem pflegebedürftigen Menschen und seinem familiären und sozialen Umfeld. Hierbei geht es v. a. um

- Wahrung und Förderung der Menschenrechte, der Wertvorstellungen, der Sitten und Gewohnheiten und des Glaubens,
- die erforderliche, für eine zustimmende Entscheidungsfindung notwendige Informierung des Pflegebedürftigen,
- die vertrauliche Behandlung jeder persönlichen Information,
- die Verantwortung gegenüber den gesundheitlichen und sozialen Bedürfnissen, besonders von benachteiligten Gruppen
- sowie um die Mitverantwortung bzgl. der Erhaltung und des Schutzes der natürlichen Umwelt

durch die Pflegeperson.

2. Pflegende und die Berufsausübung

Das zweite Element regelt die persönliche Verantwortlichkeit und die Rechenschaftspflicht für die Ausübung der Pflege, fordert zur kontinuierlichen Fortbildung und zur Achtung der eigenen Gesundheit auf, um die Berufsausübung erhalten zu können. Hinzu kommt die Aufforderung die individuellen Fachkompetenzen zu beurteilen ehe Verantwortung übernommen bzw. delegiert wird, womit die Verantwortungsethik deutlich angesprochen wird. Des Weiteren geht es um ein dem Ansehen der Profession dienliches persönliches Verhalten, um die Vereinbarkeit des Einsatzes neuer Technologien und wissenschaftlicher Erkenntnisse mit der Sicherheit, der Würde und den Rechten der zu pflegenden Personen.

---

141 Deutscher Berufsverband für Pflegeberufe, ICN Ethik-Kodex für Pflegende, www.dbfk.de/bv/ICNethikkodex.htm (Stand: 27. 08. 2005).
142 Auch wenn im Text selbst immer nur die weibliche Form auftritt, so findet sich in einem Zusatz der Hinweis, dass unter „Pflegende" Personen verstanden werden, die die Profession Pflege ausüben: Gesundheits- und Krankenpfleger/Innen, Kinderkranken/-pfleger, Altenpfleger/Innen.

3. Pflegende und die Profession

Dieses Grundelement sieht eine aktive Rolle der Pflegepersonen bei der Festlegung und Umsetzung der Standards für Pflegepraxis, -management, -forschung und -bildung sowie für die Weiterentwicklung der wissenschaftlichen Pflegegrundlagen vor. Auch wird der Einsatz für gerechte soziale und wirtschaftliche Arbeitsbedingungen gefordert.

4. Pflegende und ihre Kollegen

In diesem letzten Grundelement wird schließlich noch die Sorge um eine gute kollegiale Zusammenarbeit und der Patientenschutz vor Gefährdungen durch Kollegen oder andere Personen angesprochen.

Versucht man eine gewisse Bewertung dieses Kodexes vorzunehmen, so kann man feststellen, dass er keine spezifischen Antworten auf konkrete ethische Problemstellungen vorsieht. Es werden allgemeine Grundsätze genannt, die für die Pflegeprofession als solche von Bedeutung sind. Die Pflegeperson wird bezüglich neuerer Fragestellungen, die sich aus den Diskussionen beispielsweise über die Sterbehilfe und Euthanasie, den Behandlungsabbruch und die Keimbahnintervention, die Pränatal- und Präimplantationsdiagnostik etc. ergeben, allein gelassen, weil es zwar gewisse ethische Verhaltensvorstellungen gibt, diese jedoch keine Allgemeingültigkeit geltend machen können.

Derartige ethische Fragestellungen und Problemfälle sind im Gesundheitswesen immer häufiger gegeben. Sie entstehen zum Beispiel auch:

- aus dem Verhältnis zwischen Arzt, Patient und Pflegepersonal etwa in Fragen der Patientenaufklärung oder der Wahrhaftigkeit gegenüber dem Patienten;
- im Zusammenhang mit Humanexperimenten, etwa in der Forschung an Demenzkranken;
- in der Embryonen- und Stammzellenforschung, z. B. das Klonen betreffend;
- bei der Organtransplantation, wenn es um die Organentnahme und -verteilung, oder grundsätzlich um die Festlegung der Todeskriterien geht;
- durch die wachsenden Möglichkeiten der prädikativen Medizin und die Notwendigkeit der Abwägung zwischen dem ethischen Dürfen und medizinischen Können, wobei die besondere Gefahr des selektiven Handelns ebenso gegeben ist wie das Hoffnung machen auf möglicherweise unrealistische Gesundheitsvorstellungen;
- aus der Entschlüsselung der genetischen Informationen eines Individuums, die dann zu einem ethischen Problem wird, wenn sie zwanghaft und missbräuchlich vorgenommen wird;
- aber auch bei der Verteilung der Ressourcen im Gesundheitswesen angesichts zunehmender Sparzwänge, die wieder die Frage nach den ethisch vertretbaren Kriterien hinsichtlich der Differenzierung zwischen dem, was medizinisch wünschbar und auch machbar und dem, was noch finanzierbar ist, aufwirft.

Die aufgezeigten Fragen stellen nur einen Ausschnitt aus dem breiten Spektrum medizinisch-pflegerischen Handelns dar und sollen hier lediglich als Aspekt einer ethischen Gesamtbetrachtung verstanden und nicht weiter aufgearbeitet werden. Sie machen aber zugleich deutlich, dass die Grenzlinien zwischen Medizin- und Pflegeethik in vielen Bereichen fließend geworden sind. Nach Ansicht des Verfassers kommt es deshalb nicht darauf an, auf eine spezifische Pflegeethik zu setzen, die ein stets aktualisiertes Kompendium an Verhaltensweisen für Pflegepersonen darstellt, das sich den immer neu entstehenden ethischen Fragestellungen im Gesundheitswesen stellt. Eine derartige ‚Tagesaktualität' ist nicht mach- und auch nicht wünschbar. Es kommt vielmehr darauf an, sich ein grundsätzliches ethisches Bewusstsein zu schaffen, das sich aufgrund der sowohl in der Medizinethik des Hippokratischen Eides wie auch in anderen bereits ausführlich dargestellten Ethikformen und ethischen Sichtweisen enthaltenen Grundsätze und Prinzipien entwickelt und den sich verändernden Gegebenheiten anpasst.

7 Die Sozialethik

a) Ursprünge und Zielsetzung der Sozialethik

Die Sozialethik resultiert letztlich aus der Beschäftigung der christlichen Kirchen mit der Soziallehre, sowohl in katholischer wie auch evangelischer Ausprägung. Diese wiederum geht darauf zurück, dass beide Kirchen christliche Grundsätze in die politische Arbeit einzubringen bemüht sind. Dies wird insbesondere dadurch deutlich, dass die der christlichen Soziallehre entstammenden Sozialprinzipien: ‚Solidarität', ‚Subsidiarität', ‚Gemeinwohl' und in gewisser Weise auch die ‚Personalität' zu wesentlichen Bestandteilen sowohl im Denken wie auch Handeln des Sozialstaates geworden sind. In der praktischen Umsetzung zeigt sich dies an der großen Bedeutung der Sozialverbände Diakonie und Caritas. Ihnen liegt ein Menschenbild zugrunde, das darauf beruht, dass Gott den Menschen zu seinem Bild und Gleichnis geschaffen hat, woraus sich wiederum die spezifische Würde des Menschen ergibt. In seiner Sozialenzyklika spricht Papst Johannes XXIII. von der Menschenwürde als dem „obersten Grundsatz" der christlichen Soziallehre, weshalb wiederum „der Mensch Träger, Schöpfer und Ziel aller gesellschaftlichen Einrichtungen sein" muss.[143]

Die Sozialethik steht somit in der religiös-christlichen Tradition und versteht sich als ethischer Teilbereich – im Gegensatz zur Individualethik[144] – als Ethik der Gesellschaft oder des Gesellschaftlichen und bezieht sich damit auf die Darstellung und Wertung jener ethischen Gegebenheiten, die sich aus dem gesellschaftlichen Leben heraus entwickeln oder in ihm vorhanden sind. Das moralische Moment, die Sitt-

---
143 Johannes XXIII, Sozialenzyklika „Mater et magistra" 1961, Nr. 219.
144 Die Individualethik umfasst die sittliche Bewertung von Handlungen, Handlungsweisen, Einstellungen und Haltungen von Individuen.

lichkeit wird als Produkt des gesellschaftlichen Ganzen, als soziales Kollektivergebnis gesehen. Die Soziale Ethik zielt somit nicht auf das Soziale Handeln des Individuums ab, sondern auf dasjenige sozialer Gebilde in ihren Strukturen, Institutionen und Gesetzen. Sie will danach fragen, inwieweit institutionelle Gebilde ethisch vertretbar oder nicht, gerecht oder ungerecht handeln und ggf. Verbesserungen vorschlagen.

b) Sozialstaatliches Handeln aus sozialethischer Verpflichtung

Die Bundesrepublik Deutschland versteht sich laut Grundgesetz als ein sozialer Bundes- und Rechtsstaat, wenngleich die diesbezüglichen Verfassungsartikel 20 und 28 darüber keine weiteren Auskünfte erteilen, den Staat jedoch zu einem sozialpolitischen Handeln verpflichten.

> → So nimmt die Sozialethik zum Beispiel eine wichtige Position bezüglich des Sozialen Handelns des Staates bzw. seiner ausführenden Institutionen ein. Hierbei spielt die Frage nach einer sozialethischen Vertretbarkeit von gravierenden Veränderungen sozialpolitischer Systeme dann eine Rolle, wenn diese erhebliche Beeinträchtigungen für bestimmte Bevölkerungsteile mit sich bringen. Dies wird dann zu einem Problem der sogenannten sozialen Gerechtigkeit, die sich im Politischen als steter Zankapfel zwischen den unterschiedlichen Parteien und deren ethisch-moralischem bis weltanschaulichem Grundverständnis zeigt.

Das Beispiel kann aber auch zeigen, dass die Sozialethik nicht im Sinne einer Ethikvariante zu verstehen ist, die einen absolut entindividualisierten Anspruch erhebt. Bestehende oder zu schaffende gesellschaftliche Verhältnisse ergeben sich schließlich immer aus einem individuellen Handeln, das lediglich verkollektiviert oder weltanschaulich so zugespitzt wird, dass die Idee eines Individuums zum Allgemeingut – quasi institutionalisiert – wird. So bezieht sich ein sozialethischer Gesichtspunkt letztlich immer wieder auf einen individualethischen.

Die Soziallehren der beiden großen christlichen Kirchen haben sehr viel zur Entstehung eines sozialethischen Bewusstseins der gesellschaftlichen und politischen Institutionen beigetragen. Die christliche Soziallehre hat mit der Postulierung der Sozialprinzipien: Personalitätsprinzip, Solidaritätsprinzip, Subsidiaritätsprinzip und Gemeinwohlprinzip, auf die an dieser Stelle noch nicht eingegangen werden soll[145], der Gesellschaft und ihren Institutionen und Organisationen konkrete ethische Grundsätze an die Hand gegeben. Diese sollen auch das Verhältnis zu den Individuen und innerhalb derselben unter Berücksichtigung einer ethisch-moralischen Bewertbarkeit regeln helfen. In besonderem Maße trifft dies auf den Umgang mit den sozial Schwachen in der Gesellschaft und die Akzeptanz der Notwendigkeit adäquater Hilfen für diese Personen zu.

Diese Erkenntnis ergab sich bereits nach der Gründung der Bundesrepublik Deutschland und der Etablierung eines marktwirtschaftlichen Wirtschaftssystems, das von vornherein angesichts einer zunächst katastrophalen wirtschaftlichen Aus-

---

145 Vgl. hierzu Kap. C II, 3).

gangslage an eine soziale Handlungskomponente geknüpft worden war. Das rasche Überwinden der Nachkriegsmisere führte dazu, dass gerade das soziale Sicherungssystem verfestigt und weiter ausgebaut werden konnte. Damit wurde der Staat seiner Verpflichtung zu sozialem Handeln gerecht und konnte somit gerade auch besondere wirtschaftliche Krisenzeiten meistern. Dies gilt besonders für die Phasen hoher Arbeitslosigkeit oder gar von Massenarbeitslosigkeit, wie sie Deutschland in den zurückliegenden Jahren durchlaufen hat. Das mit Arbeitslosengeld und zunächst auch Arbeitslosenhilfe sowie Sozialhilfe gespannte soziale Netz vermochte stets sowohl die Hilfsberechtigten wie auch -bedürftigen so aufzufangen, dass es bislang zu keinen sozialen Unruhen kommen musste.

So wie ein soziokulturelles Existenzminimum als finanzielle Mindestsicherung eines menschenwürdigen Daseins für den Sozialhilfeempfänger gewährt wird, so gilt dies für die Grundsicherungsleistung über das Arbeitslosengeld II für erwerbsfähige Hilfebedürftige. Landläufig wird das ALG II nur noch „Hartz IV", das per Gesetz zum 01. Januar 2005 eingeführt worden ist, genannt. Das von dem ehemaligen VW-Manager *Peter Hartz* auf Vorschläge der von ihm geleiteten Kommission „Moderne Dienstleistungen am Arbeitsplatz" erarbeitete Konzept zielte darauf ab, innerhalb von vier Jahren eine Halbierung der Arbeitslosenzahl von damals vier Millionen zu erreichen. Auch wenn dieses Ziel weitere zwei Jahre danach nur bedingt nahe zu rücken scheint, so hat das Gesamtkonzept mit den Phasen Hartz I bis Hartz IV deutlich gemacht, dass es die Politik mit ihrer verfassungsrechtlich fixierten Verpflichtung auf ein sozialethisch orientiertes sozialstaatliches Handeln durchaus ernst zu meinen versteht – auch wenn es dennoch einen offenkundig ungebremsten Anstieg verarmender spezifischer Bevölkerungsgruppen gibt.

8 Modelle und Methoden zur ethischen Urteilsfindung

Die in Punkt III dieses Kapitels B behandelten ‚Formen ethischen Handelns' können in ihrer großen Bandbreite vielseitige Handlungsanweisungen unter Berücksichtigung ethischer Bewertungsgesichtspunkte bieten, sie stellen jedoch keinen Musterkatalog dar, der für jeden ethisch relevanten Fall eine spezifische Lösung parat hält. Was sie jedoch erreichen können und auch sollen, ist die Reflexion der eigenen Handlungsweise, wie auch das Nachdenken über das Handeln anderer, das Auswirkungen auf alle Beteiligten bzw. Betroffenen hat.

Dennoch ist es gerade für das Soziale Handeln all jener, die in den sozialen Berufen und insbesondere in der Sozialen Arbeit tätig sind, von hoher Notwendigkeit, Wege oder Methoden zu finden, wie eine Entscheidung unter Berücksichtigung ethischer Grundsätze und Prinzipien erfolgen kann und auch sollte. Nachfolgend sollen einige beispielhafte Modelle zur ethischen Urteilsfindung vorgestellt werden, die aus der Sicht der Sozialphilosophie, der Pflegeethik oder der Moraltheologie zu verstehen sind:

a) Das 3-Stufen-Modell nach H. Baum

Hermann Baum schlägt in seiner Ethik der sozialen Berufe eine immer wieder einzuübende Methode nach folgendem Muster vor[146]:

1. Zunächst gelte es die eigene *Weltanschauung*, die *Baum* als Fundament einer wirklich hilfreichen Ethik wichtig ist, kritisch zu überprüfen. Der Verfasser dieses Buches gibt allerdings zu bedenken, dass der Weltanschauungsbegriff an dieser Stelle nicht unbedingt geeignet ist, da die ersatzweise zu wählenden Termini, etwa das *Menschenbild* oder die *innere Einstellung/Überzeugung* wesentlich prägnanter und weniger ideologisch besetzt sind.

→ Ein aufgrund seiner spezifischen gesellschaftlichen bzw. politischen Überzeugungen mit hohem sozialem Engagement ausgestatteter Sozialarbeiter wird sich den ihm anvertrauten Klienten mit einem anderen Verständnis nähern wie jemand, der sich aufgrund seiner humanitären Grundeinstellung zur Hilfe verpflichtet fühlt. So kann es sein, dass eine besondere gesellschaftspolitische Sichtweise eher den Gründen für das Entstehen der sozialen Schieflage auf die Spur kommen will als das reine humanitäre Anliegen, das dem Hilfsbedürftigen dienen will, ohne die Ursachen ermitteln zu wollen bzw. weitere Folgerungen daraus zu ziehen.

2. Weiter gelte es den zu der persönlichen Weltanschauung passenden *ethischen Begründungstyp* zu wählen, da dieser sich aus der jeweiligen Weltanschauung ergeben würde. Das bedeutet, dass sich mit einer persönlichen Überzeugung von Sachverhalten auch eine spezifische Sichtweise verbindet, die wiederum zu einem bestimmten Verhalten führt.

→ Derjenige, der in seiner sozialarbeiterischen Tätigkeit nichts weiter tun will, als seine Pflicht, wird sich der Pflichtethik verschrieben fühlen. Er erfüllt seine Aufgaben zur vollsten Zufriedenheit aller, gilt als zuverlässig und geht in seinem Beruf auf. Der andere bringt sich ebenfalls voll in seinen Beruf ein, indem er zudem den Ursachen der sozialen Problemlagen seiner Klientel auf die Spur zu kommen versucht, diese dann geißelt und sich engagiert für eine Veränderung der bestehenden Verhältnisse einsetzt.

3. Nach der Berücksichtigung der persönlichen Weltanschauung und der Auswahl des sich daraus ergebenden ethischen Begründungstyps kommt es *Baum* darauf an, dass
   a) die eigene ethische *Motivation*,
   b) das von einem selbst bejahte ethische *Prinzip*
   c) und das selbst aufgestellte *Ziel* ethischen Handelns
   konsequent und konsistent verfolgt werden.

→ Jeder, der einen Beruf ergreift, tut dies aus einer bestimmten inneren Einstellung heraus und setzt sich ein Ziel, das aus einer prinzipiellen Überlegung heraus entsteht. Für den als Sozialarbeiter bzw. Sozialpädagoge Tätigen oder aber in allen anderen sozialen Bereichen Handelnden kommt in verstärkter Form das ethische Kriterium hinzu, da er es in seiner Tätigkeit ausschließlich mit Menschen und deren Belangen zu tun hat.

---

[146] Vgl. H. Baum, a. a. O., S. 153 f.

Baum plädiert nach Ansicht des Verfassers mit diesem letzten Punkt eigentlich für einen weiteren ethischen Begründungstyp, den er nicht ausdrücklich nennt – die ‚Gesinnungsethik'. Dies würde sich gut mit den beiden ersten Punkten in Einklang bringen lassen, praktisch eine einheitliche Überlegungsstruktur zur Ermittlung einer richtigen und stringent ethisch begründeten Entscheidung herbeiführen. Allerdings muss dann angemerkt werden, dass dabei die Einbeziehung einer ethischen Reflexion der durch das Handeln möglichen Folgen zumindest zu kurz kommt, wenn nicht gar auf der Strecke bleiben müsste.

b) Das 4-Schritte-Modell nach V. Tschudin

Verena Tschudin hat – ursprünglich für die Pflegepraxis gedacht – den Entscheidungsprozess für ethische Fragestellungen modellhaft in vier Schritte aufgeteilt[147]:

1. Schritt: Das Erkennen des Problems oder die *Analyse*
   – Die Analyse soll zu einem klaren Verständnis des moralischen Problems führen.
   Dies gelingt durch die Beantwortung verschiedener Fragen, die sich um die Art, das Entstehen, die Schwierigkeit des Problems drehen, nach den betreffenden Werten, den beteiligten Personen und nach dem erwarteten Ergebnis fragen.
2. Schritt: Die *Planung* möglicher Lösungen
   – Hier werden Lösungsmöglichkeiten erarbeitet und inhaltliche Kriterien miteinbezogen. Es müssen Fragen nach der Kurz- oder Langfristigkeit und den Folgen des Vorgehens, danach ob zur Problemlösung eine oder mehrere Entscheidungen notwendig sind, aber auch nach beruflichen Verantwortung oder den Werten beantwortet werden.
3. Schritt: Die *Aus- oder Durchführung*
   – Nach der Bewertung der gegebenen Alternativen wird das Verhalten festgelegt, indem konkret danach gefragt wird, was, wann, wie und durch wen getan werden soll.
4. Schritt: *Auswertung bzw. Evaluation*
   – Schließlich muss überprüft werden, ob das Problem durch die Entscheidung gelöst werden konnte, ob ein Aspekt dieser Entscheidung allgemein gültig ist und man in gleicher Situation wieder so entscheiden würde, inwieweit einem vorrangigen Wert Geltung verschafft wurde und welche Personen einen Nutzen aus der Entscheidung gezogen haben.

---

147 Vgl. hierzu V. Tschudin, Ethics in Nursing. The Caring Relationship, Butterworth Heinemann 2003; Andrea van Schayck, Ethisch handeln und entscheiden, Spielräume für Pflegende und die Selbstbestimmung des Patienten, Kohlhammer Verlag Stuttgart 2000. (In dem in drei Bereiche unterteilten Buch sind sowohl das Entscheidungsfindungsmodell von Tschudin wie auch Fallbeispiele unter Anwendung des Modells beschrieben).

Dieses Modell von *Tschudin* kann bei der Bearbeitung ethischer Fragestellungen, aufgrund der zumeist hohen Komplexität von unterschiedlichen Entscheidungssträngen und -ebenen, im Sinne eines systematischen Vorgehens verstanden werden. Allerdings hat es aufgrund seiner Komplexität den Nachteil, dass es nicht so ohne weiteres vor allem für eine schnelle Entscheidungsnotwendigkeit angewendet werden kann.

c) Das 6-Schritte-Modell nach H.-E. Tödt

Heinz-Eduard Tödt hat erstmals 1977 in der im Gütersloher Verlagshaus erscheinenden „Zeitschrift für evangelische Ethik" seinen Entwurf für eine ethische Theorie sittlicher Urteilsfindung veröffentlicht[148]. *Tödt* ging damit erstmalig einen neuen Weg, indem er sich von der bislang dominierenden situationsethischen Begründung in der evangelischen Ethik entfernte und stärker auf eine normative Sichtweise ethischer Problematiken setzte; er fragte danach, „welche Rolle der Umgang mit Normen in dem konkreten Prozess der ethischen Urteilsfindung spielt"[149], und entwickelte sein idealtypisches Sechs-Schritt-Modell. Dieses Modell erfasst die einzelnen Schritte oder Sachmomente, welche eine Verbindung miteinander eingehen, die wiederum in einer sich immer wiederholenden Abfolge zu sehen ist:

1. Schritt: *Wahrnehmung, Feststellung und Bestimmung eines Problems* und dessen ethische Relevanz.
   – Es geht um die konkrete Fallermittlung, verbunden mit der Bewusstwerdung, dass es sich um ein sittliches Problem mit einem hohen Grad an Komplexität handelt.
   Tödt kommt es dabei darauf an, dieses Problem nicht nur als ein sektorales z. B. ökonomisches, politisches, medizinisches oder juristisches zu begreifen, sondern in den Gesamtzusammenhang des Lebens zu stellen.

   → Jemand kommt nach einem Einkaufsbummel oder Arztbesuch in die gemeinsame Wohnung zurück und findet den Partner in einem komatösen Zustand auf der Couch liegend vor.

2. Schritt: *Analyse der Situation*, in der das definierte Problem den/die Betroffenen herausfordert.
   – Zu einer derartigen Analyse gehören zunächst das Faktensammeln, dann die Selektion, verbunden mit einer Reduktion. Dabei muss der Betroffene in die Situation eingebunden sein, um sie überhaupt erfassen zu können. Durch die

---

148 Heinz-Eduard Tödt, Versuch zu einer Theorie ethischer Urteilsfindung, in: Zeitschrift für evangelische Ethik, 21. Jhg. (1977), S. 81–93 und ‚Versuch einer ethischen Theorie sittlicher Urteilsfindung', in: „Perspektiven theologischer Ethik", München 1988, S. 21–48.
149 K. Sinemus/K. Platzer (Darmstadt), Vom wertfreien Raum zur verantworteten Wissenschaft, Teil 3: Eine ethische Theorie sittlicher Urteilsfindung nach Heinz-Eduard Tödt; in: www.biosicherheit.de, S. 1 (Stand: 27.08.2005).

Analyse wird erst die Möglichkeit geschaffen, die relevanten Verhaltensweisen unter Berücksichtigung von Folgewirkungen zu ergründen. Zudem kann durch sie der Versuch unternommen werden, auf die Frage nach der sittlichen Problematik der bestimmten Situation eine Antwort zu finden.

> → Der nach Hause Gekommene stellt sodann fest, dass die betreffende Person offensichtlich Medikamente in großer Menge zu sich genommen hat. Zudem findet er einen Abschiedsbrief, der an ihn gerichtet ist. Er erkennt einerseits die Notwendigkeit, sofort einen Arzt alarmieren zu müssen, andrerseits sieht er aber auch die moralisch-ethische Brisanz, die in dem damit verbundenen Offenkundigmachen einer primär höchst persönlichen Willensentscheidung liegt.

3. Schritt: *Erwägen der Handlungs- bzw. Verhaltensoptionen*, die als sittlich geboten erscheinen.
   - Es müssen Verhaltensweisen entwickelt und auf ihre Brauchbarkeit hin überprüft werden; das bedeutet, dass es gilt, die akuten Wirkungen und Nebenwirkungen, aber auch die künftigen Folgen, dabei zu berücksichtigen. Die möglichen Verhaltensoptionen sind unter Zuhilfenahme von sittlichen Normen einer kritischen Selektion zu unterziehen, wobei letztlich diejenige Verhaltensweise ausgewählt werden sollte, die den sittlichen Vorzug wert ist.

> → Für unser Beispiel bedeutet dies, grundsätzlich erst einmal für schnellstmögliche medizinische Hilfe zu sorgen. Dies können sowohl der Notarzt, wie auch der Hausarzt oder aber ein befreundeter Arzt, die Feuerwehr, die Polizei oder sonstige Hilfsorgane sein. Die nach Hause gekommene Person muss nun aus den gegebenen Verhaltensmöglichkeiten sehr rasch diejenige auswählen, die ihr unter Berücksichtigung der ethischen Vertretbarkeit am raschesten Hilfe bietet.

4. Schritt: *Auswahl und Prüfung von Normen, Gütern und Perspektiven*, die angesichts des bestehenden Problems relevant sind.
   - Die Normen dienen vor allem dazu, zwischen den Verhaltensalternativen wählen zu können, sie sind Handwerkszeug und sittliche ‚Vorschrift' zugleich und ermöglichen ein begründetes Vorziehen der einen Handlungsweise vor anderen. Hinzu kommt eine Art Güterabwägung, indem die Bedürfnisse der Betroffenen miteinander verglichen und prioritär festgelegt werden.

> → Nun geht es darum, abzuwägen, welche der genannten Alternativen unter Zugrundelegung der Verpflichtung zur Hilfeleistung (= Norm) gewählt wird. Dabei ist im Sinne einer Güterabwägung der Versuch der Lebensrettung der suizidalen Person dem Stattgeben des Willens dieser Person und der Vermeidung eines wahrscheinlichen ‚Geredes' vorzuziehen, auch wenn dieses Handeln später zu einer neuen Konfliktsituation zwischen den betroffenen Personen führen kann.

5. Schritt: *Prüfung der sittlich-kommunikativen Verbindlichkeit* der wählbaren Handlungs- und Verhaltensoptionen.
   - Hier wird „die zwischenmenschliche Dimension sittlichen Handelns" in Gestalt der „kommunikativen Verbindlichkeit" angesprochen. „Jeder Mensch, der in der gleichen Situation und unter den gleichen Bedingungen zum

Handeln herausgefordert ist, sollte sich in der gleichen Weise verhalten können, wie es der in Aussicht genommene Urteilsentscheid gebietet."[150] Das heißt, man muss sich fragen, ob sich andere genauso entscheiden und verhalten würden? Ein ethisch wertbares und von den meisten anerkanntes Urteil kann erst dann gefällt werden, wenn eine Gemeinsamkeit für die notwendige Verhaltensweise bezüglich eines in einer bestimmten Situation auftretenden Problems erzielt worden ist.

→ Die getroffene Auswahl eines bestimmten, für notwendig erachteten Handelns – in unserem Beispiel also mit aller Wahrscheinlichkeit den Notarzt zu rufen – wird nun darauf geprüft, ob die Mehrzahl anderer Personen in der gleichen Situation genauso handeln würde. Die den Notarzt rufende Person wird sich in ihrem Handeln dann bestätigt fühlen und keine ethischen Gewissensprobleme haben, wenn sie weiß, dass man ihr von der Mehrheit der anderen keine Vorwürfe machen wird. Die Schwierigkeit liegt allerdings darin, herauszufinden, ob das eigene Handeln tatsächlich mehrheitlich konsensfähig ist. Dies erfährt man nicht selten erst nach Vollzug des nächsten Schrittes.

6. Schritt: Der *Urteilsentscheid* als kognitiver, voluntativer und identitätsrelevanter Akt.
– Damit wird eine Entscheidung auf der Basis eines abgeschlossenen Denkprozesses und einer daraus resultierenden Willensdurchsetzung getroffen. Diese Entscheidung muss in Einklang mit dem zu bewältigenden Problem stehen, also kompatibel damit sein. Sie ist das Ergebnis einer Bewältigung der vorausgegangenen Schritte und spiegelt im gegenwärtigen Entscheidungsaugenblick die Einbeziehung von Erfahrungen aus der Vergangenheit mit den Erwartungen an die Richtigkeit in der Zukunft wider.

→ Das Herbeirufen des Notarztes stellt den Abschluss eines Denkprozesses mit dem Ergebnis einer Willensäußerung dar. Sie ist dem Fall des versuchten (oder auch vollzogenen) Selbstmords völlig angemessen. Die handelnde Person wird zumindest aus der indirekt mitbekommenen Erfahrung anderer zu dieser Entscheidung gelangt sein und sie auch darüber hinaus für richtig halten.

Dieses Modell von *Tödt* ist m. E. eines der unter Einbeziehung ethischer Kriterien am weitesten durchdachten und für die Urteilsbildung und Entscheidungsfindung recht praktikabel. Es ist aber entschieden darauf hinzuweisen, dass ihr letzten Endes der wichtige (siebte) Schritt der Evaluation bzw. einer Überprüfung der Richtigkeit der getroffenen Entscheidung fehlt. *Tödt* weist zumindest nicht gesondert darauf hin, dass die Folgen der Entscheidung wenigstens in das Kalkül für die nächste Urteilsbildung eingebracht werden müssen – auch wenn eine gewisse Erwartungshaltung für das künftige Entscheiden Erwähnung findet.

---

150 Sinemus/Platzer, a. a. O., S. 4.

d) Das 4-Punkte-Grundmodell und sonstige Modellvorschläge

Es existiert eine Fülle weiterer Modelle zur ethischen Entscheidungs- bzw. Urteilsfindung. So zum Beispiel das elfstufige Verfahren von *Arie J. G. van der Arend*, die Modelle von *Alexandra Just*, von *Franz Josef Illhardt* und von *Reinhard Lay* oder das vordringlich für die Pflegepraxis entwickelte 4-Phasen-Modell von *Maria Zimmermann*. Auf diese Beispiele, die alle aus dem Pflegebereich stammen und auf ähnliche Modellvorstellungen anderer Disziplinen soll aber nicht weiter eingegangen werden.

Auch das dreistufige Modell von *Höffe*:

- Problemanalyse,
- Kriterienbestimmung und
- konstruktiver Entwurf

wäre noch zu nennen, weil es sich ein wenig in der Konkurrenz zu *Tödt* begreifen lässt. *Höffe* sieht sein Modell wohl als reduzierte Form, die nicht im zeitlichen Ablauf aufeinanderfolgender Schritte zu verstehen ist, sondern „als Momente eines Gesamtprozesses, die ineinander greifen"[151] *Höffe* übte am *Tödt*'schen Modell Kritik, indem er dessen Urteilsschritte bezüglich ihrer moralisch-ethischen Relevanz für indifferent gehalten hat.

Es ist aber sicher noch der Erwähnung wert, dass sich nach Ansicht des Verfassers folgendes 4-Punkte-Grundmodell einer Entscheidungsfindung aufgrund seiner Plausibilität und größtmöglichen Praktikabilität konstruieren lässt:

- *Situationsanalyse*
  Hier geht es, wie bei den meisten anderen Modellen auch, um die vorhandenen Gegebenheiten, die das Feststellen einer Ausgangslage bzw. eines Ist-Zustandes ermöglichen. Daraus ergibt sich dann die *Aufgaben-* oder *Themenstellung*.
- *Planung*
  Bei ausreichender Zeit ist die Festlegung eines konkreten Planungsablaufs einer Entscheidungsfindung bzw. eine *Konzepterarbeitung* für eine bestimmte Vorgehens- oder Verhaltensweise denkbar. Steht diese Zeit aber nicht zur Verfügung, wie das häufig der Fall ist, kann sich der Ablauf drastisch verkürzen. In der täglichen Praxis wird man sich dann auf die bereits gemachten Erfahrungen verlassen (müssen), diese jedoch stets zu hinterfragen haben.
- *Durchführung*
  Bei der Ausführung einer Handlung kommt es auf eine konsequente Umsetzung einer getroffenen *Entscheidung* bzw. eines gefassten Urteils an.
- *Evaluation*
  Die eine Entscheidungsfindung abschließende Bewertung des Handelns oder Verhaltens ist neben einer zu Beginn zwingend gebotenen Situationsanalyse der wichtigste Punkt des gesamten Prozesses. Trotz dieser Bedeutung beweist

---
151 Zit. nach Sinemus/Platzer, a. a. O., S. 1.

die tägliche Praxis nur allzu häufig, dass eine derartige *Ergebnisüberprüfung* in der Regel nicht oder nur oberflächlich stattfindet.

Zumeist ist das der Fall, wenn aufgrund zunehmender Berufserfahrung eine gewisse Routine im Handeln zunimmt und die trotzdem vorhandene Notwendigkeit der Evaluation nicht mehr erkannt oder bewusst übergangen wird. So kann ein routinemäßiges Handeln gefährlich werden, weil sich dann durch eine allmählich entwickelnde Nachlässigkeit Fehler einschleichen können.

Mit anderen Worten ausgedrückt, bedeutet dies, dass die Überprüfung eines Ergebnisses auf seine Richtigkeit oder Praktikabilität nicht nur dann zu erfolgen hat, wenn die getroffene Entscheidung zu einem schlechten bzw. falschen Ergebnis geführt hat; sie ist vor allem gerade auch dann zwingend geboten, wenn sie das gewünschte Ergebnis erzielt hat – um eben auch künftig ein Fehlverhalten oder eine falsche Entscheidung möglichst zu vermeiden.

Dass bei dem aufgezeigten 4-Punkte-Grundmodell eine Abfolge der Handlungsschritte notwendig gegeben ist, erscheint offenkundig zu sein, genauso wie der Hinweis, dass jede neue Entscheidung wieder dieser Abfolge entsprechend zustande kommen sollte.

C   Wert und Wertekonzept

I   Der Wert als ethische Kategorie

1   Aspekte einer philosophiegeschichtlichen Bestimmung des Wertbegriffs

In der Entwicklungsgeschichte der Menschheit hat die Diskussion um die Werte des Lebens immer schon eine besondere Rolle gespielt – auch wenn man zum Beispiel in der klassischen Philosophie von Tugend sprach, später den Natur-Begriff verwendete und schließlich das Sittengesetz postulierte. Doch ging es in allen Zeiten nicht nur um den Einzelnen und die Sinnfrage, sondern auch um das Zusammenleben vieler Einzelner in der Gemeinschaft mit anderen.

Als ethische Kategorie lässt sich das Ganze deshalb begreifen, weil es schließlich um das rechte Handeln mit und gegenüber anderen geht. Die Ethik versucht unter Bezugnahme auf vielfältige menschliche Erfahrungen wertorientierte, konzeptionelle Überlegungen vorzunehmen und Anleitung zum richtigen Handeln zu geben. Aus der Geschichte der Philosophie erfahren wir, dass die Suche nach Orientierung im Handeln mit jeder Generation neu beginnt, da sich eben – wie bereits gezeigt – das jeweilige Menschenbild mit den sich verändernden Menschen wandelt und somit neuer Orientierungsbedarf entsteht. Dieses sich wandelnde Bild vom Menschen trägt zwar Elemente der Überlieferung in sich, definiert aber vielfach neue moralische Leitbilder und so entstehen „Grund-Werte, die den einzelnen in seinem Denken, Handeln und Urteilen bestimmen und so das gemeinsame Lebensklima ausmachen".[1]

Für die Philosophen der Antike lag das ‚Wertvolle' – weit weniger als dies im heutigen Denken der Fall ist – nicht allein in den materiellen Dingen. Hier stand schon seit *Aristoteles* eindeutig das Nachdenken über das Verhalten des Menschen im Vordergrund. Er wollte „ausdrücklich unterschiedliche Maßstäbe für die Beurteilung konkreten Verhaltens"[2] setzen. So konnten wir bereits sehen, dass er Ethik als die ‚Analyse des menschlichen Verhaltens' verstand und daraus Kriterien zur Beurteilung von Handlungen – also *Tugenden*, die er zum Teil von *Platon* übernimmt – entwickelt hat (*siehe Kap. B III 1)*).

Die nach seiner Zeit 308 v. Chr. gegründete Denkschule der Stoa formuliert eine Ethik, die das Sittliche auf Werte aufbaut und zugleich eine Rangordnung derselben als maßgebend erachtet. Diese erste Wertethik wurde aufgestellt, indem die

---

[1] Friedrich Schorlemmer (Hrsg.), Das Buch der Werte. Wider die Orientierungslosigkeit in unserer Zeit, Edition Stuttgart 1995, S. 17.
[2] Arnim Regenbogen, *Werte*, in: Hans Jörg Sandkühler (Hrsg.), Enzyklopädie Philosophie, Bd. II, Hamburg 1999, S. 1745.

Stoiker „Weisungen für das Handeln gemäß der Einschätzungen des Wertes der Ziele als höher- oder niederrangig gewannen".³ Wenn auch den Stoikern ein gewisses wirtschaftliches Denken nicht völlig fremd gewesen ist, so ist die ‚Ökonomik', zusammen mit der ‚Politik', doch bereits der ‚praktischen Philosophie' des *Aristoteles* zuzurechnen.

Gehen wir davon aus, dass sich in der weiteren Folgezeit, beginnend mit der Entstehung der christlichen Glaubenslehre seit Christi Geburt, eine vordringlich religiöse Wertung der Dinge entwickelt, die sich im Mittelalter vertieft, so mag der Sprung in eine aufgeklärte und eher neuzeitliche Betrachtung des Menschen in seinem Handeln angezeigt sein. So kommt in der Philosophie des *Immanuel Kant* den Werten praktisch allenfalls dann Bedeutung zu, wenn es um den eigentlichen Wert des Daseins geht. In seiner ‚Grundlegung der Metaphysik der Sitten' von 1786 stellt er die Frage, ob es ein notwendiges Gesetz für alle „vernünftigen Wesen" gibt, „ihre Handlungen jederzeit nach solchen Maximen zu beurteilen, von denen sie selbst wollen können, dass sie zu allgemeinen Gesetzen dienen sollten?"⁴

Kant stellt einen direkten Zusammenhang zwischen Vernunft und Willen her und sieht hierin den eigentlichen Wert menschlichen Handelns. Davon ausgehend, dass die „Vernunft für sich allein das Verhalten bestimmt", wird der Wille „als ein Vermögen gedacht… sich selbst zum Handeln zu bestimmen", was wiederum „nur in vernünftigen Wesen anzutreffen" ist.

In gleichem Zusammenhang stellt er eine Verbindung zwischen dem ‚Zweck' und dem ‚Mittel' des Handelns her. „Nun ist das, was dem Willen zum objektiven Grund seiner Selbstbestimmung dient, der Zweck, und dieser, wenn er durch bloße Vernunft gegeben wird, muß für alle vernünftigen Wesen gleich gelten."⁵ Den Grund für eine mögliche Handlung, „deren Wirkung Zweck ist", nennt er dann das „Mittel".

Kant denkt darüber nach, ob das alleinige Existieren von einem zunächst nicht näher bestimmten Etwas einen absoluten Wert hat, quasi einen bestimmten Zweck erfüllt und somit einem Grund des Daseins unterliegt. Der Grund könnte nun in einem praktischen Gesetz, das heißt in einem möglichen kategorischen Imperativ liegen. Diese Grundannahme überträgt *Kant* auf seine Sicht des menschlichen Daseins:

> „Nun sage ich: der Mensch, und überhaupt jedes vernünftige Wesen, *existiert* als Zweck an sich selbst, *nicht bloß als Mittel* zum beliebigen Gebrauche für diesen oder jenen Willen, sondern muß in allen seinen, sowohl auf sich selbst, als auch auf andere vernünftige Wesen gerichteten Handlungen jederzeit *zugleich als Zweck* betrachtet werden". Kant spricht dem Menschen einen absoluten Wert zu, während er den Dingen, die wir durch unser Handeln erreichen, lediglich einen relativen Wert zumisst: „Also ist der Wert aller durch unsere Handlung *zu erwerbenden* Gegenstände jederzeit bedingt. Die Wesen, deren Dasein zwar nicht auf unserem Willen, sondern der Natur beruht, haben dennoch, wenn

---
3 Der Große Brockhaus/Jubiläumsausgabe, 18. Aufl., Bd. 12, Wiesbaden 1981, S. 361.
4 Immanuel Kant, Grundlegung der Metaphysik der Sitten, in: Günter Schulte, Kant, Diederichs Verlag, München 1996, S. 213.
5 A.a.O., S. 214.

sie vernunftlose Wesen sind, nur einen relativen Wert, als Mittel, und heißen daher *Sachen*, dagegen vernünftige Wesen *Personen* genannt werden, weil ihre Natur sie schon als Zwecke an sich selbst, d.i. als etwas, das nicht bloß als Mittel gebraucht werden darf, auszeichnet, mithin so fern alle Willkür einschränkt (und ein Gegenstand der Achtung ist)."[6]

Kant leitet aus dieser Erkenntnis den ‚praktischen Imperativ' in Anlehnung an die bereits in Kap. B III, 2 genannte Formulierung ab:

> *„Handle so, dass du die Menschheit, sowohl in deiner Person, als in der Person eines jeden andern, jederzeit zugleich als Zweck, niemals bloß als Mittel brauchst."*

Mittels verschiedener Beispiele gibt er zugleich die Erläuterung für dieses Postulat.

> → Er greift jenen Menschen heraus, der durch Selbstmord einem beschwerlichen Zustand zu entfliehen versucht. Dieser Mensch bedient sich seiner Person als *Mittel* zum Erreichen eines für ihn erträglichen Zustands. Da aber nun der Mensch keine Sache darstellt, somit nicht als Mittel missbraucht werden darf, hat er sich bei all seinem Handeln jederzeit als *Zweck an sich* zu begreifen. Also darf der Mensch (als Zweck bzw. Wert an sich) nicht in seiner Person (als bloßes Mittel) über sich verfügen, indem er sich verstümmelt, verdirbt oder gar tötet.

Immanuel Kant erklärt das ‚Prinzip der Menschheit', also das Dasein, das Leben, als Zweck an sich selbst und damit zum obersten Wert. Diese „Wertigkeit" schränkt zugleich jegliche Freiheit des Handelns dann entscheidend ein, wenn damit gegen diese Erkenntnis verstoßen wird.

Was für *Kant* der Dualismus von ‚Zweck' und ‚Mittel' ist, ist bei *Friedrich Nietzsche* (1844–1900) der permanente Kampf gegensätzlicher Kräfte, also die Auseinandersetzung zwischen ‚gut' und ‚böse', zwischen ‚Starken' und ‚Schwachen'. *„Was gut und böse ist, das weiß noch niemand, es sei denn der Schaffende! Das aber ist der, welcher des Menschen Ziele schafft und der Erde ihren Sinn gibt und ihre Zukunft, dieser erst schafft es, dass etwas gut und böse ist."*[7]

Nietzsche sieht im Mittelpunkt des Seins Gott als das vollkommene Sein und dies wiederum stellt für ihn das Gute schlechthin dar. Da er andrerseits davon ausgeht, dass Gott tot ist, ergibt das menschliche Streben nach dem Guten keinen Sinn mehr. Die Ethik und die von ihr vertretenen Werte sind aber nach seiner Auffassung an die Seinslehre, jener Ontologie, in deren Zentrum eben Gott als das Gute steht, gebunden.

Verneint man Gott, so wird die Ethik zum Schein. Nun ist es der Mensch, der Werte in die Dinge legt; „er schuf erst den Dingen Sinn, einen Menschensinn. Darum nennt er sich Mensch, das ist der Schätzende".[8] *Nietzsche* ist somit davon ausgegangen, dass Werte sui generis – also von sich heraus – eigentlich nicht existieren, sondern durch den Menschen geschaffen werden, indem er über die

---

6 A.a.O., S. 215.
7 Friedrich Nietzsche, Also sprach Zarathustra III, Von Gesicht und Rätsel, in: Johannes Hirschberger, Geschichte der Philosophie, Bd. II, Herder Verlag, Freiburg i. Br., S. 514.
8 Ebd.

Sinnvermittlung den Dingen erst eine Bedeutung bzw. einen Wert zumisst. Er sieht dies durchaus negativ; er begreift das Streben des Menschen nach Höherem, Besserem als ‚Lüsternheit', als ‚Krämpfe der Ehrgeizigen'. Er versteigt sich in seine nihilistische Denkweise und wertet demzufolge all das Bestehende ab, ohne andere, positive Wertekonzepte zu entwickeln. Mehr noch: als Vertreter eines aktiven Nihilismus wird er zum Zerstörer aller überlieferten Werte, denen er ebenso eine Absage erteilt wie den damit verbundenen moralischen Normen. Die bisherigen Zielvorstellungen und Sinngebungen werden aus einer Position der Stärke heraus abgelehnt und zunichte gemacht. Doch zugleich vertritt er einen passiven Nihilismus, dem aufgrund seiner Schwäche die Kraft fehlt, neue Ziele vorzugeben.

Seine eigentliche Bedeutung liegt in unserem Zusammenhang eher darin, aufzuzeigen, dass sich die obersten Werte und mit ihnen konsequenterweise alle anderen dann entwerten, wenn – wie aus seinem nihilistischen Denken hervorgeht – ihnen der eigentliche Zweck, das Ziel in Gestalt einer Antwort auf die Frage nach dem ‚Wozu?' fehlt. Es gilt also Werte zu setzen und zu schaffen, die eine Antwort geben können.

Natürlich war und ist *Nietzsche* leicht für politische Zielsetzungen zu vereinnahmen, wie dies zum Beispiel durch den Nationalsozialismus geschehen ist. Dies gelingt dann, wenn man seinen Nihilismus sowohl in der aktiven wie auch in der passiven Spielart extensiv auslegt: Sieht man den Menschen entweder als ein aktives, starkes und schöpferisches oder aber als reaktives, schwaches und unfähiges Wesen, so kommt es auf die jeweilige Dominanz entsprechender Eigenschaften an. *Nietzsche* differenziert demzufolge nicht zwischen den moralischen Wertkategorien ‚Gut' und ‚Böse', sondern zwischen ‚Gut' und ‚Schlecht':

„Was ist gut? – Alles, was das Gefühl der Macht, den Willen zur Macht, die Macht selbst im Menschen erhöht./Was ist schlecht? – Alles, was aus der Schwäche stammt."[9]

Hier trifft *Nietzsche* auf *Kant* und dessen Unterscheidung zwischen dem ‚Mittel' einerseits und dem ‚Zweck' andrerseits. Beiden philosophischen Denkern geht es um den Menschen und um dessen Handeln, das – aus welchen Gründen heraus auch immer – zweckbestimmt und zielorientiert gesehen werden muss.

Im 19. Jahrhundert entwickelt sich eine Theorie des Werts und wird zur eigentlichen Wertethik, jener Form der Ethik, die das Sittliche auf Werte gründet.[10] In diesem Zusammenhang sind die deutschen Philosophen *Rudolph Hermann Lotze* (1817–1881), *Edmund Husserl* und *Max Scheler* (1874–1928) zu nennen. Ersterer gilt als einer der größten Philosophen des 19. Jahrhunderts. Auch wenn sein Name stets hinter den anderen beiden verborgen blieb und er nie deren Rang in der Bekanntheit eingenommen hat, so ist er doch für die Ethik der Moderne gerade durch seine Wertlehre von großer Bedeutung. Für ihn sind Werte ‚Gebote des Gewissens', die eine objektive Gültigkeit besitzen, „die von der Erfahrung unab-

---

9 F. Nietzsche, Aus dem Nachlass der Achtzigerjahre, Werke VI, S. 170.
10 Der Große Brockhaus/Jubiläumsausgabe, 18. Aufl., Bd. 12, Wiesbaden 1981, S. 361.

hängig ist und zu dem ursprünglichen Besitz unseres Geistes gehört".[11] Man muss laut *Lotze* diese Werte oder Gebote zwar aufgrund äußerer Anlässe selbst empirisch erfahren haben, damit sie uns überhaupt erst bewusst werden, „aber es ist nicht die Erfahrung, Gewöhnung und Assoziation"[12], wodurch sie entstehen. Damit unterscheidet sich *Lotze* durchaus von der heute m. E. häufig vertretenen Annahme ihrer Herausbildung.

Ähnlich wie *Kant* geht der in Leipzig, Göttingen und Berlin lehrende Professor von der Vernunftbegabung des Menschen aus, weshalb sich die Inhalte der Werte für ihn auch aus der rationalen, geistigen Überlegung heraus entwickeln. Werte dienen der Gestaltung eines positiven, den Schönheiten der Welt zugewandten Lebens.

Husserl begründet mit der Phänomenologie eine neue philosophische Richtung, die sich unter dem Motto ‚Zurück zu den Sachen selbst' mit dem Objekt und dem Wesen, also der Sachzusammengehörigkeit, beschäftigt. Gemeint ist damit die Methode, eine Sache selbst von ihrem Wesensgehalt her sichtbar werden zu lassen, indem man etwas sachgetreu einfühlsam analysiert und aufdeckt. Damit wird eine gewisse Unvoreingenommenheit den sich selbst darstellenden Dingen gegenüber zum Ausdruck gebracht.[13]

Max Scheler wiederum gilt ebenso als Phänomenologe. Er übernimmt die Methode einer sachgetreuen Beobachtung und Beschreibung der Dinge, setzt sie für seinen ethischen Personalismus ein, entdeckt praktisch ein Wertreich, in welchem Werte etwas Eigenes darstellen, das nicht mit den Dingen selbst identisch ist. Er sieht quasi vordringlich den eigentlichen Wert, die ‚Qualitäten' einer Sache, die sich aus dieser selbst ergeben. „Der Wertblinde sieht sie nicht; aber das liegt nur an seiner Anormalität."[14]

Diese Anormalität glaubt *Scheler* jenen zusprechen zu müssen, die nicht in der Lage sind, Werte erfühlen zu können. Der Mensch besitzt für ihn ein Gefühl für das Wertvolle, das heißt, dass Werte nicht aufgezwungen oder befohlen werden müssen, sondern der Mensch wird von ihnen direkt angezogen. Der eigentlich ‚normale' Mensch erkennt somit Werte, er fühlt sie! Die phänomenologische Wesensschau wird bei *Scheler* zum Erschauen bzw. Erfühlen des Wertes, zum emotionalen Wertgefühl und damit wird er zum Begründer der materialen Wertethik.[15] Das tatsächliche Handeln des Menschen erfolgt nach *Scheler* aus dem Gefühl, der Intuition heraus, weshalb wir in konkreten Handlungssituationen intuitiv, also gefühlsmäßig, das Richtige tun. Wir fühlen uns in diesen Situationen gefühlsmäßig an bestimmte Wertvorstellungen und -schätzungen, die unser Handeln leiten, gebunden. *Schelers* materiale Wertethik stellt eine Theorie des faktischen Handelns dar.

---

11 J. Hirschberger, a. a. O., S. 551.
12 Wbd.
13 Vgl. Edmund Husserl, Philosophischer Radikalismus als Berufung. Drei Vorlesungen 1923/24, in: Uwe C. Steiner, Husserl, Diederichs Verlag, München 1997.
14 J. Hirschberger, a. a. O., S. 602.
15 Vgl. Schelers Schrift zum ethischen Personalismus: „Der Formalismus in der Ethik und die materiale Wertethik" (1913–16); siehe auch J. Hirschberger, a. a. O., S. 601.

2 Die Bedeutung der Werte in unserer Zeit

Was bedeuten uns Werte heute? „Werte sind Mosaiksteine für unsere Ideale. In der Zuordnung zueinander entsteht erst ein Ganzes. Wie, wo, wann, wem gegenüber bewährt sich Freundschaft, Toleranz und Solidarität, Zivilcourage, Verantwortung und Naturbewahrung, Klugheit, Hoffnung und Nächstenliebe?"[16], meint der Pfarrer und ehemalige DDR-Bürgerrechtler *Friedrich Schorlemmer*. Zugleich nimmt er an, dass die Frage nach den Werten und deren Bedeutung so alt ist wie die Klage über deren Verlust.

Grundsätzlich kann davon ausgegangen werden, dass es sich bei dem Wertbegriff um etwas handelt, das in seiner Vielschichtigkeit heute quer durch alle wissenschaftlichen Disziplinen erkennbar wird. Ursprünglich aus der Ökonomie kommend, hat er die ethische Werteinschätzung eines wirtschaftlichen Handelns, das ethisch bewertbare Verhalten nicht nur in der modernen Wirtschafts-, sondern auch in der Sozialethik maßgeblich beeinflusst.[17]

Zugleich ist seine Bedeutung im Bereich des Gesamtgesellschaftlichen stetig gewachsen. Immer dort, wo es um das gedeihliche Zusammenleben von Menschen geht, sind Wertekonzepte und wertorientierte Zielvorstellungen notwendig. Um aber ein gemeinsames Handeln erreichen und ein funktionierendes gesellschaftliches Miteinander sichern zu können, bedarf es der Vorgabe von Handlungsmustern und ethisch begründeten Vorgehensweisen, über die ein allgemeiner Konsens erzielt werden muss. Dieser Konsens wiederum fußt auf der Gemeinsamkeit von Wertekonzepten. Es muss zumindest aber eine Verständigung darüber bestehen, welche Werte ‚gelebt' und mittels welcher Normen diese notfalls durchgesetzt werden sollen, um ihre Geltung zu erwirken. Werte bilden das „innere Rückgrat gesellschaftlicher Beziehungen".[18]

Menschen leben in der Regel deshalb in Gemeinschaft miteinander, weil bestimmte Gemeinsamkeiten vorhanden sind, die ein Zusammenleben überhaupt erst ermöglichen. So können es die verschiedensten Faktoren sein, die dieses Miteinander ermöglichen und bestimmen: seien es die gleiche Herkunft, Sprache, die gleichen Bräuche, Sitten, Überlieferungen und Interessen, die gemeinsame historische, kulturelle und politische Entwicklung, oder die gleichen Zielsetzungen, die es zu vertreten und durchzusetzen gilt. Um dies jedoch bewerkstelligen zu können, braucht man einander verbindende und von allen als verbindlich anerkannte Werte. „Wertbildungen und Wertbindungen sind nötig, damit Eigeninteresse und Gemeininteresse sich nicht ausschließen."[19]

---

16 F. Schorlemmer, S. 15.
17 Vgl. Adam Smith (1723–1790), dem Begründer der modernen Volkswirtschaftslehre.
18 F. Schorlemmer, a.a.O., S. 18.
19 Ebd., S. 19.

Nun muss in diesem Zusammenhang darauf hingewiesen werden, dass Werte keine abstrakten Konstrukte darstellen, die von irgendjemand willkürlich festgelegt werden. Werte haben nur dann einen Sinn, wenn sie sich handlungsbezogen herausentwickeln, aus der Praxis ergeben und auch wieder praxisbezogen eingesetzt werden. Eine Gesellschaft, die über einen allgemeinen Werteverlust klagt, kann deshalb nicht die Forderung an die Politik stellen, Werte zu postulieren, quasi zu verordnen. Sie müssen sich aus der Begründung und der praktizierten Art des politischen Handelns von selbst ergeben und sich schließlich auch immer wieder auf den Prüfstand stellen lassen. Das heißt, dass immer dann, wenn Werte nicht mehr wahrgenommen, bzw. vermisst werden, sich das Handeln von Politik und Gesellschaft zu verändern hat. Anders ausgedrückt bedeutet dies, dass erst die richtigen politischen und von der gesellschaftlichen Mehrheit angenommenen Zielsetzungen Wertekonzepte erkennen lassen, die eine Akzeptanz erwirken können.

Natürlich liegt es an der Politik und an den sie praktizierenden Personen, derartige auf Wertvorstellungen beruhende politische Ziele ‚rüberzubringen', also für den Bürger erkennbar und letztlich auch an- und übernehmbar zu machen. Sie sollten nicht ‚von oben' aufgestülpt und als Herrschaftsinstrumente missbraucht werden und schon gleich gar nicht zur Legitimation der Machtausübung dienen. Derartige Versuche, die es in der politischen Geschichte der Gesellschaften immer wieder gab und gibt, taugen nicht für ein demokratisches Herrschaftssystem, in welchem es um das gedeihliche Zusammenleben mündiger, damit selbstverantwortlicher (Staats-)Bürger geht. Was den Werten in solchen Fällen fehlt, ist eine innere Akzeptanz, eine nicht aufgezwungene Verinnerlichung, die für eine freiwillige Befolgung und entsprechende Lebensgestaltung unumgänglich ist. Für den politischen Bereich bedeutet dies, dass eine richtig verstandene Wertorientierung Voraussetzung für sinnvolle Gesetze, Verordnungen und sonstige Regelungen des täglichen (Zusammen-)Lebens in Gemeinschaft ist. Natürlich gilt dies auch für den privaten Lebensbereich.

Schorlemmer nennt den Bezug auf nicht von oben oder aus der Überlieferung allein vorgeschriebene Werte, die nicht als Moralforderungen, sondern als verinnerlichte Wertsetzungen zu verstehen sind, den „guten Geist". Ohne diesen würden Gesetze tötend wirken.

Werte stehen durchaus in Konkurrenz zueinander; sie unterliegen im täglichen Einsatz einer der jeweiligen Situation angepassten Prioritätensetzung, einer Abstufung in ihrer spezifischen ‚Wertigkeit'. Sowohl das Individuum wie auch die Gesellschaft als Ganzes vermögen Wertehierarchien zu entwickeln, die im täglichen Handeln Berücksichtigung finden – wobei Veränderungen in den Hierarchien durchaus denkbar und gewollt sein können. Kurzum, es gilt für eine besondere Person in einer besonderen Situation stets aufs Neue abzuwägen, welche Wertorientierung konkret angebracht ist.

Schorlemmer erläutert die Handlungsbezogenheit der Werte mit einem Beispiel, das auch deutlich werden lässt, dass sie trotz ihrer Gültigkeit als nicht feststehende Größen begriffen werden dürfen:

> → Der Wert ‚Treue' gilt für ihn als Ausdruck für die Bereitschaft, ein Versprechen zu halten: „Wenn Treue beziehungsweise Loyalität gegenüber einem Gemeinwesen oder einer Partei einen Gehorsam abverlangt, der lebensbedrohlich oder gar verbrecherisch wird, müssen Loyalität und Treue aufgekündigt werden."[20]

In diesem Beispiel zeigt sich, dass ein anderer Wert, zum Beispiel das Recht auf Leben und die körperliche Unversehrtheit, wie es in unserer Verfassung (Artikel 2, Absatz 2) festgeschrieben ist, Vorrang hat. Dabei kann dieser Wert mit der Treue oder Loyalität kollidieren, was zu der Abwägung führt, welcher der Werte höher einzustufen ist. Grundannahme dabei ist jedoch, dass jeder Wert für sich eine eigene Bedeutung hat und diese auch behält und dies unabhängig vom Erfolg eines bestimmten Verhaltens. Hierauf hat bereits der Soziologe *Max Weber* hingewiesen, als er von einem ‚wertrationalen sozialen Verhalten' sprach.[21] Seine eigene Wissenschaftsdisziplin, die Soziologie, hielt er für wertneutral, da sie das Soziale Handeln deutend verstehen und dadurch in seinem Ablauf ursächlich erklären will.

Wertvorstellungen prägen, lenken, leiten und bestimmen sowohl in kollektiver wie auch individueller Form das Handeln einer Gesellschaft und der in ihr lebenden Individuen. Über das Ausmaß und die Inhalte entsteht eine ständige Wertedebatte, in die Politik und Administration ebenso einbezogen sind, wie Kunst und Kultur, Wirtschaft und Wissenschaft. Gerade die verschiedenen wissenschaftlichen Disziplinen haben seit längerem diese Debatte aufgegriffen und in unterschiedlicher Weise beeinflusst. So werden Werte in der Soziologie mehrheitlich als erstrebenswert angesehene Lebensinhalte verstanden; sie gelten als grundlegende Vorstellungen des Wünschenswerten und dienen als Leitbilder für sachgerechtes Handeln. Gerade weil sie in der zuletzt genannten Funktion in hohem Maße geeignet erscheinen, das Handeln des Menschen zu lenken, erleben die Werte in der festgeschriebenen Form des Leitbilds in allen Bereichen der Institutionen des öffentlichen Lebens geradezu eine Renaissance.

In der Pädagogik werden Werte zunächst als Eigenschaften begriffen, die der Mensch sowohl aus bestehenden Gegebenheiten wie auch Gegenständen ableitet. Hier sind es besonders die aus der Lebenserfahrung gewonnenen Erkenntnisse, die sie begleitenden Bedingungen und die Art des Erfahrens. Daraus entwickeln sich Überzeugungen und Einstellungen, die dem Menschen Orientierung für sein Handeln geben. Somit kommt es auf den Erfahrungshorizont des Einzelnen an, der seine individuellen Wertekonzepte herausbildet und zu konkreten Verhaltensweisen führt. Die Pädagogik versucht nun durch ein mehr oder weniger direktes Vorbildverhalten bzw. Vermitteln von Wertewissen ein wertorientiertes Handeln heranzubilden.

---

20 Ebd.
21 Max Weber, Wirtschaft und Gesellschaft. Grundriss der verstehenden Soziologie, 5. Aufl., Tübingen 1980.

Eng verbunden damit ist die Sichtweise der Psychologie. Sie anerkennt die Bedeutung der Wertorientierung für den Menschen in seinem Handeln, tut dies jedoch stärker unter dem Aspekt der psychischen Entlastungs- und Orientierungsfunktion, wie wir dies auch schon von der Soziologie her kennen. Werte dienen, insbesondere dann, wenn es sich um klare konzeptionelle Vorgaben handelt, der inneren Sicherheit im Handeln, wodurch wiederum Zweifel und damit psychische Belastungen vermieden bzw. reduziert werden können.

Es wurde bereits darauf hingewiesen, dass der Wert eine ökonomische Kategorie darstellt, indem er als eine auf Güter bezogene materielle Größe verstanden wird. Schon seit Urzeiten der Menschheit ist die Rede von dem auf materielle Güter gemünzten jeweiligen Tausch-, Gebrauchs- und Ertragswert. Auch heute noch kennen wir diese Form des Wertes, indem wir den Rang desselben an dem Grad unseres Bedürfnisses, an der Einschätzung der Nützlichkeit und an der Häufigkeit des Gutes messen. Ein Wert steigert sich dann, wenn ein bestimmtes Gut knapp ist, genauso wie er fällt, wenn dies gegenteilig ist.

Allerdings muss darauf hingewiesen werden, dass diese grundsätzlich materialistische Sichtweise heute nicht mehr ausschließliche Gültigkeit besitzt. In dem Maße, in welchem sich das Bild vom Menschen in der modernen demokratischen Gesellschaft verändert hat, hat sich auch das wirtschaftliche Handeln stärker den sozialen Forderungen und Bedingungen unterworfen. Mit der Entwicklung der Sozialen Marktwirtschaft in der heutigen demokratischen Herrschaft geht sowohl die Sozialpflichtigkeit des Eigentums, wie auch der Produktionsverhältnisse und der Arbeitsbedingungen einher. Dadurch dass der Wertbegriff zunehmend in das wirtschaftliche Denken und Handeln Eingang gefunden hat, hat sich eine eigenständige Form der Wirtschaftsethik entwickelt, die starken Einfluss auf die Ethik im Allgemeinen und die Werteethik im Besonderen genommen hat. Wenn heute von Umweltverträglichkeit, Mitbestimmung, Sozialplan, sozialer Gerechtigkeit, sozialem Frieden usw. die Rede ist, so bedeutet dies, dass Wertvorstellungen entstanden sind, die für das wirtschaftliche Handeln Orientierungsstandards setzen, Zielbestimmungen vorgeben und auf die allgemeine gesellschaftliche Entwicklung erheblichen Einfluss nehmen.

Wenden wir uns abschließend der Theologie zu. Ähnlich wie schon bei *Kant* wird zwischen absoluten und relativen Werten unterschieden. Alle Werte, die als personenbezogen angesehen werden, gelten als absolut, was wiederum aus der christlichen Lehre von der Gottebenbildlichkeit des Menschen resultiert. Eine sich daraus ergebende auf Gott bezogene, theozentrische Ethik leitet die moralische Bewertung des menschlichen Handelns aus der Übereinstimmung desselben mit dem göttlichen Willen ab. Es gilt dem Willen Gottes zu gehorchen und alles Handeln darauf abzustellen. Wertüberzeugungen, als ethische Orientierungen für ein moralisch richtiges Handeln verstanden, offenbaren sich in der Heiligen Schrift, unterliegen der Auslegung und sollen/müssen geglaubt werden.

Will man zusammenfassend festhalten, was unter dem Wertbegriff verstanden werden kann, so lässt sich auf eine viel beachtete Rede des damaligen Bischofs und jetzigen Kardinals *Lehmann* zurückgreifen, in welcher er zwar bekennt, dass ihm der Begriff ‚Wert' wegen seiner wolkigen Unbestimmtheit nicht sehr sympathisch ist, ihm aber dennoch eine recht treffende Charakterisierung gelingt:

„Der Wertbegriff gilt nicht zuletzt wegen seiner personal-orientierten Struktur als ein ‚ethisches Abstraktum' (C. Schmitt).... Werte sind Leitlinien zur Orientierung des Menschen, die Handlungsziele vorgeben und für die Sinnbildung bedeutsam sind. Sie haben eine Führungsrolle im menschlichen Tun und Lassen inne, wo immer Menschen etwas wünschen oder ‚wichtig' finden, als Personen Stellung nehmen und Urteile aussprechen. Solche Werte müssen den Trägern keineswegs immer voll bewusst sein. Sie können in soziale Gewohnheiten, ‚Normen' und kulturelle ‚Selbstverständlichkeiten' eingelagert sein; sie können sich aber auch in ‚Idealen' und Entwürfen einer individuellen und gesellschaftlichen Ethik niederschlagen."[22]

3   Das Individuum und seine Wertbeziehungen

Die Betrachtung verschiedener Wissenschaftsdisziplinen bezüglich ihres Verständnisses vom Wertbegriff hat gezeigt, dass Werte vordringlich die Aufgabe haben, für das Individuum eine Entlastungsfunktion zu übernehmen. Dennoch stellt sich – wie schon bei *Nietzsche* ausgeführt – für den Einzelnen die Frage, ob es Werte an sich gibt, oder ob sich der Mensch diese von Fall zu Fall setzt, um eben jene Entlastungsfunktion für die Begründung seines Handelns zu haben? Gerade Letztere gilt dann umso mehr, wenn ein allgemeiner gesellschaftlicher Konsens über diese Wertkonzepte erzielt werden kann und damit das Verhalten des Einzelnen auch von der Gesamtgesellschaft wie ihrer Teilgemeinschaft zweifelsfrei anerkannt und toleriert wird. Dennoch ist nicht grundsätzlich davon auszugehen, dass trotz allgemein anerkannter Existenz von Werten diese auch stets von jedermann für gültig erachtet werden.

Man versucht zu differenzieren zwischen objektiven und subjektiven, materiellen und immateriellen, absoluten und relativen Werten, um jedermann in seiner individuellen Situation möglichst gerecht zu werden. Das bedeutet, dass persönliche Sichtweisen die Akzeptanz von Werten beeinflussen. Verständlich wird dies, wenn man die hohe Komplexität des Handelns entsprechend der jeweiligen Person in der jeweiligen Situation berücksichtigt. Werte können dann für das Handeln nur noch im Sinne einer Vereinfachung hilfreich sein, indem sie pauschalierende ‚Bewertungen' vornehmen, die einem groben ‚Gut'- oder ‚Böse'-Raster entsprechen. Dann tritt zur Entlastungs- die Orientierungsfunktion hinzu, die geeignet erscheint, dem Handelnden eine gewisse Sicherheit in seinem Tun wie auch Lassen zu vermitteln.

Unsicherheit, die zu inneren Konflikten führen kann, tritt dann auf, wenn verschiedene Werte in Beziehung miteinander treten, aber nicht zusammenstimmen. Ein daraus entstehendes Hin- und Hergerissensein kann die entsprechende

---

22 Karl Lehmann, Um welchen Lebens willen? Notwendigkeit und Grenze der gegenwärtigen Wertediskussion, 10. Sinclair-Haus-Gespräch, 24./25. April 1998 u. Philosophisches Forum, Boardy.de 12. 12. 2004.

Person überfordern und schließlich schlimmstenfalls an sich selbst zerbrechen lassen.

> → Der von Alkohol, Tabak oder Drogen etc. abhängige Mensch sieht in diesem Zustand zunächst nur den Genuss als etwas, das ihm wertvoll erscheint. Je mehr er sich diesem Genuss hingibt, desto mehr schadet er zugleich seiner Gesundheit, die wiederum einen hohen Wert für sich besitzt. Der Süchtige hat sich nun zu entscheiden, welcher Wert für ihn höherrangig ist. Da er diese Entscheidung nicht immer alleine treffen kann, bedarf er letztlich der professionellen Hilfe zum Beispiel durch die in der Sozialen Arbeit Tätigen.

Sicherheit im eigenen Handeln wiederum entsteht dann, wenn die Person vordringlich selbst erlebte Werte internalisiert. Diese Verinnerlichung tritt in der Regel dann ein, wenn praktizierte Werte nicht zuletzt aufgrund eigener Erfahrung als richtig empfunden werden. Als Ergebnis daraus entstehen eigene Vorstellungen und Überzeugungen von der Richtigkeit eines Tuns. Personen, die diesen Prozess durchlaufen haben, entwickeln ihre eigene auf ein hohes Selbstwertgefühl gründende Individualität.

Nimmt man das obige Beispiel, so ergibt sich daraus auch ein anderer Aspekt: der Zusammenhang zwischen einer Bedürfnisbefriedigung durch das Handeln vor dem Hintergrund von Wertvorstellungen. Unser tägliches Handeln geschieht nicht ohne Orientierung an bestimmten Zielen, die wir uns setzen. Diese wiederum werden getragen von Wertvorstellungen, die das Erreichen des Zieles erst ‚wertvoll' machen. Wir verfolgen also ein Ziel, dessen Erreichen für uns ein Bedürfnis darstellt. Den dabei eingesetzten Mitteln und Gütern – ob nun ideeller oder sächlicher Art – messen wir eine bestimmte Bedeutung, einen besonderen Wert, zu.

Greift man ein von *Hättich* aufgezeigtes Beispiel auf, so geht es dabei darum, einen sich einstellenden Durst durch ein Getränk, welches wiederum einen besonderen Wert für jemanden besitzt, zu stillen:

> → „Wir nehmen nun an, ich hätte Durst und es stünden mir Mineralwasser und Bier zur Verfügung. Wenn ich nach dem Bier greife, weil es mir besser schmeckt als Mineralwasser, dann hat das Bier für mich bereits einen doppelten Wert. Einmal hat es die Eigenschaft eines Getränkes, das meinen Durst löschen kann. Zum andern entspricht es einer Vorliebe oder Geschmacksrichtung, sonst hätte ich es nicht dem Mineralwasser vorgezogen."[23]

Dieses Beispiel soll zeigen, dass all das, was uns zur Befriedigung von Bedürfnissen dienlich ist, einen bestimmten Wertcharakter besitzt! In unserem Beispiel ergibt sich aus dem Bedürfnis, den Durst stillen zu wollen oder gar zu müssen, eine hohe Wertigkeit. Das heißt, dieser Wert stellt eine zunächst stärkere Notwendigkeit dar als die Auswahl des Getränkes. Wenn wir dann allerdings die Wahl zwischen verschiedenen durstlöschenden Getränken haben, gesellt sich ein zweiter Wert hinzu: der des Genusses. Schließlich kann zudem bei der Auswahl des Getränkes auch noch die Frage auftreten, was meiner Gesundheit am ehesten zuträglich bzw.

---

23 Manfred Hättich, Leben ohne Grundwerte?, Bayerische Landeszentrale für politische Bildungsarbeit, München 1984, S. 9.

schädlich sein könnte. Somit kann der Faktor Gesundheit eine weitere Wertbedeutung haben.

Hättich fasst diese Überlegungen zu folgenden Erkenntnissen zusammen:

- Werte haben etwas mit unseren Bedürfnissen zu tun.
- Wir leben stets in Wertbeziehungen.
- Wir wählen ständig zwischen Werten.[24]

Des Weiteren wird aus dem genannten Beispiel deutlich, dass sich die betreffende Person mindestens zwischen zwei Werten (vgl. *Hättich*), nach Auffassung des Autors ggf. sogar zwischen drei und mehr Werten zu entscheiden hat. Dabei geht es um die Frage nach dem Vorrang der einzelnen Werte. Für denjenigen, der das ganz normale Bedürfnis nach dem Stillen seines Durstes hat, stellt schon dies allein einen besonderen Wert dar. Geht es um die Frage nach dem entsprechenden Genuss versprechenden Mittel hierfür, so ist die getroffene Entscheidung eine Wertentscheidung, die schließlich mit der Zielvorstellung, sich möglichst gesund ernähren zu wollen, in Einklang gebracht werden sollte. Der Einzelne hat also zu entscheiden, was ihm am Wertvollsten ist: der Genuss oder die Gesunderhaltung!

In der Sozialen Arbeit stellt sich dieses Problem in gleicher oder ähnlicher Weise dann, wenn es darum geht, den Klienten klar zu machen, welche Folgen die Entscheidung für ein Genussmittel haben kann, das zugleich gesundheitsschädigend ist. Da das falsche, gesundheitsschädliche Mittel zum Beispiel beim Alkoholiker nicht mehr vordringlich und notwendigerweise der Befriedigung des Bedürfnisses ‚Durststillen' dient, muss dem Klienten klargemacht werden, welche Prioritäten er künftig zu setzen hat. Er muss lernen, dass der Verzicht auf einen augenblicklichen Genuss zugunsten seiner Gesundheit, welche höherwertig ist, für ihn den eigentlichen Wert seines Handelns darstellt.

Somit ergibt sich aus diesem Beispiel eine weitere Erkenntnis, die dem sozialen Handeln Richtschnur sein sollte:

Werte stehen in *Konkurrenz* zueinander, so dass Prioritäten gesetzt werden müssen.

Der Drogenabhängige unseres Beispiels verhält sich mit seiner Prioritätensetzung nicht gesellschaftskonform und muss deshalb möglicherweise Nachteile in Kauf nehmen, die bis zur sozialen Ausgrenzung – abgesehen von seiner gesundheitlichen Schädigung – gehen kann.

Ein derartiges Verhalten tritt zumeist dann auf, wenn man sich der Risiken nicht bewusst ist, die veränderte Rangfolgen in der Wertehierarchie mit sich bringen können. Darauf aufmerksam zu machen und gegebenenfalls gegenzusteuern ist auch Aufgabe der Sozialen Arbeit.

---

24 Ebd.

4 Die Werte und ihre soziale Funktion

Ein friedvolles Zusammenleben der Menschen in einer Gesellschaft kann nicht funktionieren, wenn es nicht von allen Betroffenen anerkannte Wertvorstellungen gibt, die idealerweise erst durch einen diskursiven Prozess der Gesellschaftsmitglieder zustande kommen. Ohne einen derartigen Prozess sind Werte in der Regel auferlegt, durch eine Machtinstanz oktroyiert und mittels Sanktionierungsinstrumenten durchgesetzt. Diese Wertekonzepte, wie sie in autoritären bis totalitären Herrschaftssystemen üblich sind, sind somit erzwungen und dienen dann nicht mehr einem (zumindest auf längere Sicht) friedvollen Zusammenleben.

In einem auf demokratischen Grundsätzen aufgebauten, monokulturell organisierten Sozialgebilde formen Werte das gesellschaftliche Leben in einer bestimmten, durchaus bis zu einem gewissen Grad vereinheitlichenden Weise. Handelt es sich um eine multikulturell strukturierte Gesellschaftsformation, so werden die Wertekonzepte zwangsläufig insgesamt differenziertere, weniger in sich geschlossene Leitsysteme darstellen können. Die Pluralität der Wertinhalte muss dann die Unterschiedlichkeit der gesellschaftlichen Mitglieder widerspiegeln, da sonst ein friedliches Zusammenleben erschwert, wenn nicht gar unmöglich wird. Damit wächst den Werten für das Leben des Menschen in seinem kulturellen Umfeld eine wichtige Bedeutung zu, die *Martin Honecker* wie folgt definiert:

> „Werte sind somit konstitutive Elemente einer Kultur und jedes Sozialsystems, die kulturelle Sinn- und Bedeutungsgehalte vermitteln und damit das Verhalten und Handeln der einzelnen Menschen steuern und leiten."[25]

Während in monokulturellen Gesellschaften die ethischen Leitlinien als Handlungsvorgaben verstanden werden können, die zu einer klareren Verhaltenseinschätzung führen, gilt dies für die multikulturelle Organisation des Zusammenlebens nur bedingt. Hier sind die Verhaltensmuster weitaus unterschiedlicher und damit weniger einschätzbar. Dennoch sind auch hier koordinierende Verhaltenskonzepte notwendig, um ein friedliches Miteinander handhabbar zu machen. Gelingt dies nicht, so führt dies zu Spannungen zwischen den Bevölkerungsteilen, die letztlich zu Konflikten führen können. Gerade in unserer Zeit zunehmender kultureller Öffnung, bis hin zur Globalisierung, wird das Finden von kulturell übergreifenden Wertekonzepten von immer größerer Bedeutung.

Hält man fest, dass Werte und deren Anerkennung durch praktizierende Umsetzung zu einer gewissen Vereinheitlichung sowohl des Verhaltens wie auch des sozialen Handelns führen, so muss man auch die vorzunehmenden Beschränkungen der Handlungsfreiheit des Individuums (an)erkennen. Der Einzelne ist in seinem Handeln nur noch bedingt frei, es sei denn er lehnt die gesellschaftlichen

---
25 Martin Honecker, Wert, Werte, Werturteilsfreiheit; in: Enderle, Georges/Homann, Karl/Honecker, Martin/Kerber, Walter/Steinmann, Horst (Hrsg.): Lexikon der Wirtschaftsethik, Herder Verlag, Freiburg/Basel 1993, S. 256 f.

Wertvorgaben ab. Tritt letzteres ein, so begibt er sich an den Rand der Gesellschaft und droht sich aus ihr auszuschließen, bzw. ausgeschlossen zu werden.

> → Der in unserem obigen Beispiel bereits erwähnte Drogenabhängige geht zumindest teilweise nicht mehr konform mit den Vorstellungen der Gesamtgesellschaft. Sein Tun kapselt ihn zunehmend von den anderen Gesellschaftsmitgliedern ab, bis er zum ‚dropout' wird.
>
> → Die sozialpädagogische Aufgabe besteht nun darin, diesen Klienten wieder davon zu überzeugen, dass sein Handeln im Sinne einer gesellschaftlichen Konformität falsch ist. Die Vermittlung der gesamtgesellschaftlichen Wertvorstellungen und deren Bedeutsamkeit für ein gedeihliches Zusammenleben sind dann als wichtige Aufgabe im Sinne einer Reintegration des Süchtigen in die Gemeinschaft der anderen zu verstehen!

Natürlich muss in Verbindung mit den gesellschaftlichen Einschnitten in das freie Handeln des Individuums auch auf die Notwendigkeit der Konkretisierung und Institutionalisierung von Werten hingewiesen werden. Vorausgesetzt es besteht ein mehrheitlicher gesamtgesellschaftlicher Konsens über die geltenden Wertekonzepte, so werden diese über Normenfestlegungen verbindlich gemacht und bei Verstoß dagegen sanktioniert.[26] In der demokratischen Gesellschaft bezieht sich dies besonders auf die in der Verfassung festgelegten Menschen- und Grundrechte, die dem Schutz des Einzelnen in der Gesellschaft wie auch dieser insgesamt selbst dienen und aus denen sich wiederum weitere Wertvorstellungen entwickeln.

Werte besitzen für das Sozialgebilde ‚Gesellschaft' ebenso wie für seine Einzelmitglieder in verschiedener Hinsicht eine zentrale Bedeutung: Natürlich sind Werte für die Legitimation von Herrschaft unerlässlich. Jede Herrschaft fußt auf grundlegenden Wertekonzepten, die in der Verfassung des jeweiligen Staates festgeschrieben sind. Diese Konzepte können von den Machtinhabern sowohl willkürlich und selbstherrlich festgelegt, aber auch durch einen Prozess der konsensualen Übereinstimmung mit den Vorstellungen der Bürger ermittelt werden. In der demokratischen Gesellschaftsordnung wird die Übereinstimmung zwischen den verschiedenen Ebenen über die Zustimmung zur Verfassung und den Verfassungsorganen durch Wahlen erzielt.

Des Weiteren sichern Werte – worauf *Honecker* im oben genannten Zitat bereits hingewiesen hat – den kulturellen Status einer Gesellschaft bis hin zu dessen Fortentwicklung ab. Werte nehmen auf die kulturelle Entwicklung einer Gesellschaft mittels Sinnstiftung Einfluss und wirken konsolidierend. Allerdings muss erkannt werden, dass das Übertragen von Werten von einer Generation auf die nächste bestimmten Veränderungen unterliegen kann, da dieser Prozess den jeweiligen gesellschaftlichen Gegebenheiten Rechnung tragen sollte. Es gilt jedoch aufzupassen, dass dann der ursprüngliche Sinngehalt nicht verfremdet, sondern bestenfalls in Nuancen verändert wird.

Greifen wir wieder einmal die Grunderkenntnis des *Aristoteles* vom Menschen als einem sozialen Wesen, das sich nur zusammen mit anderen Menschen ent-

---

26 Siehe hierzu insbesondere Kapitel D „Die Norm im Kontext des Sozialen".

wickelt, auf, so erkennen wir auch, dass das, was wir an Werten für wichtig erachten, von unserem sozialen Umfeld beeinflusst wird. Feststellen lässt sich das dadurch, dass wir uns in vielen Fällen unseres Handelns so verhalten, wie es eigentlich das Umfeld von uns erwartet. In Anlehnung an den Kantischen Kategorischen Imperativ lässt sich die Behauptung aufstellen:

> ‚Man' tut etwas, wie ‚man' es von sich und auch anderen erwartet!

Das Verhalten des Menschen passt sich in der Regel den gesellschaftlichen Erwartungen an; tut es dies nicht, so wird es diesen notwendigerweise angepasst. Je individualistischer nun der Einzelne denkt und handelt, desto weniger wird ihm diese Anpassung gefallen.

In den modernen liberalen, den demokratischen Wertvorstellungen verpflichteten Gesellschaftsordnungen gilt es den Spagat zwischen einer Anpassungsnotwendigkeit und den Individualbestrebungen der einzelnen Mitglieder so auszutarieren, dass er beiden Bedürfnissen gerecht werden kann.

Schwierigkeiten treten für die Gesellschaft dann auf, wenn das Streben der Individuen nach größerer Autonomie, indem man stärker über sich selbst verfügen will, so groß wird, dass die daraus resultierenden emanzipatorischen Forderungen und Zielsetzungen nicht mehr mit den sozialen Zwängen, die sich aus dem Zusammenleben mit den anderen Gesellschaftsmitgliedern ergeben, harmonisiert werden können.

Als weitere Erkenntnis ergibt sich daraus, dass es für das Verhalten des Einzelnen bestimmte Wertvorgaben geben muss, die für ihn normalerweise dann unumgänglich sind, wenn er sich gesellschaftskonform verhalten will. Jeder Einzelne hat ja zunächst das Problem der Verhaltensalternativen, die ihm zwar eine gewisse Auswahl ermöglichen, aber zugleich die Unsicherheit über die richtige Wahl beinhalten. Die handelnde Person müsste demzufolge vor jeder einzelnen Handlungsweise diese prüfen und sich entscheiden. Diesen Prozess können einem konkrete Wertvorgaben zumindest erleichtern, wenn nicht gar im Einzelfall abnehmen:

> Werte haben dann eine *Entlastungsfunktion*, wenn unser Verhalten sozial geprägt ist!

Der Mensch ist als soziales Wesen natürlich auch auf eine gedeihliche Zusammenarbeit mit anderen angewiesen. Die sich im Laufe der Evolution immer stärker entwickelnde Arbeitsteilung – bis hin zur Spezialisierung des modernen Menschen in unserer Zeit – bewirkte zugleich einen wachsenden Autonomieverlust bei gleichzeitig zunehmender gegenseitiger Abhängigkeit. Das Verhalten des Einzelnen tangiert in der Regel andere, die davon betroffen sind. Es ist somit eine gewisse Berechenbarkeit erforderlich, um sich auf das spezifische Verhalten einstellen zu können:

> Werte vermitteln *Verlässlichkeit* und *Berechenbarkeit* des gegenseitigen Verhaltens!

Es wurde bereits darauf hingewiesen, dass es für das soziale Handeln immer verschiedene Verhaltensalternativen gibt und geben muss. Keine Situation gleicht der anderen und kein Mensch kann immer in der gleichen Weise agieren wie der andere. Im Gegensatz zu anderen Lebewesen, etwa dem Hund, ist das Verhalten des Menschen grundsätzlich nicht eindimensional vorgegeben bzw. antrainiert – es sei denn, es wird in totalitären Systemen aufgezwungen und eingeimpft. Im Allgemeinen hat sich der Mensch eben zwischen verschiedenen Möglichkeiten, die sich im Laufe der Zeit als anwendbar erwiesen haben, zu entscheiden:

> Werte entwickeln sich aus *sozialen Gewohnheiten* und *Regeln, Traditionen* und *Sitten*!

Hättich weist in seiner Schrift darauf hin, dass das soziale Umfeld für den Menschen nicht nur als notwendige Bedingung für seine Selbstentfaltung zu gelten hat:
„Er braucht nicht nur die Gemeinschaft, er will sie auch. Und deshalb hat er auch das Bedürfnis, mit seiner sozialen Umwelt in Harmonie zu leben."[27] Dies wiederum erfordert, dass der Einzelne sich seiner Umgebung notwendigerweise anpasst, auch wenn er dies nicht selten widerwillig tut. Das Beispiel des Drogenabhängigen macht deutlich, dass eine Anpassung umso schwerer fällt, je tiefer man sich in eine gesellschaftsschädigende Abhängigkeit begeben hat und der professionellen Hilfe bedarf, um aus dieser wieder heraus zu kommen.

> *Soziale Anpassung* ist eine Wertnotwendigkeit an sich, da der Mensch ohne diese nicht überlebensfähig ist!

5 Wertewandel und Werteakzeptanz

a) Wertbindung und Wertminderung

Das vorherige Kapitel hat gezeigt, dass das menschliche Handeln ohne Wertorientierung nicht denkbar erscheint – auch wenn wir uns dessen nicht immer bewusst sind. Und dennoch fordert das Zusammenleben von Menschen in Gemeinschaften von den Einzelnen ständig Entscheidungen zu treffen, die nicht zuletzt wertbezogen sind. Hierbei tritt stets die Frage nach jenem richtigen Handeln auf, das ethisch begründbar und moralisch geboten erscheint. Das heißt, dass dies wiederum in Zusammenhang mit der ethisch-moralischen Bewertungsmöglichkeit des Tun und Lassens von Menschen steht.

Wie wir bereits in Kapitel B feststellen konnten, hat schon *Aristoteles* Ethik als ‚Analyse des menschlichen Handelns' verstanden und nicht als ein Moralisieren mit erhobenem Zeigefinger. Es ging ihm um das Herausfinden, warum Menschen in bestimmten Situationen so und nicht anders gehandelt haben bzw. handeln. In unserem Zusammenhang bedeutet dies nichts anderes, als herausfinden zu wollen, an welche Werte sich der Handelnde gebunden fühlt, oder aber – sobald dieses Handeln vor- bzw. festgeschrieben ist – welche Werte vorgegeben sind.

---

27 Hättich, a.a.O., S. 24.

Während die Moral Regeln aufstellt, die Wertvorstellungen widerspiegeln, nach denen Menschen miteinander leben, geht es der Ethik darum, theoretisch fundierte Begründungen zu liefern, mit denen man allgemeingültigere Vorgaben oder gar Festlegungen treffen kann. Die sowohl regional und kulturell, wie auch generationenbezogen und individuell verschiedene Postulierung moralischer Grundsätze unterliegt der eher freiwilligen Annahme durch das Individuum. Die Ethik hingegen setzt Spielregeln fest, die einer staatlichen Rahmenordnung entstammen, zugleich Wertbindung erzeugen können und deren Durchsetzung durchaus erzwungen werden kann (vgl. Kap. D). Das heißt, dass die Relevanz von Werten gerade unter ethisch-moralischen Gesichtspunkten nicht verkannt werden sollte.

Gehen wir zurück zu unserer Erkenntnis, dass der Mensch das gemeinschaftliche Leben mit andern zu seiner eigenen Verwirklichung braucht, er also in Harmonie mit seiner sozialen Umwelt leben will und auch muss, so bedarf es seiner sozialen Anpassung. Diese wiederum erreicht er, indem er in der Regel einer Bindung an von der Allgemeinheit akzeptierten und somit auch für ihn gültigen Werten zustimmt. Nun ist es natürlich nicht immer selbstverständlich, dass der Mensch eine derartige Akzeptanz problemlos erzielt; er sucht nach Möglichkeiten vom allgemeinen Konsens abweichen zu können, um seine Individualität zu bewahren. Damit kann ein soziales Problem entstehen, das letztlich zur Aktivierung sozialpädagogischen Handelns führt.

→ Greifen wir erneut unser Beispiel vom Drogenabhängigen auf, so kann das Verhalten dieses Menschen wie folgt erklärt werden:
a) das bewusste Streben anders sein zu wollen wie die anderen, um ihre eigene Individualität erhalten zu können, lässt diese Person zur Droge greifen;
b) sie setzt sich gezielt über die Wertvorgaben hinweg, indem sie die eigene wie die gesellschaftliche Prioritätensetzung überwindet und zu einer neuen Präferenz gelangt;
c) da sie aber der gesellschaftlichen Wertordnung auf Dauer nicht zu entrinnen vermag, muss sie schließlich durch sozialpädagogisches Handeln wieder an diese herangeführt werden;
d) somit wächst der Sozialen Arbeit die Aufgabe zu, für eine derartige Wertbindung über das Erlernen eines erneuten Akzeptanzverhaltens zu sorgen!

Jeder Mensch durchläuft mehr oder weniger bewusst einen ständigen Prozess der Auseinandersetzung mit den durch Moral und Ethik vorgegebenen Vorstellungen und Wünschen. Dies mag für die unterschiedlichen Altersphasen unseres Lebens ebenso von Bedeutung sein, wie soziale Befindlichkeiten und Lebenssituationen. So trachten Heranwachsende danach Eigenständigkeit zu erlangen und zu beweisen, indem sie sich dem gesellschaftlichen Anpassungsdruck hinsichtlich einer Akzeptanz bestimmter Wertordnungen zu widersetzen suchen. Sie bemühen sich eigene Wertvorstellungen zu entwickeln und denen gemäß zu leben. Dabei werden alte, im bisherigen sozialen Umfeld gültige Wertbindungen nicht selten aufgelöst oder zumindest erheblich in Frage gestellt. Der Mensch akzeptiert Werte (und auch Normen) in bestimmten Situationen wie auch Lebensabschnitten, in anderen eben wiederum nicht.

> So wird die *Freiheit* als hoher Wert vor allem dann akzeptiert, je mehr diese eingeschränkt ist.
> Je mehr wir jedoch von ihr besitzen, desto geringer wird die Bedeutung, die man ihr beimisst!

Beispielhaft hierfür mag im Einzelfall die Freiheitsberaubung durch gerichtlich veranlasste Inhaftierung sein.

> → Der Häftling, der sich durch sein Verstoßen gegen gesellschaftliche Regeln der eigenen Freiheit beraubt sieht, wird alles daran setzen, seine Freiheit wieder zu erlangen. Es ist ggf. die Aufgabe der Sozialen Arbeit, hier für eine gelingende Reintegration durch Resozialisierung zu sorgen und auf die Vermeidung des Wiederholungsfalls hinzuwirken. Dies erfordert u.a. auch eine gewisse ‚Einsicht in die Notwendigkeit' zu vermitteln, dass der Wert der Freiheit gerade darin liegt, in seiner Beschränkung die gesellschaftsrelevanten Spielräume erkennen und dem gemäß leben zu können! Wiedererlangte Freiheit bedeutet dann nicht, sie leichtfertig wieder aufs Spiel zu setzen und damit ggf. gesellschaftlichen Schaden zu verursachen.

Im Politischen lässt sich musterhaft auf die einstmalige Existenz der Deutschen Demokratischen Republik verweisen: Die 40 jährige Diktatur des Politbüros der SED bedeutete die ebenso lange Verkürzung des Freiheitsbegriff auf die „Einsicht in die Notwendigkeit", wobei für die Ideologen feststand, dass „die Notwendigkeit stets die Voraussetzung der Freiheit ist, da sie absolut wirkt".[28] Die Staatspartei legte letztlich fest, was als notwendig anzusehen und zu befolgen war. Sie berief sich dabei auf *Lenin*, der betonte: „Die Notwendigkeit verschwindet nicht, indem sie zur Freiheit wird."[29] Erst nach Vollendung der Einheit Deutschlands, deren Triebfeder eben dieses Streben nach Freiheit war, erkannte man in den sogenannten neuen Bundesländern rasch, dass nun ein neuer Wert mit dem Ziel der Verwirklichung desselben in dem möglichst schnellen Erreichen eines höheren Wohlstands liegt. Die Politik versprach ‚blühende Landschaften' und vermochte diese nicht schnell genug allerorten herzustellen.

Überträgt man die im Merksatz genannte Aussage auf das Verhalten des Menschen in Gemeinschaft mit anderen, so bedeutet

> das *Streben nach Freiheit* ein ständiges Abwägen des persönlichen Verhaltensspielraums in den Grenzen der Zumutbarkeit für andere, ohne deren Freiheitsbestrebungen erheblich zu beeinträchtigen.
> Verstand man Freiheit früher vorrangig als *politische Freiheit* in nationaler Unabhängigkeit, so ist es heute eher das Streben nach persönlicher Freiheit durch soziale Unabhängigkeit und wird künftig stärker durch eine Verknüpfung der politischen mit der *persönlichen Freiheit* im globalisierten Rahmen sein!

Das Beispiel des der Freiheit vorübergehend Beraubten zeigt auch, dass sich offenkundig die Suche nach Zufriedenheit durch die Unmöglichkeit bedingt, auf Dauer

---

28 Kleines Politisches Wörterbuch, Ostberlin 1983, S. 270.
29 Lenin, Werke Bd. 38, S. 153.

ein Zufriedensein erreichen zu können. Ein ständiges Streben danach bedeutet auch einen Ausgleich zwischen Abhängigkeit und Selbständigkeit erzielen zu wollen. Moralische Erwartungen und Vorgaben, wertbezogene Zielsetzungen vermögen Abhängigkeiten zu erzeugen, die wiederum das Bedürfnis nach größerer Selbständigkeit im Handeln durch die Akzeptanz von Werten (und auch Normen) wecken.

Das was für den Einzelnen gilt, hat natürlich auch für die Gesamtheit aller Gültigkeit: Wenn wir Werte besitzen oder diese einem vorgegeben werden, so verlieren sie zunehmend an Bedeutung, da sie der persönlichen wie auch kollektiven Bedürfnisbefriedigung dienen bzw. gedient haben. Schnell wendet man sich dann neuen Bedürfnissen, die mit bestimmten Wertvorstellungen verbunden sind und deren Befriedigung zu.

b) Wertewandel und/oder Akzeptanzveränderung

Die in den bisherigen Beispielen erkennbare Änderung von Wertpräferenzen führt zu der grundsätzlichen Frage, ob es über die sich ändernde Prioritätensetzung im Bezug auf Wertvorstellungen und Zielsetzungen des Handelns hinaus auch einen sogenannten Wertewandel gibt?! Über diese Frage ist besonders Ende der 1960er Jahre – durchaus auch als Folge der studentischen Protestbewegung der 68er-Generation – ein nicht nur politischer, sondern auch und gerade wissenschaftlicher Streit entbrannt, der bis heute anhält.

Die Wiedereinsetzung zentraler politischer, einem humanistischen Ideal entspringenden Werte, wie sie zum Teil seit Jahrhunderten, aber zumindest auch in der Weimarer Demokratie zunächst gepflegt wurde, war nach der Aufhebung und Zerschlagung derselben in der nationalsozialistischen Herrschaft erst nach 1945 wieder möglich und notwendig geworden. Es galt die sich an diesen tradierten und meist bewährten Wertvorstellungen orientierenden Menschen sowohl in ihren Zielsetzungen wie auch in ihrem Handeln abzusichern. So waren die sprichwörtlich ‚alten' und eigentlich sekundären bürgerlichen Tugenden[30] der Deutschen wie Fleiß, Ordnungsliebe, Pünktlichkeit und Ehrgeiz zu nutzen, um zu einem schnellen Wiederaufbau des zerstörten Landes im wirtschaftlichen, gesellschaftlichen, kulturellen, ideellen und sozialen Bereich zu gelangen. Erst als diese Phase des Aufbaus in jene der Konsolidierung übergegangen war, schien die Zeit für eine Neuorientierung gekommen zu sein. Diese fand dann in der Phase der aufgrund einer schlechten wirtschaftlichen Entwicklung notwendig gewordenen politischen Großen Koalition ab Mitte der Sechzigerjahre statt und ist bis heute untrennbar mit den revolutionären Bestrebungen der sogenannten ‚68er- Generation' verbunden.

Das Bemühen, die Verkrustungen der politischen und gesellschaftlichen Gegebenheiten auflösen zu wollen, rief selbst jene auf den Plan, die für eine gewaltsame Überwindung des gesamten Systems eintraten. In diesem Zusammenhang soll

---
30 Vgl. hierzu insbesondere Kap. B III, 1).

auch darauf hingewiesen werden, dass hier erstmals das Problem der Drogensucht virulent geworden ist und die Betroffenen sich zum Teil nicht scheuen, öffentlich in den Medien die Schuld für ihre Drogenabhängigkeit bei den gesellschaftlichen Gegebenheiten der damaligen Zeit zu suchen.

Derweilen hatte sich jedoch das Alltagsleben scheinbar unbemerkt zu verändern begonnen: War es einerseits die direkte Lebenskultur der Bevölkerung durch veränderte Bauweisen, Möblierungen, Mode- und Musikpräferenzen, so war es andrerseits das Faktum, dass die gewohnten gesellschaftlichen, nicht selten verkrusteten Gegebenheiten in hohem Maße hinterfragt und teilweise auf den Kopf gestellt wurden. Zudem rückte eine neue Differenzierung der Wertegruppen immer stärker ins Bewusstsein der Menschen: Die Gesellschaft und die in ihr lebenden Bürger mussten u. a. feststellen, dass das bisherige Wohlstandsstreben aufgrund sich verändernder wirtschaftlicher Gegebenheiten nicht mehr das ausschließliche Ziel persönlicher Anstrengungen sein kann. Die sowohl von der Gesellschaft, wie auch vom Einzelnen selbst auferlegten „Pflicht- und Akzeptanzwerte", die auch als „Selbstzwang- und Selbstkontrollwerte" bezeichnet wurden, begannen in ihrer Bedeutung zu schrumpfen und fanden Ergänzung in sogenannten „Selbstentfaltungswerten", die sich seither immer stärker herauskristallisieren[31]. *Klages* sieht in diesem vorherrschenden ‚Trend' den hauptsächlichen Träger des Wertewandels.

Fortan ist also von einem Wertewandel die Rede, der von vielen als tiefgreifend empfunden und mit einem neuen Zeitgeist in Verbindung gebracht worden ist. So konnte das Allensbacher Institut erstmals 1975 durch repräsentative Umfragen nach Wertvorstellungen, Zielen und Wünschen einen Wandel der Werte in der Gesellschaft konstatieren. Auffallendstes Ergebnis dürfte mit Sicherheit die Feststellung gewesen sein, dass die Zustimmung zu zumindest seit Mitte des 19. Jahrhunderts gepflegten sogenannten bürgerlichen Tugenden deutlich gesunken war.

Diese Erkenntnis hatte langfristige Auswirkungen mit zum Teil äußerst fatalen Folgen, die sich eigentlich erst in unserer gesellschaftlichen Wirklichkeit so richtig zeigen. Der Niedergang der deutschen Wirtschaft, der Arbeitsmoral und des Bildungsstands lässt sich zu einem gewissen Teil daraus erklären. Aber auch eine gewandelte soziale Mentalität, die den immer stärkeren Rückgriff auf die Segnungen des an der Wohlfahrt des Einzelnen orientierten Sozialstaates hemmungsloser werden und zugleich die Sozialproblematik anwachsen lassen.

„Es war weit mehr als die Ablösung einiger traditioneller Erziehungsziele durch neue. Es änderten sich nicht nur einige Werte, sondern der gesamte Zeitgeist: Zum ersten Mal wurden eine bestimmte Art von Bewusstsein und Regeln der Lebensführung in Frage gestellt, die seit den ersten Jahrzehnten des 18. Jahrhunderts unangefochten schienen."[32]

Betroffen waren insbesondere Einstellungen zur Religion, zur Politik, zur Moral, zur Sexualität und zum Umgang mit anderen Menschen. Wenn in diesem Zusammenhang von einem „Wertwandlungsschub" (*Helmut Klages*) oder überhaupt von

---

31 Helmut Klages, Wertorientierungen im Wandel: Rückblick, Gegenwartsanalyse, Prognosen, Campus Verlag, Frankfurt/Main, 2. Aufl. 1985, S. 17.
32 Vgl. E. Noelle-Neumann/T. Petersen, in: Aus Politik und Zeitgeschichte, B.28/2001.

einem Wertewandel gesprochen wird, so ist dieses Phänomen nach Auffassung des Autors stärker zu differenzieren.

Es ist unbestritten, dass die Bedeutung der in der jeweiligen Zeit bestehenden Werte seit Menschengedenken stets von den Generationen unterschiedlich gesehen worden ist. Beispielhaft wird immer wieder die Klage eines *Sokrates* zitiert, wenn es um das Sozialverhalten der Jugend in einer Gesellschaft geht: „Die Jugend liebt heutzutage den Luxus. Sie hat schlechte Manieren, verachtet die Autorität, hat keinen Respekt vor den älteren Leuten und schwatzt, wo sie arbeiten sollte. Die jungen Leute stehen nicht mehr auf, wenn Ältere das Zimmer betreten. Sie widersprechen ihren Eltern, schwadronieren in der Gesellschaft, verschlingen bei Tisch die Süßspeisen, legen ihre Beine übereinander und tyrannisieren ihre Lehrer."[33]

Es stellt sich also die Frage, ob es sich tatsächlich um den Wandel von Werten oder lediglich um eine Akzeptanzveränderung handelt? Ob der Mensch nicht nur nicht mehr bereit ist, Wertvorstellungen so wie bisher hinzunehmen? Oder, ob es – wie Sokrates eigentlich deutlich macht – um eine aufgrund zum Beispiel jugendlichen Aufbegehrens vorübergehende Missachtung traditioneller Werte geht? Um dies klarer erkennbar zu machen, soll auf eine stärkere Differenzierung der Begrifflichkeiten hingewiesen werden:

Das was bei *Sokrates* so klingt, als wäre es völlig zeitlos für alle Epochen der Entwicklung der Menschheit gültig, als wäre es dem allgegenwärtigen Beklagen eines allgemeinen Werteverfalls entsprungen, ist eben nicht grundsätzlich als Wertewandel zu verstehen. Dieser wiederum kann nach Auffassung des Autors in zweierlei Hinsicht erfolgen:

Wertewandel =
zum einen:

a) der *Prozess des Wandels eines Wertes*, bis sich daraus ein neuer Inhalt ergibt

Gerade im politisch-sozialen Bereich können sich folgende Beispiele ergeben:

z. B.: „Frieden" • traditionell: vordringlich als äußerer Frieden verstanden
 • heute: eher als innerer Frieden verstanden, der allerdings wiederum von außen (z. B. durch Terrorismus) beeinträchtigt werden kann
z. B.: „Sicherheit" • traditionell: Schutz gegen Eingriffe von außen
 • heute: Sicherheit im Sinne sozialer Absicherung

zum anderen aber auch:

b) der *Ersatz eines Wertes* durch einen neuen, ggf. auch mittels nachfolgender veränderter Prioritätensetzung

---

33 Zit. nach: Helena Kovalev, Altersspezifische Akzeptanz gesellschaftlicher Normen und Werte in Deutschland, Tectum Verlag Marburg 2003, S. 7.

Auch hierfür lassen sich Beispiele finden, wenngleich eine deutliche Abgrenzung zu Punkt a) nicht im striktesten Sinne möglich erscheint:

z. B.: „Freiheit"
- traditionell: *Leben in einer freiheitlichen politischen Herrschaftsordnung*
- heute *eher im Sinne der Selbstverwirklichung und der sozialen Unabhängigkeit*

z. B.: „Ehe"
- traditionell: *ein Bund fürs Leben mit eindeutiger Rollenverteilung*
- heute *eher im Sinne einer temporär begrenzten partnerschaftlich organisierten Lebensgemeinschaft*

Aus den obigen Beispielen erkennt man zweifellos einen gewissen Zusammenhang, der zwischen den vielfältigen Entwicklungsströmen einer politisch-historischen Entwicklung und deren Auswirkungen auf gesellschaftliche Struktur- und Meinungswandlungsprozesse besteht. Der amerikanische Politologe *Ronald Inglehart* hat mit seiner 1977 veröffentlichten Theorie von der „stillen Revolution" der Werte in der modernen Gesellschaft diesen Zusammenhang sehr deutlich gemacht. Aus einer Theorie des Wertwandels wird bei ihm eine Übertragung struktureller Verflechtungen und Veränderungen auf die Werte betreffende Wandlungstendenzen. „Die Struktur wird ein Schlüssel für den Wandel, Strukturbeziehungen lassen sich in Wandlungstendenzen übersetzen, so dass die Theorie der Werte in die Theorie des Wertwandels übergeht."[34]

Ingleharts Theorie fußt auf der durchaus allgemein gültigen Annahme, dass der Mensch bei der Festlegung seiner Bedürfnisse Prioritäten setzt, also eine ‚Hierarchie' entsteht. Anders gesagt, bedeutet dies, dass er aus den zuerst vorhandenen Bedürfnissen Werte ableitet und diese hierarchisch strukturiert. Hierbei unterscheidet er zwischen Bedürfnissen, die der Triebbefriedigung, und jenen, die der sozialen Sicherheit dienen und denen Wertvorstellungen entsprechen. Denken wir an das Durstlöschen (s. w. o.), so haben wir ein einfaches Beispiel für eine Form der Triebbefriedigung. Bezüglich sozialer Sicherheit sind grundlegende „materialistische" Werte wie ein Leben in Wohlstand, umfassender sozialer Absicherung in allen Lebenslagen etc. denkbar. Durch die allgemeine Sozialisation des Einzelnen erfolgt die Übernahme derartiger Strukturen, welche sich jedoch aufgrund verschiedener Sozialisationsprozesse im Leben verändern können.

Inglehart spricht dann mittels seiner „Sozialisationshypothese" von einer Wertwandlungstendenz. Da sich andrerseits nicht immer alle Wertvorstellungen eines Menschen oder einer Gesellschaft realisieren lassen, entwickelt er seine „Mangelhypothese", die wiederum das Streben nach Realisierung des Nichtvorhandenen zu erklären vermag. Sind beispielsweise die ‚materialistischen' Werte des Wohlstandslebens, der hohen sozialen Sicherheit erfüllt, so strebt der Mensch nach ‚post-

---

34 Heiner Meulemann, Werte und Wertewandel. Zur Identität einer geteilten und wieder vereinten Nation, Juventa Verlag, Weinheim u. München 1996, S. 32.

materialistischen' Werten wie Selbstverwirklichung oder vermehrten Mitspracherechten in Politik und Gesellschaft etc., woraus veränderte Wertstrukturen mit Wandlungstendenzen entstehen. Die oben aufgeführten Beispiele sollen dies erklären und zugleich den sich daraus ergebenden Einsatz sozialen Handelns verdeutlichen helfen.

Demgegenüber ist die Veränderung in der Werteakzeptanz eine Frage der persönlichen Überzeugungsbildung. Diese wiederum gewinnt dann an Bedeutung, wenn die Vorgaben bezüglich konkreter Wertsetzung, dementsprechender Orientierung und politischer Ausrichtung ambivalent erscheinen bzw. weitgehend fehlen.

Werteakzeptanz =
die Frage nach der Art und dem Grad der An- bzw. Übernahme eines Wertes
- entsprechend den jeweiligen gesellschaftlichen Gegebenheiten
- dem persönlichen Umfeld
- und den individuellen Ausprägungen

Verdeutlichen lässt sich dies mittels der sogenannten Sekundär- oder bürgerlichen Tugenden, die auch im Wandel der Zeiten ihre Bedeutung nicht grundsätzlich verloren haben, wenngleich sich das Verständnis vom Stellenwert derselben in der modernen Gesellschaft weitgehend relativiert hat. Als Beispiele hierfür können die Werte bzw. Tugenden

- Ordnung
- Sauberkeit
- Fleiß
- Pünktlichkeit

gelten.[35]

Ist es in einer Gesellschaft üblich geworden, diesen oder einer dieser Tugenden nicht mehr die Bedeutung beizumessen, wie dies vordem gewesen ist, so ändert sich auch das persönliche Verhältnis zu diesen. Der Wert als solcher bleibt grundsätzlich bestehen. Er wird auch in bestimmten Branchen oder Situationen als gültig und möglicherweise notwendig begriffen. Das heißt, dass die Akzeptanz eines Wertes von Faktoren abhängt, die sich durchaus ändern können, ohne damit den Wert selbst zu verändern.

→ Während man es beispielsweise mit der persönlichen Pünktlichkeit vielfach nicht allzu genau nimmt, erwartet man aber ein stets pünktliches Einhalten der Fahrzeiten von Bussen und Bahnen!

Karl-Heinz Hillmann weist auf die Feststellung von *Klages* hin, dass der Wertewandel dort am ausgeprägtesten sei, wo das Bildungsniveau am höchsten ist.[36] Er greift dies auf und verdeutlicht diese Annahme durch den Hinweis auf ein verstärktes Einsickern sozialwissenschaftlicher Erkenntnisse über die Bildungsinstitu-

---
35 Vgl. hierzu auch Kap. B III, 1 c.
36 H. Klages, a.a.O., S. 42.

tionen und Massenmedien in die Allgemeinbildung und in das Alltagswissen. Dadurch würde sich bei immer mehr Menschen die innere Einstellung gegenüber den soziokulturellen Werten verändern. Wohl eher im Sinne der vom Autor favorisierten Werteakzeptanzveränderung plädiert *Hillmann* wie folgt: „Werte werden dann nicht mehr als unumstößliche Selbstverständlichkeiten und absolute Ideale dumpf empfunden und gleichsam instinktiv-automatisch befolgt, sondern je nach intellektuellem Niveau unterschiedlich intensiv als geschichtlich entstandene, kulturell relative und bewusst veränderbare Orientierungsstandards kritisch-rational reflektiert."[37]

Allerdings sollte dabei berücksichtigt werden, dass auch der ‚bodenständige' Mensch nicht selten ein feines Gespür für Wandlungstendenzen und Akzeptanzveränderungen entwickelt und an dem Althergebrachten stärker festzuhalten bemüht ist. Aber vielleicht ist es ja auch nur so, wie es der folgende ‚Wurfdosen-Vergleich', über den nachzudenken sich lohnt, zum Ausdruck bringen könnte:

→ Auf fast jedem Volksfest oder jeder Kirchweih gibt es eine ‚Wurfbude'. Dort ist auf einem Brett eine gewisse Anzahl (zumeist 3 oder 6) von leeren Blechdosen in Form einer Pyramide aufeinandergestapelt. Man bekommt nun einen weichen Ball und muss aus einer bestimmten Entfernung versuchen, mit einem Wurf möglichst viele Dosen auf einmal vom Brett zu werfen. Will man dies tun, so versucht man sich einen bestimmten Blickwinkel auszusuchen, um die beste Wurfposition einnehmen zu können. Dabei verändert sich nichts an der Anzahl und der Art der Blechdosen.

Ist es vielleicht nicht doch so, dass der Blickwinkel, aus dem heraus man die Werte betrachtet, entscheidend ist für deren Einschätzung? Bleiben die Werte selbst nicht doch je nach Sichtweise immer dieselben und damit bestehen? Wie schon gesagt, es lohnt sich für jedermann, darüber nachzudenken und sein eigenes Urteil zu finden.

c) Von der Wertorientierung über die Beliebigkeit zur Orientierungslosigkeit des Handelns

Die Diskussion über einen Wertewandel beinhaltet nicht selten die Frage, ob ein Wandel von Werten letztlich bis zu einem grundsätzlichen In-Fragestellen einer notwendigen Orientierung an Werten in der Ausübung jeglichen sozialen Handelns führt? Ist es nicht so, dass allein schon die Möglichkeit einer Werteveränderung bzw. einer sich wandelnden Akzeptanz von Werten, einer angenommenen oder gar bezweifelten Berechtigung von Wertekonzepten gleichkommt?

Geht man davon aus, dass die moderne Gesellschaft im Laufe der letzten Jahre zunehmenden Tendenzen einer Liberalisierung, einer Säkularisierung und einer Strukturen und Wertebindungen verändernden bis hin zu einer gar auflösenden Entwicklung unterworfen worden ist, so könnte dieser Prozess durchaus zunächst als eine Form der inneren Befreiung – durch Nutzung größerer ideeller und

---

37 Karl-Heinz Hillmann, Wertwandel, Wissenschaftliche Buchgemeinschaft, Darmstadt 1986, S. 114.

geistiger Freiheit – (miss)verstanden werden. Eine aufgrund dieser Entwicklung eingetretene veränderte Sichtweise von Werten, deren Notwendigkeit und Nutzen, führt zu einem Relativismus hinsichtlich deren Bedeutung.

Hinzu tritt, dass im Zuge einer einerseits liberalisierten, jedoch andrerseits stärker nivellierenden Gesellschaftsordnung eine Eigenständigkeit von Wertordnungssystemen an Bedeutung verliert. Dies gilt sowohl für den Individual- wie auch den Gemeinschaftsbereich. Im Zuge der Globalisierung, die anfänglich im Wirtschaftssektor aufgetreten ist, um sodann weitere gesellschaftliche Bereiche zu erfassen, hat sich ein zunächst noch labiler Wertepluralismus entfaltet, der durchaus geeignet erscheint, zu einer latent bestehenden verstärkten Verunsicherung beizutragen. Als Folge ergibt sich, dass der Einzelne die persönliche An- und Übernahme wie auch die Akzeptanz von Wertordnungen der Beliebigkeit unterwirft.

→ Als Beispiel hierfür ließe sich eine gewisse Beliebigkeit mancher Formen partnerschaftlicher Beziehungen anführen, wenn es darum geht, bestimmte Wertekonzepte, wie sie für das langfristige Funktionieren von Bindungen unumgänglich sind, zumindest zu relativieren, wenn nicht gar völlig zu verneinen. Daraus resultiert eine höhere Wahrscheinlichkeit der Orientierungslosigkeit, da Wertvorstellungen der Beliebigkeit unterworfen werden und somit ihren Grundwert der Beziehungsgestaltung verlieren.

Es sind vor allem die Glaubensordnungen, die versuchen, ihren Anhängern das nötige Fundament zu liefern, um einer Orientierungslosigkeit zu begegnen. Die Kirchenvertreter richten ihre Predigten stärker denn je darauf aus, den täglichen Verunsicherungen und Anfechtungen durch das Aufzeigen von für den Gläubigen verbindlichen Werten Halt zu geben für deren Handeln und Entscheiden. Sie bemühen sich damit, der Bewusstseins- und Sinnkrise der verunsicherten Gläubigen entgegenzuwirken, neue Orientierungsstandards zu setzen und dadurch ein vorhandenes Konfliktpotential zu minimieren oder gar auszuschalten.

Auch der Staat unternimmt es etwa durch eine relativ frühzeitig in den Schulen einsetzende Werteerziehung der Beliebigkeit in der Akzeptanz einer Werteordnung zu begegnen. Begriffe wie Anstand, Rücksichtnahme, Toleranz und Respekt gegenüber den anderen sollen wieder ihre eigentliche Bedeutung erlangen. Hinzu treten allgemeine Bemühungen, wieder stärker Wertschätzung, Beachtung und Achtsamkeit Geltung zu verschaffen. Es sind Anstrengungen, einem beschleunigten Wertewandel, der nicht selten als Werteverfall verstanden werden muss, entgegenzusteuern – um vor allem einen damit einhergehenden Sinn- und Haltverlust vermeidbarer zu machen. Diese Beschleunigung resultiert insbesondere daraus, dass in „Gesellschaften mit stark ausgeprägtem Individualismus ... Zeit-ist Geld-Einstellungen" verbunden mit einem „Zwang jeden Augenblick zu nutzen" vorherrschen.[38] Diese Erkenntnis korreliert mit jener, dass das Lebenstempo, das Empfinden eines wachsenden Zeitverlustes zu einem der auffälligsten Merkmale

---

38 Horst W. Opaschowski, Generation @. Die Medienrevolution entläßt ihre Kinder. Leben im Informationszeitalter, Hamburg 1999, S. 140, siehe auch K.-H. Hillmann, a.a.O., S. 339f.

unserer Zeit geworden ist. Das gerade von der jüngeren Generation häufig geäußerte „Ich lebe jetzt!" spiegelt eine Lebenseinstellung wider, die nicht zuletzt Ausdruck einer gewissen Ziel- oder Orientierungslosigkeit auf der Basis der Beliebigkeit der Wertsetzung darstellt. Bestenfalls geht es noch um materialistisch-ökonomische Wertorientierungen, die eine temporär bestimmte Orientierung zu geben vermögen und der Beliebigkeit der augenblicklichen Präferenzen-Setzung obliegen.

II Der Wert als politische und soziale Kategorie

1 Grundwerte und Grundrechte

a) Zusammenhänge und Differenzierungen

Das Zusammenleben von Menschen in Gemeinschaften fordert von den Einzelnen, ständig Entscheidungen treffen zu müssen. Hierbei tritt stets die Frage nach jenem richtigen Handeln auf, das moralisch geboten ist und ethisch begründbar erscheint. Demzufolge ist eine Orientierung an jenen den Grundrechten zugrundeliegenden Grundwerten angebracht.

Grundwerte gelten allgemein als jene Werte, die allen anderen Werten zugrunde liegen, aus denen sich andere Werte entwickeln und die eine „größere Intuitionsnähe"[39] haben. Zudem deklariert man sie als jedermann leicht eingängig und begreiflich, überzeugend, unwiderlegbar und verständlich. In der juristischen Diskussion der 20er Jahre des vorigen Jahrhunderts spielte der Grundwertebegriff bereits eine besondere Rolle. Im Politischen sind es dann mit der Gründung der Bundesrepublik Deutschland die Parteien, die bei der Abfassung ihrer Programmatiken ausführliche Diskussionen zu den Grundwerten führen und diese als Leitziele für das politische Handeln postulieren. Zunächst bemühte sich die Sozialdemokratische Partei Deutschlands, den in der Weimarer Republik in verschiedenen Schriften auftretenden Grundwertebegriff aufzugreifen und ab 1959 in ihrem Godesberger Programm vor allem die *Freiheit*, die *Gerechtigkeit* und die *Solidarität* als „Grundwerte des Sozialismus" zu deklarieren. Auch die Unionsparteien wie die FDP greifen die Grundwertediskussion der 1970er Jahre auf und integrieren vor allem die Freiheitsidee und den Gerechtigkeitsgedanken in ihre jeweiligen Parteiprogramme. Eine wichtige Erklärung findet dies aufgrund des vorhergehenden grundlegenden Infragestellens der gesellschaftlichen Gegebenheiten der Zeit zu

---

[39] Nicolai Hartmann, Ethik, Walter de Gruyter Verlag, 4. Aufl., Berlin 1962, S. 336 Der Autor hat bereits seit Mitte der 30er Jahre d. vorigen Jh. die zunächst juristisch orientierte Diskussion aufgegriffen und schließlich die Grundwerte in ihrer fundamentalen Bedeutung für die Ethik wissenschaftlich analysiert.

Beginn des 7. Jahrzehnts durch die 68er Protestbewegung aus der Studentenschaft heraus und der Entwicklung eines das System sowohl verändern wie auch überwinden wollenden linksextremen Terrorismus.

Als Ergebnis der Diskussionsphase lässt sich ein breiter Konsens der großen Mehrheit der demokratischen und gesellschaftlich relevanten Gruppen bezüglich der politischen und sozialen Bedeutung des Grundwertebegriffs feststellen. *B. Stangl* verdeutlicht dies wie folgt: „*Es wurden im einzelnen Güter (wie Freiheit, Leben), Prinzipien (wie Gerechtigkeit, Solidarität, Subsidiarität), Rechtssätze (wie der Grundsatz der Gleichbehandlung und der Verhältnismäßigkeit), Institutionen (wie Ehe und Familie, Rechtsstaat und Sozialstaat, Demokratie), ethische Grundhaltungen (wie Toleranz, Kompromiß, Wahrhaftigkeit) als Grundwerte genannt.*"[40] Es hat sich seither sehr deutlich herauskristallisiert, dass im Mittelpunkt aller Überlegungen und Diskussionen zu den Grundwerten stets die Menschenwürde als der eigentliche Kernwert zu stehen hat.

So wie das bereits im Urteil des Bundesverfassungsgerichts zum Verbot der Sozialistischen Reichspartei von 1952 mit der Betonung, dass der Mensch in der Schöpfungsordnung einen eigenen selbständigen Wert besitzt und sowohl die Freiheit wie die Gleichheit als die dauerhaften Grundwerte der staatlichen Einheit zu gelten haben[41], zum Ausdruck gebracht worden ist.

In der allgemeinen Grundwertedebatte hat sich immer wieder die Frage gestellt, ob die Grundwerte mit den Grundrechten in besonderer Verbindung stehen, oder eben nicht. Dem Bürger unseres Staates ist die Postulierung von Grundrechten in unserem Grundgesetz mehr oder weniger geläufig. Er weiß zumindest, dass es gewisse Rechte enthält, die ihn vor Eingriffen des Staates schützen sollen. Dass diesen Rechten bestimmte Wertvorstellungen zugrunde liegen, dürfte nach dem bisher Gesagten zwangsläufig sein. Allerdings hat *Hans Maier* bereits 1978 anlässlich der Salzburger Hochschulwochen darauf hingewiesen, dass „der moderne Gesetzgeber in allen Ländern sehr zurückhaltend geworden" ist, „Grundwerte *unmittelbar* in Verfassungen, Gesetzen, Rechtssätzen zu deklarieren. Unsere Verfassungen sind schweigsamer in Bezug auf Staatszielbestimmungen, moralische Codices, Appelle, Grundwerte, als die Verfassungen des 19. Jahrhunderts".[42]

H. Maier begründet dies damit, dass wir gegenüber eher abstrakten Wertvorstellungen aufgrund deren geringen handfesten Fassbarkeit Vorbehalte hegen. Einerseits macht der gerade in der deutschen Vergangenheit erfolgte Missbrauch von hohen Werten und edlen Zielen die Menschen empfindsamer und hellhörig; andrerseits schottet man sich stärker dagegen ab und verhält sich unempfindlich. Bei den Grundrechten geht es um eine unmittelbar erfahrbare Wirklichkeit bzw.

---

40 Bernhard Stangl, Ethik und Recht. Grundwerte und Grundrechte, Staat und Gesellschaft, Werteverantwortung, in: Artur Kolbe (Hrsg.) Ethik in Politik, Gesellschaft und Staat, Ethik 2, Hanns-Seidel-Stiftung e.V., München 2005.
41 BVerG E 2,1 (12 f.).
42 Hans Maier, Grundwerte und Grundrechte, in: Ansgar Paus (Hrsg.), Werte, Rechte, Normen, Styria Verlag, Graz 1979 (Salzburger Hochschulwochen 1978), S. 88.

darum, ob diese Wirklichkeit tatsächlich vorhanden und gewährleistet ist oder nicht.

Deutlich wird dies am Grundrecht der Freiheit, das der Bürger eines Landes als erlebtes Recht erfährt oder das er – weil es ihm vorenthalten wird – als Wunschziel zu realisieren trachtet. Gerade hier wird erkennbar, wie sich die ursprüngliche Wertvorstellung mit dem kodifizierten Rechtsanspruch verwischt. Der Grundwert definiert sich dann über das Grundrecht, das in seiner konkreteren Erfassbarkeit entweder als gegeben oder nicht vorhanden erfasst wird. Dass ein sich dahinter verbergender Wert trotz allem vorhanden ist und als Grundannahme vorhanden sein muss, wird nicht mehr ohne weiteres registriert. Daraus ergibt sich die landläufige Praxis, Grundwerte mit Grundrechten zu identifizieren, sie also miteinander gleichzusetzen.

Wenn wir jedoch festgehalten haben, dass Werte dem Menschen Orientierungshilfen bieten, dass sie das persönlich wie auch gesellschaftlich Wünschbare, das Gute wie das Böse zum Ausdruck bringen, Verhaltensregeln für das, was man in bestimmten sozialen Kontexten für angemessen erachtet, aber keine konkreten Handlungsvorgaben sein können, so ist eine Differenzierung zu den grundlegenden Rechten des Einzelnen in einer demokratischen Gesellschaft unumgänglich. Die immer wieder aufs Neue auftretende Grundwertedebatte ist letztlich Ausdruck des Dilemmas, das sich aus der geringen Fassbarkeit und Allgemeingültigkeit von Werten einerseits und einer hohen Konsensfähigkeit und Verbindlichkeit von Rechten andrerseits ergibt. *H. Maier* versucht diese Misslichkeit anhand des Grundwertes ‚Freiheit' zu erklären:

> „Freiheit schafft oder gewährt der moderne Staat überwiegend noch immer dadurch –...–, dass er Freiheit freigibt, dass er den Bürger selbst frei entscheiden lässt. Freiheit ist also in unserer Rechts- und Verfassungssystematik überwiegend Freigabe. Aber da dies so ist, ist über den konkreten Gebrauch der Freiheit nichts ausgesagt. Der Gebrauch der Freiheit durch den Einzelnen kann die Intention der Werte Freiheit, Gerechtigkeit richtig treffen. Er kann sie aber auch verfehlen."[43]

H. Maier folgert aus dieser Annahme, dass es nur dann eine Gleichsetzung von Grundwerten und -rechten geben könne, wenn zugleich garantiert werden kann, dass der Freiheits*gebrauch* seitens des Einzelnen auf den dahinterstehenden Grundwert bezogen bleibt und damit nicht beliebig sein darf. Maier nennt dies dann eine wertbezogene oder substanzielle Freiheit.

Der Gebrauch von Freiheit kann dann, wenn man sich ihrer eigentlichen Wertigkeit nicht bewusst ist, falsch angewandt werden und zu einem Fehlverhalten führen. Nicht selten wird beispielsweise der Gebrauch von Drogen als etwas verstanden, was nicht nur aus freier Entscheidung erfolgt, sondern auch eine Form der Befreiung von gesellschaftlichen Zwängen darzustellen vermag. Das mit dem Drogenkonsum vermittelte Gefühl der Leichtigkeit, der vorübergehenden Glückseligkeit stellt eine Form der Freiheit dar, die nach ihrem Abklingen eine Abkoppelung von dem eigentlichen Grundwert ‚Freiheit' deutlich werden lässt.

---

43 Ebd.

b) Grundwerte und ihr sozialer Bezug

Die in unserer Verfassung beinhalteten Grundrechte leiten sich aus bestimmten Grundwerten, wie etwa der Menschenwürde, der Freiheits- und Gleichheitsidee, ab.

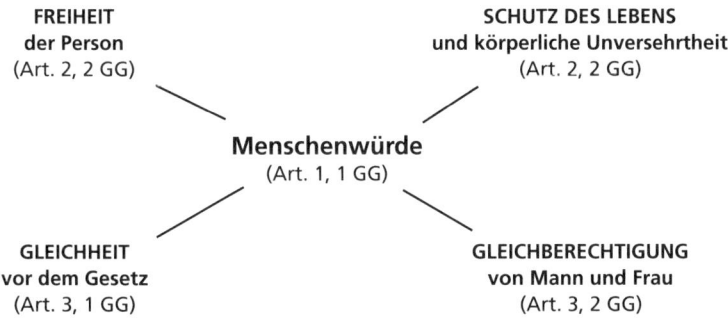

Jene, die sich bei der Abfassung des Verfassungstextes von den Wertvorstellungen und Menschenrechtserklärungen des 18. Jahrhunderts – sei es von der Amerikanischen Unabhängigkeitserklärung von 1786 oder durch die Französische Revolution von 1789 – leiten ließen, hatten dabei den Schutz des Individuums vor staatlicher Willkür ebenso vor Augen wie eine verpflichtende Einhaltung der Grundrechte gegenüber jedem anderen. Dadurch dass die Verfassung Deutschlands, das ‚Grundgesetz', sich zu unveräußerlichen Menschenrechten bekennt, diese in einzelnen Grundrechten konkretisiert, verleiht sie den damit verbundenen Werten einen zwingenden Rechtscharakter, welcher einerseits die Ausübung der Staatsgewalt begründet, andrerseits aber gleichzeitig begrenzt. Jegliches politische Handeln hat sich somit aus den diesen Menschenrechten zugrundeliegenden Wertvorstellungen zu legitimieren und zu rechtfertigen. Konkret heißt dies, dass die Bindung der politischen Ordnung Deutschlands an die Menschenwürde als obersten und vor allem vorstaatlichen Wert grundlegend und unverzichtbar ist.

Nach der Interpretation des Bundesverfassungsgerichts bedeutet dies, dass dem Menschen aufgrund seiner Fähigkeit, eine eigenverantwortliche Lebensgestaltung vornehmen zu können, die möglichst weitgehende Entfaltung seiner Persönlichkeit gesichert werden muss. Der Staat hat dabei lediglich die Aufgabe, ihm die Mitwirkung an den Entscheidungen, die dem Wohle der Gesamtheit dienen, zu ermöglichen. Da dies einschränkungslos zunächst für alle Bürger unseres Staates gilt, obliegt der Sozialen Arbeit in diesem Zusammenhang die besondere Aufgabe, Menschen, die zu einer derartigen Mitwirkung nicht (mehr) in der Lage sind, die Befähigung hierfür wieder zurückzugeben. Diese Menschen gilt es in die Gemeinschaft aller möglichst dauerhaft wieder einzugliedern.

Es zeigt sich also, dass wir mit der Anerkennung von wesentlichen Grundwerten (s. o.) zugleich eine Beeinflussung derselben durch unser soziales Umfeld, zum Beispiel im Verlauf unterschiedlicher Sozialisationsprozesse wie etwa in Erziehung,

Ausbildung und Arbeitstätigkeit etc., bejahen. Die dadurch bewirkte Anpassung unseres Verhaltens an das, was ‚man' in der Gesellschaft für richtig hält, erleichtert uns das tägliche Handeln. Wir erreichen damit eine gewisse Übereinstimmung bis hin zur Deckungsgleichheit, die uns zumeist erst dann bewusst wird, wenn wir abweichende Verhaltensweisen unmittelbar erleben oder erkennen können. Ein derartiges Verhalten wiederum kann zum einen als Versuch verstanden werden, sich bewusst zur Hervorkehrung der eigenen Individualität oder emanzipatorischer Vorstellungen unter Berufung auf die ‚Freiheit' als Grundwert aus gesellschaftlichen Konventionen oder gar Zwängen befreien zu wollen. Es kann aber auch bedeuten, dass man aufgrund bestimmter Ereignisse oder Schicksalsschläge aus der Bahn geworfen wird und den konsensualen gesellschaftlichen Anforderungen nicht mehr gerecht zu werden versteht.

Hättich spricht im Zusammenhang mit der sozialen Prägung unserer Wertungen davon, dass es eine Freisetzung des Menschen von sozialen Zwängen eigentlich nicht geben kann, da sie aufgrund unserer „menschlichen Existenz", die das Zusammenlebenwollen mit anderen bedeutet, nicht möglich erscheint. Er begründet das damit, dass der Einzelne völlig überfordert wäre, wollte er „andauernd und bei jedem Verhalten prüfen und entscheiden, welche der zur Verfügung stehenden Möglichkeiten des Verhaltens er aufgreifen will"[44]. Hält er sich an das allgemein gültige und von der Mehrheit akzeptierte Grundwerte-Verständnis, so gewinnt dieses für ihn eine entlastende Funktion. Zugleich ergibt sich daraus ein hoher Grad an gegenseitiger Verlässlichkeit, welche wiederum für ein gedeihliches Zusammenleben notwendig ist.

Aus der Akzeptanz der Grundwerte seitens der Gesellschaftsmitglieder ergibt sich aber nicht zwangsläufig eine Uniformität des Handelns. Wenngleich ein gewisser Grundstock an Gleichförmigkeit vorhanden sein muss, um beispielsweise Arbeitsabläufe, Produktionsprozesse, Verwaltungsakte, Fahrpläne, Kommunikations- und Begegnungsformen etc., die sich aus Gewohnheiten, Traditionen, Sitten und Bräuchen, Vorschriften oder Regeln ergeben, einhalten zu können, so bleiben dem Menschen aufgrund seiner Individualität dennoch Spielräume und Verhaltensalternativen, zwischen denen er sich entscheiden kann.

Fällt jedoch die Verhaltensentscheidung eines Menschen so aus, dass sie die Toleranzschwelle des gesellschaftlichen Konsenses überschreitet, bedeutet dies in der Regel die Asozialität im eigentlichen Wortsinn. Diese Person begibt sich aus der Gemeinschaft heraus, gerade weil sie das eigentliche und zur Selbstentfaltung notwendige Bedürfnis, mit ihrem sozialen Umfeld in Harmonie leben zu wollen, nicht mehr befriedigen kann.

Beispiel: Grundwert *„Menschenwürde"*

→ Der Arbeitnehmer, der in Arbeitslosigkeit gerät, fällt früher oder später der sozialen Missachtung anheim – vor allem dann, wenn ein Eigenverschulden vorliegt. Dauert der Zustand über lange Zeit an, so ist eine Ausgrenzung wahrscheinlich!

---

44 Manfred Hättich, a. a. O., S. 24.

Die so in die Asozialität geratene Person gerät zunehmend in Gefahr, zu Alkohol und anderen Drogen zu greifen oder gar kriminell zu werden. Diese Art der Verstrickung lässt den Einzelnen sich in der Regel nicht mehr selbst befreien, so dass professionelle Hilfe im Rahmen der Sozialen Arbeit notwendig wird. Der Sozialpädagoge ist nunmehr gefordert, die betroffene Person aus der gegebenen Ausweglosigkeit, der die Freiheit der Entscheidung beeinträchtigenden Abhängigkeit und die Menschenwürde erheblich belastenden Ausgrenzung zu ‚befreien', indem mittels entsprechender Maßnahmen der Weg des Klienten in die Resozialisierung beschritten werden kann.

Beispiel: Grundwert *„Freiheit"*

→ Der Straffällige, der sich aufgrund eines nicht gesellschaftskonformen Verhaltens zumindest vorübergehend seiner Freiheit beraubt und in die Asozialität begeben hat, wird ebenfalls ausgegrenzt, da er zugleich nicht selten sowohl Arbeit wie auch Wohnung verliert!

Die Gesellschaft steht in der Pflicht, dieser Person durch geeignete Resozialisierungsmaßnahmen den Weg zurück in die Gesellschaft zu ebnen und den rechten Umgang mit der Freiheit in dieser zu lehren. Der Sozialpädagoge übernimmt hierbei die wichtige und schwere Aufgabe, den betreffenden Personen u. a. durch Hilfen zur Arbeits- und Wohnungssuche die Wiedereingliederung zu ermöglichen. Zudem gilt es deren Sozialverhalten so zu beeinflussen, dass die Achtung der Freiheiten anderer gewährleistet wird und die Rückfallquoten minimiert werden.

Beispiel: Grundwert *„Gleichheit"*

→ Der Behinderte, der aufgrund seiner nicht dem allgemeinen Bild vom Menschen entsprechenden Behinderung als ‚ungleich' angesehen wird, läuft ebenfalls Gefahr, der gesellschaftlichen Ausgrenzung anheim zu fallen!

Im Gegensatz zu noch nicht allzu lange zurückliegenden Jahren wird die Behinderung von Menschen innerhalb der Gesellschaft nicht mehr mit Missachtung oder gar Ächtung geahndet. Der frühere Bundeskanzler *Helmut Schmitt* stellte bereits vor Jahren fest, dass sich im Laufe der Zeit neue sittliche Grundhaltungen entwickeln, die schließlich zu einem veränderten Verständnis fuhren können:

„Ich denke nur an das in unserer Generation neu erwachte Ethos gegenüber farbigen Menschen,.... Ich denke weiter an die neu entwickelten sittlichen Haltungen gegenüber vielen sogenannten Randgruppen in unserer Gesellschaft. Das sind neue, früher so nicht vorhandene sittliche Haltungen. Die Rechtsordnung wird sie im Zuge des demokratischen Prozesses in sich aufzunehmen haben."[45]

Der Altbundeskanzler erkannte damals bereits, dass die Anerkennung von Grundwerten mit den sich daraus ableitenden sittlichen Verhaltensweisen nicht immer

---

45 Helmut Schmitt, Ethos und Recht in Staat und Gesellschaft, Vortrag des Bundeskanzlers vor der Katholischen Akademie in Hamburg am 23. Mai 1976, S. 22, in: A. Kolbe (Hrsg.), Ethik in Politik, Gesellschaft und Staat/Ethik 2, Hanns-Seidel-Stiftung e. V., München 2005, S. 22.

von allen Gesellschaftsmitgliedern positiv aufgenommen wird. Er greift eine Stellungnahme der Deutschen Bischofskonferenz, die von erkennbaren Verschiebungen im Wertbewusstsein ausgeht, auf und zitiert deren Appell an „die personale Verantwortung des einzelnen", die „oft mit subjektiver Beliebigkeit vertauscht" werde.[46]

So wie der Staat als Hüter der Grundwerte eine hohe soziale Verpflichtung übernommen hat, so ist der Einzelne aufgefordert, seine aus der Anerkennung der Grundwerte resultierende persönliche Verantwortung sich selbst und der gesamten Gesellschaft gegenüber wahrzunehmen. Sollte ihm dies nicht gelingen und die Gesellschaft auch nicht in der Lage sein, die nötigen Lebensbedingungen zu gewährleisten, so ist wiederum die Soziale Arbeit gefragt, auftretende Defizite ausgleichen zu helfen.

c) Bildung als sozialer Kardinalwert

In der Verfassung der Bundesrepublik Deutschland wird der Bildungsbegriff wegen der Kulturhoheit der Länder bewusst ausgeklammert. Somit obliegt das Bildungswesen in der Verantwortung der einzelnen Bundesländer. Dies führte lange Zeit dazu, dass es zwar einen innerdeutschen Leistungswettbewerb gegeben hat, dieser aber einen internationalen Vergleich der Bildungsstandards nur bedingt zugelassen hat.

Erst die seit dem Jahr 2000 unternommenen und sich alle drei Jahre wiederholenden PISA Schulleistungs-Vergleichstests haben erhebliche Defizite im bundesdeutschen Bildungswesen und dessen Strukturen zu Tage gefördert. Diesem Umstand hat der Deutsche Bundestag mit seinem ‚Gesetz zur Änderung des Grundgesetzes' vom 28. August 2006 dahingehend Rechnung getragen, indem mit dem Artikel 91 b (2) das Zusammenwirken von Bund und Ländern „zur Feststellung der Leistungsfähigkeit des Bildungswesens im internationalen Vergleich" vereinbart worden ist. Damit wurde der Begriff des ‚Bildungswesens' in Ergänzung zu jenem der ‚Bildungsplanung' in die Verfassung aufgenommen. Während ersterer sich an der internationalen Vergleichbarkeit orientiert, wurde letzterem lediglich eine überregionale Bedeutung zugesprochen – ohne jedoch damit direkt in den Kulturföderalismus eingreifen zu wollen.

Aufgrund der Bildungs-Vergleichsstudien hatte sich immer deutlicher gezeigt, dass es einen bestimmten Zusammenhang zwischen Jugendarbeitslosigkeit, Jugendgewalt und dem Abgleiten in eine relativ hohe Ausweglosigkeit aus dem Sozialhilfeniveau einerseits sowie der besonderen Betroffenheit von Menschen mit Migrationshintergrund andererseits gibt. Daraus erwuchs die Erkenntnis, dass soziale Schieflagen in unmittelbarem Zusammenhang mit bestehenden Bildungsniveaus zu verstehen sind, somit Bildung als immer wichtiger werdender sozialer Kardinalwert verstanden werden muss. Dies bedeutet, dass der Staat als Ganzes und die Bundesländer im Speziellen seither erhebliche Bildungsanstrengun-

---

46 A.a.O., S. 14.

gen unternehmen müssen, um vor allem Bevölkerungsteile mit niedrigen oder gar keinen Bildungsabschlüssen – in der politischen Terminologie als „Bildungsferne" oder „Bildungsarmut" deklariert – wie etwa Migranten, Menschen mit geringen finanziellen Ressourcen und nicht zuletzt die Jugendlichen insgesamt, erfassen zu können.

Dieser Zielsetzung haben sich gegenwärtig alle politischen Parteien und gesellschaftlich relevanten Institutionen und Organisationen im Sinne eines objektiven Programmes verschrieben – ohne den Nachweis erbringen zu können, dass damit nicht andere Politikfelder etwa im Gesundheitswesen, im Umweltschutz oder in der sozialen Sicherung Einbußen zu erleiden haben. Nicht zuletzt erklärt sich daraus eine gewisse Zögerlichkeit in einer effektiven Umsetzung eines offenkundig notwendigen politischen Handlungsbedarfs.

2   Soziale Grundrechte

a)   ‚Soziale' Freiheitsrechte

Spätestens durch die „Virginia Bill of Rights", der amerikanischen Unabhängigkeitserklärung von 1776 und seit der Französischen Revolution von 1789 sind uns die damals verkündeten Wertvorstellungen von Freiheit (‚liberté'), Gleichheit (‚egalité') und Brüderlichkeit (‚fraternité') für die weitere Entwicklung von Grundrechten in einem besonderen Maße unentbehrlich geworden. Und insbesondere seit der Verabschiedung der Charta der Vereinten Nationen von 1948 sind die allen Menschen zugesprochenen Menschenrechte unbestrittener Bestandteil der modernen demokratischen Gesellschaft.

Dieser Entwicklung liegt jedoch der zentrale Gedanke des Naturrechts zugrunde, dass mit der Existenz des Menschen, mit dem menschlichen Leben, die Würde wesensimmanent gegeben ist. Zu einem des Menschen würdigen Leben gehört deshalb seit alters her ein Leben in Freiheit, in körperlicher Unversehrtheit, in Sicherheit und ohne materielle Not, sowie ohne geistige Zwänge.

Es ist jedoch erst die Anerkenntnis der Menschenwürde, die zur Gewährung von sozialen Freiheitsrechten führt. Sie ist die Grundvoraussetzung, um den Menschen als Individuum, als Person, deren Lebensentfaltung und -gestaltung man sich in freier Entscheidung entsprechend möglichst gerechter sozialer Gegebenheiten abzulaufen wünscht, begreifen zu können.

Zu diesen Gegebenheiten oder Voraussetzungen zählt vor allem die materielle Absicherung, wie sie beispielsweise über die Finanzierung des sogenannten Existenzminimums durch den Sozialstaat erfolgt.

Konrad Hesse hat den Zusammenhang mit den im Grundgesetz verbürgten Freiheitsrechten mittels eines Beispiels zu verdeutlichen versucht;

„Für den Arbeitslosen ist Berufsfreiheit nutzlos, Lernfreiheit und freie Wahl der Ausbildungsstätte helfen nur demjenigen, der finanziell in der Lage ist, die gewünschte Ausbildung zu

> *absolvieren, und dem solche Ausbildungsstätten zur Verfügung stehen. Die Garantie des Eigentums hat nur für Eigentümer, die Freiheit der Wohnung nur für diejenigen reale Bedeutung, die eine Wohnung besitzen."*[47]

Es ist der soziale Rechtsstaat, der aufgefordert ist, die sozialen Freiheitsrechte zu gewährleisten. Ihm obliegt es – wie bei allen anderen Grundrechten auch – den Einzelnen vor unrechtmäßigen Eingriffen in seine Freiheit zu schützen. Solche Eingriffe können nicht nur staatlicherseits gegeben sein, sondern natürlich auch durch die Beziehungen, welche die Individuen untereinander in der Sozialgemeinschaft der Bürger eines Staates pflegen und die neben der rechtlichen Seite auch einer sozialethischen Begutachtung unterliegen. Denn, wie *B. Stangl* meint:

> *"Durch die Verfassung, insbesondere die Grundrechte sind die Mitglieder der Gesellschaft aufgerufen, sich im Verhältnis untereinander und im Verhältnis zum Staat entsprechend den Werten der Grundrechte zu verhalten. Das Grundgesetz ist auf eine derartige Verwirklichung seiner Werte in der Gesellschaft angelegt."*[48]

→ Ähnlich wie bei **Art 1, 1 GG**, der die **Unantastbarkeit** und den **Schutz der Menschenwürde** durch den Staat deklariert, hat dieser auch gegenüber anderen sozialen Freiheitsrechten eine gewisse Schutzpflicht übernommen. Zunächst ist jedoch jeder Einzelne selbst aufgefordert, alles zu tun, um ein Leben in Würde gestalten zu können. Der Staat hat die ideellen und institutionellen wie auch materiellen Voraussetzungen zu liefern, damit dies gelingt. Gelingt es aber dem Individuum nicht, trotz ausreichender gesellschaftlicher Vorgaben in Würde so zu leben, dass es ihm ‚wertvoll' erscheint, so ist wiederum die Soziale Arbeit aufgefordert hilfreich tätig zu werden.

→ Der **Art. 2 GG** sieht in **Abs. 1** die **freie Entfaltung der Persönlichkeit** vor, die lediglich durch die Unverletzlichkeit der Rechte anderer, durch den Verstoß gegen die laut Verfassung festgelegte Ordnung und gegen das Sittengesetz eingeschränkt wird. Diese Handlungsfreiheit setzt natürlich auch die Freiheit von materieller Not, die körperliche Unversehrtheit sowie den staatlichen Schutz voraus. Jegliche Beeinträchtigung durch personale und gesellschaftliche Defizite oder Fehlentwicklungen sollte durch den Einsatz sozialarbeiterischen Handelns beseitigt, gemildert oder ausgeglichen werden.

→ Durch **Art. 12, 1 GG** wird allen Deutschen das **Recht, Arbeitsplatz und Ausbildungsstätte frei zu wählen**, zugesprochen. Dieses sogenannte „liberale Grundrecht" hat sich im Laufe der wirtschaftlichen Entwicklung zunächst der alten Bundesrepublik und schließlich auch des vereinten Deutschland als zunehmend problematisch erwiesen: Zu Zeiten der Vollbeschäftigung in den 1950er Jahren war sicher eine weitgehende Wahlmöglichkeit gegeben, die jedoch mit der ersten größeren Wirtschaftskrise Mitte der 1960er Jahre erhebliche Einbußen erlitt.

Grundrechte – insbesondere in ihrer ausgeprägten Form der Freiheitsrechte – sind in erster Linie als Abwehrrechte zu verstehen, die Freiräume gegenüber der staatlichen Einwirkung zur individuellen und gesellschaftlichen Nutzung und Gestaltung schaffen und sichern sollen. „Sie ermöglichen und garantieren so das Private,

---

47 Konrad Hesse, zit. nach: „Der Rechtstaat", Informationen zur politischen Bildung, Heft 200; hrsg. von Bundeszentrale für politische Bildung, Bonn 1998, S. 17.
48 Bernhard Stangl, a.a.O., S. 68.

Staatsfreie"[49]. Da sich unser Staat nicht als ausgesprochener ‚Interventionsstaat' versteht, hält er sich mit Einflussnahmen weitgehend zurück, um die grundsätzliche Freiheitsidee nicht übermäßig einzuschränken.

Seit etwa 1963 hat sich eine zunehmende Verschlechterung der Wirtschaftssituation und damit der Arbeitsmarktlage, zum Beispiel eben gerade auch durch massive Strukturwandlungsprozesse, ergeben. Es wurde – in Anlehnung an den Art. 24, (1) + (2) der Verfassung der Deutschen Demokratischen Republik[50] – der Ruf nach Ergänzung des Art. 12 GG durch ein Recht auf Arbeit immer lauter. Die seitherige juristische Auseinandersetzung um ein derartiges Recht auf Arbeit, als soziales Menschenrecht verstanden, führte zur herrschenden Meinung, dass es in einem auf der Basis der Sozialen Marktwirtschaft fußenden Arbeitsmarkt kein einklagbares verfassungsmäßiges Recht des Einzelnen auf einen Arbeitsplatz geben kann.

> *„Da die Soziale Marktwirtschaft auf Vertragsfreiheit und Privateigentum an Produktionsmitteln beruht, diese Grundrechte aber durch ein Recht auf Arbeit notwendigerweise erheblich beeinträchtigt werden würden, steht ein Recht auf Arbeit in direktem Widerspruch zur Wirtschafts- und Sozialordnung der Bundesrepublik."*[51]

Würde es ein derartiges Recht auf Arbeit aber geben, so müssten sowohl die Wirtschaft wie auch der Staat als Arbeitgeber entsprechend viele Arbeitsplätze zur Verfügung stellen, was wiederum aufgrund der Freiheit der Berufswahl nicht machbar wäre – es sei denn, man würde diese wiederum erheblich einschränken, um überhaupt Arbeit bereitstellen zu können. Die Verpflichtung des Staates, Arbeit garantieren zu müssen, käme somit einer Verpflichtung des Einzelnen gleich, jedwede Arbeit annehmen zu müssen – wie dies eben in der ehemaligen DDR der Fall gewesen ist! In einer marktwirtschaftlichen Ordnung kann kein Recht auf Arbeit gewährleistet werden, will man nicht in Widerspruch zu sich selbst geraten.

Unabhängig davon schließt all dies jedoch eine bestimmte Verpflichtung des Staates nicht aus. Aufgrund der Verpflichtung zur sozialen Aktivität[52] hat der Staat entsprechend der Freiheit der Berufs- und Arbeitsplatzwahl, der Förderung der Stabilität und des Wachstums der Wirtschaft und der Arbeitsförderung einen möglichst hohen Beschäftigungsstand zu sichern. *Lampert/Bossert* weisen in ihrem Buch darauf hin, dass es im Zusammenhang mit dem Sturz des SED-Regimes der DDR zu Überlegungen für einen Entwurf eines vorläufigen Grundgesetzes der DDR im Sinne einer Übergangsverfassung bis zur Wiedervereinigung Deutsch-

---

49 A.a.O., S. 67.
50 Die Verfassung der DDR sah in Abs. 1 vor: „Jeder Bürger der Deutschen Demokratischen Republik hat das Recht auf Arbeit. Er hat das Recht auf seinen Arbeitsplatz und dessen freie Wahl *entsprechend den gesellschaftlichen und der persönlichen Qualifikationen...*" Und in Abs. 2 hieß es: „...Das Recht auf Arbeit und die Pflicht zur Arbeit bilden eine Einheit." (Kursiv durch d. Verf.).
51 Heinz Lampert/Albrecht Bossert: Sozialstaat Deutschland. Entwicklung – Gestaltung – Probleme, Franz Vahlen Verlag, München 1992, S. 91.
52 Vgl. Art. 20, 1 und 28, 1 GG, die als Sozialstaatsklausel des Grundgesetzes verstanden werden.

lands zu einer prinzipiell verträglichen Formulierung bzgl. eines Rechts auf Arbeit mit folgendem Wortlaut gegeben hat:

> „Jeder Bürger hat das Recht auf Arbeit oder Arbeitsförderung. Soweit dem Bürger angemessene Arbeitsgelegenheiten nicht nachgewiesen werden können, hat er Anspruch auf seinen notwendigen Unterhalt, vorrangig auf berufliche Weiterbildung oder Umschulung."[53]

Beide halten eine derartige Formulierung für mit der deutschen Wirtschafts- und Sozialordnung vereinbar, da aus ihr kein einklagbarer Rechtsanspruch auf Arbeit abgeleitet werden könne.

Angesichts der bestehenden Regelung in Art. 12 GG kann von keinem absoluten, sondern eingeschränkten sozialen Freiheitsrecht der Berufs- und Arbeitsplatzwahl ausgegangen werden. In Zeiten sehr hoher bzw. von Massenarbeitslosigkeit mit der Gefahr relativ rasch in die gesellschaftliche Ausgrenzung und in die Abhängigkeit von sozialen Leistungen des Staates zu gelangen, ist die sozialpädagogische Beratung und Betreuung in besonderem Maße angezeigt. Nicht selten ist es ja jener Bevölkerungsteil, der aus der vermeintlichen Ausweglosigkeit der Arbeitslosigkeit heraus lediglich den Weg in den Alkoholismus, sonstige Drogenabhängigkeit und letztlich in die Kriminalität geht.

→ Der **Art. 13, 1** schreibt die **Unverletzlichkeit** der Wohnung fest. Dieses liberale Grundrecht hat jedoch nur für denjenigen Bedeutung, der über eine eigene Wohnung verfügt – ansonsten ist es ohne Belang. Da der Teufelskreis zwischen dem Vorweisen einer Wohnung, wenn man einen Arbeitsplatz erhalten will – und umgekehrt –, hinlänglich bekannt ist, es zudem eine erhebliche Anzahl wohnungsloser bzw. obdachloser Menschen in unserer Gesellschaft gibt, müsste der Staat zunächst dafür Sorge tragen, dass ausreichend finanzierbarer Wohnraum zur Verfügung gestellt werden kann.
So wird deshalb mitunter dafür plädiert, aus der Unverletzlichkeit der Wohnung ein grundsätzliches Recht auf Wohnung zu schaffen. Einer freien Entfaltung der Persönlichkeit wäre damit erheblich Vorschub geleistet, wie andrerseits das Abdriften von Menschen in die Obdachlosigkeit vermindert werden könnte. Auch hier gilt, dass die Soziale Arbeit ein breites Betätigungsfeld in der Vermittlung, Erhaltung und Betreuung des Wohnraums für die sozial Schwachen vorfindet.

In einer Zeit, in der der Sozialstaat immer stärker in die Krise gerät, da er entsprechend der alten, auf einem Umlagesystem fußenden Finanzierung nicht mehr bezahlbar ist, ist es natürlich – bei andrerseits zunehmender Bedürftigkeit – verständlich, dass der Ruf nach weiteren ‚sozialen' Grundrechten lauter wird. Dadurch, dass die sozialpolitische Entwicklung auf eine stärkere Durchsetzung eines Grundversorgungsprinzips hinausläuft, werden im Zusammenhang mit einer Überarbeitung des Grundgesetzes beispielsweise immer wieder auch Überlegungen über die Einrichtung etwa eines *Rechts auf angemessene Versorgung im Krankheitsfall* oder auf ein *Grundrecht auf saubere Umwelt* laut.[54] Zu ersterem Rechtsvorschlag lässt sich sagen, dass es trotz einer gesetzlichen Versicherungspflicht eine

---

53 Lampert/Bossert, a.a.O., S. 91.
54 Vgl. Wolfgang Horn, in: Informationen zur politischen Bildung, Heft 200 „Der Rechtsstaat", Bonn 1998, S. 17.

wachsende Zahl von Menschen in Deutschland gibt, die keinen Krankenversicherungsschutz (mehr) besitzt, also durchaus von einem derartigen Grundrecht profitieren könnten. Der zweite Vorschlag zielt auf eine Verbesserung der Lebensbedingungen des Bürgers ab, was sich auch aus der Verpflichtung des Staates zum Schutz des Lebens (siehe oben: Art. 2, 2 GG) ableiten ließe. Insofern erscheint der Umweltschutz als eine das Grundgesetz seit 1994 ergänzende Staatszielbestimmung ausreichend.

Im Zusammenhang mit der Frage nach der künftigen Bezahlbarkeit der Sozialsysteme einerseits und der Ausbeutung der vorhandenen ökonomischen Ressourcen andrerseits über eine verstärkte Belastung der nachrückenden Generationen wird von jüngeren Bundestagsabgeordneten die Ergänzung des Art. 20 GG durch einen sogenannten *Generationenschutz* und ein *nachhaltiges politisches Handeln* gefordert: „Der Staat hat in seinem Handeln das Prinzip der Nachhaltigkeit zu beachten und die Interessen künftiger Generationen zu schützen."[55] Diese nicht unberechtigte Forderung in ein Grundrecht einzubringen ist sicher ebenso problematisch wie jene nach dem Umweltschutz. Es ist also auch hier davon auszugehen, dass sie bestenfalls als Staatszielbestimmung in das Grundgesetz Aufnahme finden könnte. Derartige Bestimmungen können jedoch niemals die Qualität eines unveräußerlichen Grundrechts erlangen und sind deshalb wegen ihrer relativen Unverbindlichkeit unter Staatrechtlern umstritten.

b) ‚Soziale' Gleichheitsrechte

Die Freiheitsrechte unserer Verfassung können nur dann für den Einzelnen Bedeutung erlangen, wenn der grundrechtlich verbriefte Anspruch auf staatliche Sozialleistungen vor allem die materiellen Voraussetzungen für die Wahrnehmung und Inanspruchnahme derselben schafft. Das heißt, dass ihre Gültigkeit uneingeschränkt für jedermann bestehen muss, sie somit Gleichheitsrechte sind. Dem gegenüber zielen die Freiheitsrechte darauf ab, den Bürger unseres Landes vor unrechtmäßigen Eingriffen des Staates in seine Freiheiten zu schützen, also „die Staatsgewalt daran (zu) hindern, in persönliche Freiheitsrechte einzudringen, und Ausnahmen davon nur unter begrenzten, gesetzlich geregelten Voraussetzungen zuzulassen".[56]

Bei den Sozialen Grundrechten geht es hingegen darum, etwas, was (noch) nicht oder nur teilweise vorhanden ist, herzustellen. Der Staat wird somit zu einem aktiven Handeln aufgefordert, was er im Bezug auf die Freiheitsrechte hingegen unterlassen sollte.

---

55 Dominik Cziesche/Markus Verbeet: „Grundgesetzänderung. Aufstand der jungen Generation", in: SPIEGEL Online vom 16. 04. 2005.
56 Wolfgang Horn, a. a. O., S. 17.

→ Der **Art. 3, 1 GG** macht geltend, dass **alle Menschen vor dem Gesetz gleich sind**, wobei die Gleichheit sich unmissverständlich nicht auf den Menschen als solchen, sondern auf seine Stellung gegenüber dem Gesetz bezieht. Dieser allgemeine Gleichheitssatz zählt zu den elementaren Verfassungsgrundsätzen und stellt zugleich ein wichtiges, ausschließlich gegen den Staat gerichtetes soziales Grundrecht dar. Ableiten lässt sich dieses Grundrecht aus der christlichen Soziallehre, die ohnehin den Menschen als das Abbild Gottes begreift und somit keine Unterschiede machen kann. Verfassungskommentatoren sehen in diesem Artikel nicht nur die Gleichheit *vor* dem Gesetz, sondern zugleich auch eine Gleichheit *des* Gesetzes.[57] Dieser Grundsatz gilt für alle Gebiete gesetzgeberischer Regelung, so zum Beispiel auch im Bildungswesen, was wiederum für Zugangsregelungen, Gebühren etc. von Bedeutung ist. Den Schluss daraus ziehen zu können, dass grundsätzlich alles gleich zu behandeln sei, ist ebenso falsch, wie die Möglichkeit einer willkürlichen Rechtsregelung.

→ Wenn in **Art 3, 2 GG** die Rede davon ist, dass **Männer und Frauen gleichberechtigt** sind, so ist zunächst darauf hinzuweisen, dass dieser Absatz erst auf Druck der Frauenverbände in das Grundgesetz eingefügt worden und zum 1. Juli 1958 in Kraft getreten ist. Er zählt zu jenen Grundrechten, die bis heute noch nicht vollständige Umsetzung in der gesellschaftlichen Wirklichkeit erfahren haben. Trotz vielfältiger Veränderungen hinsichtlich der Stellung von Mann und Frau – wie etwa bei den Veränderungen im Namensrecht – hat die sehr lapidare und juristisch unklare Forderung vor allem im beruflichen Alltag noch nicht die Gleichstellung zum Beispiel in der Bezahlung (etwa durch die Abschaffung der Niedriglohngruppen) herbeigeführt.

→ Dem **Art. 3, 3 GG** entsprechend bedeutet die Gleichbehandlung vor dem Gesetz zugleich auch jegliche **Benachteiligung**, aber auch **Bevorzugung** in Form der **Diskriminierung** nicht zu dulden.
Ausgehend von vier EU-Richtlinien aus dem Jahr 2002 hatten sich beispielsweise die Bundestagsfraktionen von SPD und Bündnis 90/Die Grünen auf den Entwurf eines „Antidiskriminierungsgesetzes" verständigt, der – leicht verändert – am 18. August 2006 als „Allgemeines Gleichbehandlungsgesetz (AGG)" in Kraft getreten ist. Während sich die Vorgaben der EU lediglich auf den Bereich des Arbeitsrechts – Einstellungen und Kündigungen, Beförderungen und Bezahlung betreffend – bezogen, ging der Gesetzentwurf darüber hinaus in den gesellschaftlichen Bereich über. In extensiver Auslegung des Gleichheitsgrundsatzes soll das Gesetz alle Arten von Benachteiligung, zum Beispiel aus Gründen der Abstammung, der Weltanschauung, des Alters, des Geschlechts, von Behinderung oder sexueller Orientierung verhindern. Dies soll auch für etwaige Diskriminierungen bei der Wohnungs- und Arbeitssuche Gültigkeit haben.
Das Grundgesetz hat mit seiner äußerst knappen, aber sehr prägnanten Formulierung im Grunde genommen alle Eventualitäten einbezogen, so dass es eigentlich keiner weiteren gesetzlichen Regelung mehr bedurfte. Es hat damit der richterlichen Gewalt jenen interpretatorischen Freiraum gelassen, um über die Einzelfallprüfung jeglichem Diskriminierungsmissbrauch gerecht werden zu können.

→ Der Gleichheitsgrundsatz beinhaltet über das Gleichbehandlungsgebot nicht zuletzt sowohl ein **Willkür-** wie auch ein **Diffamierungsverbot**. Der Gesetzgeber und die Rechtsprechung werden durch den Artikel 3 GG verpflichtet, „weder wesentlich Gleiches will-

---

57 Z.B. Karl-Heinz Seifert/Dieter Hömig (Hrsg.): Grundgesetz für die Bundesrepublik Deutschland, Taschenkommentar, Nomos Verlagsgesellschaft Baden-Baden, 7. Aufl. 2003.

> kürlich ungleich, noch wesentlich Ungleiches willkürlich gleich"[58] zu behandeln. Es obliegt der Rechtsprechung und der juristischen Auslegung das jeweils Gebotene einfühlsam zu ermitteln und zu bewerten.
>
> → Gerade in der **Überwachung der Einhaltung** des Art. 3 GG findet die Soziale Arbeit über **Aufklärung**, **Beratung** und *allgemeine* **Hilfestellung** ihr Betätigungsfeld. Da es insbesondere die wenig Informierten, Behinderten, Pflegebedürftigen, Straffälligen und insgesamt die sozial Schwächeren sind, die als besonders betroffene Klientel angesehen werden muss, gilt es mit dieser abklärende Gespräche zu führen, sie über ihre Rechte aufzuklären, den Weg zu den zuständigen Ämtern zu ebnen oder gemeinsam zu gehen, Anträge zu stellen, Formulare auszufüllen und ähnliche soziale Dienstleistungen zu erbringen.

Das Grundgesetz macht zunächst keinen Unterschied in der formalen Gleichheit vor dem Gesetz und richtet sich mit diesem Gebot vordringlich an die Verwaltung und die Rechtsprechung, wenngleich es für die gesamte öffentliche Gewalt und somit natürlich auch für die Organe der Gesetzgebung gilt. Dadurch gewinnt der Bürger unseres Landes die Gewissheit, dass er im Rahmen der vorgegebenen Gesetze den ihm zugesprochenen Gleichheitssatz nicht nur als allgemeinen Rechtsgrundsatz, sondern im Sinne einer formalen, egalitären Ausprägung des Gleichheitsgedankens vorfindet. Mann und Frau haben als Staatsbürger gleiche Rechte, die nicht der Willkür in Anwendung, Auslegung und Umsetzung unterliegen. Nach Auslegung des Bundesverfassungsgerichts sind Abweichungen von der strengen Gleichbehandlung entweder überhaupt nicht oder *nur aus zwingenden Gründen* und *in engen Grenzen* zulässig.[59]

Besagte staatsbürgerliche Gleichheit kommt nicht zuletzt gerade in der Gleichheit der Wahlstimmen zum Ausdruck. Hier spielt es keine Rolle, *wer* und *welchen Standes* jemand ist, es also als selbstverständlich zu gelten hat, dass der soziale Status bei der Stimmengewichtung unberücksichtigt bleiben muss. Es obliegt der Sozialen Arbeit, ihrer Klientel deutlich zu machen, dass ihre Stimme genau so viel zählt wie die eines jeden anderen und somit für die Durchsetzung des Bürgerwillens von Bedeutung ist. Soziale Arbeit hat damit über die Erwachsenenbildung auch zur allgemeinen politischen Bildung beizutragen.

c) Soziale Teilhaberechte

In den letzten Jahren tauchte verstärkt die Frage auf, inwieweit es im Rahmen der Grundrechte spezifische soziale Teilhaberechte gibt, also jene Rechte, die dem Einzelnen Ansprüche auf staatliche Leistungen zusprechen. Eine absolute Bejahung würde bedeuten, dass der Judikative gegenüber dem Parlament eine dem Wesen der Gewaltenteilung widersprechende Machtfülle zugestanden werden würde. Das Bundesverfassungsgericht hat deshalb darauf hingewiesen, „daß solche

---
58 Zit. nach Hans-Otto Mühleisen „Die Grundrechte im Grundgesetz", in: Informationen zur politischen Bildung Heft 239 „Grundrechte", Bonn 1993, S. 22.
59 Vgl. BVerfGE 1, 248 f., s. a. Seifert/Hömig, a. a. O. zu Artikel 3, 1 GG.

Teilhaberechte unter dem Vorbehalt des Möglichen im Sinne dessen stünden, was der einzelne vernünftigerweise von der Gesellschaft beanspruchen kann".[60] Diese Einschränkung bedeutet, dass ein Tätigwerden des Staates nur dann wirklich Sinn macht, wenn es die gestellten Ansprüche auch tatsächlich befriedigen kann.

> Die Umsetzung eines immer wieder geforderten Rechts auf Arbeit, oder eines Rechts auf einen Arbeitsplatz, eine Wohnung etc. würde allein schon deshalb nicht gelingen, weil dem Staat zum einen die Mittel für eine Realisierung fehlen und sich zum anderen die Kollision mit den übergeordneten Freiheitsrechten ergeben würde.

Soziale Teilhaberechte im Sinne einer sozialen Absicherung bzw. des Ausgleichs gesellschaftlicher Benachteiligung obliegen bestenfalls einer Regelung seitens des Sozialstaates und greifen unweigerlich in die individuellen Freiheitsrechte dadurch ein, dass sie Abhängigkeiten aufgrund von Verpflichtungen schaffen, die der Einzelne gegenüber dem Sozialstaat zu erfüllen hat.

Soziale Teilhaberechte sichern neben Leistungs- zudem Mitwirkungsansprüche. Damit kommt ihnen eine Doppelfunktion zu, indem durch sie der Einzelne sowohl als „mitgestaltendes Subjekt in der Gemeinschaft einerseits, Adressat und Objekt der Gemeinschaftsordnung andrerseits"[61] zu verstehen ist. Diese Gemeinschaftsordnung, der ‚Staat', wird dann laut *Keßler* als eine vertraglich vereinbarte, vorrangig Teilhabe und Mitwirkung wie auch persönliche Freiräume und grundsätzliche Versorgung sichernde Gemeinschaft begriffen, die von der Ordnungs- und Sicherheitsidee der Herrschaft geprägt ist. Gerade die politischen Diskussionen der jüngeren Zeit haben offenbart, dass es den Menschen weniger um die ohnehin von ihnen nicht selten exzessiv genützten Freiheitsrechte geht, sondern vielmehr um die an die Solidargemeinschaft gestellten Versorgungsansprüche. Auch die besonders in den 80er und 90er Jahren des letzten Jahrhunderts an den Staat herangetragenen Mitsprache- bzw. Mitbestimmungsforderungen stehen – möglicherweise wegen einer aufgrund erfolgter Durchsetzung nicht mehr so virulenten Bedeutung – nicht länger im Vordergrund. Dies mag daran liegen, dass uns mittlerweile, auch und gerade nach der Durchsetzung derselben im Zuge der Wiedervereinigung Deutschlands, die Freiheits- und Gleichheitsrechte als klassische und selbstverständliche Bestandteile unserer Verfassung erscheinen.

Hans F. Zacher hat schon zu Beginn der 1980er Jahre erkannt, dass Grundrechte zentrale Aussagen über das Verhältnis des Menschen zu seinem Gemeinwesen sind.

> *„Und je mehr der Mensch darauf angewiesen ist oder doch erwartet, daß sein Staat ein sozialer Staat ist, desto größer wird die Nachfrage danach, daß jener Katalog der wichtigsten Aussagen über das Konfliktfeld von Mensch und Gemeinwesen, den die Grundrechte darstel-*

---
60 BVerfGE 33, 333.
61 Keßler, Uwe, Grundrechte – Abwehr- und Teilhaberechte, in: Uwe Andersen/Woyke, Wichard (Hrsg.), Handwörterbuch des politischen Systems der Bundesrepublik Deutschland, 5. Aufl., Opladen 2003, S. 245.

len, auch soziale Aussagen enthält – genauer: auch Garantien gegen die Not und Zusagen der Wohlstandsteilhabe."[62]

→ Greift man nochmals das Beispiel von einem Recht auf Arbeit auf, so wird man eine derartige Forderung als eine programmatische Zielsetzung in der politischen Auseinandersetzung begreifen müssen. Sie dient der „moralischen Legitimation für die Politik" und muss aus folgenden Gründen unerfüllt bleiben: Das geforderte Recht auf Arbeit beinhaltet, dass jeder die Arbeit bekommt, die er haben will. Die Gesellschaft müsste diese Arbeitsplätze für jedermann zur Verfügung stellen können und dies wiederum müsste sowohl gesellschaftlich wie auch wirtschaftlich sinnvoll sein. Zudem müsste jeder, der einen von ihm gewünschten Arbeitsplatz erhalten will, auch die notwendige fachliche wie persönliche Eignung hierfür besitzen.

Die Soziale Arbeit hat somit nicht nur darauf hinzuwirken, dass die im Rahmen der verfassungsrechtlichen Gegebenheiten machbaren Dinge auch tatsächlich an die jeweilige Klientel herangetragen werden und auch von dieser genutzt werden können; sie hat auch darauf hinzuweisen, dass sozialer Teilhabe sowohl bei den gesellschaftlichen Mitwirkungsansprüchen wie auch bezüglich der individuellen Leistungsansprüche Grenzen gesetzt sind und programmatische Zielsetzungen verfassungsrechtlich bestenfalls als Staatszielbestimmungen ohne Einklagbarkeit verstanden werden müssen.

3 Sozialprinzipien als Grundwerte für den gesellschaftlichen Konsens

„In der Ethik sind Prinzipien Grundsätze des Handelns (Individualethik) und Leitlinien zur Gestaltung von Ordnungen (Sozialethik). Sie beschreiben keine fertige oder gar ideale Ordnung und sind auch keine konkreten Handlungsanweisungen. Sie sind vielmehr Orientierungslinien für das Handeln, die immer zu beachten sind und eine Handlungsrichtung angeben."[63]

Sutor geht bei den Sozialprinzipien zu Recht davon aus, dass sie als die wesentlichen Grundsätze gesellschaftlichen Zusammenlebens aus der Christlichen Gesellschaftslehre entstammen und „in der Überzeugung vom Personsein des Menschen in der Gesellschaft" gründen: „Sie dürfen nicht gegeneinander ausgespielt werden. Sie bilden in gegenseitiger Ergänzung ein spannungsreiches Gefüge."[64]

Grundsätzlich wird immer von den drei Sozialprinzipien *Gemeinwohl, Solidarität* und *Subsidiarität* die Rede sein müssen, wenn es um jene grundlegenden Prinzipien des Handelns im demokratischen Gemeinwesen geht. Das *Personalitätsprinzip* ist als Grundannahme im Zusammenhang mit der Wertigkeit des Men-

---

62 Hans F. Zacher, Soziale Grundrechte und Teilhaberechte, in: Menschenrechte, 2. Ihre Geltung heute, Forschung und Information, Bd. 31, Colloquium Verlag, Berlin 1982, S. 113.
63 B. Sutor, a.a.O., S. 32.
64 Ebd.

schen als Person, die sich in ihrer Entfaltung aufgrund bestehender gesellschaftlicher Entwicklungsprozesse ergibt, zu verstehen.[65]

Die aus der christlichen Soziallehre stammenden sozial- und individualethischen Grundsätze sind prinzipielle Leitlinien und Orientierungspunkte, die für die gesamte Soziale Arbeit von herausragender Bedeutung sind. Sie geben ihr die Möglichkeit zur klaren Sinngebung und Zielformulierung, wirken als Motivation stiftend, weisen Wege des Handelns und verleihen ihren Institutionen und Organisationen das nötige Identitätsbewusstsein. Dem in der Sozialen Arbeit Handelnden ermöglichen sie die individuelle Zielermittlung und den Einsatz der rechten Mittel und Handlungsweisen.

a) Das Gemeinwohlprinzip

Das II. Vatikanische Konzil hat den Versuch unternommen, den wenig konkreten Gemeinwohlbegriff klarer zu fassen:

> *„Die politische Gemeinschaft besteht um des Gemeinwohls willen; in ihm hat sie ihre letztgültige Rechtfertigung und ihren Sinn, aus ihm leitet sie ihr ursprüngliches Eigenrecht ab. Das Gemeinwohl aber begreift in sich die Summe aller jener Bedingungen des sozialen Lebens, durch welche die Einzelnen, die Familien und gesellschaftlichen Gruppen ihre eigene Vervollkommnung voller und besser erreichen können."*[66]

Das Gemeinwohlprinzip koordiniert das Wohl des Einzelnen mit dem Wohl der Allgemeinheit und gilt damit als ein Grundprinzip für die Durchsetzung miteinander abgestimmter und ertragbarer Interessen, die für alle von gemeinsamem Nutzen sind. Letzteres wiederum kann als Sinn und Ziel jeglicher Gemeinschaft gelten. Umgesetzt wird es durch das Erstellen von allgemeingültigen Regeln, die Einrichtung von gesellschaftlichen Institutionen und staatlichen Organen, um so den gemeinsamen Nutzen herstellen und durchsetzen zu können.

Es ist dem Einzelnen nicht immer bewusst, dass jeder für sich für das allgemeine Wohl aller mitverantwortlich ist. Und so wird das Gemeinwohlprinzip zumeist dem Staat als seine oberste Aufgabe zugewiesen. Man überträgt ihm die Zuständigkeit und hält es für seine Sorgepflicht sowohl gegenüber der Gemeinschaft, wie auch gegenüber jedem einzelnen Bürger. So richtig dies auch ist, so sehr verbindet sich damit eine Einengung im Sinne einer eindimensionalen Kompetenzzuweisung. Da wir jedoch wissen, dass wir zu unserer Entwicklung, zu unserem eigenen Wohlergehen die anderen Mitglieder der Gemeinschaft brauchen, entbindet es den Einzelnen nicht davon, durch sein staatsbürgerliches Dasein am Gemeinwohl aller mitzuwirken.

Als Teil einer Gesamtheit ergibt sich eine Mitverantwortlichkeit für das Wohlergehen aller. Dies zeigt sich schon darin, dass Güter in der Regel nur gemeinsam hergestellt werden können, so wie Werte und Zielvorstellungen auch nur dann

---

65 S.a. Kap. B, I. Mensch und Gesellschaft.
66 Gaudium et spes, 74,1; II. Vatikanisches Konzil: Pastoralkonstitution über die Kirche in der Welt von heute, 1965; zit. nach B. Sutor, a.a.O., S. 34.

Sinn machen, wenn sie – natürlich nicht ohne ein engagiertes persönliches Streben danach und Einstehen dafür – hervorgebracht und umgesetzt werden.

Der obigen Definition können wir entnehmen, dass sich der Staat nicht zuletzt über seine Pflicht im Sinne des Wohles aller zu handeln legitimiert. Diese legitimierende Verpflichtung wird wohl durch sein sozialpolitisches Handeln besonders deutlich. Das Sozialstaatsgebot der Art. 20 und 28 des Grundgesetzes ordnet eine allgemeine Zuständigkeit an, indem es ihn verpflichtet angemessene ordnungspolitische Voraussetzungen und institutionelle Gegebenheiten zu schaffen, die sein Soziales Handeln aufgrund eines gesamtgesellschaftlichen Erhaltungsinteresses ermöglichen.

In einer demokratischen Gesellschaftsordnung kann und darf eine derartige Verpflichtung trotz allem aber nicht im Sinne einer absoluten Zuständigkeit verstanden werden. Eine derartige Verwirklichung des Gemeinwohlprinzips würde die Verneinung der Grundrechte und damit auch der freien Entfaltung der Persönlichkeit bedeuten.

→ Für die Soziale Arbeit heißt dies, dass sie dafür zu sorgen hat, dass der Staat mit seinem gemeinwohlorientierten Sozialen Handeln den Einzelnen auch dann nicht vernachlässigt, wenn er sich in einer gesellschaftlichen Problemsituation befindet und in soziale Abhängigkeiten gerät. Es ist die Aufgabe der Sozialpädagogen, Lösungen zu finden, auf denen der Klient seinen Weg zurück in die Gemeinschaft und damit zur Teilhabe am allgemeinen Wohl aller wieder findet.

Das Gemeinwohl im Sinne eines menschenwürdigen Lebens innerhalb und nicht außerhalb der Gemeinschaft durch Berücksichtigung des Individualwohls im Gesamtkontext erzielen zu wollen, sollte grundsätzlich unter aktiver Beteiligung der Sozialen Arbeit geschehen. Hierzu gehört zum Beispiel das verantwortungsbewusste Handeln im Sinne des Erstellens einer vom Individuum ausgehenden Situationsanalyse, um erkennen zu können, was in der konkreten Situation sach- und personengerecht zur (Wieder-)Eingliederung des Individualwohls in das allgemeine Wohl zu tun ist. Sozialarbeit leistet in diesem Sinne „Hilfe zur Selbsthilfe", um ein menschenwürdiges Dasein innerhalb der Gemeinschaft führen zu können. Hierzu ist die mitwirkende Einbindung des Hilfebedürftigen unabdingbar.

Das „Helfen" ist als professionelles Handeln entsprechend ausgewiesener fachlicher Standards zu verstehen. Es hat sich zwischen Eigennutz und Uneigennützigkeit zu gestalten und soziale Kompetenzen wie Mitleid, Empathie, Konkurrenz- und Kooperationsfähigkeit einzubeziehen. Es zielt darauf ab, eine subjektive Wahrnehmungsfähigkeit bzgl. des eigenen Stellenwertes in der Gesellschaft ebenso zu objektivieren, wie es um die Zuweisung und Förderung von Kompetenzen, von Belastungsfähigkeiten und -feldern bis hin zur Verantwortungsübernahme im gesellschaftlichen Gesamtspektrum geht.

Zusammenfassend lassen sich unterschiedliche Bedeutungsinhalte, die im Gemeinwohlbegriff beinhaltet sind festhalten:

- Das Gemeinwohl bezeichnet den gemeinsamen Nutzen, um dessentwillen eine Gemeinschaft besteht und gibt ihr Sinn und Zielorientierung
- Das Gemeinwohl meint die Ordnung einer Gemeinschaft, wie sie sich in der Regelsetzung, in den Institutionen und Organen, die notwendig sind, um das bonum commune, also das ‚gemeinsame Gut' zu verwirklichen, zeigt.
- Das Gemeinwohl stellt die Legitimation für den Staat dar, wenn es darum geht, innerhalb einer politischen Ordnung einer Gesellschaft sowohl die Interessen der Menschen wie auch deren gemeinsame Wertekonzepte und Zielvorstellungen geordnet zu verwirklichen.[67]

Das Gemeinwohl stellt somit einen Ordnungsbegriff dar und versinnbildlicht den Zusammenschluss der nur gemeinsam zu verwirklichenden Werte. Es ist ein gesellschaftstragendes Prinzip zur Herstellung und Wahrung des sozialen Friedens, weshalb der Sozialen Arbeit hier wiederum eine Verpflichtung zum Handeln erwächst.

b) Das Solidaritätsprinzip

Ausgehend von seiner großen Bedeutung in der Christlichen Gesellschaftslehre wurde die Solidarität zum parteiübergreifenden Prinzip politischen Handelns in der Bundesrepublik Deutschland und zum Gestaltungsprinzip für Staat, Gesellschaft und Wirtschaft schlechthin. Wenngleich die Schöpfer des Grundgesetzes den Schutz der Menschenwürde als den zentralsten Wert unserer Gesellschaftsordnung erachteten, so ist man sich bis heute darüber einig, dass die Wahrung der Solidarität unverzichtbare Voraussetzung für diesen Schutz darstellt.

Solidarität geht zunächst einmal auf das lateinische *solidus* in der Bedeutung von ‚fest, massiv, gediegen, zuverlässig' zurück und nahm in jener substantivierten Form die Wortinhalte ‚Gemeinsinn, Übereinstimmung' oder ‚Zusammengehörigkeit' an. Gemeint ist hiermit die solide Verbundenheit Einzelner im gemeinsamen Handeln.

Wie bereits ausgeführt wurde[68] ist der Einzelne für sich absolut allein gesehen nicht mehr – allenfalls höchst bedingt – existenzfähig. Die wachsenden Interdependenzen, im Sinne gegenseitiger Abhängigkeiten, in allen Lebensbereichen zwingen förmlich zu „solidarischen = festen" Umgangsformen. Dieses Verhalten ist aber nur dann sinnvoll und fruchtbringend, wenn sich jeder bemüht, dem anderen gegenüber in seinem Tun und Lassen gerecht zu werden. Gerechtigkeit, Verantwortungsbereitschaft, Nächstenliebe und eben die Solidarität sind Maßstäbe und Leitlinien im Spannungsfeld zwischenmenschlichen Zusammenlebens; sie sind unentbehrliche Leitsätze des gesamten politischen Handelns.

Eine umfassende Erklärung des Solidaritätsbegriffs lässt sich wiederum bei Papst *Johannes XXIII.* in einer Friedensenzyklika finden:

„Da die Menschen von Natur aus Gemeinschaftswesen sind, müssen sie miteinander leben und ihr gegenseitiges Wohl anstreben. Das geordnete Zusammenleben erfordert deshalb, daß

---
67 In ergänzender Anlehnung an B. Sutor, a.a.O., S. 35.
68 Vgl. Kap. A, I. 1.

sie gleicherweise Rechte und Pflichten wechselseitig anerkennen und erfüllen. Daraus ergibt sich auch, dass jeder großmütig seinen Beitrag leisten muß, um jenes soziale Milieu zu schaffen, durch das die Rechte der Bürger immer sorgfältiger und segensreicher gewahrt und ihre Pflichten ebenso erfüllt werden."[69]

In der katholischen Soziallehre gilt das Solidaritätsprinzip als ideologischer Eckpfeiler. Die Kraft der Solidarität liegt im übermächtigen Religionsbekenntnis begründet. Solidarität ohne Glaube, welcher Art auch immer, ohne konkrete Zielsetzung und ohne gewisse Homogenität seiner Träger ist zweifellos nicht denkbar. Die Solidarität kann etwas ständig Vorhandenes, Abrufbares darstellen. In der Familie, in der (Interessens-) Gruppe, im Verein, in der Gemeinschaft vielfältigster Art im Kleinen, wie in der Gesellschaft, im Staat, in der Nation im Großen ist sie latent stets spürbar, nur manchmal verdeckt und überlagert. Sie kann aber auch spontan geweckt, ja wach und abgerufen werden. Die moderne Demokratie lebt nicht zuletzt von spontanen Willensbekundungen in Form von Solidaritätskundgebungen, Demonstrationen, Protestzügen und Massenversammlungen, aber auch von karitativen Hilfeleistungen, Spendenaufrufen und Sozialverhalten.

In seiner Grundbedeutung schlüsselt sich das Solidaritätsprinzip in zwei Bereiche auf:

- in die Solidarität als **Seinsprinzip** und
- in die Solidarität als **Sollensprinzip**

Bezüglich des → **Seinsprinzips** ist die Sozialität, das Bedürfnis des Miteinander der Personen, gemeint. Die Entfaltung der Persönlichkeit fußt also auf der gemeinsamen Werteverwirklichung in einem gesellschaftlichen Zweckverband, der damit seine eigentliche Bestimmung erhält. Für *Sutor* bedeutet dies, dass unser Wohlergehen mit dem Wohlergehen der anderen zusammenhängt.[70] Dies wiederum erinnert an das zuvor genannte Gemeinwohlprinzip, das in ähnlicher Weise von einem ‚Gemeinsinn' gesellschaftlichen Handelns ausgeht wie die Forderung nach ‚Solidarität' im Sinne eines Zusammengehörigkeitsgefühls der Gesellschaftsmitglieder. Allerdings drückt der ‚Gemeinsinn' eher das Bewusstsein und das Empfinden von Zusammengehörigkeit innerhalb einer Gruppe bzw. einer Bürgergemeinschaft aus, während „das Wort ‚Solidarität' dagegen ... den Zusammenschluß einer gesellschaftlichen Gruppe, die sich strukturell benachteiligt fühlt und von dem gemeinsamen Interesse geleitet ist, ihre Lebenslage und Stellung in der Gesellschaft zu verbessern", meint.[71]

Geht man beim Seinsprinzip von einer gewissen Passivität des Handelns aus, so ergibt sich für das → **Sollensprinzip** eher das Gegenteil. Die gegenseitige Abhän-

---

69 Pacem in terris 32, Friedensenzyklika Johannes' XXIII. 1963; zit. nach B. Sutor, a.a.O., S. 32.
70 Ebd.
71 Friedhelm Hengsbach: Gemeinsinn und Solidarität, in Ansgar Klein (Hrsg.): Grundwerte in der Demokratie, Bundeszentrale für politische Bildung, Schriftenreihe Band 330, Bonn 1995, S. 65.

gigkeit der Menschen voneinander ergibt eine Verpflichtung zu einem aktiven Sozialverhalten. *Sutor* erkennt dabei drei Richtungen:

- die Verpflichtung der Einzelnen und der Gruppen untereinander,
- die Verpflichtung der Einzelnen und der Gruppen für die Gesamtheit und
- die Verpflichtung der Gesamtheit für die Einzelnen und die Gruppen.[72]

Aus diesen Verpflichtungen ergibt sich eine umfassende gegenseitige Verantwortlichkeit für das Wohlergehen des jeweils anderen – sei es für den Einzelnen wie auch für die Gemeinschaft aller. Dennoch ist es notwendig, dass bestimmte Freiräume erhalten bleiben, da Solidarität eben auch nicht heißen kann und darf, die Individualität im Sinne eines Verzichts personaler Selbstverwirklichung zugunsten einer möglichen Verkollektivierung aufzugeben. Das geforderte Solidarverhalten, das sich aus dem Solidaritätsprinzip ergibt, dient jedoch andrerseits dazu, egoistische Partikularinteressen zu verhindern bzw. dem Gemeinwohlinteresse unterzuordnen.

Überträgt man nun diese grundlegenden Erkenntnisse auf den Sektor des Sozialen, so bedeutet Solidarität nicht das solidarische Handeln der Gesellschaft, um jedem ein Recht auf Arbeit oder auf Wohnung oder sonstige sogenannte soziale Grundrechte absolut gewährleisten zu können. Es geht vielmehr um Orientierung der Sozialpolitik und der Sozialen Arbeit an einer Pflicht zu „ziviler Solidarität"[73], die unabhängig von einer Bereitschaft zur Arbeitsleistung und von Bedürftigkeiten gesehen werden muss.

Was *Frankenberg* meint, ist die Verpflichtung nicht des Staates, in solidarischer Weise hilfreich tätig sein zu sollen, sondern jene des Bürgers, der zwar im Sinne eines sozialen Grundrechtes Anspruch auf ein garantiertes Mindesteinkommen erhebt, andrerseits jedoch sich diese Grundsicherung wiederum nur „aus der Bereitschaft der Mitglieder einer Gesellschaft, für die grundlegende Konvention einzutreten"[74] ergibt – und damit nicht auf einen Verfassungsauftrag abhebt. In letzter Konsequenz bedeutet dies in Anlehnung an den berühmten und bereits erwähnten Satz des ehemaligen amerikanischen Präsidenten *John F. Kennedy*, dass jeder Einzelne aufgefordert ist, solidarisch zu sein und ebenso zu handeln.

Für die Soziale Arbeit lässt sich ein stärkerer Auftrag zur Selbstorganisation sozialer Dienste und Leistungen ableiten, die in relativer Unabhängigkeit vom Staat erbracht werden müssten. Angesichts leerer staatlicher Kassen können die noch vorhandenen Transferzahlungen aus dem sozialen Sicherungssystem, Sachleistungen und persönliche Hilfsleistungen nur noch als Anreiz zur Förderung der Eigentätigkeit, der Bildung von Selbsthilfegruppen oder sozialpolitischer Initiativen dienen. Für *Frankenberg* konkretisiert sich die Pflicht zur ‚zivilen Solidarität' im Falle einer aufgrund spezifischer Lebensumstände eingeschränkten Handlungs-

---

72 B. Sutor, a.a.O., S. 33.
73 Günter Frankenberg: Von der Freiheit zur Solidarität. Soziale Rechte sind keine Frage der Kulanz, in: Ansgar Klein, a.a.O., S. 72.
74 Ebd.

kompetenz betroffener Menschen innerhalb einer Gesellschaft „in unterstützenden Strukturen oder advokatorischen Formen der Sozialpolitik, die darauf abzielen, die Betroffenen soweit wie möglich wieder zur Selbsthilfe zu befähigen."[75]

Solidarität in der Sozialen Arbeit kann dann also nicht bedeuten, dass man durch Zuweisung sozialpolitischer Leistungen Hilfe erbringt, die eher bevormundend und entmündigend wirkt. Sie muss stattdessen der Rückgewinnung der Selbstständigkeit und der Eigenverantwortlichkeit dienen. Das große Ziel der erfolgreichen Wiedereingliederung sozialer Problemfälle in die gesellschaftlichen Strukturen und Handlungsabläufe gilt eben dann aufgrund falsch verstandener Solidarität als nicht erreicht, wenn die betroffene Klientel ihre soziale Identität, ihren Lebensstil und ihre Interessen nicht mehr selbst bestimmen kann. Natürlich gilt es auf diese Selbstbestimmung dann Einfluss zu nehmen, wenn sie einer möglichen erneuten Asozialität im Sinne eines nicht gesellschaftskonformen Verhaltens Vorschub leistet.

Solidarität heißt in einer Zeit, in der der Selbstverwirklichung und -entfaltung das Wort geredet wird, dem Einzelnen die Verpflichtung nicht nur sich selbst gegenüber, sondern gerade auch gegenüber der Gesellschaft wieder nahe zu bringen. Das bedeutet zum Beispiel die Aufforderung zur Rücksichtnahme auf die Bedürfnisse und Interessen der Mitmenschen und der nachfolgenden Generationen; es bedeutet auch, sich sowohl als Einzelner wie auch in Gruppen für die Verwirklichung des Gemeinwohls aller einzusetzen und es meint auch, dass sich die Gemeinschaft wiederum mit den spezifischen Bedürfnissen und Interessen der sozial Schwachen auseinandersetzt.

c) Das Subsidiaritätsprinzip

Jedes Handeln innerhalb der Sozialen Arbeit fußt auf einer grundlegenden Zielsetzung: Hilfe zur Selbsthilfe zu leisten! Gemeint ist damit, dass die Gemeinschaft dann Hilfestellung gibt, wenn die Einzelnen und kleinere Gruppen nicht mehr in der Lage sind, sich möglichst weitgehend und eigenverantwortlich im Rahmen der gesellschaftlichen Gegebenheiten zu verwirklichen.

Wiederum ist es die katholische Soziallehre, die an dieser höchst bedeutsamen sozialphilosophischen Grundzielsetzung schon aus Gründen der Gerechtigkeit festhält und zum wesentlichen Bestandteil der allgemeinen Christlichen Soziallehre gemacht hat. Vor dem politischen Hintergrund einer autoritären Herrschaft *Benito Mussolinis* in Italien und eines aufziehenden totalitären Führerstaates *Adolf Hitlers* in Deutschland nimmt es nicht wunder, dass der damalige Papst *Pius XI.* diese Entwicklung dadurch zu geißeln versuchte, dass er die historische Erkenntnis der Bedeutung des Subsidiaritätsgedanken als Ausgangspunkt für nachfolgende Definition aufgriff:

> *„Wie dasjenige, was der Einzelmensch aus eigener Initiative und mit seinen eigenen Kräften leisten kann, ihm nicht entzogen und der Gesellschaftstätigkeit zugewiesen werden darf, so*

---
75 Ebd.

> *verstößt es gegen die Gerechtigkeit, das, was die kleineren und untergeordneten Gemeinwesen leisten und zum guten Ende führen können, für die weitere und übergeordnete Gemeinschaft in Anspruch zu nehmen; zugleich ist es überaus nachteilig und verwirrt die Gesellschaftsordnung. Jedwede Gesellschaftstätigkeit ist ja ihrem Wesen und Begriff nach subsidiär; sie soll die Glieder des Sozialkörpers unterstützen, darf sie aber niemals zerschlagen oder aufsaugen."*[76]

Dieses Prinzip legt die Aufgabenverteilung zwischen dem Individuum und der Gesellschaft fest. Dabei ist davon auszugehen, dass jedes gesellschaftliche Handeln zunächst immer subsidiär zu verstehen ist – auch wenn die Entwicklung des bundesrepublikanischen Sozialstaats über die Jahrzehnte hinweg durch Hervorheben der Solidarität im Sinne falsch verstandener Sozialität immer stärker die Herausforderung der Individualkräfte vernachlässigt hat. Ein so ausgelegter, exzessiver Sozialstaat vernachlässigt die Entfaltung des personalen Menschseins und damit den grundlegenden Subsidiaritätsgedanken. Setzt man diesen Gedanken in Verbindung mit der Würde des Menschen, so gebietet es der Respekt vor derselben, dass das, was der Einzelne aus eigener Kraft und Initiative leisten kann, ihm nicht entzogen und der Gesellschaft überantwortet werden darf. Ein helfendes Eingreifen ist erst dann sinnvoll und geboten, wenn eben eine tatsächliche Hilfsbedürftigkeit gegeben ist.

Die Soziale Arbeit muss sich darauf einstellen, dass sie nicht in vorauseilender Weise tätig werden darf, nur weil sie meint, präventiv fürsorglich handeln zu müssen, um gegebenenfalls damit eine Daseinsberechtigung begründen zu wollen. Sie kann und darf immer nur als Instrument subsidiärer Hilfe verstanden werden. Neuerdings rückt dieser Gedanke aufgrund erheblicher finanzieller Probleme wieder stärker in das gesellschaftliche Bewusstsein. Die Reform des Sozialstaates und seines sozialen Leistungssystems wird und muss sich stärker auf die Selbstverantwortlichkeit abstützen, ohne dass damit der Solidaritätsgedanke grundsätzlich in Frage gestellt wird.

> Daraus ergibt sich die wachsende Verantwortung der Sozialen Arbeit in ihrem Handeln, den Spagat zwischen der Forderung nach einem Solidarverhalten durch Förderung der Solidarität aller Gesellschaftsmitglieder einerseits und der Verpflichtung zur Erziehung zur Selbstverantwortlichkeit sich selbst und der Gesellschaft gegenüber zu gehen.

Auch wenn der sogenannte ‚Generationenvertrag' – also jenes ungeschriebene Abkommen zwischen Kindern, Eltern und Großeltern, sich jeweils gegenseitig zu unterstützen, noch ehe es staatlicher Eingriffe bedarf – nicht mehr absolut gesehen werden kann, so besitzt er doch immer noch Gültigkeit. Demnach stehen primär die Eltern für das Aufwachsen und die Erziehung ihrer Kinder so lange in der Pflicht, bis diese aus eigenen Kräften ihren Weg gehen können. Strukturelle gesellschaftliche Veränderungen machen durchaus gesellschaftliche Maßnahmen des Eingreifens erforderlich, sie dürfen aber keinesfalls die elterliche Pflicht zur

---

76 Quadrogesimo anno 79, Sozialenzyklika des Papstes Pius XI, 1931, zit. nach B. Sutor, a.a.O., S. 37.

Verantwortungsübernahme in Frage stellen oder gar aufheben. Insofern stellt die Forderung nach Ganztagesbetreuung der Kinder und deren auch zum Teil bereits erfolgte Umsetzung zumindest zu einem nicht geringen Teil den Ausstieg aus diesem Teil des Generationenvertrags dar.

Andrerseits sollte die Sorge der Kinder für die Eltern der Hilfe der Gemeinschaft für die alten Menschen vorausgehen. Dies wird durch die sinkenden Geburtenraten immer mehr zu einem Problem, da die ältere oder alte Generation nicht mehr auf die Hilfe potentieller Nachfahren in ausreichender Zahl setzen kann. Deshalb müssen zwar staatliche Hilfsmaßnahmen getroffen werden, aber ohne dass „die Gemeinden und die Verbände der freien Wohlfahrtspflege als Träger der Sozialpolitik ... durch Länder und Zentralstaat ihrer Aufgaben beraubt werden"[77] sollten.

Subsidiarität begrenzt gesellschaftliche Tätigkeit, wendet sich gegen eine zentral gesteuerte Regelung sozialer Konflikte und legitimiert zugleich den Eingriff in personale Angelegenheiten, wenn dies mangels persönlicher Möglichkeiten geboten erscheint.

→ So kann zum Beispiel „der Staat durch seine Organe, wie das Jugendamt, subsidiär tätig werden, wenn infolge desolater Familienverhältnisse eine Versorgung und Erziehung der Kinder nicht gewährleistet werden kann.
Gegen dieses Prinzip verstößt aber eine totalisierende Anmaßung des Staates, der sich ein Erziehungs- oder Bildungsmonopol zuschreibt und die Verantwortung der Eltern und anderer Bildungs- und Erziehungseinrichtungen grundsätzlich ausschalten möchte."[78] Die Respektierung des Eigenrechts und der Selbstverantwortlichkeit der Individuen und der natürlichen Gemeinschaften (z. B. der Familie) wie auch der gesellschaftlichen Gruppen wird damit zum Kernelement des Subsidiaritätsprinzips.

Die der Christlichen Soziallehre entstammenden Sozialprinzipien wurden zumindest in den westlichen und dem christlichen Menschenbild verpflichteten Demokratien bis heute als konsensstiftende Merkmale des gesellschaftlichen und auch des politischen Handelns uneingeschränkt anerkannt. Wenn es auch Differenzierungen in der Wertigkeit und gewisse Prioritätensetzungen in den Programmatiken der politischen Parteien gibt, so ist ein grundsätzliches Bekenntnis zu den Sozialprinzipien als Grundwerten der Demokratie offenkundig.

---

77 Heinz Lampert, Sozialpolitik I, in: Handwörterbuch der Wirtschaftswissenschaften, Band 7, G. Fischer Verlag, Stuttgart 1977–83, S. 72 f.
78 Josef Spindelböck, Der Mensch als soziales Wesen. Ethisch-moraltheologische Überlegungen, Vortrag bei der 13. Internationalen Theologischen Sommerakademie, Aigen/Mühlkreis, 27.–29. 08. 2001 (http://stjosef.at).

4 Von der Wertbindung über den Wertewandel zum Normenkonflikt

Ausgehend von der Überzeugung des Personseins des Menschen, seiner einzigartigen Individualität innerhalb der kleineren oder größeren Gemeinschaft, haben sich die Sozialprinzipien als grundlegende Werte in der Gesellschaft entwickelt und manifestiert. Sie stellen zusammen mit den anderen Grundwerten und Grundrechten der Verfassung einen Verhaltenskodex dar, an welchen sich alle Gesellschaftsmitglieder nicht nur orientieren können, sondern auch zu halten haben.

Die Politik versucht nicht selten, die Grundwerte gegeneinander auszuspielen, indem zum Beispiel die wirtschaftliche Entwicklung liberalisiert und zugleich deren Sozialpflichtigkeit außer acht gelassen wird, oder die Sozialbeiträge für den Einzelnen erhöht und gleichzeitig die Solidarleistungen mit der Begründung der stärkeren Eigenvorsorge verringert werden. Dieses Unterfangen beschädigt jedes einzelne sich damit verbindende Sozialprinzip, da diese zusammen – den Grundwerten wie auch -rechten ähnlich – eine gewisse, in sich geschlossene Einheit darstellen. Dieses Gefüge ist natürlich nicht frei von inneren Spannungen und äußeren Bedrohungen zu sehen; es ist ein sich gegenseitig ergänzendes Ganzes, auch wenn es in der Anwendung durchaus Unterschiede in der jeweiligen Gewichtung aufgrund spezifischer Verhältnisse in den personalen Gegebenheiten zu berücksichtigen gilt.

> → So zeigte die sozialpolitische Debatte der letzten Jahre über die Veränderung der gesetzlichen Krankenversicherung entweder durch die Schaffung eines Kopfgeldbeitrags oder einer Bürgerversicherung, wie wenig die Berücksichtigung von persönlichen Verhältnissen im politischen Denken verhaftet ist. Die Reduzierung der Gesundheitsversorgung auf eine Grundsicherung überlässt es dem Einzelnen, sich aufgrund seiner finanziellen Möglichkeiten durch das Hinzukaufen von zusätzlichen Leistungen auf einem anderen Niveau abzusichern. Hier tritt der Solidaritätsgedanke zugunsten der Subsidiarität immer stärker zurück. Die Subsidiarität wird einem Wandel vom Wert zur Norm unterzogen, während quasi im Umkehrschluss die Solidarität ihren verpflichtenden Charakter stärker einbüßt und den unverbindlicheren Stellenwert einer Wertvorstellung einnimmt.

Dieses Beispiel offenbart die wachsende Tendenz der Politik, in möglichst vielen Lebensbereichen dem Subsidiaritätsprinzip den Vorrang einzuräumen. Neben der gesetzlichen Krankenversicherung gilt dies vordringlich auch für die Altersvorsorge und -versorgung – womit zumindest die Sozialdemokratie seit Beginn des 21. Jahrhunderts aufgrund ihres Selbstverständnisses zunehmend Legitimationsprobleme bekommen hat.[79]

---

[79] Deutlich wurde dieser Prioritätenwechsel durch die Abspaltung und Bildung einer neuen politischen Linken in Deutschland unter Federführung des ehemaligen SPD-Parteivorsitzenden Oskar Lafontaine, zusammen mit dem ehemaligen PDS-Vorsitzenden Gregor Gysi im Juni 2005. Die herausgehobene Position beider Politiker bezüglich eines nivellierenden (sozialen) Gerechtigkeitsbegriffs auf der Basis eines verkollektivierenden Solidaritätsverständnisses machte einen derartigen Schritt in klarer Abgrenzung zur etablierten Politik der SPD offensichtlich unumgänglich.

Im Gegensatz zur SPD, die sich aus der Arbeiterbewegung des 19. Jahrhunderts mit dem Ziel der solidarischen Unterstützung der Arbeiterschaft herausentwickelt hat, haben die Unionsparteien mit ihrem Bekenntnis zu den christlichen Sozialprinzipien keine apodiktische Prioritätensetzung vorgenommen und zum Beispiel stets die Gleichrangigkeit und das Zusammenspiel der Solidarität mit der Subsidiarität betont. Liberale Parteien, wie etwa die Freien Demokraten, gewichten aufgrund ihres Liberalitätsverständnisses die Subsidiarität weitaus stärker als die Solidarität und sehen in der Entwicklung der Zeit zumindest aus Finanzierungsgründen eine Bestätigung für diese Haltung. Naturgemäß ist es bei extremen Flügelparteien, wie der PDS zur Linken und der NPD zur Rechten, genau umgekehrt, da deren politischer Anspruch und die Wertekonzepte sich nur mittels absoluter Solidarität zu Ideologie und Führung durchsetzen lassen.

Im europäischen Rahmen ergibt sich eine beinahe umgekehrte Situation zu der Entwicklung der Regierungspolitik in Deutschland. Während – wie ausgeführt – der politische Weg Deutschlands zumindest im Bereich des Sozialen von der Solidarität zur Subsidiarität weist, versucht die Europäische Union nicht zuletzt über eine gemeinsame Verfassung einheitlichere Regelungen zu finden, die die Gefahr einer Zentralisierung nicht abwegig erscheinen lassen. Die Ablehnung der Verfassung durch Referenden bzw. Volksabstimmungen 2005 in verschiedenen Staaten, wie etwa in Frankreich und in den Niederlanden, haben die Ängste der Bevölkerung vor einer Art Entindividualisierung und Zentralisierung ihrer Angelegenheiten sehr deutlich werden lassen.

Durch den Wandel von Wertprioritäten geraten die sich aus ihnen entwickelnden Normen immer stärker in Konflikt mit neu geschaffenen Präferenzen. Die Bürger eines Landes gewöhnen sich an Wertekonzepte in der Regel erst dann, wenn deren Normierung den in ihnen steckenden Sinn unübersehbar gemacht hat. So geschah es mit der Einführung der Gurtpflicht beim Autofahren, die den Schutz des Lebens verdeutlichte. Jedes Gesetz, das ja als Norm zu verstehen ist, fußt in der Regel auf einer an einem oder mehreren Werten orientierten Zielvorstellung, die mit ihm durchgesetzt werden soll. Ist dies geschehen, lassen sich Neuerungen oder Veränderungen, die aufgrund neuer Sichtweisen bzw. sich wandelnder Werte vorgenommen werden, nur zögerlich ins Bewusstsein der Betroffenen implantieren. Somit können alte Normierungen mit neuen Normvorstellungen in Kollision geraten, was wiederum einen erhöhten Erklärungsbedarf für die Politik bedeutet.

Wenn wir den **Wert** bisher völlig zu recht als

> eine generelle, gesellschaftliche Erwartungsäußerung bzw. als Verhaltensregel für die Mitglieder der Gesellschaft

verstanden haben, so wird damit deutlich, dass ein Verstoß hiergegen durchaus mehr oder weniger starke Missbilligung, aber keine offizielle Ahndung finden kann, so lange keine Normierung stattgefunden hat. Die Soziale Arbeit versucht nun einzuschreiten, um eine gänzliche Ächtung oder gar Ausgrenzung zu vermeiden oder wieder rückgängig zu machen. Sie kollidiert damit nicht selten mit den Individualbestrebungen der betroffenen Personen einerseits und den staatlichen Normierungen einer Verhaltenserwartung andrerseits. Diese **Norm**ierungen stellen

> eine spezielle Erwartungsäußerung dar und beinhalten Verhaltensregeln über das gesellschaftlich Wünschenswerte.

Nun kommt es aufgrund

- immer pluralistischerer Lebensverhältnisse,
- der zunehmenden Pluralisierung von Wertekonzepten und Wertorientierungen,
- der Abnahme allgemeiner wie auch religiöser Wertbindungen im öffentlichen Leben
- und geringer bzw. zurückgehender Bedeutung festgefügter Weltbilder und politischer Ideologien

zu einer veränderten ‚Wertigkeit von Werten' oder aber zu einem Wertwandelprozess im Sinne einer anderen Prioritätensetzung. Ein derartiger Vorgang hat natürlich dort seine Grenzen, wo der Gruppenkonsens oder die Integration der Gesellschaft gefährdet sind. Um dies wiederum aufhalten zu können, bedarf es letztlich der Normensetzung, die wiederum zur Kollision mit den Grundwerten und -rechten unserer Demokratie führen kann.

So kann die Zu- oder Abnahme fester Wertbindungen sich aus folgenden Zusammenhängen ergeben:

- Gewisse Grundwerte scheinen nach wie vor für die Integration moderner Gesellschaften unverzichtbar:
  Dies gilt zum Beispiel für die Freiheit u.a. in der Wahl von Konfession und Beruf, von Ehepartner bzw. Lebensgefährten, von politischer Überzeugung und gesellschaftlichem Engagement.
- Der soziale und kulturelle Wandel ist immer verbunden mit einem Wertewandel und dem Entstehen von Orientierungsalternativen des Handelns
- Einzelne Werte ändern ihren Stellenwert in der sozialen und individuellen Werteordnung:
  So nimmt der Wert eines Rechtes auf Arbeit dann zu, wenn die Arbeitslosigkeit sich zum Massenphänomen entwickelt, Leistungsbereitschaft und -erwartung, Gehorsam, Autorität und Pflichterfüllung wieder einen besonderen Stellenwert erlangen.
- Andere Werte treten in den Vordergrund und erreichen nicht selten Normencharakter:
  Die sogenannten ‚postmateriellen Werte' erlangen dann größere Bedeutung, wenn die ‚materiellen Werte' etwa in Zeiten des Wohlstandes und Überflusses, aber auch gerade als Gegenpol zu diesen, nicht mehr ausreichend erscheinen. Man wendet sich dann stärker der Naturerhaltung, der Selbstfindung oder der Gruppensolidarität zu.

Ein Wertwandel im Sinne einer Akzeptanzveränderung und neue Wertbindungen führen zugleich zu anderen Einstellungen, Veränderungen von Institutionen, Normen und Gesetzen sowie zu anderen Formen des Zusammenlebens, der Arbeitswelt und des Wohnens.

D Die Norm im Kontext des Sozialen

I Norm und Normenverständnis

1 Die Norm: eine begriffliche Klärung

Die Norm kommt aus dem lateinischen *norma* und wird in der Nominaldefinition – also als Worterklärung – mit Winkelmaß, Richtschnur, übersetzt. Am gebräuchlichsten erscheint uns in der Technik das Beispiel der Deutschen Industrienorm DIN und in der Religion der Dekalog, also die Zehn Gebote. Versucht man, die Norm über eine Realdefinition zu erklären, indem man sie an Sachverhalte knüpft, so lassen sich daraus auch

- eine Regel
- ein Ordnungsprinzip
- ein Maßstab,
- ein Befehl
- eine Bitte
- eine Erlaubnis
- eine Ermächtigung

im Sinne einer Verhaltenserwartung oder -orientierung, an welchen sich das Handeln einzelner Individuen und gesellschaftliche Prozesse ausrichten und halten, ableiten. Dies hat einen positiven Effekt.

Man muss jedoch auch zugestehen, dass mit der Norm negative Effekte verbunden sein können. So beispielsweise eine Einschränkung der Freiheit, wenn die Norm durch Zwang eingehalten werden soll. Oder das Nachlassen einer kritischen Reflexionsbereitschaft, wenn man aus Sicherheitsgründen auf Vorgegebenes vertraut. Da Normen durchaus auch positiv sanktioniert werden können, besteht die Gefahr der Entwicklung eines Belohnungsdenkens, wenn man lediglich an sein eigenes Wohl denkt.

Mit der Norm bzw. mit einem normgerechten Verhalten soll eine ‚Normalität' – ein ‚normales Verhalten' – zum Ausdruck gebracht werden. ‚Normalität' bedeutet dann eine mehr oder minder starke Übereinstimmung eines Beurteilungsgegenstandes oder -sachverhalts mit einer bestimmten normativen Vorgabe.

- In der **Ethik** meint der ‚Norm'-Begriff entweder:
  - ein Urteil über die sittliche Qualität einer bestimmten Handlung oder
  - die sprachliche Formulierung einer Beurteilung

Grundsätzlich gelten ethische Normen als „Leitlinien eines ganz bestimmten Handelns, nämlich *des* Handelns, das ‚gut' ist, weil es bestimmte Werte bejaht. Normen, die ein solches Handeln vorschreiben, schützen also Werte, schreiben die

Respektierung von Werten vor".[1] Mit anderen Worten ausgedrückt heißt dies, dass meistens verschiedene Werte, die so überzeugend sein müssen, dass man die Norm auch wirklich für notwendig erachtet und auch einhält, die Grundlage einer Norm bilden.

> → Für die ethische Verpflichtung des Sozialpädagogen bzw. der -pädagogin als Mitglied des Berufsverbandes DBSH im Verhalten gegenüber der Klientel ließe sich beispielsweise u. a. folgender Passus zitieren:
> „Die Mitglieder des DBSH achten die Privatsphäre und Lebenssituation der Klientel."[2]

Als **Norm** gilt hier   ↔   die Respektierung der Privatsphäre
Werte, auf die sich diese Norm
bezieht, sind   ↔   Gleichheit, Achtung, Menschenwürde

- In der **Soziologie**
  handelt es sich vordringlich um einen statistischen Normbegriff; die Norm bezeichnet einen Durchschnitt und gilt als der am häufigsten vorkommende Wert. Darüber hinaus gibt es eine Fülle von soziologischen Definitionen, aus denen lediglich einige wenige ganz kurz genannt werden sollen:
  - Der Soziologe und Sozialpsychologe *Günter Wiswede* versteht die Norm als Richtschnur oder Verhaltensvorschrift. Für ihn geht es darum, dass die in der Gesellschaft existierenden Wertvorstellungen auf vorgeschriebenem Weg erreicht werden sollen.
  - *Talcott Parsons* hat sich insbesondere mit Theorien des Sozialen Handelns beschäftigt; bei ihm gilt die Norm als Verhaltensbewertung
  - Der Soziologe *Siegfried Lamnek* bewertet Normen als allgemeingültige Verhaltensregeln

Der Normencharakter zeigt sich in bestimmten sprachlichen Formulierungen, wie etwa: „müssen" oder „sollen" und „dürfen", „richtig" oder „falsch", „gut" oder „schlecht". Damit wird der Anspruch der Norm an das menschliche Handeln zum Ausdruck gebracht.

Wie bereits mehrfach festgestellt wurde gestaltet sich das menschliche Zusammenleben grundsätzlich im Rahmen eines sozialen Verbandes, es ist ohne eine gegenseitige Verlässlichkeit nicht denkbar und bedarf somit der Vereinbarung, der Regelung. Es ist die Gesellschaft, letztlich der Staat, der über **Normen** in Gestalt vordringlich von

- Gesetzen,
- Verordnungen und Vorschriften,

---

[1] Hermann Baum, Ethik sozialer Berufe, Ferdinand Schöningh, Paderborn 1996, UTB 1918, S. 40.
[2] Berufsethische Prinzipien des Deutschen Berufsverbandes der Sozialarbeiter und Sozialpädagogen. (DBSH), Beschluss der Bundesmitgliederversammlung, 21.-23. 11. 1994 in Göttingen, Punkt 3.1.

- Satzungen und Erlassen,
- Geboten und Verboten

das Miteinander der Gesellschaftsmitglieder zu ordnen versucht.

Diese Normen sind einzuhalten, sollten erfüllt werden und man muss sich nach ihnen richten. Dabei bilden meistens verschiedene Werte, die von so großer Bedeutung sind, dass man sie durch eine Normierung eingehalten wissen will, die Grundlage einer Norm.

> → Das in unserer Verfassung in Art. 2 beispielsweise verbriefte Grundrecht auf Freiheit ist als einklagbare Gesetzesnorm zu verstehen, die sich aus der Anerkennung der ‚Wertigkeit' des Menschen aufgrund seines Menschseins, seiner Würde und der Gleichheit zumindest vor dem Gesetz ergibt. Darauf hinzuweisen und zu achten, dass dies eingehalten wird, obliegt u. a. auch der Sozialen Arbeit.

Der Normenbegriff lässt sich im Wesentlichen in drei Punkten zusammengefasst wie folgt beschreiben:

1. Durch Normen artikulieren sich Forderungen eines bestimmten Verhaltens für bestimmte Situationen
2. Normen werden von bestimmten Personengruppen und durch vorgegebene Institutionen gesetzt und an spezifische Personengruppen adressiert. Man spricht dann von
   - den Normsetzern und
   - den Normadressaten
3. Normen werden mit Hilfe von positiven und negativen Sanktionen durchgesetzt; dadurch erzielt man die nötige *soziale Kontrolle*.

a) Wesensmerkmale der Norm

Normen gelten als Regeln, die für bestimmte soziale Verhaltenssituationen angemessene Dispositionen des Vorgehens festlegen. Dabei geben sie vor, welche bestimmten Verhaltensweisen geboten oder verboten sind. Derartige Vorgaben werden in der Regel innerhalb von Gesellschaften, durch oder für soziale Gruppen erarbeitet, so dass sie für diese Gültigkeit beanspruchen und über Sanktionen sowohl im positiven wie auch im negativen Sinne erzwungen werden können.

In einem geordneten Gemeinwesen ist davon auszugehen, dass deren Institutionen oder Gruppen Normen im Sinne von Maßstäben zur Verhaltenssteuerung ihrer Mitglieder setzen, deren Einhaltung aufgrund eines bestehenden bzw. angenommenen allgemeinen Konsenses verbindlich gemacht wird. Nur so erscheint es möglich, Hilfen für ein verantwortliches Handeln zu bieten und dem Einzelnen die Last der sonst stets aufs Neue eingeforderten Gewissensentscheidung zu mindern oder gar zu nehmen. Ein gedeihliches Zusammenleben in Gemeinschaft – ob es nun die Familie, den Verein, die Bürgerschaft oder irgendeine andere Form des Sozialverbandes betrifft – ist ohne ein normatives Ordnungssystem nicht denkbar.

→ *Normen* bieten also:

- **Orientierung**, welche aufgrund eines mehrdimensionalen Handlungsvermögens des Menschen notwendig ist.
- **Entlastung**, da sich der Menschen an normative Vorgaben für sein Handeln halten kann, ohne lange über die positiven oder negativen Auswirkungen desselben reflektieren zu müssen; zudem tragen Normen dadurch zu klareren und rascheren Entscheidungen in Konfliktsituationen bei.
- **Stabilität**, weil das Individualverhalten wegen der für alle gültigen Normen in der Regel deckungsgleich ist mit den Erwartungen der jeweiligen Sozialgemeinschaft.
- **Schutz**, wenn sie in Gestalt von Gesetzen sowohl die Rechte wie auch die Pflichten des einzelnen Gesellschaftsmitglieds durchsetzen und sichern.

All die positiven Merkmale können durch negative Gesichtspunkte im Sinne von Nachteilen ergänzt werden:

- **Freiheitsbeschränkung**, da Normen bestimmte Handlungsweisen, die eingehalten werden müssen, vorgeben.
- **Verlust der Eigenständigkeit** im Handeln, da eine kritische Reflexionsbereitschaft zwangsläufig nachlässt.
- **Sanktionierungsangst**, weil das eigene Handeln, dann wenn es nicht normgerecht erfolgt, der Sanktionierung unterliegt und somit zu einem an Belohnung orientierten Wohlverhalten führt.
- **Veränderte Prioritätensetzung** im Handeln, da möglicherweise nur noch gehandelt wird, wie es die Norm vorsieht und man infolgedessen die Verantwortlichkeit an die Normsetzer abgibt.

Die gesellschaftliche Entwicklung bringt Veränderungen in der Normensetzung und der Normen selbst mit sich. Sie trägt ihr durch Normenänderung oder Ab- und Neuschaffung von Normen Rechnung, um einer anderen Lebenswirklichkeit gerecht werden zu können.

→ In den zurückliegenden Jahren trifft dies besonders für die sich wandelnde Stellung der Frau in Beruf und Gesellschaft oder für die Entwicklung und Anerkennung neuer, alternativer Lebensformen bis hin zur normativen Regelung homosexueller Beziehungen zu.

Als weitere charakteristische Eigenschaften der Norm ist zum einen von dem *Geltungsgrad* und zum anderen von deren *Wirkungsgrad* auszugehen:
- Betrachtet man den **Geltungsgrad** einer Norm, so ist damit das Ausmaß gemeint, in welchem die Normsetzer selbst davon überzeugt sind, dass die von ihnen aufgestellte Norm als Verhaltensforderung sinnvoll und notwendig ist.

Bei einem geringen Geltungsgrad stellt sich jedoch die Frage, ob die Norm legitim und nützlich ist. Dann nämlich ist eine Aussicht auf Normdurchsetzung als ebenso gering einzustufen. Es gehen sowohl der Anspruchs- wie auch der Absolutheitscharakter der Norm damit verloren.

- Der **Wirkungsgrad** einer Norm zeigt das Ausmaß der Normbefolgung durch die Normadressaten, also wie hoch der Grad der Konformität des Normadressaten mit dem Normsetzer ist. Der Wirkungsgrad stellt ein Kriterium zur Messung der *Gültigkeit* von Normen dar.

Bei geringem Wirkungsgrad kann eine schwache Befolgung der Norm dann besonders willentlich sein, wenn deren Notwendigkeit gar nicht oder kaum einsichtig erscheint. Ähnlich sieht es aus, wenn die gesetzte Norm auf einer fragwürdigen Begründungsebene fußt. Umgekehrt bedeutet dies, dass der Wirkungsgrad einer Norm nicht zuletzt von der rational nachvollziehbaren Begründung über eine plausible Argumentation erzielt wird.

Geltungsgrad und Wirkungsgrad können zusammen mit den Normsetzern und Normadressaten wichtige Erkenntnisse auf das Verhalten von Menschen und deren Normorientierung liefern.

Zudem lassen sich bestimmte, besonders wichtig erscheinende Normen bezüglich ihrer Akzeptanz und ihres Geltungsanspruchs weiter ausdifferenzieren und man unterscheidet dann zwischen *kategorischen* und *hypothetischen* Normen:

- Die **kategorische Norm** wird am deutlichsten erkennbar, wenn man das christliche Gebot „Du sollst nicht töten" beispielhaft heranzieht. Eine derartige Norm will unser Verhalten ganz unabhängig von den Wünschen und Interessen der Adressaten, an die sich die Norm richtet, steuern. Sie ist damit mehr als bloße Willenbekundung, sie stellt quasi einen Befehl dar, den der Adressat als objektiv vorgegebene Wirklichkeit und eben nicht als etwas subjektiv Wünschbares zu akzeptieren und letztlich dementsprechend zu handeln hat.
- Die Form der **hypothetischen Norm** geht auf einen tatsächlich vorhandenen Wunsch des Normadressaten zurück und nimmt Bezug darauf, indem sie empfiehlt, was zur Realisierung des Wunsches getan werden muss. Man wird beispielsweise einem Drogenabhängigen, der von seiner Sucht loskommen und wieder vollwertiges Mitglied der Gesellschaft werden will, empfehlen, sich von Sozialpädagogen hinsichtlich einer erfolgversprechenden Entziehungskur beraten zu lassen. Die ‚Entziehungskur' stellt dann eine normative Prämisse dar, da sie als das möglicherweise geeignetste Mittel den gewünschten Erfolg erbringt.

Normen gelten als intersubjektiv begründbar. Es gibt nicht wenige Normen, die ihre soziale Geltung dadurch begründen, dass sie im langfristigen Interesse eines jeden Individuums liegen. Dies gilt zum Beispiel für die christlichen Gebote, da sie ein friedliches Zusammenleben der Menschen in Gemeinschaft absichern helfen. So ist es grundsätzlich in jedermanns Interesse, dass etwa das generelle Tötungsverbot Gültigkeit besitzt. Deshalb ist es eben nicht nur dem christlichen Verhaltenskodex entnommen, sondern es entspricht auch den Gesetzen und der Rechtsprechung. Wenn jedes Gesellschaftsmitglied ein solches Verbot anerkennt und sich auch daran hält, so stimmt es seiner sozialen Geltung zu und bindet sich zugleich an eine tatsächliche, kategorische Norm, die eben nicht nur das Wünschbare zum Ausdruck bringt und nur hypothetischer Natur wäre.

b) Normenarten und -bewertungsstufen

Man kann davon ausgehen, dass der Normenbegriff in unterschiedlichen gesellschaftlichen Bereichen und auf wissenschaftlichen Gebieten Anwendung findet:

- in der *Statistik*:
  für den statistischen Tatbestand des am häufigsten ermittelten Wertes eines bestimmten Merkmals;
- in der *Soziologie*:
  für allgemeine sozial gültige Verhaltensanforderungen an die Inhaber sozialer Rollen;
- in *Politik* und *Rechtsprechung*:
  für ein Gesetz oder eine Verordnung etc., um Spielregeln des gesellschaftlichen Umgangs durch Gebote und Verbote festlegen zu können;
- in der *Philosophie*:
  für eine ethisch-moralische (ideale) Zielvorstellung als Richtschnur des Handelns.

Neben dem soziologischen (siehe weiter oben) ist gerade der letztgenannte ethische Normenbegriff für das Thema von besonderem Belang. Mit diesem Normenbegriff verbinden sich hier vorrangig Fragen hinsichtlich des moralischen Bewusstseins der Gesellschaftsmitglieder, wenn es um mögliche Handlungskonflikte bei nicht abgestimmten bzw. für selbstverständlich erachteten Ansprüchen und Handlungen geht. Es kann zu einem moralischen Dilemma führen, wenn unterschiedliche Ansichten zu Handlungsweisen bestehen, die nicht ausreichend über eine Normierung geregelt sind.

Unterliegt das moralische Bewusstsein der Bewertung, was an konkreten äußeren Verhaltenskonsequenzen gegeben ist, was also gut ist und damit belohnt, und was schlecht und somit bestraft wird, so befindet man sich auf der Stufe der „*präkonventionellen Moral*". Hier wird ein an Normen orientiertes Handeln ein Sanktionen vermeidendes sein.

Verfügt der Handelnde über allgemeingültige Kriterien der Einschätzung der Absichten anderer, so dass von einer grundsätzlichen Handlungsübereinstimmung ausgegangen werden kann, so verfährt man im Sinne einer „*konventionellen Moral*" nach der Devise, dass das gut ist, was die Gesellschaft insgesamt für gut befindet. Entsprechend der Sozialisationstheorie von *Talcott Parsons* sind Normen dann „gleichbedeutend mit zu institutionalisierten Rollen gebündelten Orientierungsmustern, die in Form internalisierter Bedürfnisdispositionen Urteile, Gefühle und Verhaltensdispositionen der Individuen bestimmen."[3]

Auf der nachfolgenden Stufe der „*postkonventionellen Moral*" geht der Handelnde über die institutionalisierten Normen hinaus und orientiert sich an abstrakten Prinzipien, die sein normenbezogenes Handeln rechtfertigen. Die handelnde Person orientiert sich nicht mehr an den von der Gesellschaft, in der er lebt, gesetzten

---

3 Harald Kerber/Arnold Schmieder (Hrsg.), Handbuch Soziologie. Zur Theorie und Praxis sozialer Beziehungen, Rowohlt Taschenbuch Verlag Reinbek bei Hamburg 1984, S. 405.

Normen, sondern an darüber hinausgehende, universelle Gültigkeit beanspruchenden moralischen Prinzipien.

Verdeutlicht werden kann dies unter gewissen Vorbehalten damit, dass mit der ersten Handlungsstufe die absolute Normgebundenheit – unter gleichzeitiger Vermeidung von Sanktionen – zum Beispiel an ein Gesetz gemeint ist.

In der zweiten Stufe hält man sich an die erprobten, gesamtgesellschaftlich anerkannten positiven Handlungsmuster. In der dritten und letzten Stufe sind es die eher abstrahierten Rechte aller Menschen mit globalem Gültigkeitsanspruch, ohne dass sich diese Menschenrechte – jene Staaten ausgenommen, die sie in Form von Grundrechten in diesen Ländern gewährleisten – in konkreten nationalen Vorgaben widerspiegeln müssen. Auf dieser Stufe wird zugleich die höchste Kompetenz moralischer Urteilsfähigkeit erreicht.

Der soziologische Normenbegriff in der Handlungstheorie geht nicht zuletzt auch auf *Emile Durkheim* (1858–1917) zurück. Der französische Soziologe und Philosoph fordert, dass Normen als „soziale Tatsachen" zu behandeln und „am Dasein einer bestimmten Sanktion" erkennbar sind. Dabei nimmt er die Position des objektiven, das Handeln von außen Betrachtenden ein, der lediglich messbare, nicht der Subjektivität unterliegende Tatsachen wissenschaftlich anerkennt. „Wir müssen die sozialen Erscheinungen ... von außen, als Dinge der Außenwelt betrachten."[4] Dies bedeutet für ihn nicht, dass er die Realität einer Binnenperspektive leugnen würde.[5]

> Für das Soziale Handeln ist diese Erkenntnis die Aufforderung, sich zunächst nicht mit der Subjektivität des Klienten in der Sichtweise seiner persönlichen Situation und der daraus sich ggf. ergebenden Problematiken zu solidarisieren, sondern den Blickwinkel der Objektivität walten zu lassen.

Die von außen vollzogene Sanktion ist nach *E. Durkheim* zwar ein wesentliches Merkmal, eine Art Erkennungszeichen, aber eben kein konstituierendes. In einem zweiten Werk hält er fest, dass es keine Norm ohne verpflichtenden Charakter gibt und wo wir nicht das Gefühl eines pflichtgemäßen Handelns als das Ergebnis einer Sanktionierung betrachten. Er meint, dass sich die Sanktionierung ganz im Gegenteil erst aus einem Gefühl des verpflichtenden Handelns heraus ergibt.[6]

Bei *Max Weber* lässt sich die eigentliche Grundlage für einen ‚soziologischen' Normenbegriff finden, wenn er den Übergang von einem von außen beobachtbaren Verhalten zu einem aus subjektiver Absicht vollzogenen Handeln herstellt. Einerseits unterscheidet er zwischen Verhaltensregelmäßigkeiten, die lediglich auf tatsächlicher Übung im Sinne des Brauchs, auf langer Eingelebtheit, wie es bei der Sitte üblich ist und auf einer gleichartigen Interessenlage, einer ‚Marktlage' entsprechend, beruhen. Andrerseits ist für ihn dann ein sich an Normen orientieren-

---

4 Emile Durkheim, Regeln der soziologischen Methode, 2. Aufl., Neuwied/Berlin 1965, S. 112.
5 Vgl. Kerber/Schmieder, a.a.O., S. 400.
6 E. Durkheim, De la division du travail social (1893), in der übersetzten Ausgabe: The division of labor society, 3. Aufl., New York 1966, S. 426.

des Handeln gegeben, wenn dieses aus einer bestehenden legitimen Ordnung hervorgeht. Zudem herrscht dann die Vorstellung des Handelnden vor, dass „bestimmte Handlungsmaximen als irgendwie für das Handeln geltend: verbindlich oder vorbildlich angesehen werden."[7]

Auch hier findet sich der Verbindlichkeitscharakter der Norm, der sich untrennbar mit der Sanktionierung bei Nichteinhaltung zeigt, wieder. Trotzdem ginge es wohl zu weit, *Weber* unterstellen zu wollen, er würde die alleinige Handlungsorientierung der Menschen an der Vorstellung der ausschließlichen Gültigkeit bestimmter Normen orientieren.

Grundsätzlich ist bei den Normen und ihren unterschiedlichen Bewertungen vom Prinzip der Konsensfähigkeit auszugehen. Bei *Immanuel Kant* zeigt sich das in seinem ‚Kategorischen Imperativ', demzufolge der Mensch nach der Maxime vorgeht, dass sein Handeln dann richtig ist, wenn es Allgemeingültigkeit beanspruchen kann. Bei *John Rawls* (wie auch *Jürgen Habermas*) gilt der Grundsatz, dass erst über einen ‚diskursiven Prozess' Einigung unter allen Beteiligten über die Vorgehensweise erzielt wird.[8]

Schon bei oberflächlicher Betrachtung des sozialen Lebens ist offenkundig, dass es Normen mit sehr unterschiedlicher Verbindlichkeit und Bewusstheit gibt. Erkennbar wird dies bei den oben skizzierten Stufungen von den äußerst verbindlichen Gesetzesnormen bis hin zu den unverbindlicheren, da schwerer durchzusetzenden internationalen Menschenrechten. Dies gilt auch, obwohl diese in der Charta der Vereinten Nationen zu festgeschriebenen Grundsätzen politischen Handelns und heute zur Legitimierung internationaler Einmischung in die so genannten inneren Angelegenheiten von Gesellschaften und Staaten geworden sind.

Am wenigsten bewusst sind uns Normen in Handlungszusammenhängen, die zu den täglichen Gewohnheiten gehören. Gehen wir beispielsweise eine Treppe hinauf oder hinab, so setzen wir unsere Schritte so, dass wir nicht stolpern. Diese weitgehend unbewusste Handlung resultiert aus der Erfahrung des Stürzens, wenn wir uns nicht an bestimmte notwendige Schritte halten.

Den höchsten Grad an Verbindlichkeit haben eben Normen, die Gesetzescharakter besitzen und deren Einhaltung eingeklagt werden kann. Wir haben uns daran gewöhnt, dass die Straßenverkehrsordnung das Überqueren einer Straße an einer Ampel nur bei Grün erlaubt; sollten wir dagegen bewusst verstoßen wollen, so müssten wir im Falle des Ertapptwerdens eben mit der vorgeschriebenen Sanktionierung durch Bestrafung leben.

---

[7] Max Weber, Soziologische Grundbegriffe; in: ders.: Wirtschaft und Gesellschaft, Tübingen 1960; zit. nach Kerber/Schmieder, a.a.O., S. 401.
[8] John Rawls, Eine Theorie der Gerechtigkeit, Suhrkamp Verlag, Frankfurt a.M. 1975 (Sonderausgabe 2003).

c) Systematik der Normenvielfalt

Schon bei oberflächlicher Betrachtung des sozialen Lebens ist offenkundig, dass es Normen mit sehr unterschiedlicher Verbindlichkeit und Bewusstheit gibt.

Die Vielzahl der Normen, die das menschliche Handeln leiten und die eine wechselseitige Orientierung ermöglichen, lassen sich nach verschiedenen Beurteilungskriterien einteilen:

- **Einteilung** der Normen **nach dem Grad des Bewusstseins** oder wie *Max Weber* dies nennt: des „Eingelebtseins", mit dem sie in der Einzelhandlung präsent sind.
  Diese Einteilung geht davon aus, dass dem Handelnden sein Handeln je nach gemachter oder vermittelter Erfahrung mehr oder weniger bewusst ist. Am wenigsten bewusst sind Normen in Handlungszusammenhängen, die zu den täglichen Gewohnheiten gehören.
- **Einteilung nach dem Verbindlichkeitsgrad** und damit nach der Art, der Härte und Strenge der Sanktion.
  Eine derartige Einteilung unterscheidet und stuft die Norm entsprechend bestimmter Vorgaben und gesellschaftlicher Notwendigkeiten ab, indem sie folgende Kategorien von Normen festlegt:
  1. die **Kann**-Normen, die sich aus Brauch und Gewohnheit ergeben,
  2. die **Soll**-Normen, die sich aus Sitten ableiten und
  3. die **Muss**-Normen, die am striktesten durch Gesetze festgelegt werden.
  Den höchsten Grad an Verbindlichkeit haben somit Normen, die (straf-)rechtlich normiert sind und deren Einhaltung eingeklagt werden kann.
- **Einteilung nach den Adressaten** und damit auch nach unterschiedlicher Klientel im Sinne von Personen-, Gruppen- und Gesellschaftsbezogenheit.
  Normen können in den meisten Fällen keine Unterschiede bezüglich der Adressaten machen. So sind die Sanktionen bei Verstößen gegen gesetzliche Regelungen grundsätzlich unabhängig von der sozialen Stellung der Adressaten zu sehen. In der Sozialen Arbeit wird man die individuellen Gegebenheiten zu berücksichtigen haben, was zum Beispiel über die Einzelfallprüfung bei der Bemessung bestimmter Sozialleistungen gewährleistet ist.
- **Einteilung nach dem Handlungszusammenhang** entsprechend einer konkreten Differenzierung nach dem Handeln von bestimmten Personen in bestimmten Situationen.
  Es wäre falsch, da ungerecht, wenn das Handeln von bestimmten Personen oder Gruppen nicht an deren individuellen Befindlichkeiten gemessen werden würde. Zudem sind die Handlungssituationen grundsätzlich nie gleich und damit nicht absolut als vergleichbar anzusehen. Ein Normeneinsatz hat gerade im Sozialen Handeln auf derartige Unterschiede in den Befindlichkeiten und Gegebenheiten in besonderem Maße zu achten.
- **Einteilung nach dem subjektiv gemeinten Sinn**, der sich mit der Norm verbindet.

Da wir davon ausgehen, dass sich mit jeder Norm ein bestimmter Wert – manchmal auch mehrere Werte zugleich – verbindet, misst man diesem aufgrund der Subjektivität der eigenen Wertschätzung unterschiedliche Bedeutung bei. So ist für den einen das grundsätzliche Überqueren einer Straße an den dafür vorgesehenen Stellen unabdingbare Normenbefolgung, während für den anderen die subjektive Einschätzung der jeweiligen Situation von größerer Bedeutung ist.

Ganz allgemein lässt sich festhalten, dass der einer Norm zugrunde liegende Wert umso stärkere Bedeutung erlangt bzw. umso höher eingestuft wird, je stärker bzw. strenger die der Einhaltung und Durchsetzung dienende Sanktion ist.

Dass Normen – bewusst wie auch unbewusst – nicht befolgt bzw. eingehalten werden ist eine Alltagserfahrung. Um zu vermeiden, dass dies nicht allzu oft geschieht, benötigt man die zur Norm gehörende Sanktion. Natürlich sollte nicht vergessen werden, dass eine so genannte ‚positive' Sanktion zum Beispiel mittels des Lobes dann ihre Berechtigung hat, wenn es darum geht, dass Anreize zur Normeneinhaltung geboten sind. Allerdings wird der Zusammenhang zwischen einem normgerechten Verhalten und den entsprechenden Sanktionierungen vorrangig mit der negativen Form derselben in Verbindung gebracht.

Bei Sanktionen handelt es sich also um Reaktionen auf ein bestimmtes Verhalten bzw. eine spezifische Art des Handelns. Im Grunde genommen geht es darum, dass mittels Sanktionierung Konformität mit den gesellschaftlichen Ansprüchen erzielt werden soll. Diese Konformität kann natürlich – wie soeben ausgeführt – durch Belobigung eines als positiv angesehenen Verhaltens erreicht werden, wie sie eben andrerseits auch durch eine Art der Bestrafung herbeigeführt werden kann. Bei Abweichungen in einem als wünschenswert erachteten Verhalten wird das breite Spektrum von der Missbilligung bis hin zur Gefängnisstrafe als negative Sanktion eingesetzt.

Es lässt sich somit der Schluss aus diesen Überlegungen ziehen, dass Sanktionen in beiderlei Sinn zum alltäglichen Handeln gehören, wie die Normen selbst und die damit in Verbindung zu bringenden Wertekonzepte. Das Individuum handelt täglich sowohl als Normensetzer wie auch als Adressat, praktisch sowohl als Sender wie auch als Empfänger. Es setzt dabei die verschiedensten Möglichkeiten der Sanktionierung ein und wird auch zum ‚Opfer' derselben.

2 Die Pluralität der Handlungstypen in der Normtypologie

Wir kennen bei der Betrachtung der unterschiedlichsten Normen eine Vielzahl der Möglichkeiten, die auf die wesentlichsten Handlungstypen beschränkt werden sollen.

Wenn von Typen die Rede sein soll, so geht es zunächst um die Klärung einer Begrifflichkeit, die primär aus der Kulturwissenschaft stammt und im Rahmen einer *Kontext-Theorie* ihre Bedeutung erzielt: Typen erreichen ihre Charakteristik dadurch, dass sie zunächst besonderen Einzelfällen zugeschrieben werden. Diese Einzelfälle stellen ‚Musterbeispiele' dar und dienen quasi als Messlatte für die Zuordnung weiterer dem Typus entsprechender Beispiele. Hierzu bedarf es einer Beschreibung von Gegenständen bzw. der Darstellung von Sachverhalten, die eine möglichst große Ähnlichkeit zum ‚Musterbeispiel' erkennen lassen. Anders ausgedrückt bedeutet dies, dass etwas mit etwas anderem verglichen wird, um herauszufinden, ob gewisse Gemeinsamkeiten vorhanden sind, die eine Zuordnung erlauben.

Gehen wir in unserem Bereich davon aus, dass ein einzelner Sachverhalt, zum Beispiel ein bestimmtes Verhalten, eine einzelne Handlung, erst im Zusammenhang mit einem jeweiligen Kontext, in welchem diese Handlung einen gewissen Anteil hat, ihre eigentliche Bedeutung erlangt. Ist dem so, so muss die Darstellung dieses Handelns bzw. Verhaltens im Rahmen des Kontextes ‚im Umriss'[9] mit aufgezeigt werden.

Bei *Max Weber* findet man in seiner Lehre von der idealtypischen Begriffsbildung den Hinweis, dass ein Idealtypus keinen normativen Anspruch darauf erhebt, was eine Handlung zu sein hat. Er stellt vielmehr eine „analytische Kategorie" dar, „die markante Merkmale einer sozialen Handlung hervorhebt, die erfahrungsgemäß ihren ‚normalen Ablauf' auszeichnen. Der durch dieses Verfahren gewonnene Idealtypus dient dann als Maßstab, um das beobachtete Handeln nach seiner Angemessenheit bezüglich des normalen Ablaufs der Handlung oder aber nach seiner Abweichung davon einzuschätzen."[10]

Von dieser theoretischen Betrachtung ausgehend soll nun der Versuch unternommen werden, die Vielfalt der Handlungstypen im Sinne einer Typologisierung aufzulisten. Dabei zeigen sich vor allem jene Typisierungen als besonders relevant, die sich aufgrund von häufigem und weit verbreitetem Gebrauch über Jahrzehnte hinweg und seit Generationen gebraucht, als allgemeingültig erwiesen haben:

- Der **Brauch** zeigt überlieferte Formen des gesellschaftlichen Lebens besonders im Rahmen von sozialen Gruppen wie Familie, Verein, Berufsverband, in Wohn-, Siedlungs- und Kirchengemeinschaft. Diese werden meist bei regelmäßig wiederkehrenden Anlässen angewandt. Sie entstammen der traditionellen Überlieferung, wobei das Entstehen und das Herkommen oft nicht mehr erkennbar sind. Sie werden zumeist in der Familie damit begründet, dass es einfach ‚so (der) Brauch ist' und man allein schon wegen der Respektierung des Überlieferten daran festhält. Es erfolgt eine Art Institutionalisierung, die wiederum denjenigen, die sich daran halten in bestimmten Lebenszusammen-

---

9 Die Kontext-Theorie findet in den Kulturwissenschaften, insbesondere in der Literaturwissenschaft Anwendung. Sie versucht Rede- und Handlungszusammenhänge zu finden und herzustellen, um dann den gesamten Kontext, dem griechischen *typo* entsprechend ‚im Umriss' herzustellen.
10 G. Fitzi, a.a.O., S. 49.

hängen Sinn verleiht. Hält man sich nicht daran, kann es – ähnlich wie bei der Sitte – bis zur sozialen Ausgrenzung führen.

- Das **Brauchtum** umfasst lt. Brockhaus ‚die Gesamtheit der Ritualisierungen im Alltag'. Dies zeigt sich beispielsweise in den Grußsitten, die regional unterschiedlich sein können. Man denke etwa an das süddeutsche ‚Grüß Gott' und das norddeutsche ‚Guten Tag', wenngleich beide Grußformeln neuerdings überregional immer mehr von dem inhaltsleeren ‚Hallo' verdrängt werden.
  Ritualisierungen finden bei wichtigen Anlässen menschlicher Entwicklung, wie etwa bei Geburt, Hochzeit, Tod, oder bei Schul-, Studiums-, und Ausbildungsabschlussfeiern, Beförderungen oder Verabschiedungen, wie auch bei besonderen Festen im Jahresablauf statt. Sie können sowohl regional unterschiedlich ausfallen, aber auch gewisse weltweite Gemeinsamkeiten in den Erscheinungs- und Ausdrucksformen aufweisen, wie zum Beispiel im Tanz, bei festlichen Umzügen oder sportlichen Kampfspielen.
  Hier erkennt man ebenso das Grundkriterium des seit langem Üblichen und Gewohnten wieder – aber auch die Möglichkeit des gesellschaftlichen geächtet Werdens, wenn man sich nicht an bestimmte Bräuche hält.

- Das **Volkstum** meint ein relativ dauerhaftes, standardisiertes Verhaltensmuster für Situationen des täglichen Lebens, die als Gewohnheiten das Leben beeinflussen, ohne direkt bemerkt zu werden. Obwohl dieser Begriff durch den Nationalsozialismus diskreditiert worden ist und eigentlich nationale Eigenschaften erfasst, gilt heute noch das Volkstümliche als das, was sich mit spezifischen Verhaltensweisen eines Volks bzw. Volksteiles befasst. Hierunter fallen zum Beispiel Sprachregeln, Essgewohnheiten und sonstige Eigenheiten, die sich zum Teil im Brauchtum wiederfinden.
  Das volkstümliche Verhalten wird nicht selten verlacht und unterliegt quasi als Sanktion dem Spott anderer, denen die Verhaltenseigenheiten lächerlich, kleinkariert, abgrenzend und wenig oder gar nicht weltoffen vorkommen.

- Eine besondere Art des Volkstums stellt die **Konvention** dar. Allgemein gesehen sind darunter nur bewusste Übereinkünfte (lat. *conventio*) ohne tiefere Bedeutung zu sehen. Eine Konvention lässt sich als eine nicht formal festgeschriebene Regel, die von einer Gruppe von Menschen eingehalten wird, verstehen. Ihre Anerkennung beruht auf einer stillschweigenden Übereinkunft, die von der Mehrheit der Gruppenmitglieder akzeptiert wird. Konventionen ergeben sich nicht selten aus Traditionen und Gewohnheiten. Dennoch kann man davon ausgehen, dass die Einhaltung von Konventionen im Verhalten des Einzelnen erwartbar ist und – wenn dies nicht der Fall ist – unter Umständen im Sinne einer Missbilligung weniger stark negativ sanktioniert werden kann. Die Konvention ist grundsätzlich von Brauch und Sitte zu unterscheiden. Auch ist damit nicht die für das Staatsrecht und das Völkerrecht geltende rechtliche Abma-

chung wie etwa die *Europäische Menschenrechtskonvention* von 1953 oder die *Kinderrechtskonvention* der Vereinten Nationen von 1989 gemeint.
Als für das Soziale Handeln relevantes Beispiel ließe sich allgemein das Verhalten eines Drogensüchtigen anführen, der sich allein schon wegen der Drogeneinnahme ‚unkonventionell', das heißt eben nicht so wie es die anderen Gesellschaftsmitglieder für gemeinschaftsfördernd halten, verhält.

- Die **Sitte** ist durchaus im Zusammenhang mit Volkstum und Brauchtum zu sehen. Es handelt sich hierbei um wesentliche, auf fundamentalen Bedürfnissen der Gesellschaft bezogene Normen, die als moralisch richtig empfunden werden. Jeder Verstoß gegen sie wird dann natürlich als moralisch falsch empfunden. Die Sitte zeigt in besonderem Maße eine „an traditionelle, kulturspezifische Normen und Werte gebundene Regulierung sozialen Handelns in überschaubaren, wiederkehrenden Situationen des öffentlichen und privaten Lebens".[11]
Auch hier finden wir wie beim Brauchtum besondere Verhaltensweisen zum Beispiel bei Heirat, Geburt, Tod; wir kennen Tischsitten, Gruß- oder Kleidungsformen. Die Sitte dient jedoch stärker „der moralischen Stabilisierung und Erhaltung des gesellschaftlich-kulturellen Gefüges"[12]. Das heißt, dass ihr im Gegensatz zu Brauchtum und Konvention eine stärkere Verbindlichkeit anhaftet, sich zumeist ein Ethos damit verbindet, das bis zur Unverletzlichkeit oder gar ‚Heiligkeit' reichen kann. Demzufolge wird die Verletzung einer so verstandenen Sitte mittels schärferer sozialer Sanktionen geahndet.
In Frage kommen dann etwa die öffentliche Missbilligung (zum Beispiel durch ein ‚an den Prangerstellen'), der Boykott oder gar der Ausschluss aus der Gemeinschaft.
Die von sittlichen Werten und Normen aufrechterhaltene Ordnung ist nicht wie das Recht in allen Bereichen kodifiziert und sanktioniert. Ein Sittenkodex im Sinne von allgemeingültigen, festgeschriebenen Verhaltensregeln existiert so nicht, wenngleich es eine Ergänzung zu Gesetz und Recht geben kann. Zu denken wäre beispielsweise an die in manchen Ländern, bzw. Volksgruppen übliche Blutrache, die natürlich nach unserem Rechts- und Ordnungsverständnis der rechtlichen Sanktionierung unterliegt.
Zudem kennen wir ein **Sittengesetz**, das als allgemeingültiger Grundsatz des sittlichen Handelns verstanden wird. Bei Verstoß gegen die so genannten guten Sitten – also wenn eine Handlung gegen das allgemeine, dem Durchschnittsempfinden entsprechende Anstandsgefühl verstößt – liegt dann ein sittenwidriges Handeln, zum Beispiel bei Rechtsgeschäften, Verträgen, Verstößen gegen Standespflichten, vor.

- Im Laufe des alltäglichen Lebens können sich mit der Zeit so genannte **Gewohnheitsrechte** entwickeln. Im Grunde sind es aus der Tradition, vor allem

---

[11] Der Große Brockhaus, Band 1 o, 18. Aufl., F.A. Brockhaus-Verlag Wiesbaden 1980, S. 474.
[12] Ebd.

aus der Sitte gewachsene Rechte, die als Normen gelten und über deren Einhaltung spezielle Organisationen wachen. Gewohnheitsrechte entstehen dann, wenn eine Handlung oder Verhaltensweise und nicht zuletzt auch eine Sichtweise durch lange, stetige Übung bzw. Anwendung Anerkennung ohne Widerspruch findet. Man kann dann davon ausgehen, dass eine allgemeine Akzeptanz unwidersprochen vorhanden ist. Zunächst erfolgt eine „fortschreitende Anpassung an Reize, Situationen, Verhaltensweisen o. ä. durch häufige Konfrontation mit Eindrücken der Wiederholung von Handlungen, die dadurch zu Gewohnheiten werden können".[13]

Man spricht dann von *Habitualisierung* bzw. *Habituation*. Beispielhaft ließe sich für die Belange der Sozialen Arbeit die Beibehaltung von Verhaltensweisen nennen, die nicht den gesellschaftlichen Gepflogenheiten und Interessen entsprechen, die aber durch eine Verknüpfung bestimmter Reize mit spezifischen, voraussehbaren Ereignissen bedingt werden.

So erhält der Drogensüchtige seine Sucht solange aufrecht, wie sich für ihn aus seinem beabsichtigten, gewohnheitsmäßigen Verhalten des Drogenkonsums ein bestimmtes Folgeereignis im Sinne einer Art der Triebbefriedigung ergibt. Die Therapierung zielt dann darauf ab, dieses Ereignis abzubauen oder umzukehren. Schwierig wird dies dadurch, dass der Organismus auf immer größere Reizmengen fortschreitend immer weniger reagiert. Dies zeigt sich bei steigendem Drogen-, Nikotin- oder Medikamentenkonsum und erschwert damit eine nachhaltige Therapierung.

- Mit der **Etikette** kennen wir einen wesentlich spezifischeren Typus der Norm. Hierbei handelt es sich um eine herkömmlich geregelte gesellschaftliche Umgangsform, die durchaus eher der Ästhetik zugeschrieben werden kann. Es geht eigentlich darum zu zeigen, wie man die richtige Form für sein Tun und Lassen wählt.

Vordringlich sind damit Formen und Stile des Verhaltens anderen gegenüber, des allgemeinen Benehmens, der Höflichkeit, der Bekanntmachung bzw. Vorstellung von Menschen miteinander, der Respektierung und Achtung des anderen, der Konversation bzw. Gesprächsführung, des sich in den jeweiligen Situationen richtigen Kleidens etc. gemeint.

Wenn der Etikette in unseren Zeiten auch nicht mehr die Bedeutung beigemessen wird, wie sie die vorhergehenden Generationen noch kannten, so wäre es falsch sie für veraltet zu erachten. Schließlich werden sozial Schwache oder randständige Personen(gruppen) nicht selten auch deshalb gesellschaftlich missachtet, weil es ihnen gegebenenfalls an den allgemein akzeptierten Umgangsformen fehlt. Sicher gelingt die Reintegration dieser Personenkreise nicht zuletzt dann besser, wenn sie im Rahmen der Sozialen Arbeit auch wieder an die gültigen Sozialverhaltensformen herangeführt werden.

---

13 Der Große Brockhaus, Band 4, 1978, S. 516.

- Es gibt auch Normen, die dem raschen Wandel unterworfen sind. Hierzu gehört die **Mode.** Sie wird in der Regel für kurze Zeit intensiv befolgt, um dann wieder gegen eine andere ausgetauscht zu werden. Sie richtet sich nach dem wandelnden Geschmack in Kultur, Zivilisation und Lebensweise. Laut Brockhaus werden unter Mode „im Gegensatz zu den relativ dauerhaften sozialen Institutionen und Verhaltensweisen.... all jene sozialen Erscheinungen zusammengefasst, die kurzlebig sind und sich v. a. in Sprache, Kleidung, Tanz, manchen Konsum- und Freizeitgewohnheiten (...), aber auch in bestimmten Umgangsformen und der Wohnweise ändern. Die Soziologie (und Sozialpsychologie) der M. beschäftigt sich v. a. mit den Fragen,... inwieweit M. einen tiefergehenden sozialen Wandel signalisieren und ob M. eher Medium der sozialen Anpassung oder der individuellen Selbstdarstellung und des sozialen Aufstiegs sind".[14]

Mode kann aber durchaus gerade für jene zu einem sozialen Problem werden, die sie sich eigentlich überhaupt nicht leisten können. So kam das Tragen von Markenkleidung, um damit einen bestimmten sozialen Status zu präsentieren, gerade in den zurückliegenden Jahren bis heute so stark ‚in Mode', dass es quasi zu einer sozialen Herausforderung wurde. Insbesondere die Kinder in der Schule wurden mit sogenannten „label"-Kleidungsstücken ausgestattet, um die eigenen finanziellen Möglichkeiten zu demonstrieren – auch wenn diese es eigentlich gar nicht erlaubten.

Nicht selten entsteht aus dem verständlichen Bemühen, ‚Mithalten' zu können, eine hohe Verschuldung, die wiederum für die Schuldnerberatung der Sozialen Arbeit von besonderem Belang ist. Schließlich sind es gerade die sozialen schwachen Schichten, die sich bzgl. ihrer Kinder keine Blöße geben möchten.

3 Das Verhältnis der Norm zum Wert

Eine Norm ohne eine dahinter stehende Wertvorstellung erscheint zunächst überhaupt nicht denkbar. Schließlich dienen Normen als Orientierungshilfen für Wertentscheidungen darüber, welche Handlungen ethisch vertretbar oder legitim sind und welche eben nicht.

Dabei kann es, je nachdem, welches Bedürfnis als Handlungsmotiv im Vordergrund steht, zu Konflikten zwischen zwei oder mehreren Werten kommen.

Es erhebt sich im Sozialen Handeln die grundsätzliche Frage, inwieweit normiertes, also einer Norm entsprechendes Handeln wertorientiert ist? Dabei ist zunächst zu klären, was man unter dem Handeln des Menschen versteht. In der Regel kann man davon ausgehen, dass Personen wissentliche und willentliche Handlungen begehen, indem sie ein zielgerichtetes und sinngebendes Verhalten zeigen. Dieses Verhalten kann sowohl im positiven wie auch negativen Sinne verstanden werden.

---

14 Der Große Brockhaus, Band 7, 1979, S. 622.

> → Kommt man beispielsweise an eine Auto-Unfallstelle und erkennt eine gewisse Hilfsbedürftigkeit der Verunfallten, so wird sich ein positives oder aktives Verhalten entweder in direkter Hilfe (z. B. Erste Hilfe leisten, Rettungsmaßnahmen ergreifen etc.) oder in indirekter Hilfe (z. B. Rettungsdienste rufen, Unfallstelle absperren etc.) äußern. Ein negatives bzw. passives Verhalten zeigt sich in einem absoluten Unbeteiligt-Sein, tatenlosem Abwenden, Weiterfahren u. ä. und würde den Tatbestand der unterlassenen Hilfeleistung erfüllen.

Natürlich kennen wir auch ein Handeln unter Zwang oder jenes, das in verminderter Zurechnungsfähigkeit begangen wird. Im Falle des Ersteren liegt ein niedrigerer Grad von Willentlichkeit und beim zweiten Fall in gewisser Weise auch der Wissentlichkeit vor, so dass sich ein reduzierter Handlungscharakter ergibt. Der entscheidende Faktor für jedwedes Handeln dürfte jedoch sein, inwieweit man willentlich gehandelt hat. Der Wille wird allgemein als die mentale Fähigkeit von Personen verstanden, Handlungen gemäß selbständiger Entscheidung und der freien Wahl vornehmen zu können. Das Individuum muss somit über die Fähigkeit zur Selektion wie auch der Entscheidungsfindung verfügen.

Nach *Max Weber* wird das Handeln in dreifacher Weise bestimmt bzw. festgelegt:

- durch die Motivation als eigentlichem Antrieb des Handelns
- durch die jeweilige Situation, in der sich die Handlungsnotwendigkeit ergibt,
- durch die Verhaltenserwartungen potentieller Interaktionspartner

Das Handeln des Menschen zeigt sich in der Komplexität eines Handlungsgefüges, das sich aus den unterschiedlichen Motiven bzw. Motivierungen, den jeweils neu vorzunehmenden Situationsanalysen, den Personen, die als Betroffene gelten, und den eingesetzten Mitteln, welche zum Ziel führen sollen, letztlich eine Einheit bildend ergibt.

> → Die Nächstenliebe ist nicht nur ein hoher christlicher Wert, der uns verpflichtet, dem Anderen mit Achtung und ihm wohlgesonnen zu begegnen. Dies kann dazu führen, dass man zum Beispiel einen todkranken Menschen aus falsch verstandener Nächstenliebe von seinem Leiden befreien möchte und sein Leben beendet. Ein derartiges Handeln würde mit der Norm des Tötungsverbots kollidieren und wäre sowohl rechtlich wie auch ethisch illegitim. Es genügt nicht, aus einem gutgemeinten, wertvollen Motiv heraus zu handeln, sondern man muss auch die Folgen einer Normverletzung berücksichtigen.

Ein Handeln, das sich an einer Norm oder Normierung ausrichtet, muss sich zugleich auch an den mit der Norm verbundenen Werten orientieren. Normen, die dies nicht erkennen lassen, sind willkürlich gesetzte Normen, die die handelnde Person lediglich als ausführendes Subjekt, dem die Selbständigkeit in der Entscheidungsfindung genommen wurde, begreifen. Normen dieser Art werden in totalitären (oder auch autoritären) Herrschaftssystemen ohne Rücksicht auf die Adressaten gesetzt, per strikter Anweisung ‚befohlen' und bei Nichteinhaltung stark sanktioniert.

Normen dienen in der Regel der Bewahrung und Durchsetzung von Werten. Sie sind immer mit irgendwelchen Wertvorstellungen verbunden. Diese wiederum werden in einem demokratischen Gemeinwesen durch einen diskursiven Prozess aller Beteiligten erarbeitet, so dass sie die Zustimmung möglichst aller erzielen. Normen können aber auch mit solchen Wertvorstellungen verbunden werden, die nicht den Konsens der Mehrheit aller Betroffenen finden.

→ Es ist sicher nicht von der Hand zu weisen, dass beispielsweise sowohl der kriminell gewordene wie auch der Drogen konsumierende Mensch aus einer gewissen Sichtweise heraus handelt, die seinen Wertvorstellungen entspricht – selbst wenn er damit gegen geltende Normen verstößt. Auch hier ist es die schwierige Arbeit der Sozialpädagogen, diese Wertvorstellungen argumentativ überzeugend zurechtzurücken, indem man sie an den allgemeingültigen Wertekonzepten der Gesellschaft misst und an den Folgen für alle Betroffenen erläutert.

Als Fazit lässt sich festhalten, dass Normen ohne Wertbindung der Willkür der Normensetzer unterliegen. Werte lassen sich aber nicht selten dadurch verwirklichen, schützen und durchsetzen, indem man sie mit einer Normierung verbindet. Entscheidend ist in beiden Fällen, dass es gelingt, den jeweils Betroffenen zum einen das tatsächlich ‚Wertvolle' an einer Norm zu vermitteln. Zum anderen kommt es darauf an, den Normadressaten die Einsicht von der Notwendigkeit einer Normierung so zu vermitteln, dass die damit verbundenen Werte aus freien Stücken geachtet und vertreten werden. Gelingt dies den gesellschaftlich relevanten Instanzen, so wird das Handeln der Individuen zumeist unter Beachtung einer selbstverständlichen Wertorientierung erfolgen, ohne dass man der Normierung bedarf bzw. sich dieser überhaupt bewusst wird.

a) Das Normenverständnis des Individuums

Normen und Werte gelten als Grundlagen menschlichen Handelns. In sozialen Gemeinschaften stellt sich dem Individuum ständig die Frage nach der richtigen Entscheidung für das tägliche Handeln. Dabei versuchen die Bezugswissenschaften, wie etwa die Philosophie, die Religionswissenschaften und die Gesellschaftswissenschaften, Antworten auf die Fragen nach dem richtigen Handeln zu geben. Es obliegt dem Einzelnen, auf welche Erkenntnisse der jeweiligen Wissenschaft er sein Handeln abstützt.

Bezieht er sich auf die philosophischen Erkenntnisse, wie wir sie beginnend mit Aristoteles in den Bereichen der deskriptiven Ethik, der empirischen und der normativen Ethik oder der Metaethik kennen[15], so wird er unterschiedliche Antworten auf seine Fragen nach dem ‚richtigen Handeln' bekommen.

Grundsätzlich lässt sich mit den Begriff des ‚Richtigen' auch die Frage nach dem, was ‚gerecht' oder ‚gut' ist, verbinden. Dann geht es darum, so zu handeln, dass jeder „das bekommt, was ihm im Rahmen der gemeinsamen Tradition

---

15 Siehe Kap. B II „Ethikformen..."

zusteht. Gelten diese Tradition und damit legitimierte Unterschiede nicht mehr, muß das Verhältnis zwischen den Menschen nach Kriterien der Gerechtigkeit gestaltet werden, nach Regeln denen jeder zustimmen kann, ohne sich auf Gemeinsamkeiten in den Lebensvorstellungen (Vorstellungen vom Guten) einzulassen"[16], das will heißen, dass es bei der Kategorisierung des ‚Richtigen' sowohl um das gemeinsame und verbindende Gute wie auch um das Gerechte geht. In der modernen Gesellschaft wird man sich stärker auf den vor allem von der Politik propagierten Begriff der Gerechtigkeit[17] verlegen.

Darüber hinaus gelten die in einer Gesellschaft festgelegten Normen, die aufgrund ihrer allgemeinen Verbindlichkeit grundsätzliche Gültigkeit beanspruchen und eigentlich kein Hinterfragen dulden. Dies ist erst dann legitim, wenn sich gewisse Normen eben nicht als für jedermann gültig oder als wenig hilfreich und praktikabel erweisen. Im Allgemeinen kann davon ausgegangen werden, dass der Mensch den Normen und den daraus entstehenden Normierungen bzw. Regulierungen von gesellschaftlichen Prozessen bis hin zum täglichen Lebensablauf mehr oder weniger unreflektiert Folge leistet. Er gewöhnt sich an bestimmte Vorgaben, die er dann auch einhält und er in der Regel erst dann wieder auf deren Normencharakter aufmerksam wird, wenn sich die Norm selbst verändert hat oder verändert werden soll.

Natürlich gibt es Menschen, die einerseits eine gewisse ‚Normenhörigkeit' besitzen. Gemeint sind damit jene, die sich unbesehen jeder Normierung beugen, einer Einstellung entsprechend, die besagt, man könne ja doch nichts machen. Andere wiederum versuchen, sich gegen jede Regelung oder Vorschrift zu wenden, auch wenn sie im Sinne der Allgemeinheit erfolgt und von dieser bejaht wird.

Fußt die Norm auf einer Wertvorstellung und dient sie der Durchsetzung und dem Schutz eines Wertes, der auf breite Zustimmung in der Bevölkerung stößt, so wird diese Norm in aller Regel akzeptiert und befolgt werden. Ist der hinter einer Norm stehende Wert aber nicht erkennbar, so wird die Akzeptanz des Wertes in aller Regel abnehmen. Noch deutlicher wird der Zusammenhang dann, wenn eine Normierung nicht gleich oder erst sehr viel später einem längst gewandelten oder durch eine andere inhaltliche Vorstellung ersetzten Wert angepasst wird, wie man bereits weiter oben[18] sehen konnte.

Es wurden Studien durchgeführt, die auf einen anderen, nicht gänzlich unbekannten, aber durchaus interessanten Aspekt des Normenverständnisses aufmerksam machen[19]. So hat *Kovalev* im Rahmen einer Dissertation eine schriftliche Befragung der Einwohner des Landkreises Eichstätt und der Stadt Ingolstadt zur Problematik der Zukunft des Sozialstaates in Deutschland vorgenommen. Diese mündete in eine nach dem Alter differenzierte Analyse der Werte- und Normenakzeptanz ein. Sie stellte dabei fest, dass die Vertreter von jüngeren Altersgruppen

---
16 J. Schneider, a.a.O., S. 40.
17 Siehe hierzu Kap. E.
18 Vgl. hierzu Kap. C I.
19 H. Kovalev, a.a.O., 2003.

in vielen Bereichen eine geringere Akzeptanz von Normen zeigt. Daraus zieht die Autorin den folgenden Schluss:

„Geht man davon aus, dass Normen das zwischenmenschliche Zusammenleben regeln, so könnte diese Tatsache auf eine abnehmende Achtung von Gesellschaftsmitgliedern und damit auf die Entwicklung der ‚Ego-Gesellschaft' hindeuten. Dies entspricht jedoch nicht der Realität..."[20]

Kovalev verweist auf jüngere Studien, die eine Verbesserung des moralischen Klimas in Deutschland nachweisen, wie etwa die Umfrage des ‚Allensbacher Instituts für Demoskopie': „Moral 2001 – Werte und Normen im Wandel" vom Mai 2001. Zu ähnlichen Ergebnissen kommt die alljährlich aktualisierte „Generationenstudie. Einstellungen zu Politik und Gesellschaft – ein Generationenvergleich", durchgeführt von der ‚GMS Dr. Jung. Gesellschaft für Markt- und Sozialforschung mbH Hamburg' und im Auftrag der I. und W. Tausend-Stiftung durch die Hanss-Seidel-Stiftung, München veröffentlicht.

Kovalev arbeitet in der Studie vor allem die Frage nach der Beeinflussung des Normen- und Werteverständnisses durch die Sozialisationsbedingungen auf. Sie geht davon aus, dass diese Bedingungen einerseits über eine gesamtgesellschaftliche und andrerseits eine individuelle Dimension verfügen. Ihrer Annahme, dass die erstere Dimension durch die Produktions-, Lebens- und Ausbildungsverhältnisse in der Jugendzeit des Menschen definiert werden, während die individuelle Dimension beispielsweise über den elterlichen Erziehungsstil oder die Beziehung zu Gleichaltrigen geprägt wird, ist sicher zuzustimmen, wenngleich weitere Faktoren, die sich aus den spezifischen individuellen Lebensläufen und -umständen ergeben, nicht unberücksichtigt bleiben dürfen.

Die Autorin konnte außerdem feststellen, dass die postmaterialistischen Werte, wie etwa die freie Meinungsäußerung unabhängig vom Alter für sehr wichtig erachtet werden. Dies trifft im Übrigen auch für die Grundwerte der Demokratie (zum Beispiel Freiheit und Gleichheit in der Gesellschaft, aber auch nach Ansicht des Verfassers bzgl. des Schutzes der Menschenwürde) generell zu. Erstaunlich mag sein, dass es bei den Altersgruppen dann keine Unterschiede im Hinblick auf Wertvorstellungen wie Ruhe und Ordnung gibt, wenn diese gute Beziehungen zu ihrem Freundeskreis pflegen[21].

Es lässt sich der Schluss aus diesen in Auswahl erfolgten Angaben ziehen, dass das Werteverständnis weitaus weniger altersbedingte Unterschiede aufweist, wie etwa die Normenakzeptanz. Der von *Kovalev* durchgeführte entsprechende Vergleich verdeutlicht eine generell niedrigere Akzeptanz von Normen bei den jüngeren Befragten. Ein Ergebnis, das einfach zur Jugend passt, da sie es ja ist, die am ehesten geeignet erscheint, verkrustete Normierungen aufzuheben und einer sich rasch verändernden Lebenswirklichkeit anzupassen.

---

20 A.a.O., S. 2.
21 A.a.O., S. 240f.

b) Kriterien einer Normwerdung von Werten

Es stellt sich die grundsätzliche Frage, wann Werte zu Normen werden und ob der umgekehrte Vorgang ebenfalls denkbar ist? Geht man von den Prinzipien christlichen Handelns aus, wie sie Moraltheologen etwa aus dem Leben Jesu ableiten, so haben drei davon gerade auch für das Soziale Handeln eine besondere Bedeutung:

1. Die Achtung jedes Menschen als Person
2. Die Sorge für die Benachteiligten
3. Der Verzicht auf jede Diskriminierung eines Menschen

Eigentlich käme hier noch die Führung eines besitz- und heimatlosen Lebens, so wie dies Jesus Christus vorgelebt hat, hinzu[22], was angesichts der unterschiedlichen gesellschaftlichen, wirtschaftlichen und politischen Verhältnisse der heutigen Welt nur noch für die armen bzw. von Kriegen heimgesuchten Länder zutreffen dürfte.

Diese drei Prinzipien sind Normen gleichzusetzen, hinter denen sich bestimmte Wertvorstellungen verbergen. Mit der Forderung nach der Achtung des Menschen lässt sich rasch der Artikel 1 unsere Verfassung in Verbindung bringen. Der Schutz und die Achtung der Menschenwürde sind der kardinale Wert unserer Gesellschaftsordnung. Schon allein die Positionierung im Grundgesetz gilt als wichtiges Kriterium dafür, dass es sich um ein höchst schützenswertes Gut handelt – was durch die gesetzliche Normierung geschieht. Die normative Aussage des Artikels 1 bedeutet, dass sie als wichtige Entscheidungshilfe dienen soll.

Dabei ist es unerheblich, aus welcher Begründung die Menschenwürde abgeleitet wird, ob aus einem philosophisch-ethischen oder einem religiösen Verständnis heraus. Die Verfassung Deutschlands geht von einer aus der Sozialnatur bejahten Mitmenschlichkeit aus und sieht die Würde des Menschen als eine dem Wesen desselben immanente naturrechtliche Eigenschaft an.

→ Es ist zunächst die Aufgabe des Staates für die gebotene Unantastbarkeit und Achtung dieser Menschenwürde zu sorgen. Dies tut er, indem er Gesetze erlässt, die diese Respektierung durchsetzen. Solche Gesetze stellen eine Normierung des Verhaltens bzw. eine Norm dar.

Nimmt man das Beispiel der Menschenwürde und verfolgt den Weg ihrer Verwirklichung, so erkennt man die Wertsetzung durch den die Gesellschaft repräsentierenden Staat. Dies gilt im Übrigen auch für alle in der deutschen Verfassung verankerten Grundrechte, die sich auf Grundwerte wie die Freiheit, die Gleichheit und die Gerechtigkeit als wesentliche Gestaltungsprinzipien zwischenmenschlichen Zusammenlebens in der Gesellschaft zurückführen lassen. Gerade an diesem Beispiel der Grundrechte des Bürgers in Deutschland werden zwei wesentliche Kriterien der Normwerdung von Werten deutlich sichtbar:

- die Durchsetzung und
- der Schutz von Werten.

---
22 Vgl. hierzu W. E. Müller, a.a.O., S. 145.

Somit erfüllen Gesetze, Vorschriften und sonstige Anweisungen mit ihrem Durchsetzungsanspruch und der Schutzgewährung eine doppelte, zumeist gleichzeitig ablaufende Funktion.

Anhand der Grundrechte, die als subjektive Schutzrechte des Bürgers gegenüber dem Staat verstanden werden, wird auch erkennbar, dass jede Gesellschaft allgemeine Werte besitzt. Das heißt, dass damit Zielsetzungen, erstrebenswerte Zustände gemeint sind, die eine einzelne Person nicht erreichen kann, die aber mit anderen zusammen durchaus verwirklicht werden können. Solche Werte oder Ziele werden von der Gesellschaft als Gesamtheit zwecks Verwirklichung an bestimmte Organisationen, oder Zusammenschlüsse wie etwa das Elternhaus, die Kirche, die Schule, den Verein, die Wohlfahrtsverbände und sonstigen Organisationen der Sozialen Arbeit delegiert. Derartige Organisationen oder anderweitige Vereinigungen geben nun Hilfestellung zur Verwirklichung der Werte, indem sie Verhaltensregeln vorgeben, also normieren und verbindlich machen.

Der Einzelne lernt in der Regel in der Organisationsform, in der er lebt und arbeitet, die für ein gedeihliches Zusammenleben notwendigen gesellschaftlichen Wertvorstellungen kennen und mit Hilfe von Verhaltens- und Handlungsregeln zu verwirklichen. Dies fordert von ihm, dass er seine eigenen Wert- und Zielvorstellungen, sein Ethos, daraufhin befragt, ob und inwiefern er den vorgegebenen Normen entsprechen kann oder sogar muss. Dabei unterliegt es seiner eigenen Verantwortlichkeit zu fragen, ob diese Normen wirklich dazu dienen und geeignet sind, die von der Gesellschaft bejahten Werte zu verwirklichen.

→ Der Sozialpädagoge nimmt in diesem Zusammenhang eine Vermittlerrolle zwischen den von der Gesellschaft festgelegten, die Werte schützenden und durchsetzenden Normen und seiner Klientel ein. Das für ihn zu lösende Problem besteht im Grunde genommen darin, die Wertvorstellungen des Klienten mit denen der Gesamtgesellschaft überhaupt erst oder wieder in Einklang zu bringen. Hierzu hat er beratend zu wirken und ggf. Reintegrationsmaßnahmen mit der betreffenden Person abzusprechen, die auf eine Anerkennung der gesellschaftlichen Werte und der Einrichtung einer entsprechenden Lebensgestaltung abzielen.

Aus diesem Beispiel lässt sich nun wiederum ein neues Kriterium ableiten:

- die Anpassung an Wertvorgaben durch Normensetzung

Das bedeutet, dass ein sich anpassendes Verhalten, quasi ein systemkonformes Handeln, kein gesellschaftliches Problem darstellt. Es ist erst die Abweichung von den gesellschaftlichen Erwartungen, die zu einer Komplikation bezüglich eines reibungslosen Zusammenlebens führen kann. Da der Mensch nie ganz angepasst ist, aber auch kein ständig abweichendes Verhalten zeigt, kommt es im Normalfall zu einem gewissen Arrangement im Verhalten des Einzelnen gegenüber Gesellschaft und Staat, wie auch umgekehrt. Dieses Arrangement wird erst dann verletzt, wenn zum einen der Anpassungszwang und zum anderen der Abweichungsdrang zu groß werden, so dass die gesellschaftliche Harmonie empfindlichere Störungen erfährt. Dies zu verhindern stellt sich als ständige Aufgabe der Sozialen Arbeit dar und obliegt auch wiederum der umfassenden Tätigkeit des Sozialarbeiters bzw. -pädagogen.

II Norm und Sozialverhalten

1 Norm und Sanktion

a) Zusammenhänge und Differenzierungen

Schon bei einer oberflächlichen Betrachtung des sozialen Lebens fällt auf, dass es Normen mit sehr unterschiedlicher Verbindlichkeit und einer gewissen Fähigkeit zur Bewusstwerdung gibt. Am wenigsten bewusst sind Normen in Handlungszusammenhängen, die zu den täglichen Gewohnheiten gehören. Den höchsten Grad an Verbindlichkeit erlangen jene Normen, die gesetzlich festgeschrieben sind und deren Einhaltung eingeklagt, aber auch strafrechtlich verfolgt werden können.

Die Vielzahl der Normen, die das menschliche Handeln leiten, ein geordnetes Zusammenleben in der Gemeinschaft regulieren und schließlich eine wechselseitige Orientierung ermöglichen, lassen sich in verschiedene Kategorien einteilen:

- nach dem Grad des **Bewusstseins**, des ‚Eingelebtseins' (*M. Weber*), mit dem es in den einzelnen Handlungen gegenwärtig ist,
- nach dem Grad der **Gewöhnung** durch Gewohnheit,
- nach den **Adressaten** in einem personen-, gruppen-, gesellschafts- und sachbezogenen Handlungszusammenhang,
- nach dem subjektiv gemeinten **Sinn**, der sich mit der Norm verbindet, in welchem die Norm entweder als Wert oder als leidiges Muss etc. empfunden wird,
- nach dem Grad der **Verbindlichkeit** und der damit verbundenen Art bzw. Strenge der Sanktion.

Aufgrund einer teilweise bereits erfolgten Erwähnung einiger der genannten Kategorien soll hier nur noch auf die zuletzt genannte Verbindlichkeit von Normen und deren Sanktionierung eingegangen werden. Wie bereits ausgeführt, erfüllen Normen nur dann ihren Sinn, wenn sie Beachtung finden und auch eingehalten werden. Das findet je nach Bedeutung und Einsatz in unterschiedlicher Gewichtung statt. Dementsprechend fällt auch die Sanktionierung sowohl bei Einhaltung der Norm wie auch bei einem Verstoß dagegen aus.

Folgende Einteilung der Norm nach dem Verbindlichkeitsgrad kann getroffen werden:

1. Die **Kann**-Normen
2. Die **Soll**-Normen
3. Die **Muss**-Normen

Das ‚Können', ‚Sollen' und ‚Müssen' lässt eine Steigerung erkennen, die dann auch bezüglich der jeweiligen Sanktionsmaßnahmen so gesehen werden muss.

Dass Normen nicht befolgt bzw. übertreten werden, ist eine alltägliche Erfahrung, die man entweder mit seinem eigenen Verhalten und Handeln macht oder an dem der anderen feststellt.

> → Man steht an der Verkehrsampel und möchte die Straße überqueren, doch die Ampel zeigt Rot. Obwohl man aufgefordert ist zu warten, überquert man die Straße nach einem kurzen Blick nach links und rechts. Diese Handlung begeht man selbst oder beobachtet sie an anderen Verkehrsteilnehmern.

Ein solches alltäglich erlebbares Beispiel zeigt, dass hier eine Handlung passiert, die aufgrund bestehender Straßenverkehrsvorschriften zwar untersagt wird, deren Einhaltung aber nur bedingt erfolgt. Um nun die Verkehrsteilnehmer vor Schaden zu bewahren, gilt es die Wirksamkeit der Norm durch Sanktionierung zu erreichen. Dem kleinen Kind bringt man die Einhaltung dieser und ähnlicher Normen zum Beispiel durch ein Lob oder eine Belohnung bei; beim erwachsenen Menschen wird nur noch die Verletzung der Norm geahndet.

> Eine **Sanktion** ist eine Reaktion auf ein Verhalten oder Handeln, die eine Konformität im Sinne einer Übereinstimmung mit den gesellschaftlichen Erfordernissen und dem eigenen Tun herstellen soll.

- Man spricht dann von einer **positiven Sanktion**, wenn die gewünschte Konformität durch Belobigung oder Belohnung eines als positiv angesehenen Verhaltens erreicht wird.
- Bei einer Abweichung von der für wünschenswert angesehenen Konformität kommt es zu einer **negativen Sanktion**, die von der einfachen Missbilligung bis zur Gefängnisstrafe reichen kann.

Wie die Werte und Normen zum täglichen Leben gehören, so auch die Sanktionen. Sie gelten sowohl für ‚Kann'- und ‚Soll'-Normen wie auch für ‚Muss'-Normen und werden je nach Bedeutung der Norm und Schwere deren Missachtung eingesetzt.

> → Bei obigem Beispiel kann die Missachtung der Straßenverkehrsordnung durch das Überqueren der Ampel bei Rot-Licht als Verkehrsordnungswidrigkeit mit einem Bußgeld belegt werden. Dies wird in der Regel bei mangelndem Verkehr im Sinne einer ‚Kann'-Bestimmung angewandt werden, während es bei einer Gefährdung anderer Verkehrsteilnehmer im Sinne einer ‚Muss'-Bestimmung zu einer Anwendung der Vorschrift kommt.

Im Allgemeinen stellen Gewohnheiten und Bräuche als überlieferte Formen gesellschaftlichen Lebens aufgrund ihrer relativen Unverbindlichkeit eine **Kann-Norm** dar. Beide spielen bei regelmäßig wiederkehrenden Anlässen eine gewisse Rolle, ohne einen stärker normierenden Charakter aufzuweisen. Gerade der Brauch lässt sich am besten mit der Redewendung „Es ist Brauch, …" charakterisieren. Es muss von jedem Einzelnen in der jeweiligen Situation entschieden werden, ob er sich an einen Vorschlag, eine Empfehlung bzw. an einen Brauch oder eine Gewohnheit gebunden fühlt oder – unter Inkaufnahme einer im Individualfall unterschiedlichen Missbilligung – eben nicht.

Nimmt man als Beispiel die Sitten, so stellen sie **Soll-Normen** dar, die der moralischen Stabilisierung und Erhaltung des gesellschaftlich-kulturellen Gefüges dienen und eine stärkere Verbindlichkeit aufweisen. Ein Nichteinhalten beispielsweise von Tischsitten, Gruß- oder Kleidungsformen unterliegt der sozialen Sanktion, die bis zum Ausschluss aus der Gemeinschaft führen kann. Deshalb ist es ratsam eine ‚Soll'-Norm ernster zu nehmen als eine ‚Kann'-Norm, da sie einer verbindlichen Aufforderung entspricht und im Juristischen durchaus einer ‚Muss'-Norm gleichkommen kann.

Die stärkste Verbindlichkeit weist eine **Muss-Norm** auf, was sich darin zeigt, dass es sich vorwiegend um Gesetze, Vorschriften, Verordnungen, Anweisungen u. ä. handelt. Das ‚Ampel-Beispiel' hat gezeigt, dass es bei der durch Bußgeld geahndeten Ordnungswidrigkeit um eine von einer Behörde erlassene gesetzesvollziehende Rechtsverordnung geht, die zum Schutz der Verkehrsteilnehmer erlassen worden ist. Diese Ordnungswidrigkeit kommt also einem Verstoß gegen ein Gesetz gleich und wird in der Regel durch eine bestimmte Strafzumessung sanktioniert.

b) Normensetzung und -kontrolle durch Gesellschaft und Staat

Das obige Beispiel hat gezeigt, dass die Verkehrsordnung staatlicherseits Normen setzt, die dem Schutz der Verkehrsteilnehmer dienen sollen. Damit scheint zugleich der Versuch einer Beschränkung der persönlichen Entscheidungs- und Handlungsfreiheit verbunden zu sein. Im Grunde genommen könnte es einem demokratischen Staat – noch dazu jener durch ihn repräsentierten Gesellschaftsform, die die Freiheit als einen der wichtigsten Grundwerte anerkennt – egal sein, wie sich der Einzelne im Straßenverkehr verhält.

Natürlich unterliegt es der freien Entscheidung einer Person, bei Rotlicht einer Ampel über die Straße zu gehen. Das eigentliche Problem liegt nicht darin, dass diese Person dabei zu Schaden kommen könnte; es liegt vielmehr in der Tatsache, dass in einem solchen Fall andere Verkehrsteilnehmer ebenfalls geschädigt werden könnten. Da nun der Staat eine gewisse Fürsorgepflicht gegenüber seinen Bürgern zu erfüllen hat, ist er gezwungen zu handeln. Dies tut er, indem er eine Normierung des Verhaltens an einer Verkehrsampel durch bestimmte regulative Vorschriften, die für alle Verkehrsteilnehmer verbindlich sind, vornimmt.

Grundsätzlich ist es nicht denkbar, dass ein gedeihliches Zusammenleben in einer Gesellschaft ohne Normensetzung möglich ist. Um den inneren Frieden erhalten zu können, müssen Gesetze, Vorschriften, Verordnungen etc. geschaffen werden, damit dieses Ziel erreicht und auch langfristig eingehalten werden kann. Dazu bedarf es einer Kontrolle, ob diese Normen auch von allen Adressaten eingehalten werden. Bei unserem Beispiel sind es Polizisten oder sonstige lokale Ordnungshüter, die einen etwaigen Verstoß ahnden.

Überträgt man das bisher Ausgeführte auf das Verhältnis von Sozialer Arbeit zu den seitens von Staat und Gesellschaft gesetzten und kontrollierten Normen, so ergibt sich ein ähnlicher Zusammenhang. Die durchaus sehr unterschiedliche Klientel wird im Wesentlichen von Personen gebildet, die in irgendeiner Weise nicht den gesetzlichen Regelungen, Vorschriften und Erwartungen entsprechen bzw. gerecht werden können. Damit ist nicht gesagt, dass ein gewisses, alleiniges oder einseitiges Verschulden dieser Personen vorliegt. Es kann sowohl zu einer bewusst herbeigeführten Nonkonformität im Verhalten und Handeln kommen, weil man ganz einfach nicht bereit ist, sich irgendwelchen gesellschaftlichen Normierungen anpassen oder gar beugen zu sollen. Es gilt aber auch, dass trotz eines Bemühens, sich anpassen zu wollen, die persönlichen Fähigkeiten und Fertigkeiten dazu nicht ausreichen.

In solchen Fällen sind Staat und Gesellschaft die moralische Verpflichtung zur Hilfe eingegangen, was beispielsweise den Grundrechten der deutschen Verfassung zweifelsfrei entnommen werden kann. Man denke etwa an die in Artikel 1 festgeschriebene Unantastbarkeit und Achtung der Menschenwürde mit der Grundrechtsbindung der staatlichen Gewalt. Die Artikel 2 (Recht auf Leben und körperliche Unversehrtheit) oder 3 (Gleichheit vor dem Gesetz, Gleichberechtigung) stellen ebenfalls Normen dar, die den Staat in die Pflicht nehmen und zur Hilfestellung veranlassen.

Mit der Verpflichtung übernimmt vor allem der Staat eine Funktion, die eine mit den Grundrechten verbundene Normensetzung kontrolliert. Die bloße Festschreibung von Normen bietet noch keine Gewähr für die praktische Umsetzung derselben. Bezieht man diese Erkenntnis zum Beispiel auf die ersten drei Grundrechtsartikel des Grundgesetzes, so ließe sich zumeist lediglich der Verfassungsanspruch, nicht immer aber die Verfassungswirklichkeit verifizieren. Das bedeutet, dass es einer bestimmten Institution bedarf, die den Staat stets an seine eigene Verpflichtung erinnert und diese auch einzufordern vermag. Auch hier wird wieder eine der wesentlichsten Aufgaben der Sozialen Arbeit erkennbar: diese Kontrollfunktion zu übernehmen!

Eine solche Kontrollfunktion muss sowohl gegenüber Gesellschaft und Staat, wie auch gegenüber der betroffenen Klientel ausgeübt werden.

→ Der Sozialarbeiter ist nicht nur aufgefordert, für die (Wieder-)Herstellung einer den genannten Grundgesetzartikeln entsprechenden sozialen Lage seiner Klientel zu sorgen, sondern auch dazu, diese Klientel zur Einhaltung der Normen gegenüber anderen Menschen wie auch gegenüber Gesellschaft und Staat zu verpflichten. Daraus entsteht eine mindestens zweiseitige Verantwortung des Sozialarbeiters, der er nur dann gerecht werden kann, wenn er sich der Tragweite der ihm auferlegten Kontrollfunktion bewusst ist.

c) Von der Norm zum Wert

Bei der Normwerdung von Werten wurden besonders die Kriterien der Durchsetzung und des Schutzes von Werten herausgestellt.[23] Es ist nun die Frage zu beantworten, wie es sich im umgekehrten Fall verhält?

---
23 Siehe hierzu Kap. D II 1 b).

Es wurde schon festgestellt, dass hinter einer jeden Norm ein Wert steht, der mehr oder weniger klar erkennbar ist. Normen ohne eine diese rechtfertigende Wertvorstellung wirken leer, ohne Sinn und willkürlich. Und dennoch ist auch ein Prozess denkbar, der eine gesetzte Norm durch eine konsequente Anwendung zu einem Wert werden lässt, wenngleich – zugegebenermaßen – der umgekehrte Vorgang auch dann nicht ganz von der Hand zu weisen sein wird.

Eine Erklärung von der Wertwerdung einer Norm erscheint mittels der Industrienormen am ehesten plausibel zu sein. Nimmt man die Normierung der Papierformate, zum Beispiel die Deutsche Industrienorm (DIN) A 4 oder A 5 etc., so hat sich dieses Format im Alltag des Verbrauchers so durchgesetzt, dass er sich andere, davon abweichende Formate nur schwer vorstellen kann. Gibt es diese tatsächlich, wie es anhand mancher ausländischer oder besonders ausgefallener Formate vereinzelt feststellbar ist, so erweisen sie sich in der Regel als höchst unpraktisch im Gebrauch. So ist es bei derartigen Papierformaten so gut wie unmöglich, passende Ordner zur Archivierung zu bekommen; bei ausgefallenen Gruß- oder Briefkartenformaten lassen sich oftmals keine entsprechenden Umschläge finden, die mit den postalischen Vorgaben übereinstimmen.

Hier wird ein vorgeschriebenes Format letztlich für so praktikabel erkannt, dass es als Norm einen eigenen Wert gewinnt. Dieser liegt unter anderem auch darin, dass durch deren quasi zwangsweiser Umsetzung eine Standardisierung erfolgt, die in diesem Bereich eine erheblich vereinfachte Nutzung ermöglicht. Zu denken ist dabei an das Abheften, das Ordnen, das Registrieren, den Versand oder die Gestaltung der damit in Zusammenhang stehenden Produkte, wie Ordner, Ablagen, Fächer, Hüllen, Versandtaschen, Porto usw.

Man könnte natürlich jetzt behaupten, dass bereits die vorab bestehende Absicht der Standardisierung in unserem Fall der Formatfindung vorausgegangen ist und damit den eigentlichen Wert ausmacht. Dies ändert jedoch nichts daran, dass für den Verbraucher dieser eigentliche Wert erst durch den täglichen Gebrauch entsteht. Wenden wir diese Erkenntnis auf das ‚Ampel-Beispiel' an, so kann man zu ähnlichen Ergebnissen kommen:

Der Einsetzung von Ampeln an Straßenverkehrskreuzungen geht – wie wir gesehen haben – die Überlegung des Schutzes der Verkehrsteilnehmer voraus. Letzterer wird durch die Sanktionierung einer Missachtung dieser Regelung gezwungen, sich an die Vorgaben zu halten. Indem er das tut und sich daran gewöhnt, erkennt er in aller Regel den Nutzeffekt, der aus der Schutzfunktion der Ampel gerade auch für ihn entsteht. Diese Funktion wird ihm zum eigentlichen Wert des normierten Ampelverhaltens.

Überträgt man die Frage nach der Wertwerdung einer Norm auf den Bereich des Sozialen Handelns, so ist das Finden einer Antwort ungleich schwerer. Es wurde bereits festgehalten, dass das Handeln von Personen als ein wissentlich und willentlich hervorgerufenes Ereignis, als ein zielgerichtetes und Sinn machendes Verhalten verstanden werden kann. Man kann etwas tun oder auch lassen und dabei jeweils wissentlich, willentlich und sinnorientiert handeln. Dieses Handeln kann aber auch durch eine entsprechende Vorgabe erzwungen oder in verminderter

Zurechnungsfähigkeit, der man wissentlich beispielsweise nicht Rechnung trägt, begangen werden. Ein solches Handeln verfügt über einen verminderten Grad an Willentlichkeit und damit über einen reduzierten Handlungscharakter. Man könnte nun festhalten, dass sowohl das Wissen und der Wille, wie auch das Sinn gebende Moment als eine Art Norm gesehen werden, die einen zu einem derartigen Handeln veranlasst.

Es können aber auch andere Vorgaben im Sinne von Normen sein, die das Handeln zunächst widerwillig steuern, letztlich aber als wertvoll erkannt werden.

→ Ein Sozialpädagoge bekommt in seiner Schuldnerberatungsstelle den Fall einer Klientin übertragen. Er soll die betreffende Person darüber beraten, wie sie wieder aus der Schuldenfalle herauskommt und zu einer geordneten Verwaltung der ihr noch zur Verfügung stehenden Finanzmittel gelangt. Hierzu bekommt er von der Leitung klare Richtlinien und Anweisungen für das Vorgehen erteilt. Der Sozialpädagoge hat bereits eine Ausbildung zum Bankkaufmann absolviert und erkennt einige Schwächen an den ihm ausgehändigten Vorgaben, weshalb er sich über diese hinwegsetzt. Er verstößt damit gegen ein normiertes Handeln, das in seiner Beratungsstelle zwecks innerer Konformität und der Vermeidung unterschiedlicher Ratgebung vorgegeben ist. Er muss erkennen, dass gerade letztere Faktoren für eine gedeihliche Zusammenarbeit einen hohen Eigenwert besitzen, der erst durch die Normierung des Handelns erzielt werden kann. Ihm bleiben nur die Möglichkeiten, sich anzupassen, um den inneren Frieden nicht zu stören, oder aber langfristig auf diese Normierungen so Einfluss zu nehmen, dass sie eine Veränderung in seinem Sinne erfahren.

2   Soziale Normen

a)   Wesen und Art sozialer Normen

Es muss davon ausgegangen werden, dass die so genannten ‚sozialen Normen' mit allen sozialen Handlungen und damit auch mit allen sozialen Beziehungen in einem grundlegenden Zusammenhang stehen. Nach *Rüdiger Peuckert* sind sie eine „anthropologische Voraussetzung für soziales Handeln"[24]. Er begründet dies damit, dass nur der Mensch als ein instinktarmes, nicht festgelegtes und umweltoffenes Wesen über soziale Normen verfügt. Und er braucht diese seines Erachtens auch, um eine gewisse Regelmäßigkeit und Gleichförmigkeit der sozialen Handlungsabläufe zu seiner Entlastung erzielen zu können. Damit ist er nicht gezwungen, stets aufs Neue situationsgerechte Handlungsweisen entwerfen zu müssen. Schließlich schlussfolgert er: „Nur wenn Menschen regelmäßiges Verhalten von ihren Mitmenschen erwarten und sich darauf einstellen können, vermögen sie selbst konsistent zu handeln und soziale Beziehungen anzuknüpfen."[25]

---
24 Rüdiger Peuckert in: Grundbegriffe der Soziologie, hrsg. von Bernhard Schäfers, Verlag Leske + Budrich, 2. Aufl., Opladen 1986, S. 217.
25 Ebd.

> In erster Linie handelt es sich bei den sozialen Normen um gesellschaftlich gebotene Formen des Umgangs von Gesellschaftsmitgliedern mit- und untereinander, die von Anstand, Respekt und sittlich-kulturellen Internalisierungen geprägt sind.

Im Unterschied zu technischen Normen sind jene sozialen Normen, die in irgendeinem Zusammenhang mit dem menschlichen Handeln stehen, quasi als Koordinaten, als Bezugspunkte zu verstehen. Sie stellen fest, inwieweit zum einen eine Übereinstimmung mit der Norm oder zum anderen eine Abweichung von ihr vorliegt. Um dies bemessen bzw. einschätzen zu können, bedarf es verschiedener Faktoren, die letztlich das Wesen einer sozialen Norm ausmachen:

- den Normensender, als dem Absender von Verhaltensforderungen;
- den Normenadressaten, als dem Empfänger von Verhaltensforderungen;
- eine Situation, in welcher eine Verhaltensnormierung vorliegt bzw. gewünscht ist;
- Maßnahmen zur Sanktionierung eines abweichenden Verhaltens;
- Personen oder Subjekte, die die Sanktionierung vornehmen;
- Personen, zu deren Lasten sich die Sanktion auswirkt;
- die Normenbenefiziare als Personen, zu deren Gunsten die soziale Norm wirkt.

Es gehört auch zum Wesen der sozialen Norm, dass nicht grundsätzlich von ihrer Einhaltung ausgegangen werden darf. Nach *Emile Durkheim* sind gerade Abweichungen von einem normierten Verhalten integrierender Bestandteil einer nichtpathologischen Gesellschaft. Schließlich bedürfte es keiner sozialen Normen mehr, wenn es keine Abweichungen von diesen gäbe und jedermann alle derartigen Vorgaben befolgen würde.

Als Soziale Normen bezeichnet man vor allem all jene Vorstellungen, Handlungsmaximen, Verhaltensmuster und Regeln, die sich in sozialen Prozessen herausbilden, in sozialen Gruppen gültig sind und von den eigentlichen sozialen Akteuren in der Mehrheit akzeptiert und vertreten werden. Eine durch soziale Normen erfolgende Konformität im Handeln erzeugt soziale Identität und Zusammengehörigkeit. Ein von sozialen Normen abweichendes Verhalten ist in der demokratischen Gesellschaftsordnung bis zu einem gewissen Grad tolerabel; schwerere Verstöße hingegen unterliegen der gesellschaftlichen Sanktionierung und können zu einem Identitätsverlust bzw. einer sozialen Ausgrenzung führen.

> → Es ist seitens der übergroßen Mehrheit der Bevölkerung unbestritten, dass man sich in der Öffentlichkeit nicht unbekleidet zeigt. Will man es dennoch, so bleibt dies ganz besonderen gesellschaftlichen „Inseln", wie etwa spezifischen Arealen, die ausschließlich der Freikörperkultur dienen, vorbehalten. Außerhalb derselben erfüllt man mit einer Nichtbeachtung dieser sozialen Norm den Tatbestand der Erregung öffentlichen Ärgernisses und wird entsprechend der gesetzlichen Regelung sanktioniert.

Es ist nicht zuletzt unser tägliches Verhalten sowohl uns wie auch anderen gegenüber, das von sozialen Normierungen geprägt wird. Sei es, dass man sich bei bestimmten Anlässen (wie etwa Beerdigungen, Theater- oder Konzertbesuchen,

Hochzeiten und Geburtstagen etc.) angemessen kleidet, dass man bestimmte Gesprächsformen in Diskussionen und allgemeinen Unterhaltungen pflegt oder aber einfach nur Grundregeln des Anstands und der Höflichkeit gegenüber anderen Mitmenschen anerkennt. Soziales Handeln in diesem Zusammenhang bedeutet dann, dass man sich dieser Handlungsmaximen und Regeln bewusst ist bzw. bewusst darauf hingewiesen wird. Insofern ist Soziale Arbeit auch so zu verstehen, dass man mit seiner Klientel derartige Verhaltensmuster einübt, um in der Gesellschaft bestehen zu können bzw. wieder integriert zu werden.

Im Gegensatz zu Rechtsnormen, die erst dann sozial wirksam werden, wenn sie zu ihrer Erfüllung *erzwingbar* sind, sind sittliche bzw. soziale Normen von einer überwiegenden *Akzeptanz* in sozialen Gebilden abhängig. „Sie *gelten* sofern sie in dem Motivationshorizont der individuellen Gewissen weitgehend anerkannt sind. Sittliche Normen sind Elemente eines sozialen *Ethos*."[26]

Nach *Anzenbacher* sind wir Menschen erst dann von der objektiven Wahrheit, Richtigkeit und dem Gutsein einer Handlung überzeugt, wenn die Gewissensüberzeugung vorhanden ist, da das Gewissen wiederum den kategorischen Anspruch auf einen Wahrheits- bzw. Geltungsanspruch erhebt. Er gesteht allerdings zu, dass eine derartige Überzeugung als die persönliche und damit subjektive Gewissensüberzeugung gesehen werden muss.

→ Dies erklärt zum Beispiel auch, warum die Handelnden in der Sozialen Arbeit häufig die schwierige Aufgabe der Gewissensüberzeugung wahrzunehmen haben, um Menschen davon überzeugen zu können, dass ihr Verhalten nicht gesellschaftskonform ist. Da sich die Sozialpädagogen in der Regel dessen nicht bewusst sind, dass es um eine Gewissensbeeinflussung geht, scheitern nicht selten Therapieversuche, die – in Unkenntnis der Zusammenhänge – einfach zu oberflächlich vorgenommen werden!

Soziale Normen unterscheiden sich von den ethischen Normen wiederum dadurch, dass sie tatsächlich Anwendung finden. Sie besitzen „jedoch als Inhalt die Tendenz, zur allgemeinen Normativität zu werden. Die N. wird für den Einzelnen im Handeln als Verhaltenserwartung spürbar, die an ihn gerichtet wird und die er selbst als Voraussetzung seines Handelns an die Umwelt richtet".[27]

Neben der Sanktionierung ist für die Einhaltung der sozialen Norm ihre Legalisierung von großer Bedeutung. Diese hängt wiederum davon ab,

1) wie stark die handelnde Person die spezifische Norm und deren Gültigkeit durch Sozialisation internalisiert hat,
2) inwieweit das Gesamtsystem der sozialen Normen harmonisiert erscheint und innerhalb der sozialen Gruppen konfliktfreie Akzeptanz erfährt und
3) sich das soziale Normensystem für die Verfolgung der Zielsetzungen und die Verwirklichung der Wertvorstellungen der Gruppen bzw. in der Gesellschaft als praktikabel erweist.

---

26 A. Anzenbacher, a.a.O., S. 110.
27 Der Große Brockhaus Band 8, Wiesbaden 1979, S. 289.

Soziale Normen steuern im Grunde unser Verhalten in bestimmten sozialen Situationen, indem sie mögliche Verhaltensweisen vorgeben und vor allem auch gewisse Regelmäßigkeiten im Verhalten fixieren wollen. Diese Vorgaben gestalten sich je nach den kulturellen und gesellschaftlichen Gegebenheiten in unterschiedlicher Weise und verändern sich auch mit diesen.

> *Zusammenfassend* lässt sich das Wesen der sozialen Norm:
> - als eine mehr oder weniger verbindliche, allgemein geltende Vorschrift für das menschliche Handeln verstehen,
> - als eine notwendige Handlungsanweisung begreifen, ohne die ein gedeihliches Zusammenleben mit anderen Menschen nahezu unmöglich erscheint,
> - als explizit gemachte Verhaltensregeln bzw. Standards, die für eine Mehrzahl von Individuen gelten, deklarieren,
> - welche im Sozialisationsprozess erworben, internalisiert und im Laufe ihrer Institutionalisierung verbindlich gemacht werden
> definieren.

b) Versuch einer theoretischen Begründung

Die Norm im allgemeinen Sinne ist Gegenstand unterschiedlicher fachwissenschaftlicher Betrachtungen. Die sittliche Norm im Besonderen unterliegt vor allem der soziologischen Untersuchung, indem die Beziehungen zwischen der Norm, ihrer Rolle und dem Status analysiert und problematisiert werden. Die Handlungstheorie kümmert sich um die Zusammenhänge zwischen Norm und Handlung, während die Sozialpsychologie die Bedingungen einer Übertragung sozialer Normen im Laufe des (lebenslangen) Sozialisationsprozesses untersucht.

Die Beschäftigung mit sozialen Normen ist somit originäre Aufgabe der Sozialwissenschaften, weshalb die Bedeutung dieser Bezugswissenschaften für die Soziale Arbeit gar nicht hoch genug eingeschätzt werden kann. Sie tragen – möglicherweise durchaus in unterschiedlicher Gewichtung – in hohem Maße zur Erklärung von Bedeutung und Funktionalität sozialer Normen für das soziale Handeln bei.

Es ist zunächst davon auszugehen, dass es keine absolute Verbindlichkeit sozialer Normen gibt, da sie eher als allgemein geltende Vorgaben für das menschliche Handeln angesehen werden müssen. Dadurch, dass sich soziale Normen aus allgemeinen Wertvorstellungen ihres jeweiligen soziokulturellen Umfeldes entwickelt haben (und auch weiterhin entwickeln werden), legen sie mehr oder weniger fest, was in bestimmten Situationen, die sich in ihrer Darstellung weitgehend gleichen und somit wiederholt auftreten, getan oder unterlassen werden soll.

Der Mensch entwickelt sich Schritt für Schritt aus seiner natürlichen, zunächst gegebenen Handlungsunfähigkeit heraus und wächst zusammen mit seiner körperlichen wie auch geistigen Entwicklung in eine zunehmende Handlungsfähigkeit hinein. Auf diesem Weg erlernt er die jeweils in der Gesellschaft geltenden sozialen Normen mittels Erziehung im Elternhaus, im Kindergarten, in der Schule, in Ausbildung und Beruf, zusammen mit anderen in verschiedenen sozialen Gruppen

(z. B. ‚peer groups') und während jeder Altersstufe. Mit zunehmendem Alter wird der Mensch mit einer wachsenden Anzahl an Normen konfrontiert, er verinnerlicht diese in der Regel und passt sich somit immer aufs Neue den gesellschaftlichen Gegebenheiten an.

Das Erwachsensein des Menschen zeigt sich unter anderem auch darin, dass die betreffende Person die meisten sozialen Normen kennt, diese beachtet und sich auch dementsprechend verhält, um in der Öffentlichkeit nicht aufzufallen. Hierzu trägt vor allem der direkte Erziehungsprozess vordringlich innerhalb der Familie bei; im Rahmen der allgemeinen (lebenslangen) Sozialisation wird ein Übriges erreicht. Verhält sich diese Person jedoch nicht in entsprechender Weise, indem ihr Verhalten nicht mit den sozialen Normen konform geht, so unterliegt sie der sozialen Kontrolle durch die anderen Gesellschaftsmitglieder.

→ Der Ausstieg aus der sozialen Normativität, indem Personen zum Beispiel aufgrund von Alkoholismus, von Kriminalität oder anderen asozialen Verhaltensweisen im Sinne eines nicht gesellschaftskonformen Verhaltens nicht mehr dem gesamtgesellschaftlichen Konsens über Wertekonzepte und deren Normorientierung entsprechen, muss über die Möglichkeiten der Sozialen Arbeit wieder korrigiert und rückgängig gemacht werden. Dabei ist die Vermittlung einer Einsicht in die Notwendigkeit ebenso wichtig, wie das Herbeiführen einer freiwilligen Umorientierung. Die Klientel ist argumentativ davon zu überzeugen, dass die Ablehnung bestimmter sozialer Normen zu einer möglicherweise irreparablen Ausgrenzung führt und die Lebenschancen der betreffenden Person in menschenunwürdiger Weise beschneidet.

Die Anerkennung sozialer Normen darf andrerseits nicht absolut gesetzt werden. Würde dies geschehen – wie dies beispielsweise in totalitären Herrschaftssystemen durchaus der Fall ist –, so würde damit der Individualität der einzelnen Person nicht mehr Rechnung getragen und dem normalen Drang zur personalen Selbstverwirklichung Einhalt geboten.

Die Verletzung der Freiheit als wesentlichem Grundwert in unserer Gesellschaft bedeutet dann zugleich auch die Einschränkung der Freiwilligkeit im Handeln. Zudem ist davon auszugehen, dass die einzelnen sozialen Normen nicht alle gleich gewichtet werden können und dürfen. Sie unterliegen einer bestimmten *Wertigkeit* und lassen sich hierarchisch ordnen. Je bedeutsamer eine soziale Norm für das gedeihliche und am Gemeinwohl aller orientierte Zusammenleben in einer Gesellschaft ist, desto größere Anstrengungen müssen gerade auch durch die Soziale Arbeit unternommen werden, um ihre Akzeptanz und Einhaltung erzielen zu können.

c) Zur Bedeutung und Funktionalität sozialer Normen

Es ist immer wieder darauf hinzuweisen, dass soziale Normen mögliche Verhaltensweisen in einer sozialen Situation definieren und bestimmte Regelmäßigkeiten eines Verhaltens angeben. Das menschliche Handeln kann im Grunde erst dann von seiner Richtigkeit ausgehen, wenn es sich in bestimmten Situationen als

,richtig' bewährt hat. Was aber ‚richtig' ist, bleibt solange subjektiv, wie es dem einzelnen Individuum vorbehalten ist, dieses aus seiner Sicht als richtig einzustufen. Erst die Akzeptanz eines derartigen Handelns durch eine Mehrzahl anderer Gesellschaftsmitglieder erhebt das subjektiv ‚richtige' Handeln in die Objektivität allgemeiner Gültigkeit. Wie wir weiter oben bereits feststellen konnten, ist dabei die Gewissensüberzeugung entscheidend, da sie immer die gegensätzlichen Faktoren der Objektivität und der Subjektivität in sich einschließt. Durch diese Gewissensüberzeugung gewinnt der zunächst subjektiv Handelnde die nötige Sicherheit für sein tatsächliches, nunmehr objektiviertes Handeln. Somit stellt die soziale Norm eine wichtige Funktion für das Erreichen der Gewissensüberzeugung des Individuums dar.

Die Bedeutung bzw. Funktion der sittlichen Normen für das gesellschaftliche Zusammenleben versucht *Anzenbacher* mittels folgender These plausibel zu machen:

> „Nur auf der Basis gemeinsam anerkannter sittlicher Normen können Institutionen menschlicher Vergesellschaftung human lebbare Gestalten konkreter Freiheit sein."[28]

Anzenbacher meint damit, dass kein soziales Gebilde seine Aufgaben sich selbst und der Gesamtgesellschaft gegenüber erfüllen kann, wenn es nicht über ein Mindestmaß an sozial akzeptierter sittlicher Normativität im Sinne des Fehlens eines Ethos verfügt. Ein humanes Handeln ergibt sich erst dann, wenn die Einzelperson sich das Interesse der Allgemeinheit, welches durch die gemeinsame Anerkenntnis der sittlichen bzw. sozialen Normen zustande kommt, zueigen gemacht hat. Für *Anzenbacher* gilt, dass es zwingend notwendig ist, ein Mindestmaß an sittlicher Identität – also eine gewisse Identifizierung mit den Normenvorgaben – in allen sozialen Gebilden herzustellen. Diesem Mindestmaß gesteht er je nach der speziellen Eigenart des sozialen Gebildes eine vielfältige Variabilität zu. Er erläutert seine Ansicht mit folgendem Beispiel:

> → „So ist das Gelingen von *Ehe und Familie* unter anderem auch davon abhängig, wieweit die Partner in der Lage sind, von ihren subjektiven Standpunkten und Überzeugungen zur Anerkennung gemeinsamer sittlicher Geltungen zu gelangen."[29]

Zugleich transferiert er diese Erkenntnis auf das Gesamtgesellschaftliche und führt die immer wieder auftretenden Grundwertediskussionen darauf zurück, dass es an einem normativen Basiskonsens fehlen würde, ohne den es „kein human lebbares Miteinander in Gesellschaft und Politik geben kann. Denn auch die pluralistische Gesellschaft, so fruchtbar ihre Vielfalt auch sein mag, ist nur insofern *Gesellschaft*, als sie nicht pluralistisch ist, sondern Identität bildet".[30]

Anders ausgedrückt bedeutet dies, dass jedes gesellschaftliche Mitglied sich trotz des Bestrebens seine Individualität entwickeln und leben zu wollen dem gemein-

---

28 A. Anzenbacher, a.a.O., S. 112.
29 A.a.O., S. 113.
30 Ebd.

samen Gesamtinteresse und damit einer gewissen sittlichen Normativität zu beugen hat. Derjenige, der dies nicht tut und einen gesamtgesellschaftlichen Handlungskonsens verlässt, bewegt sich nach außen und gerät in Gefahr früher oder später ausgegrenzt zu werden.

Versteht man soziale Normen ganz allgemein als „Regeln", so sind gerade diese geeignet, die latent immer vorhandenen Handlungsunsicherheiten der Menschen zu kompensieren. Es würde dem Einzelnen auf Dauer schier unerträglich erscheinen, müsste er sich bei jeder Handlung stets neu entscheiden. Der Rückgriff auf Erfahrungen, Gewohnheiten, auf Maßgaben und eben auf Orientierung gebende soziale Normen schafft die nötige Sicherheit und Klarheit im Handeln, reduziert unsystematisches Vorgehen und hilft Interessenkonflikte zu vermeiden.

Dem über die Werte in diesem Buch Gesagten entspricht es, dass natürlich die hinter den Normen stehenden Werte als Selektionskriterien für die normorientierten Handlungsentscheidungen gelten und zugleich wichtige Beurteilungskriterien darstellen. Dies ist insbesondere dann so, wenn die sozialen Normen keine klare Orientierung zu geben vermögen. Je wichtiger die Werte und die daraus resultierenden Zielsetzungen für die handelnden Individuen, sei es als Einzelne wie auch in Gruppen bzw. für eine ganze Gesellschaft, sind, um so stärker ist das Bedürfnis sie fest zu verankern. Das bedeutet, dass sie durch Normen festgeschrieben werden und der sozialen Kontrolle bezüglich ihrer Einhaltung unterliegen. Diese soziale Kontrolle ermöglicht dem Handelnden wiederum die Überprüfung, inwieweit sein Verhalten bzw. Handeln zum einen mit den Erwartungen der anderen konform geht, also mit der jeweiligen sozialen Norm übereinstimmt.

Im umgekehrten Fall bedeutet die Nonkonformität des Handelns dann natürlich, dass es sich um ein Verhalten handelt, das von der sozialen Norm abweicht. Die handelnde Person erfährt durch die jeweilige Reaktion eine Art Rückmeldung, die ihr weiteres Handeln erheblich zu beeinflussen vermag. So kann zum Beispiel die durch Belohnung oder Bestrafung von außen auf ihn einwirkende soziale Kontrolle (= Außenkontrolle) so stark ausfallen, dass dadurch jedes weitere Handeln prädestiniert wird. Darüber hinaus wird aber die handelnde Person sich selbst kontrollieren (= Innenkontrolle), um sich vor äußeren Sanktionierungen im Falle eines Fehlverhaltens zu schützen. Hierzu bedarf sie wiederum der sozialen Norm, da diese dann als Bezugspunkt für die Bestimmung eines konformen bzw. abweichenden Verhaltens von Bedeutung ist.

Je nach Definition schafft die Norm ein gemeinsames Bezugssystem; sie stellt eine verbindliche Vorschrift dar, erfüllt (Rollen-) Erwartungen, setzt Bewertungsstandards, erzeugt eine Art Uniformität durch Gruppendruck und führt zu einem durchschnittlichen Verhalten.

Die **Funktionalität** der sozialen Norm zeigt sich insbesondere dadurch, dass

- sie die *Willkür* des Einzelnen in der Beziehung der Menschen zueinander begrenzt,
- indem sie durch eine *Institutionalisierung* in Gestalt von Regeln und Standards andere gesellschaftskonforme Möglichkeiten ausschließt;

- eine *Selektion*, die als Grundprinzip sozialer Strukturbildung gelten kann, durch Normierung vornimmt und somit die Entwicklung von Handlungsabläufen vorwegnimmt;
- zur *Institutionalisierung* eines strukturierten Handelns führt;
- eine *Abstrahierung* der individuellen Besonderheit von Handlungsabläufen zu leisten vermag;
- zugleich das *Allgemeine* bzw. das ‚Typische' an Handlungen repräsentiert;
- und schließlich einer wechselseitigen *Orientierung* des Handelns mehrerer Individuen dient, welche dem Aufbau von sozialen Beziehungen sowohl der einfacheren Paarbeziehung wie auch von komplexen Organisationen förderlich ist.

> Die grundlegende Aufgabe der sozialen Normen besteht darin, dass sie der gewünschten *Gleichförmigkeit des Handelns* und der *Regelmäßigkeit des Verhaltens* dienen!

Emile Durkheim hat die Normativität des Sozialen als Basis sozialen Verhaltens erkannt. Die Norm wird als eine Kategorie verstanden, die zunächst von außen an das Handeln der Person herangetragen wird, wenngleich sie nicht nur als etwas Fremdes begriffen werden darf, da sie sich letztlich durch das Handeln verinnerlicht.

Würden allgemein anerkannte Normen fehlen, so entstünde ein Zustand der Normlosigkeit, welcher wiederum ins Chaos führen müsste.

Dieser als *Anomie* bezeichnete Zustand entsteht dann, wenn aufgrund eines sehr raschen sozialen Wandels, wie zum Beispiel nach einem die Gesellschaftsstrukturen verändernden oder gar vernichtenden Krieg, völlig neue Situationen auftreten, die erst der neuerlichen Beherrschung bedürfen. Dann entspricht der Anomie-Begriff seiner griechischen Ursprungsbedeutung im Sinne einer „Gesetzlosigkeit" bzw. einer Abwesenheit von Normen. Auch durch einen Geltungsverlust überkommener Wertvorstellungen und der daraus resultierenden sozialen Normen kann ein derartiger Zustand eintreten. Doch selbst nur noch halbherzig durchgesetzte soziale Normen büßen bereits ihre das Verhalten steuernde Wirkung erheblich ein.[31]

E. Durkheim hat den Anomie-Begriff in die Soziologie eingeführt und mit ihm „eine gesamtgesellschaftliche Situation bezeichnet, in welcher herrschende Normen auf breiter Front ins Wanken geraten, bestehende Werte und Orientierungen an Verbindlichkeiten verlieren, die Gruppenmoral eine starke Erschütterung erfährt und die soziale Kontrolle weitgehend unterminiert wird".[32]

Durkheim hatte mit seiner Begriffserklärung Zeiten eines beschleunigten sozialen Wandels vor Augen, wie etwa die durch die Industrialisierung des 19. Jahrhunderts ausgelöste und stark veränderte Sozialstruktur der damaligen Gesellschaften, ebenso wie die damit verbundene Neuverteilung der Arbeit. Greift man den ursprünglichen Wortsinn auf, so wird deutlich, dass es sich um einen Prozess des sich mehr oder weniger schnell vollziehenden Wandels handelt, in

---

31 Vgl. hierzu insbesondere R. Peuckert, a.a.O., S. 217.
32 Fuad Kandil, in B. Schäfers, a.a.O., S. 18f.

welchem soziale Normen und Wertvorstellungen als zunehmend fragwürdig bzw. überholt angesehen und letztlich in Frage gestellt werden. Es tritt somit dann eine Art Schwebezustand auf, bis sich neue soziale Normen, die möglicherweise aus anderen, neuen Wertekonzepten resultieren, herausentwickelt haben.

Eine sinnvolle Übertragung der Sichtweise *Durkheims* auf die Belange der Sozialen Arbeit ergibt sich dadurch, dass er glaubte, das unaufhörliche menschliche Streben nach höheren Zielsetzungen („Aspirationen"), wie etwa durch eine „Vergötzung des Wohlstandes", würde die verfügbaren, aber naturgemäß begrenzten Mittel dermaßen erschöpfen, dass die gültigen sozialen Normen in Frage gestellt würden. Dies vor allem deshalb, weil sie nur bestimmte Mittel für das Erreichen bestimmter Ziele zulassen.

Hält sich nun der Einzelne nicht mehr an die vorgegebenen sozialen Normen, so kommt es zu einer Normübertretung im Sinne eines abweichenden Verhaltens. Dieses wiederum entspricht nicht den gesamtgesellschaftlichen Vorstellungen, weshalb über die Soziale Arbeit alles getan werden muss, um die so handelnden Menschen wieder an den gesamtgesellschaftlichen Verhaltenskonsens durch Einhaltung der gültigen sozialen Normen heranzuführen.

Kandil spricht von einer „anomischen Spannung", die dadurch erzeugt wird, dass eine Diskrepanz zwischen den immer höheren Zielsetzungen und den naturgemäß begrenzten Mitteln, die zum Erreichen der ersteren zur Verfügung stehen, entsteht. Einen Ausweg sieht er zum Beispiel darin, dass die als gemeinhin erstrebenswert geltenden Ziele entweder aufgegeben oder durch andere Alternativen ersetzt werden. Zudem wäre es denkbar, mit der anomischen Spannung zu leben, weil man sowohl die Normen als auch die Ziele stark verinnerlicht hat. Es ist nach Auffassung des Verfassers davon auszugehen, dass ein derartiges Spannungsverhältnis die sozialen Verhältnisse einer Gesellschaft in hohem Maße prägt und letztlich dann neue, soziale Spannungen herbeiführt, wenn es nicht gelingt, die menschlichen Aspirationen mit den gegebenen Mitteln, die sich aus einem sozialen Normenkonzept ergeben, in Einklang zu bringen.

E „Soziale Gerechtigkeit": Kardinalwert oder normierte Illusion

I Soziale Gerechtigkeit als Wertkonzept

1 Soziale Gerechtigkeit: eine begriffliche Klärung

a) Philosophische Grundlegung und allgemeines Gerechtigkeitsverständnis

Die „Gerechtigkeit" galt bei *Platon* als der allen Tugenden zugrundeliegende höchste Wert. In dem Gespräch zwischen *Adeimantos* und *Sokrates* in seinem Werk „Der Staat" lässt er *Sokrates* aber auch darauf hinweisen, dass die „Idee des Guten als höchster Gegenstand des Wissens ... durch ihre Mitwirkung gerechte Handlungen sowie die anderen Handlungen dieser Art überhaupt erst heilsam und nützlich macht".[1] Damit sagt er im Grunde, dass nur das gerecht sein kann, was gut ist – oder umgekehrt gilt dann, dass nur das Gute gerecht ist.

Popper sieht *Platons* Gerechtigkeitsbegriff zu Recht auf die Herrschaftsverhältnisse im Staat bezogen und meint: „Platons Idee der Gerechtigkeit verlangt im Grunde, dass der natürliche Herrscher herrschen und der natürliche Sklave fronen solle."[2] Damit wird ein Gerechtigkeitsbegriff angesprochen, der bei *Platon* von den natürlichen Gegebenheiten ausgeht und jeden das Seine entsprechend dieser Vorgaben tun lässt. Daraus ergibt sich wiederum die Überlegung, dass es gerecht und somit auch rechtens ist, wenn jeder sich entsprechend seiner Möglichkeiten verhält. Würde man diese Überlegungen auf das Zusammenleben in der Gesellschaft übertragen, so ließe sich die ‚soziale Gerechtigkeit' als eine Verteilung der Güter unter der strikten Maßgabe der Berücksichtigung der individuellen Kräfte und Verhältnisse verstehen. Dieses Verständnis würde sich grundlegend von dem heutigen Gerechtigkeitsbegriff unterscheiden, da dieses ‚Jedem das Seine' in keiner Weise mit einer von bestimmten politischen Kräften geforderten Umverteilungspolitik in Einklang zu bringen wäre.

Dennoch bleibt bestehen, dass der Gerechtigkeit schon seit alters her eine enorme Bedeutung zukommt, wie dies auch bei *Aristoteles* sichtbar wird. Dieser sieht das Ganze – ähnlich wie *Platon* – als einen Grundwert menschlichen Zusammen-

---

[1] Platon, Der Staat; in: R. Ferber, a.a.O., S. 265.
[2] Karl R. Popper, Lesebuch. Ausgewählte Texte zu Erkenntnistheorie, Philosophie der Naturwissenschaften, Metaphysik, Sozialphilosophie (Hrsg. David Miller), J.C.B. Mohr (Paul Siebeck) Tübingen 1995/UTB Bd. 2000, S. 309.
Popper bezieht sich auf ein Zitat von Platon: „Der Weise soll führen und herrschen und der Unwissende soll ihm folgen." (in: Gesetze 690 b).

lebens. Der Einzelne und die Gemeinschaft haben jedem das zukommen zu lassen, was ihm gebührt und dabei Gleiches gleich zu behandeln. Wie man sieht, wird hier der Gerechtigkeitsgrundsatz in gewisser Weise schon an das Gleichheitsprinzip gebunden. Bei *Aristoteles* sind allerdings für eine gerechte Behandlung nicht allein die natürlichen Gegebenheiten und die sozialen Verhältnisse ausschlaggebend, sondern auch die Berücksichtigung der Verhaltensweise und der Persönlichkeit des Mitmenschen. Zudem differenziert *Aristoteles* die Gerechtigkeit in zwei Bereiche auf:

- der eine erfasst die Rechte und Pflichten des Einzelnen gegenüber der Gemeinschaft als ‚*austeilende Gerechtigkeit*' (= ‚iustitia distributiva'),
- während der andere die Rechte und Pflichten der Einzelnen untereinander als ‚*ausgleichende Gerechtigkeit*' (= ‚iustitita commutativa') definiert.[3]

Die ‚austeilende Gerechtigkeit' kommt einem heute noch gültigen Gerechtigkeitsverständnis gleich, wenn davon ausgegangen wird, dass jedem einzelnen Mitglied einer Gemeinschaft wie auch allen anderen Teilgemeinschaften das diesen jeweils Zustehende an Gemeinschaftsgütern und -lasten zugewiesen wird. Diese gesellschaftlichen Teile haben ein Recht darauf, von den Gemeinschaftsgütern den ihnen entsprechenden Anteil zu erhalten, aber auch die Verpflichtung zum Tragen der Gemeinschaftslasten ihrem Anteil gemäß herangezogen zu werden. So können gemeinschaftlich geschaffene Güter nur dadurch gebildet und dann verteilt werden, wenn sie von diesen Gesellschaftsmitgliedern entsprechend ihrer Leistungsfähigkeit bis zu einem gewissen Grad ‚erwirtschaftet' werden. Dies geschieht zum Beispiel über die Besteuerung von Einkünften jedweder Art. Die eigentliche Gerechtigkeit besteht dann darin, dass man bei der Verteilung der Güter wie auch der Lasten ein bestimmtes Verhältnis festlegt, das sich an sachlichen und nicht an ideologischen Gesichtspunkten, wie etwa Einkommen, Leistung, Fähigkeit oder Bedürftigkeit orientiert.

Dem gemäß kann es nicht gerecht sein, jedem sachlich und mengenmäßig dasselbe zuzuteilen oder abzuverlangen. Geschieht dies aber doch, so muss in anderen Bereichen eine entsprechende Entlastung bzw. -belastung erfolgen.[4] Die

---

[3] Für Aristoteles ist die Gerechtigkeit die vornehmste der Tugenden, „die vollkommene Tugend...im Hinblick auf den anderen Menschen". Vgl. in ‚Nikomachische Ethik': ‚Gerechtigkeit' (V 1–3, 6–7); siehe zum Gerechtigkeitsbegriff auch: Der Große Brockhaus, Bd. 4, 1978, S. 449.

[4] Die politische Auseinandersetzung über diese Zusammenhänge gewann im Wahlkampf zur Bundestagswahl 2005 deshalb an Aktualität, weil durch die konkurrierenden Steuerreform-Modelle der zu diesem Zeitpunkt oppositionellen Unions-Parteien (‚Kirchhof-Modell') und der rot-grünen Regierungskoalition sowie der neuen Linkspartei ‚Die Linke'/PDS gerade der Gesichtspunkt der pauschalen Belastung der Bürger einerseits und der erhöhten Belastung der sog. ‚Reichen' andrerseits (‚Reichensteuer') zum eigentlichen Dissens über die Gestaltung der ‚sozialen Gerechtigkeit' geführt hat. Beide Seiten hatten jeweils eine unterschiedliche politische Klientel in das wahltaktische Kalkül mit einbezogen. Während das Kirchhof-Modell die Steuervereinfachung erreichen und eine einseitige Belastung der besserverdienenden Bevölkerungsschichten verhindern wollte und die gleichmäßige Verteilung der (Steuer-)Lasten anstrebte,

‚ausgleichende Gerechtigkeit' geht eher in diese Richtung, auch wenn man zuerst den erklärten Willen des Einzelnen bzw. einer Gemeinschaft dazu braucht, dem Einzelnen bzw. einer anderen Gemeinschaft das jeweils Zustehende zu gewähren. Im Sinne des *Aristoteles* kommt ein Austausch zustande, der das Wohl des Einzelnen bzw. der Gemeinschaft zum Ziel hat. Es ist allerdings dabei nach Ansicht des Verfassers zu berücksichtigen, dass ein Austausch nur so lange möglich ist, wie es unterschiedliche Verteilungsverhältnisse gibt.[5]

In der Moderne findet diese Lesart ihre Ergänzungen, indem man Gerechtigkeit auch als ‚Einhaltung der Gesetze' (= iustitia legalis') und als ‚soziale Gerechtigkeit' versteht. Gerechtigkeit wird heute häufig als oberste Norm einer politischen Ethik im Sinne einer normativen Rechts- und Sozialtheorie verstanden. Hierbei geht es in erster Linie um eine grundsätzliche Betrachtungsweise, der zufolge jegliches rechtliches Werten und soziale Handeln auf der Basis der Gerechtigkeit zu erfolgen hat. Dementsprechend muss die Gerechtigkeit auch als Grundkriterium zur Beurteilung von Gesetzen und sozialen Institutionen gesehen werden. Moderne Utilitaristen interpretieren die Gerechtigkeit als das eigentliche Fundament eines politischen Handelns, das auf das maximale Wohlergehen aller Betroffenen ausgerichtet ist, während andere – zu denen vor allem auch *John Rawls* zählt – wiederum dem Wohlergehen des Einzelnen gerade aus Gerechtigkeitsgründen den Vorrang einräumen. Im Übrigen zeigt sich die heutige politische Forderung nach der ‚sozialen' Gerechtigkeit in einem gewissen Sinne als höchst utilitaristisch, aber auch als sehr populistisch.

b) Formale und materiale Gerechtigkeit

Die Gerechtigkeit und der Umgang mit ihr war und ist zu allen Zeiten ein großes Thema jeglicher Herrschaftsform und des jeweiligen Rechtsverständnisses. Stets ist es das Privileg der Herrschenden gewesen, darüber zu befinden, was ‚gerecht' ist. Dies gilt sowohl für die zum Teil despotische Herrschaftsauslegung des Altertums wie für den mittelalterlichen König und Kirchenfürsten, für die feudalistische Herrschaft einer adligen Oberschicht im Hoch- und Spätmittelalter, den frühen wie auch späteren absolutistischen Monarchen des 15.–18. Jahrhunderts, die Diktaturen des 20. Jahrhunderts und auch für die moderne Demokratie. Allen Formen war und ist die Setzung und Wahrung des Rechts sowie das Erlassen von Gesetzen zueigen.

Um aber die Gerechtigkeit bewahren zu können, bedarf es der Erfüllung bestimmter formaler Bedingungen der Rechtssetzung und der Anwendung des Rechts. Hinzutreten muss dann auch die Sicherung materialer Rechtswerte. In der Verfassung Deutschlands gilt in diesem Zusammenhang als oberstes Prinzip

---

versucht die ‚Reichensteuer' genau das Gegenteil zugunsten der finanziell unterprivilegierten Schichten zu erzielen. Bei beiden Sichtweisen wurde dies als Beitrag zu mehr sozialer Gerechtigkeit propagiert.
5 Vgl. hierzu weiter unten die Ausführungen zur Gerechtigkeitstheorie von John Rawls.

die Gleichheit der Rechtssetzung und -anwendung. Der Artikel 3 des Grundgesetzes legt in seinem ersten Satz fest, dass alle Menschen vor dem Gesetz gleich sind. Dieser Artikel spricht ein Grundrecht aus, das auch für Nichtdeutsche Gültigkeit beansprucht. Zudem besagt es auch, dass es nicht nur um die *Gleichheit vor dem Gesetz* geht, sondern auch um die *Gleichheit des Gesetzes selbst*. Damit muss nicht nur jeder juristisch gleich behandelt werden, sondern jedes Gesetz muss auch gleichermaßen für jeden gültig sein.[6] Zugleich wird aber auch deutlich, dass dies nur für all das gilt, was als ‚gleich' angesehen werden kann; im Umkehrschluss bedeutet dies, dass Ungleiches bzw. Verschiedenes nach seiner jeweiligen Eigenart zu behandeln ist.

• Der **formale** Aspekt der Gerechtigkeit geht auf die anthropologische Annahme zurück, dass alle Menschen von Geburt aus gleich sind und damit die gleichen Rechte zur persönlichen Entfaltung haben. Um diese Rechte in Anspruch nehmen zu können, müssen die entsprechenden Möglichkeiten geschaffen und gesichert werden. Dies bedeutet beispielsweise den gleichen rechtlichen Zugang zu den Faktoren zu schaffen, die für den sozialen Status des Einzelnen notwendig sind. *Giersch* nennt vorrangig die Faktoren: Einkommen bzw. Eigentum, Sozialprestige, Autorität, Ausbildungs- und Erziehungsniveau. Dem ist insoweit zuzustimmen, als es sich um Faktoren handelt, die in sich gleich sind, aber doch wohl ein jeweils anderes Niveau erreichen können, was wiederum unter dem Gesichtspunkt der sozialen Gerechtigkeit möglich sein muss und auch gegeben ist.

Nimmt man nun den für die Soziale Arbeit grundlegenden Begriff der ‚sozialen Gerechtigkeit' her, so beinhaltet er zunächst ebenfalls das Bekenntnis zur Gleichheit vor dem Gesetz. Diese wird auch als *formale Freiheit* verstanden[7] und drückt die Überzeugung aus, dass alle Menschen von Geburt an gleich sind und deshalb grundsätzlich die gleichen Entfaltungsrechte haben. Das bedeutet jedoch nicht, dass ein gleiches rechtliches Dürfen zugleich ein gleiches Können darstellt. Mit anderen Worten heißt dies: mit der formalen Freiheit des Dürfens, die auch als formale Gerechtigkeit zu verstehen ist, hat man nur die eine Hälfte der ‚sozialen Gerechtigkeit' erfasst.

• Die zweite Hälfte wird mit der **materialen** Komponente der Gerechtigkeit zum Ausdruck gebracht. Wie eingangs dieses Kapitels erläutert, geht es bei der materialen Gerechtigkeit um eine möglichst gerechte Güterverteilung in einer Weise, dass die Faktoren, die den sozialen Status eines Menschen ausmachen, nicht nach Möglichkeit, sondern den Verhältnissen entsprechend verteilt werden. *Giersch* meint dazu: „Das entspricht dem alten Gerechtigkeitssatz des ‚suum cuique' – jedem das Seine."[8]

---

[6] Schon hier ließe sich Gerechtigkeit definieren als das, was dem jeweiligen Recht für alle entspricht.
[7] Vl. Herbert Giersch, Allgemeine Wirtschaftspolitik, Bd. 1: Grundlagen, Gabler Verlag, Wiesbaden 1960, S. 75 ff.
[8] Ebd.

Dieses ‚das Seine' definiert sich in vielfältiger Weise, zum Beispiel aus der aufgewendeten subjektiven Mühe, aus der tatsächlich erzielten Leistung oder aus der Höhe der Bedürfnisse. Man kann bereits an diesen drei Faktoren sehen, wie schwierig es trotzdem bleibt, dieses ‚das Seine' unter dem Gesichtspunkt des gerechten Handelns zu erläutern.

> → Würde man etwa der aufgewendeten Mühe gemäß zu entscheiden haben, so ließe sich ein Vergleich zwischen zwei unterschiedlichen Personen kaum herbeiführen. Eine Pflegeperson X mag sich den eigenen Kräften und Fähigkeiten entsprechend anstrengen, ohne die gleiche Leistung in derselben Zeit wie eine andere Person erbringen zu können. Dabei ist dieser Unterschied dann unerheblich, wenn es um das qualitative Ergebnis des Pflegeeinsatzes geht; ist jedoch der zeitliche Aufwand gefragt, so treten Unterschiede zutage, die für eine Leistungsbemessung unter Umständen entscheidend sein können.

c) Leistungs-, Start-, Bedarfs- und Verteilungsgerechtigkeit

Das Beispiel zeigt, dass die subjektive Mühe als Norm zur Leistungsbemessung wegen der unterschiedlichen physischen und psychischen Gegebenheiten einer Person nur bedingt tauglich ist. Ein Vergleich der tatsächlich erbrachten Leistung ist deshalb eher machbar, weil gewisse Bemessungskriterien angewandt werden können, die einen fairen Vergleich ermöglichen. In unserem Beispiel wäre eines der Kriterien etwa die Zufriedenheit der zu pflegenden Person oder aber die Zuverlässigkeit der Pflegekraft.

Sieht man dieses Beispiel unter dem Aspekt einer gerechten Entlohnung, so wäre es sicher nicht grundsätzlich richtig, die Person, die einen höheren Zeitaufwand für die gleiche Leistung benötigt, genau so zu entlohnen wie die andere. Kommen aber weitere Beurteilungskriterien, wie etwa die Qualität oder die Konstanz der Leistungserbringung hinzu, so wird es sicher eine differenziertere Entlohnung geben müssen. Dies geschieht dann ebenfalls aus Gründen des gerechten Handelns.

Es kann festgehalten werden, dass die subjektive Mühe in gewisser Beziehung zur Leistungsgerechtigkeit steht, weshalb letztere heute wieder in zunehmendem Maße Geltung erlangt. Es muss auch betont werden, dass bei dieser Form der Gerechtigkeit bestimmte Kriterien berücksichtigt werden müssen, die ein einfaches ‚input-output'-Anwendungsschema verhindern. Erst eine Berücksichtigung weiterer Faktoren kann der handelnden Person weitgehend gerecht werden.

Giersch weist auf die ergänzende Funktion der ‚*Startgerechtigkeit*' hin und zählt einige Bedingungen auf, die dazu gehören: die Erbanlagen, das familiäre Milieu, das erbte Vermögen, die Erziehung und Ausbildung.[9] Hierzu muss gesagt werden, dass diese oder ähnliche Bedingungen, wie zum Beispiel gesellschaftliche oder staatliche Förder- und Weiterbildungsmaßnahmen, das soziale Umfeld, anders als etwa bei der inneren Einstellung und Motivierbarkeit, Faktoren darstellen, die in der Regel eben nicht von der handelnden Person zu vertreten sind, weshalb sie

---

9 Ebd.

auch nur bedingt für die Bemessung einer sozial gerechten Behandlung tauglich erscheinen. So sind die Erbanlagen bislang trotz erheblicher Entwicklungsschritte in der modernen Gentechnologie und Stammzellenforschung zum Glück (noch) nicht disponibel. Einem Eingriff in die familiären Verhältnisse widersetzt sich weitgehend das Grundgesetz, auch sind einer Veränderung des Erbrechts durch massive Besteuerung oder gar Beseitigung beispielsweise aus Gründen einer gesellschaftsrelevanten Bestandssicherung Grenzen gesetzt. Auch die Gewährung von Ausbildungschancen zur Verbesserung der Startgerechtigkeit stößt sowohl auf in der Natur des Individuums liegende Einschränkungen wie auch auf rein finanziell-wirtschaftliche Gegebenheiten.

Bemisst man die Gerechtigkeit nach dem Bedarf, so erhält man einen Zustand, der noch schwerer einzustufen ist, als die Leistungsgerechtigkeit. Die ‚*Bedarfsgerechtigkeit*' bedeutet, dass man jedem nach seinen Bedürfnissen gerecht zu werden hat. Es gibt keine verlässlichen Kriterien, die das Ausmaß einer Bedürfnisbefriedigung zufriedenstellend erfassen könnten. Weder die ‚Menge' noch die ‚Qualität' eines Bedürfnisses lassen sich messen. Erschwerend kommt noch hinzu, dass ein Vergleich der Bedürfnisse unterschiedlicher Personen zwar dahingehend möglich ist, als man Unterschiede in Umfang und Intensität feststellen, aber eben nicht werten und grundsätzlich im Sinne von Bevorzugung oder Benachteiligung einsetzen kann. Man kann sich, wie in manchen Ideologien – etwa des Kommunismus – über diese Erkenntnis hinwegsetzen und eine Fiktion hegen, der zufolge alle Menschen die gleichen Bedürfnisse hätten. Dies geschieht vor allem dann, wenn man die Gleichheit nicht als Gleichheit vor dem Gesetz versteht, sondern als grundsätzliche Gleichheit aller Menschen.

Schließlich gilt es noch auf die ‚*Umverteilungsgerechtigkeit*' einzugehen. Diese fußt nicht zuletzt auf dem soeben dargestellten Gleichheitsverständnis, das aus einer eher sozialistischen Sichtweise kommt. Als Ausgangspunkt ist eine zunächst vorhandene unterschiedliche Verteilungsstruktur innerhalb einer Gesellschaft anzunehmen bzw. auch als real gegeben zu sehen. Diese Unterschiedlichkeit kann sich aus den verschiedensten Gründen unter Berücksichtigung einiger der bereits genannten Faktoren entwickelt haben. Geht man nun von einer sozialistischen oder kommunistischen Grundeinstellung aus, so hält man diese Güterverteilung dann für ungerecht, wenn man zugleich an die Gleichheit aller Menschen glaubt. Als Folgerung ergibt sich die Forderung nach einer anderen Form der Güterverteilung, die zumindest was die finanziell-wirtschaftlichen Dinge anbelangt, durchführbar erscheint. Man nimmt all jenen die Dinge weg, die diese eher im Überfluss haben, um sie jenen zu geben, die nicht in deren Besitz sind. Dies funktioniert eine gewisse Zeit, bis es eben nichts mehr umzuverteilen gibt, da auch die ehemals Besitzenden nicht mehr haben als jene, die zu Besitz gekommen sind. Damit erreicht man letztlich eine Nivellierung der Besitzverhältnisse und der Güterverteilung, die dann keine mehr ist. Daraus ergibt sich schließlich die Frage, wem letzten Endes damit gedient ist, wenn alle auf einem dann relativ niedrigen Sozialniveau verharren müssen, ohne jemals mehr die Aussicht auf eine Lageverbesserung und stattdessen die auf eine allmähliche Verschlechterung haben.

Also kann eine Umverteilung von Gütern nur in einem bestimmten, begrenzten Ausmaß erfolgen, um allzu große Extreme in den Besitzverhältnissen einzuschränken. Diese Art der Umverteilung, die aus einem alle Betroffenen einbeziehenden Gesellschaftsvertrag resultieren muss, ist dann als gerecht anzusehen, wenn dadurch keiner Seite Schaden zugefügt wird.

Auch dies lässt sich auf das ‚Soziale' der Gerechtigkeit mit dem Ergebnis transferieren, dass es keine ‚soziale Gerechtigkeit' im Sinne einer absoluten Umverteilung, Nivellierung oder Gleichmacherei geben kann. Diejenigen, die dies fordern, tun dies, weil sie den Begriff des Sozialen zu eng fassen, ihn ideologisieren und mit der Kopplung an die Gerechtigkeit zu einem politischen Kampfbegriff machen. Das ‚Soziale' wird auf die finanziellen Verhältnisse bestimmter Bevölkerungsteile verkürzt und der eigentlichen gesamtgesellschaftlichen Bedeutung enthoben.

d) Chancengleichheit und Gerechtigkeit

Die ‚Chance' entstammt der französischen Sprache und bedeutet dort ‚Glücksfall', ‚günstige Gelegenheit', ‚gute Aussichten'. Soziologisch betrachtet meint der Chancen-Begriff, „die Wahrscheinlichkeit oder die Möglichkeit, dass in bestimmter Art sozial gehandelt wird".[10] *Max Weber* postuliert eine andere Sicht, die dazu dient, die Grundkategorie „soziale Beziehung" zu definieren. Die Chance wird dann zum Indikator einer sozialen Beziehung, wenn sie tatsächlich gegeben und empirisch nachweisbar ist. „Von der beobachtbaren relativen Häufigkeit (= Chance) einer bestimmten Art sozialen Handelns wird – unter Annahme eines dahinterstehenden Wirkungs- und Bedingungszusammenhangs – auf das Bestehen einer entsprechenden sozialen Beziehung geschlossen."[11] Im Gegensatz zu diesem Ansatz steht die Annahme, dass aufgrund einer gesellschafts- und systemstrukturellen Analyse festgestellt werden muss, ob bestimmte Ressourcen wie Besitz, Macht oder Rechte, die konkreten institutionalisierten normativen Regelungen und einer entsprechenden sozialen Kontrolle unterliegen, vorhanden sind. Wenn dies der Fall ist kann man von tatsächlich gegebenen und wirksamen Sozialchancen für ein bestimmtes soziales Handeln ausgehen.

Bringt man die Chance mit dem Gleichheitsbegriff in Verbindung, um zur ‚Chancengleichheit' zu gelangen, so stellt man eine gesellschafts- und kulturpolitische Forderung auf, nach der alle Bürger gleiche Lebens- und Sozialchancen in Ausbildung, Beruf und persönlicher Entwicklung haben sollen. Diese Verknüpfung setzte sich seit der Mitte der 1960er Jahre verstärkt durch und wurde vor allem von der Debatte über einen damals heftig beklagten ‚Bildungsnotstand' getragen. Es ging vor allem darum, diejenigen Bevölkerungsschichten zu erfassen, die bislang

---

10 H.L. Gukenbiehl, ‚Chance, soziale' in: B. Schäfers, a.a.O., S. 45.
11 Ebd., Gukenbiehl bezieht sich damit auf M. Weber, Soziologische Grundbegriffe (z.B. UTB Bd. 541, 7. Aufl. 1995).

von einer höheren Schul- und Ausbildung nicht zuletzt aus finanziellen Gründen ausgeschlossen waren.[12]

Nimmt man den politisch-gesellschaftlichen Aspekt hinzu, so bedeutet ‚Gleichheit', „dass jeder Bürger prinzipiell die gleichen Möglichkeiten besitzt, sich am öffentlichen, d.h. am politischen, wirtschaftlichen, gesellschaftlichen und kulturellen Leben zu beteiligen".[13] Mit dieser ‚prinzipiellen Gleichheit' soll ein von uns heute als ungerecht empfundener Zustand beseitigt werden, der in nichtdemokratischen Herrschaftssystemen durch Standesrechte oder ideologische Postulate zu Ungleichheit vor dem Gesetz und damit zu einer Bevorzugung von Einzelnen, Führungseliten, Rassen oder sonstigen privilegierten Gruppen geführt hat. Ererbte Bürgerrechte können dann genauso wenig Bestand beanspruchen wie das Vorenthalten von Menschenrechten.

Für *Dahrendorf* verbindet sich damit die Frage nach einem die Freiheit des Einzelnen sichernden Gesellschaftsvertrag: „Die Gleichheit des staatsbürgerlichen Status ist der Gesellschaftsvertrag freier Menschen; durch sie, und nur durch sie wird die Chance der Selbstverwirklichung vom Privileg weniger Auserwählter zum Rechtsanspruch jedes Menschen. Ohne diese Form der Gleichheit ist allgemeine Freiheit nicht denkbar."[14]

Dahrendorf drückt damit aus, dass die auf der Gleichheit gründende allgemeine Freiheit nicht zu einer sozialen Gleichheit führt, was in der landläufigen Gleichheitsdebatte allzu häufig verkannt wird. Nach Ansicht des Verfassers muss die Gleichheit als Staatsbürger – und nicht als Mensch – als Grundstatus gesellschaftlichen Zusammenlebens verstanden werden. Dieser ermöglicht es dem Einzelnen unter Einsatz der für ihn relevanten Gegebenheiten, seine sozialen Chancen hinsichtlich seiner Persönlichkeitsentwicklung sowie der Entfaltung seiner Fähigkeiten und Begabungen zum Erlangen eines bestimmten sozialen Status' nutzbar zu machen. Das bedeutet, dass es im Endergebnis aufgrund einer der Freiheit verpflichteten Entwicklung des Einzelnen natürlich gerade nicht zu einer ‚sozialen Gleichheit' kommt, „sondern zu einer sozialen Differenzierung und zu ungleichen Entwicklungen auf verschiedensten Gebieten."[15]

Der Gleichheitsgrundsatz geht somit von einer ‚Chancengleichheit' oder aber auch ‚Startgerechtigkeit' aus. Unter Einsatz und Fortentwicklung der angesprochenen Fähigkeiten, Begabungen, aber auch der Fertigkeiten und Kenntnisse gelangt der Mensch selbstverständlich zu einem Status der materiellen oder wirtschaftlichen und damit sozialen Unterschiede. Für die Politik stellt dies deshalb ein

---

12 Es war der Freiburger Pädagoge und Professor der Philosophie *Georg Picht*, der mit seinem Buch „Die deutsche Bildungskatastrophe" (1964) auf diesen Notstand aufmerksam machte und u.a. auch den bald an jedem Bauwagen und -zaun aufgeklebten Slogan „Schick Dein Kind länger auf höhere Schulen" inspirierte.
13 Gotthard Breit/Siegfried Schiele, Werte in der politischen Bildung, Wochenschau Verlag, Schwalbach/Ts. 2000, S. 224.
14 Ralf Dahrendorf, Konflikt und Freiheit. Auf dem Weg zur Dienstklassengesellschaft, Piper Verlag, München 1972, S. 269; zit. nach Breit/Schiele, a.a.O.
15 Breit/Schiele, a.a.O., S. 225.

Ärgernis dar, weil sie grundsätzlich darum bemüht sein muss, derartige Unterschiede, je nach Grundeinstellung, entweder abbauen oder minimieren, angleichen oder nivellieren zu wollen und zu sollen.

Das politische Bekenntnis zur Gleichheit führt dann zu Missverständnissen, wenn es über den Grundwert der ‚Gleichheit vor dem Gesetz' hinausgeht und mit der ‚sozialen Gerechtigkeit' in direkten Zusammenhang gebracht wird. Geschieht dies aber, so wird mit der ‚sozialen Gerechtigkeit' in der Regel die Forderung erhoben, „die erwirtschafteten Güter an alle Menschen gleich zu verteilen und so alle Menschen denselben Lebensbedingungen zu unterwerfen. Da sich diese Gleichheit nicht mit der Zustimmung aller durchsetzen lässt, würde der Grundwert Gleichheit zu einer Gleichmacherei und zur Preisgabe des Grundwertes Freiheit führen".[16] Dies käme einer höchst ungerechten Handlungsweise gleich, da sie dem Wesen des Einzelnen in seiner Differenziertheit überhaupt nicht mehr entsprechen würde. Eine solche, im Sinne des Sozialen völlig falsch verstandene materiale Gerechtigkeit ließe sich nur unter Negierung der von Natur aus vorhandenen Ungleichheiten des Menschen und der Ausübung eines massiven, etwa in der Diktatur denkbaren Zwangs durchsetzen.

e) Soziale Teilhabe durch Bildungsgerechtigkeit

Wie bereits in Kap. C II, 1 c ausgeführt rückt Bildung als Wert und Notwendigkeit, um ein menschenwürdiges Leben in der modernen Gesellschaft führen zu können, immer stärker in den Focus politischer wie allgemein gesellschaftlicher Diskussionen und Forderungen. Eine latent immer schon vorhandene Debatte über das deutsche Bildungswesen hat in den letzten Jahren den Begriff von der Bildungsgerechtigkeit in den Mittelpunkt eines erkenntnisleitenden Interesses gerückt. Dieser Begriff löste in den letzten Jahren jenen von der ‚Chancengleichheit' ab. *Peter Brenner* begründet das damit, dass ‚Chancengleichheit' kein wissenschaftlicher Begriff war, „sondern eine handlungsleitende Kategorie der Bildungspolitik. ‚Chancengleichheit' war keine Theorie, sondern Programm – ein Programm, das mit enormem pädagogischen, poltischen und nicht zuletzt auch finanziellen Aufwand durchgeführt wurde".[17] *Brenner* gesteht zwar zu, dass die Bildungsbeteiligung auch für bestimmte Risikogruppen in den sechziger und siebziger Jahren – entsprechend dem damals geprägten Slogan „Schick Dein Kind länger auf höhere Schulen" – angewachsen ist, dass es aber bis heute nicht gelungen ist „eine sozialschichtenadäquate Bildungsbeteiligung zu realisieren".[18]

---

16 Peter Brenner, Bildungsgerechtigkeit aus Sicht der Bildungswissenschaft; in: Bildungsgerechtigkeit. Fachtagung des Deutschen Lehrerverbandes 2008, Dokumentation. Bonn 2008, S. 29.
17 Ebd.
18 Ebd.

Der insbesondere seit der PISA-Studien-Debatte immer wieder in die Diskussion gebrachte Begriff von der Bildungsgerechtigkeit wird von einem vorwiegend politischen, aber auch medialen Interesse bestimmt. Bildung wird dadurch als ein allgemeines Gut der Teilhabe aller Bevölkerungsgruppen verstanden, ohne jedoch Bildung als solche stärker zu definieren bzw. zu differenzieren oder gar auf die diversen Komponenten der Bildungsvoraussetzungen, der -anforderungen und der -variablen hinzuweisen. Damit wird vernachlässigt, dass zwischen einer grundständigen und einer höheren Bildung zu unterscheiden ist und dass vor allem letztere nicht beliebig verteilt werden kann. Es kann also nur darum gehen, den Anteil der unteren sozialen Schichten an einer höheren Bildung proportional zu ihrem Bevölkerungsanteil anheben zu wollen. Dies wiederum kann nur dann gelingen, wenn

- *zum einen* die finanziellen Fördermaßnahmen in erheblicher Weise aufgestockt werden, um auch jenen den Zugang zu (höheren) Bildungsstätten zu ermöglichen, die dies selbständig nicht schaffen würden. Hierunter fallen zum Beispiel die Einrichtung spezifischer Förderklassen und -unterrichte, ergänzendes Lehrpersonal, oder aber die Finanzierung zusätzlicher institutioneller Hilfen;
- *zum anderen* aber das Bewusstsein von der Notwendigkeit besserer Bildung, um in der modernen Kommunikations- und Dienstleistungsgesellschaft bestehen zu können, gerade bei jenen Bevölkerungsteilen geweckt und gefördert werden kann, die von Haus aus als sogenannte bildungsferne oder bildungsarme Schichten gelten.

Für die Soziale Arbeit bedeutet dies, dass sie ihre Klientel nicht nur auf alle Möglichkeiten der finanziellen Förderung jener Infrage-Kommenden hinweist und Hilfestellung leistet, sondern zugleich die betreffenden Elternhäuser bzw. Erziehungsberechtigten wie auch alle anderen bildungsarmen Personen dahingehend berät, damit diese die Bereitschaft für ein Bildungsengagement entsprechend ihrer Begabungen und Fähigkeiten entwickeln. Dabei dürfte die soziale Herkunft keine Rolle mehr spielen, wenn entsprechende Fördermaßnahmen ergriffen werden.

Grundsätzlich liegt die Schwierigkeit der Herstellung einer sogenannten ‚Bildungsgerechtigkeit' nicht in dem bestehenden Bildungswesen, eher schon in den gesellschaftlichen Strukturen und strukturellen Wandlungsprozessen, die nicht selten zu neuen gesellschafts- und bildungspolitischen Herausforderungen führen. Veränderungen in den familiären oder familienähnlichen Verhältnissen, in den Beziehungsgeflechten unterschiedlichster Art – die nicht selten der Beliebigkeit anheimfallen (vgl. auch Kap. C I, 5 c) – erweisen sich immer wieder als Bildung hemmende, die Bildungsbereitschaft und Leistungserbringung erschwerende Entwicklungen, denen selbst eine umfassendere Betreuung z. B. durch Ganztagsschulen nur bedingt entgegenzuwirken vermag.

Weiterhin liegt die Schwierigkeit – wie bereits weiter oben dargestellt – schon allein in dem, was unter Gerechtigkeit zu verstehen ist, noch dazu, wenn sie sich mit einem ebenso diffusen Begriff wie dem der Bildung verbindet. *Hinnerk Wiß-*

mann definiert ‚Bildungsgerechtigkeit' wie folgt: „Bildungsgerechtigkeit verstehe ich als Frage, wem Bildung oder Bildungschancen zugänglich sein sollen, also als Relation zwischen institutioneller Ordnung des Bildungswesens und individuellen Ansprüchen."[19] Dies ließe sich so interpretieren, dass sich das Individuum den Gegebenheiten des Bildungswesens anzupassen hat und die sich durch dieses ergebenden Möglichkeiten und Chancen in freier Entscheidung nutzbar macht, ohne vom System her über eine obligatorische Grundbildung hinaus vereinnahmt werden zu können. Damit würde man wiederum dem sich aus dem hohen Anspruch der Freiheitsrechte ergebenden Grundsatz der Freiwilligkeit Rechnung tragen – ohne jedoch die gesamtgesellschaftlichen Bedürfnisse hiermit befriedigen zu können. Insofern gilt es abzuwägen, wann für wen und unter welchen Voraussetzungen das Allgemeininteresse über das Individualinteresse gestellt werden darf, oder gar gestellt werden muss.

Hierbei ist es auch nicht sehr hilfreich, das Verfassungsrecht der Bundesrepublik Deutschland heranzuziehen. Nicht zuletzt wegen des Kulturföderalismus hat sich das Grundgesetz jeglicher Festlegung und genaueren Regelung hinsichtlich der Bildungsfrage entzogen und lediglich in Artikel 7 (1) festgeschrieben, dass das gesamte Schulwesen unter der Aufsicht des Staates steht. Weitergehende Regelungen, die gar über die Grundschulpflicht hinausgehen würden, erscheinen nicht nur wegen der Kulturhoheit der Bundesländer verfassungsrechtlich bedenklich und nur äußerst bedingt umsetzbar. Somit kann mehr soziale Teilhabe durch Bildungsgerechtigkeit im Sinne von einer verbesserten Erfassung bildungsarmer oder -ferner Bevölkerungsteile im Grunde genommen lediglich über verstärkte Aufklärung, ein direkteres Herangehen an die Betroffenen und durch verbesserte Hilfestellungen und entsprechende Fördermaßnahmen, die jedem Einzelnen und dessen Befindlichkeiten gerecht zu werden trachten, erzielt werden. Hier haben, wie bereits angesprochen, die Soziale Arbeit wie auch all jene, die in gesellschaftlich relevanten Bereichen tätig sind, ihre Aufgabe zu erfüllen. Weitergehende Forderungen nach mehr ‚Bildungsgerechtigkeit' bleiben der Politik und ihren Protagonisten vorbehalten.

2 Gerechtigkeitstheorien im philosophisch-ethischen Kontext

a) Gerechtigkeitstheorien im ausgewählten Überblick

Bei der Betrachtung von für das Gesamtthema relevanten Theorien zur Gerechtigkeit steht jener Gesichtspunkt, der sich mit der Organisation menschlichen Zusammenlebens in Gemeinschaft beschäftigt, im Vordergrund. Dabei geht es vordringlich um die Frage nach einer gerechten Güterverteilung, so dass eine

---

19 Hinnerk Wißmann, Bildungsgerechtigkeit aus verfassungsrechtlicher Sicht; in: Bildungsgerechtigkeit. Fachtagung des Deutschen Lehrerverbands, Bonn 2008, S. 23.

Vielzahl anderer, sich nicht unmittelbar damit beschäftigender theoretischer Ansätze unberücksichtigt bleiben muss.

Die theoretischen Überlegungen zur Gerechtigkeit laufen in der Regel auf eine Normenfestschreibung hinaus, die von einer prinzipiellen Gleichheit der Menschen ausgeht und festzustellen versucht, was diesen deshalb zuzustehen hat. Obwohl sich solche Theorien in dieser Hinsicht ähneln, bestehen doch unterschiedliche Gleichheitskriterien und Gewichtungen derselben. Nimmt man beispielsweise die dem Utilitarismus zugesprochenen Theorien etwa von *Jeremy Bentham* oder *John Stuart Mill* und *Henry Sidgwick* (1838–1900)[20], so zeigt sich hier eine Denkschule, die den Folgen bzw. Ergebnissen des Gleichheitsprinzips der Individuen auf die Spur kommen will. Eine gerechte Gesellschaft ergibt sich diesen Denkern zufolge erst aus der maximierten Summe des Glückszustands der einzelnen Gesellschaftsmitglieder. Begreift man diesen gesellschaftlichen Zustand als Konsequenz dieser Summenmaximierung, so hat man einen normativen Bewertungsmaßstab für eine Einstufung einer Gesellschaft hinsichtlich der Gerechtigkeit.

Andere Theoretiker wie etwa *Friedrich von Hayek* oder *Milton Friedman*[21] gelten als Vertreter von sogenannten ‚prozeduralen' Gerechtigkeitstheorien, deren normativer Bewertungsmaßstab der Prozess ist, der zu einem Ergebnis bzw. zu Folgen führt. Gemeint ist damit die Bewertung, ob ein Verfahren, eine Vorgehens- oder Handlungsweise von ihrem Ablauf her schon als gerecht betrachtet werden kann.

Auf all diese oder ähnliche theoretische Ansätze zur Gerechtigkeit kann und soll hier nicht weiter eingegangen werden.

Es wurden bereits im Zusammenhang mit der Begriffserklärung zur Gerechtigkeit einige Differenzierungen vorgenommen und wesentliche Unterscheidungskriterien aufgezeigt. Dabei war – neben jener *Platons* – die Sichtweise des *Aristoteles* Ausgangspunkt der Überlegungen.

- ***Aristoteles*** **geht von der von Natur aus bestehenden Gleichheit aller Menschen aus**

Der Mensch gilt ihm als ein politisches (= gesellschaftliches) Wesen, das von Natur aus sein Dasein im Staat (= ‚polis') ausrichtet. Da er auf die Erhaltung seiner Art festgelegt ist, ist er zugleich ein ‚soziales Wesen', das mit anderen in Gemeinschaft zusammenlebt. Dementsprechend gestaltet sich auch dieses gemeinschaftliche Leben, in welchem jeder sich gleichermaßen einbringen kann. *Aristoteles* sieht darin eine ‚politische Gerechtigkeit', die er für eine ‚individuelle Gerechtigkeit' voraussetzt. Dennoch berücksichtigt er, dass es ein richtiges Verhältnis bei der

---

20 Das 1875 erschienene Hauptwerk des englischen Nationalökonomen und politischen Theoretikers H. Sidgwick (1838–1900) „Die Methoden der Ethik" setzt sich mit dem klassischen Utilitarismus von Bentham und Mill auseinander und sieht die Nützlichkeit als allgemeines Merkmal der natürlichen Anlagen des Menschen.

21 F. v. Hayek (1899–1992) erhielt 1974 den Nobelpreis für Wirtschaftswissenschaften, als sein Hauptwerk gilt „The Constitution of Liberty" (1960). M. Friedman (geb. 1912) erhielt 1976 ebenfalls den Nobelpreis für Wirtschaftswissenschaften; als sein Hauptwerk gilt „Capitalism and Freedom" (1962).

Zuteilung von Vor- und Nachteilen geben muss, das aber in sich – entsprechend der individuellen Gegebenheiten – gleich und damit gerecht sein muss.

- **Die Bibel** postuliert die Gleichheit des Menschen vor Gott

Die christlichen Religionen beziehen sich auf die Bibel und den dortigen Bekenntnissen, dass der Mensch guten Willens als Ebenbild Gottes gesehen werden muss, was m. E. in irgendeiner Weise einer Schutzfunktion gleichkommt, die zugleich eine Gerechtigkeitsfunktion innehat. Da der Mensch über diese Gottesähnlichkeit verfügt, müsste er sich zwangsläufig in einer Gott ähnlichen gerechten Weise verhalten. Dies gelingt ihm aber nur dann, wenn er den umfassenden Sinn der Gottes- und Nächstenliebe zum Gestaltungsprinzip eines Lebens im Geiste Jesus Christus macht.[22]

Die Ebenbildlichkeit des Menschen mit Gott macht ihn vor diesem gleich. Die daraus resultierende Gerechtigkeit allen gegenüber und von allen kommt dann zustande, wenn der Mensch sich zu Gott und dessen Ordnung – dem Worte Luthers gemäß: „Alle Obrigkeit ist von Gott" – verhält.

- **A. Smith** orientiert sich ebenfalls an der Natur des Menschen

Adam Smith idealisiert nach Auffassung des Verfassers die natürlichen Gegebenheiten des Menschen, wie das bereits bei der Darstellung seiner wirtschaftsethischen Überlegungen erkennbar geworden ist. Ja, eigentlich idealisiert er ihn, indem er ihm ein grundsätzliches ‚Wohlwollen' anderen gegenüber zuschreibt, so dass sich das (wirtschaftliche) Zusammenleben im Grunde von selbst regelt, ohne dass irgendjemand eingreifen muss. Da dieses ‚Wohlwollen' von jedem gegeben ist, verhält sich der Mensch unparteiisch und selbstkritisch sich selbst gegenüber, so dass es letztlich auch nicht zu einem ungerechten Handeln kommen kann.

- **T. Hobbes** geht von der Vernunft des Menschen aus

Thomas Hobbes erkennt, dass es schwächere Mitglieder in einer Gesellschaft gibt und wendet sich damit gegen den Gleichheitsgedanken bei *Aristoteles*. Da für ihn der Schwächere nicht die nötigen Fähigkeiten besitzt, um sich durchzusetzen, erscheint es ihm möglich, dass dieser mittels List andere zu übervorteilen versucht oder letztlich gar töten könnte. Andrerseits könnte er mit dem Stärkeren ein Bündnis schließen. *Hobbes* plädiert deshalb für einen gegenseitig verbindlichen Vertragsabschluss, um ein gedeihliches Zusammenleben in der Gesellschaft erreichen zu können. Damit dieser Vertrag die verbindliche Wirksamkeit erzielt und es nicht zum Kampf aller gegen alle kommt, bedarf es der Durchsetzung und Wahrung durch die staatliche Gewalt. Eine solche Vertragsgestaltung sieht er als Voraussetzung für ein gerechtes Handeln.

- **I. Kant** sieht die Gerechtigkeit ebenfalls in der Vernunft des Menschen

---

22 Vgl. W. E. Müller, a. a. O., S. 142.

Der Kerngedanke in der Gerechtigkeitstheorie von *Immanuel Kant* findet sich in seinem in variierender Formulierung bestehenden ‚Kategorischen Imperativ'[23] der Pflichtethik:

„Handle so, dass der freie Gebrauch deiner Willkür mit der Freiheit von jedermann nach einem allgemeinen Gesetz zusammen bestehen kann." *Kant* plädiert über den Gesetzes-Begriff ebenfalls für einen Vertrag zwischen den gesellschaftlichen Mitgliedern, da dieser ausschließlich der praktischen Vernunft des Menschen entspricht.

Eine Rechts- und Staatsordnung ist dann vernünftig, wenn sie einem allgemeinen Gesetz entspricht, also von allen Betroffenen aufgrund deren freiem Willen akzeptiert wird. Damit steht *Kant* im Gegensatz zu *Hobbes*, der ja eine derartige Ordnung als zwangsläufiges Instrument zur Aufrechterhaltung eines friedlichen Miteinanders versteht.[24]

- *J. Rawls* orientiert die Gerechtigkeit an den Regeln einer fairen Verfahrensweise

John Rawls gilt als Vertreter des politischen Liberalismus, der mit seiner Kritik an der utilitaristischen Sicht ethisch-moralischer Dinge praktisch ein Friedensangebot an deren Befürworter richtet, indem er der Nutzenmaximierung die Gleichverteilung aller materiellen wie auch immateriellen Grundgüter als Gerechtigkeitsideal gegenüberstellt – es sei denn, eine Ungleichverteilung würde den am wenigsten begünstigten Menschen zugute kommen.

Die Gerechtigkeitstheorie von *Rawls* hat den bislang nachhaltigsten Einfluss auf die moderne politische Philosophie genommen, weshalb sie im anschließenden Kapitel ausführlich und exemplarisch für die heutigen Diskussionen nicht zuletzt auch der ‚sozialen' Gerechtigkeit abgehandelt werden soll.

b) Die Bedeutung des Kontraktualismus[25] am Beispiel der Gerechtigkeitstheorie von John Rawls

John Rawls (1921–2002) wurde in Baltimore/Maryland geboren und lehrte ab 1962 bis 1991 als Professor für Philosophie an der Harvard University. Im Jahr 1971 veröffentlichte er sein fulminantes Werk „A Theory of Justice", das seither, wie wohl kein anderes Buch im 20. Jahrhundert, die philosophische Diskussion über die Gerechtigkeitsproblematik angeregt hat. Auf über 600 Seiten der deut-

---

23 Vgl. hierzu Kap. B III, 2a).
24 Vgl. hierzu auch Ute-Waltraut Borngräber, Sozialarbeit und Ethik, Aachen 1997, S. 79 f.; Borngräber geht in ihrer Betrachtung der Gerechtigkeit ausschließlich von einer ‚politischen Gerechtigkeit' aus, die sie zu den Rahmenbedingungen der Sozialarbeit zählt.
25 Der Kontraktualismus wurde weitgehend von Th. Hobbes „Leviathan" (1651) sowie von den in Fußnote 28 genannten Werken von J. Locke, J.-J. Rousseau und I. Kant geprägt. Er stellt als Vertragstheorie ein Gedankenexperiment dar, das in einem fiktiven Prozess von einem Naturzustand ausgeht, zu einem Gesellschaftsvertrag führt und einen Gesellschaftszustand beschreibt.

schen Ausgabe[26] arbeitet *Rawls* seine Gerechtigkeitstheorie in hoher gedanklicher Substanz und mit dichter Argumentation aus. Er hat damit die politische Philosophie gerade in Europa maßgeblich und höchst nachhaltig beeinflusst.

Das Kernverdienst seiner Theorie liegt darin, dass sie eine Interdisziplinarität repräsentiert, die durch die Einbeziehung vor allem der politischen Philosophie in die Erkenntnisse der Moral-, Rechts- und Sozialphilosophie und der Wirtschaftsethik erreicht wird. Damit wird der Gerechtigkeitsbegriff mehrdimensional betrachtet und die dabei gewonnenen Erkenntnisse und Schlussfolgerungen können Anspruch auf umfassende Gültigkeit erheben.

„A Theory of Justice" ist im Rahmen der politischen Philosophie dem traditionellen Kontraktualismus – der vertragstheoretischen Sichtweise – zuzuordnen. Damit steht sie in der Tradition zum Beispiel von *Platon*, *Rousseau* oder von *Kant*. Als Vertragstheorien bezeichnet man jene Konzeptionen der Moral-, Sozial- und politischen Philosophie, „die die moralischen Prinzipien menschlichen Handelns, die rationale Grundlage der institutionellen gesellschaftlichen Ordnung und die Legitimationsbedingungen politischer Herrschaft in einem hypothetischen, zwischen freien und gleichen Individuen in einem wohldefinierten Ausgangszustand geschlossenen Vertrag erblicken und damit die allgemeine Zustimmungsfähigkeit zum fundamentalen normativen Gültigkeitskriterium erklären".[27]

Rawls möchte nach seiner Aussage bewusst „die bekannten Theorien des Gesellschaftsvertrages etwa von Locke, Rousseau und Kant" verallgemeinern und auf eine „höhere Abstraktionsebene" heben.[28] Dies will er durch folgenden Hauptgedanken erzielen:

„Dazu darf man sich den ursprünglichen Vertrag nicht so vorstellen, als ob er in eine bestimmte Gesellschaft eingeführt würde oder eine bestimmte Regierungsform errichtete. Der Leitgedanke ist vielmehr, daß sich die ursprüngliche Übereinkunft auf die Gerechtigkeitsgrundsätze für die gesellschaftliche Grundstruktur bezieht. Es sind diejenigen Grundsätze, die freie und vernünftige Menschen in ihrem eigenen Interesse in einer anfänglichen Situation der Gleichheit zur Bestimmung der Grundverhältnisse ihrer Verbindung annehmen würden. Ihnen haben sich alle weiteren Vereinbarungen anzupassen; sie bestimmen die möglichen Arten der gesellschaftlichen Zusammenarbeit und der Regierung. Diese Betrachtungsweise der Gerechtigkeitsgrundsätze nenne ich Theorie der Gerechtigkeit als Fairneß."[29]

Diese „anfängliche Situation der Gleichheit zur Bestimmung der Grundverhältnisse" stellt eine hypothetische Ausgangssituation dar, die auch als ‚Urzustand' bezeichnet wird. *Kersting* nennt ihn „eine eindeutige moralphilosophische Konstruktion".[30] An anderer Stelle nennt er ihn wie folgt: „Dieser Urzustand wird

---

26 J. Rawls, Eine Theorie der Gerechtigkeit, Suhrkamp Frankfurt am Main 1975 (verwendet wird im Text: Sonderausgabe, suhrkamp taschenbuch wissenschaft 2003).
27 Wolfgang Kersting, John Rawls zur Einführung, Junius Verlag Hamburg, 1. Aufl. 1993, S. 25.
28 Rawls bezieht sich in seinem Buch (a.a.O., S. 27 f.) auf John Lockes „Second Treatise of Government" (1690), Rousseaus „Du contrat social" (1762) und auf Kants „Grundlegung der Metaphysik der Sitten" (1786).
29 Rawls, a.a.O., S. 28.
30 W. Kersting, John Rawls zur Einführung, 2. Aufl. 2004, S. 121.

natürlich nicht als ein wirklicher geschichtlicher Zustand vorgestellt, noch weniger als primitives Stadium der Kultur. Er wird als rein theoretische Situation aufgefasst, die so beschaffen ist, dass sie zu einer bestimmten Gerechtigkeitsvorstellung führt."[31]

Rawls geht praktisch von einer imaginären Vorstellung aus, wie man eine Gesellschaft, deren Grundgegebenheiten zwar bekannt sind, aber eben nicht die spezifischen Eigenschaften von deren Mitgliedern, sei es die persönliche Identität oder seien es die Wünsche und Fähigkeiten jener, die in sie schließlich aufgenommen werden sollen, zu sehen hat. Er setzt dort an, wo man eine gerechte und jedermann gegenüber faire Gesellschaft quasi aus dem Nichts eines schöpferischen Beginns heraus gestalten müsste.

Der ‚Urzustand' ist ein konstruiertes Gebilde. Er ist als ein für jedermann angemessener Ausgangszustand zu verstehen, der nach *Rawls* eben notwendig ist, um in diesem zu fairen Grundvereinbarungen zu kommen. Diese Fairness stellt für ihn deshalb Gerechtigkeit dar, weil sie von der Gleichheit und Freiheit aller Menschen ausgeht. Der im Grunde sofort auftauchende Einwand, dass es sich hier um ein fiktives Gebilde handle, das der Realität etwa der Ungleichheit der Menschen überhaupt nicht entspricht, geht am Kern der Aussage vorbei. Diese Theorie braucht eine Ausgangssituation, eine allen gemeinsame Basis, ein Fundament, auf das man die theoretischen Eckpfeiler allmählich aufbauen kann. Der einsichtige Realitätsgehalt dieses zunächst aufgrund seines fiktiven Charakters mit unserer gesellschaftlichen Wirklichkeit nur schwer zu vereinbarenden Denkmodells soll mit nachfolgendem Beispiel verdeutlicht werden.

→ Jemand erleidet einen schweren Schlaganfall und wird mit einer totalen Amnesie in das Krankenhaus eingeliefert. Nach primärer medizinischer Behandlung wird der Patient der Rehabilitation überantwortet, um seinen Gedächtnisverlust allmählich wieder überwinden zu lernen. In der Reha-Klinik steht er völlig am Anfang eines Lernprozesses, da er zum Beispiel keine Buchstaben mehr kennt, nicht weiß, wie er sie anzuordnen hat, was damit auszudrücken ist, etc. Er befindet sich praktisch an einem Nullpunkt und beginnt allmählich die Dinge wieder zu erlernen, die durch seine Erkrankung verloren gegangen sind. Das ist in der Regel ein langwieriger Prozess, der einer ‚Dressur' gleicht, indem der Patient durch ständige Übung Dinge (neu) erlernen muss und seinen Verstand, die Gefühle wieder zu reaktivieren beginnt. Diese Ent-Wicklung im eigentlichen Wortsinn kommt einem neuerlichen Erziehungs- und Sozialisationsprozess gleich.

Dieses Beispiel soll zeigen, wie wichtig eine derartige Ausgangsposition bzw. Grundannahme ist, da nur dann die logische Errichtung eines Gedankengebäudes erfolgen kann. So wie der apoplektische Patient von einer grundlegend anderen Basissituation ausgehend sein Leben neu entwickeln und gestalten muss, so kann eine Gesellschaft sich auch erst dann herausbilden, wenn bestimmte Grundannahmen vorhanden sind, die zu einer bestimmten Gesellschaftsform führen. Der Weg dorthin ist in der Regel durch das abschnittweise Erlangen von Zwischenstufen bzw. -erfolgen gekennzeichnet.

---

31 W. Kersting, John Rawls..., 1. Aufl., S. 28 f.

Die Struktur der *Rawls*'schen Theorie ist dreigliedrig:

- die Ausgangssituation ist ein *Urzustand*, in welchem
- ein *diskursiver Prozess* der Einigung stattfindet,
- aus welchem sich die für die *Gerechtigkeit relevanten Konsequenzen* ergeben.

Zusammengenommen ergibt dies ein *vertragstheoretisches Gedankenexperiment*, das davon ausgeht, dass die Menschen sich zusammentun, um die Grundregeln ihrer künftigen Gesellschaft zu entwerfen. Auch hierzu ein praktisches Beispiel:

> → Mehrere Studierende finden sich zusammen, um gemeinsam eine Wohngemeinschaft zu gründen; dies kann aus Kostengründen ebenso sinnvoll sein, wie aus Gründen, die darin liegen, dass man den sozialen Kontakt braucht und deshalb sucht, oder weil man das gleiche Fach studiert und dann sich besser austauschen bzw. eine Lerngruppe bilden kann. Ihre Ausgangssituation ist in etwa die gleiche; sie besprechen gemeinsam, wie dieses Zusammenleben möglichst reibungslos gestaltet werden kann, verteilen Aufgaben und Pflichten, regeln die sie alle betreffenden finanziellen Dinge und achten darauf, dass all das, was auf sie zukommt, möglichst gerecht verteilt wird.
> Ein solches soziales Gruppenmodell lässt sich auch in der Betreuungsarbeit zum Beispiel bei Borderline-Patienten, bei Senioren in Wohnheimen oder bei allgemeinen gruppentherapeutischen Maßnahmen, aber auch bei Eigentümergemeinschaften sei es nun bezüglich Wohn- oder Aktienbesitz etc. einsetzen.

In den genannten Beispielen, aber auch immer dort, wo Menschen aus einem gemeinsamen Interesse heraus etwas zu entscheiden haben, das dem Wohl aller Beteiligten dient, geht es im Grunde genommen immer darum, aus einer Ausgangssituation mittels des Austauschs von Argumenten in der Diskussion Problemlösungen zu ermitteln, gemeinsam getragene Entscheidungen zu treffen und die entsprechenden Folgen dadurch als gerecht anzunehmen:

> „Wir wollen uns also vorstellen, daß diejenigen, die sich zu gesellschaftlicher Zusammenarbeit vereinigen wollen, in einem gemeinsamen Akt die Grundsätze wählen, nach denen Grundrechte und -pflichten und die Verteilung der gesellschaftlichen Güter bestimmt werden. Die Menschen sollen im voraus entscheiden, wie sie ihre Ansprüche gegeneinander regeln wollen und wie die Gründungsurkunde ihrer Gesellschaft aussehen soll. Ganz wie jeder Mensch durch vernünftige Überlegung entscheiden muß, was für ihn das Gute ist, d.h. das System der Ziele, die zu verfolgen für ihn vernünftig ist, so muß eine Gruppe von Menschen ein für allemal entscheiden, was ihnen als gerecht und ungerecht gelten soll. Die Entscheidung, die vernünftige Menschen in dieser theoretischen Situation der Freiheit und Gleichheit treffen würden, bestimmt die Grundsätze der Gerechtigkeit."[32]

Dies gelingt solange, wie die Beteiligten sich in keiner Weise benachteiligt fühlen und die Mehrheitsentscheidung als die der Demokratie am besten gerecht werdende Methode klaglos anerkennen.

Es ist natürlich davon auszugehen, dass Letzteres nicht als selbstverständlich angenommen werden kann, da der Einzelne aus seiner Subjektivität heraus nicht unparteilich sein kann und deshalb eine auch mit Mehrheit getroffene Entschei-

---
32 Rawls, a.a.O., S. 28.

dung nicht immer als gerecht empfunden wird. *Rawls* versucht nun das moralische Prinzip der Unparteilichkeit dadurch durchsetzen zu können, indem er davon ausgeht, dass sich die Menschen im ‚Urzustand' hinter einem ‚Schleier des Nichtwissens' befinden. Mit Hilfe dieses ‚Schleiers' möchte er

> *„die Wirkung von Zufälligkeiten beseitigen, die die Menschen in ungleiche Situationen bringen und zu dem Versuch verführen, gesellschaftliche und natürliche Umstände zu ihrem Vorteil auszunutzen. Zu diesem Zweck setze ich voraus, dass sich die Parteien hinter einem Schleier des Nichtwissens befinden. Sie wissen nicht, wie sich die verschiedenen Möglichkeiten auf ihre Interessen auswirken würden, und müssen Grundsätze allein unter allgemeinen Gesichtspunkten beurteilen."*[33]

Rawls vergleicht diesen Zustand mit *Kants* Lehre vom ‚kategorischen Imperativ':

> „Die Gerechtigkeitsgrundsätze entsprechen auch kategorischen Imperativen. Denn darunter versteht Kant Verhaltensgrundsätze, die für jedermann als freies und gleiches Vernunftwesen gelten und bei ihm keine besonderen Wünsche und Ziele voraussetzen. Dies tut hingegen ein hypothetischer Imperativ."[34]

Auch hier wird jeder aufgefordert, sich so zu verhalten, dass es der Maxime eines allgemeinen Naturgesetzes entspricht, ohne jedoch seinen Platz in diesem System der Natur zu kennen. Es ist deshalb wichtig zu wissen, was er unter diesem Unwissen versteht:

> *„Vor allem kennt niemand seinen Platz in der Gesellschaft, seine Klasse oder seinen Status; ebensowenig seine natürlichen Gaben, seine Intelligenz, Körperkraft usw. Ferner kennt niemand seine Vorstellung vom Guten, die Einzelheiten seines vernünftigen Lebensplanes, ja nicht einmal die Besonderheiten seiner Psyche wie seine Einstellung zum Risiko oder seine Neigung zu Optimismus oder Pessimismus. Darüber hinaus setze ich noch voraus, dass die Parteien die besonderen Verhältnisse in ihrer eigenen Gesellschaft nicht kennen, d.h. ihre wirtschaftliche und politische Lage, den Entwicklungsstand ihrer Zivilisation und Kultur. Die Menschen im Urzustand wissen auch nicht, zu welcher Generation sie gehören."*[35]

→ Kommt man auf das obige Beispiel zurück, so kann man erkennen, dass sich auch der stark apoplektische Patient in einem absoluten Zustand des Nichtwissens (aber auch des Nichtkönnens) befindet. All das, was er nun wieder erlernt, ergibt letztlich ein neues Persönlichkeitsbild. Der Patient wird aber mit diesem nur dann zufrieden sein, wenn er es nicht an seinen früheren Fähigkeiten und Fertigkeiten, Vorstellungen und Meinungen, Vorzügen und Nachteilen usw. misst, ja messen kann. Er muss sich ggf. neue Ziele setzen und an anderen Werten orientieren. Daraus kann sich für ihn die Frage nach der Gerechtigkeit deshalb stellen, weil er sein Leben mit anderen vergleicht, denen ein solches Schicksal nicht beschieden ist.

Bei *Rawls* ist die ziemlich umfassende Beschränkung der Kenntnisse deshalb notwendig, weil seines Erachtens Fragen der sozialen Gerechtigkeit entstehen könnten, die schließlich zu Interessengegensätzen zwischen den Generationen führen würden. Daraus würde sich das Faktum ergeben, dass die Menschen keine gemein-

---
33 Rawls, a.a.O., S. 159.
34 A.a.O., S. 285.
35 Rawls, a.a.O., S. 160.

samen Grundsätze mehr finden könnten. Es geht aber gerade darum, solche Grundsätze zu wählen, *„deren Folgerungen sie hinzunehmen bereit sind, welcher Generation sie auch angehören mögen".*[36]

Natürlich weiß auch *Rawls*, dass jede Gesellschaft von den jeweiligen Interessen ihrer Mitglieder geprägt ist. Das kann sowohl Übereinstimmung wie auch Konflikt zum Beispiel bei der Verteilung der Güter bedeuten. Das von allen Menschen in ihrem Leben am meisten angestrebte Gut liegt nicht im materiellen Bereich – wie dies die Politik bei ihrer Definition der sozialen Gerechtigkeit fälschlicherweise immer annimmt, sondern es ist das bereits seit *Aristoteles* postulierte ‚Glück'. Die Menschen wollen ein ‚gutes' Leben führen, indem sie einfach glücklich sein können. Da jedoch der Inhalt dieses ‚höchsten Gutes' bereits schwer greifbar ist, meint *Kersting* unter Bezugnahme auf den Rawls'schen Begriff des ‚Lebensplans', dieses Glück als Lebensziel „ist eine rein formale Bestimmung, da nahezu jeder Mensch etwas anderes darunter versteht, sich in einer anderen Situation hinsichtlich seiner natürlichen und gesellschaftlichen Lebensvoraussetzungen befindet und entsprechend andere Wege in seinem Leben einschlagen wird."[37]

Auch wenn dies bereits wie eine Kritik an *Rawls* verstanden werden kann, so sieht *Kersting* trotz unterschiedlicher Lebensläufe der Menschen doch auch Gemeinsamkeiten, deren maximale Erfüllung sich jeder vernünftige Mensch wünschen muss. Bei *Rawls* bedeutet das, dass deswegen das gemeinsame Interesse an einer fairen und gerechten Verteilung dieses Gutes nicht scheitern muss. Es gilt sich zusammenzusetzen und darüber so lange zu diskutieren, bis der gemeinsame Nenner gefunden worden ist und man sich darauf geeinigt hat. Für ihn gestaltet sich dieser Einigungsprozess insoweit relativ einfach, weil er zum einen aus der Position des Nichtwissens passiert und zum anderen von ‚vernünftigen' Menschen durchgeführt wird. Allerdings muss man zugleich sehen, dass *Rawls* zunächst eine plausible, und seines Erachtens auch in der sozialwissenschaftlichen Theorie anerkannte Vorstellung von der Vernünftigkeit besitzt:

> „Von einem vernunftgeleiteten Menschen wird also wie üblich angenommen, dass er ein widerspruchsfreies System von Präferenzen bezüglich der ihm offenstehenden Möglichkeiten hat. Er bringt sie in eine Rangordnung nach ihrer Dienlichkeit für seine Zwecke; er folgt dem Plan, der möglichst viele von seinen Wünschen erfüllt und der eine möglichst gute Aussicht auf erfolgreiche Verwirklichung bietet."

Nach Ansicht des Verfassers ergänzt er diese Vorstellung durch eine doch eher idealistische Sichtweise, wenn er hinzufügt. „Meine Zusatzannahme ist, dass ein vernunftgeleiteter Mensch keinen Neid kennt. Er nimmt einen Verlust nicht nur dann hin, wenn auch die anderen weniger haben."[38] Allerdings schränkt er diese Annahme sofort wieder ein, wenn er darauf hinweist, dass die Unterschiede

---
36 Ebd.
37 Kersting, a.a.O., 2. Aufl., S. 54.
38 Rawls, a a O., S. 166 f.

- bestimmte Grenzen nicht überschreiten,
- die bestehenden Ungleichheiten nicht auf Ungerechtigkeiten beruhen,
- nicht das Werk reinen Zufalls sein dürfen und
- keinem sozialen Ausgleich dienen.

Damit deutet er bereits an, unter welchen Voraussetzungen auch eine Ungleichverteilung als gerecht angesehen werden kann. Zunächst ist es jedoch wichtig für ihn, Prinzipien zu formulieren, denen zufolge eine gerechte Verteilung der Güter möglich erscheint. Allen voran gilt, dass sich diese Gerechtigkeitstheorie ausdrücklich nicht auf das gerechte Handeln des Individuums bezieht, für das Normen gesucht werden. Eine gerechte Ordnung gründet sich nicht wie bei *Platon* auf die harmonische Seelenverfassung der Menschen, sondern *Rawls* beschreibt sie als die wichtigste Tugend der gesellschaftlichen Einrichtungen. Das heißt: nicht der Einzelmensch ist für die Herstellung der (sozialen) Gerechtigkeit verantwortlich, sondern es sind die Institutionen und Organisationen einer Gesellschaft.

> *„Der Hauptgegenstand der Grundsätze der sozialen Gerechtigkeit ist die Grundstruktur der Gesellschaft, die Bildung eines Systems der Zusammenarbeit aus den wichtigsten gesellschaftlichen Institutionen.... Unter einer Institution verstehe ich nun ein öffentliches Regelsystem, das Ämter und Positionen bestimmt mit ihren Rechten und Pflichten, Machtbefugnissen und Schutzzonen u.ä. Nach diesen Regeln sind bestimmte Handlungsformen erlaubt, andere verboten; ... Beispiele für Institutionen – oder allgemeiner: soziale Verfahrensweisen – sind Spiele, Riten, Gerichtsverfahren, Parlamente, Märkte, Eigentumssysteme. Eine Institution kann man sich auf zweierlei Weise vorstellen: einmal als abstrakten Gegenstand, d.h. als mögliche Verfahrensform, die durch ein Regelsystem beschrieben wird; zweitens als die Verwirklichung dieses Verhaltens durch bestimmte Menschen in Gedanken und Handlungen zu einer bestimmten Zeit und an einem bestimmten Ort."*[39]

Was nun als gerecht oder ungerecht bezeichnet werden kann, ob „*die Institution in ihrer Verwirklichung oder als abstrakter Gegenstand*", bleibt bei ihm offen. Allerdings empfiehlt er jene Institution gerecht oder ungerecht zu nennen, die wirksam und unparteiisch verwirklicht wird. Anders ausgedrückt bedeutet dies, dass eine Institution an ihrer Aufgabenerfüllung gemessen werden muss, ehe man eine Einstufung bzw. Bewertung vornehmen kann.

Rawls spricht in dieser Situation einen gesellschaftlichen Zustand an, der mittels eines Vertrages geregelt werden muss. Für eine Beurteilung der Gerechtigkeit ist also die Art der Aufgabenerfüllung, insbesondere die Art der Güterverteilung wichtig. Dies geschieht bei *Rawls* auf der Basis verschiedener Prinzipien.

Der erste eigentliche Kernsatz seiner Überlegungen geht aus dem sogenannten → **Freiheitsprinzip** hervor.

Wie bereits festgestellt werden konnte, sieht *Rawls* die Art der Güterverteilung als vorrangig für die Gerechtigkeit an: „Alle sozialen Werte – Freiheit, Chancen, Einkommen, Vermögen und die sozialen Grundlagen der Selbstachtung – sind

---

39 A.a.O., S. 74f.

gleichmäßig zu verteilen, soweit nicht eine ungleiche Verteilung jedermann zum Vorteil gereicht."[40]

Auf diesen Satz wird im weiteren Verlauf noch zurückzukommen sein, doch sieht man bereits jetzt, dass für ihn die ‚Freiheit' eine herausragende Stellung einnimmt. Dies lässt vermuten, dass er einer individualistischen Lebensauffassung und der entsprechenden -planung den Vorzug vor einer kommunitaristischen gibt – eine Annahme, die ihm auch und gerade die Kritik der Kommunitaristen[41], auf die noch näher einzugehen sein wird, eingebracht hat. *Kersting* kommentiert diese mögliche Bevorzugung allerdings wie folgt: „Eine Gerechtigkeitsordnung, die sich um eine maximale Verteilung dieser Güter an die Individuen bemüht, wird individualistische Lebenspläne nicht verhindern, somit auch diejenigen nicht benachteiligen, die in ihrem Leben einer nichtindividualistischen Auffassung vom Guten folgen."[42] Das muss dann kein Widerspruch zu der vorherigen Aussage sein, wenn der *Rawls*'sche Freiheitsbegriff nicht als ein Absolutum verstanden wird, sondern dass Freiheit nur dann Sinn macht, wenn sie innerhalb einer Gemeinschaft mit anderen erreicht werden kann.

Die Menschen entscheiden sich deshalb für eine Gesellschaftsstruktur, die die möglichen Interessen aller berücksichtigt: „Jede Person hat den gleichen Anspruch auf ein völlig adäquates System gleicher Grundrechte und Freiheiten, das mit demselben System für alle vereinbar ist, und innerhalb dieses Systems wird der faire Wert der gleichen politischen [...] Freiheiten garantiert."[43] Damit meint *Rawls* zunächst die Herstellung einer ‚politischen Gerechtigkeit', indem er grundsätzlich zwischen immateriellen und materiellen Grundgütern unterscheidet, wobei allerdings beide als gleichrangig zu betrachten sind. Differenziert wird bei der Gleichheit der Verteilung. Hier gilt ein egalitäres Verteilungsprinzip für immaterielle Grundgüter und ein nicht-egalitäres Verteilungsprinzip für materielle Güter. Das heißt, dass bei den Grundfreiheiten und den politischen Rechten eine gleiche Verteilung eingefordert wird, wie dies aus obigem Zitat deutlich zu sehen ist. Darüber hinaus fordert er die Maximierung der individuellen Freiheit,

---

40 A.a.O., S. 83.
41 Unter dem ‚Kommunitarismus' versteht man eine noch relativ junge Sichtweise in der politischen Philosophie, die sich gegen eine fortschreitende Ökonomisierung und Individualisierung der Gesellschaft wendet und statt dessen mehr Solidarität, Verantwortungsbewusstsein und Gemeinsinn fordert. Die kommunitaristische Bewegung fördert das Subsidiaritätsprinzip, um durch untergeordnete Gemeinschaften (Nachbarschaftsversammlungen, Selbsthilfeprogramme im Sozial-, Sicherheits- und Umweltbereich) den Staat möglichst lange von der Aufgabenübernahme fern zu halten. Der Kommunitarismus gilt als ‚dritter Weg' zwischen Sozialismus und Kapitalismus und als Reaktion auf die neoliberale Politik der USA der 1980er Jahre. Zugleich muss man sie als kritische Gegenentwicklung zur Gerechtigkeitstheorie von John Rawls sehen. Kerngedanke ist, dass der Mensch nicht aus Vernunft und freier Entscheidung in einer Gemeinschaft ist, sondern in sie hineingeboren wird und somit von dieser abhängig ist. Als wichtigste Vertreter dieser Sichtweise gelten Alasdair McIntyre, Michael Walzer, Michael J. Sandel und Amitai Etzioni.
42 Kersting, a.a.O., 2. Aufl., S. 59.
43 Rawls, a.a.O., zit. nach W.E. Müller, a.a.O., S. 130.

um beispielsweise ein totalitäres Herrschaftssystem auszuschließen. Ein derartiges System kann schon von vornherein nicht wählbar sein, da es eine Minimierung der individuellen Freiheiten vorsieht.

Anders ausgedrückt heißt dies, dass dem Recht, der Freiheit und der Politik der Vorrang gegenüber der Erzeugung und Verteilung von materiellen Gütern eingeräumt wird:

> „Diese Ordnung bedeutet, daß Verletzungen der vom ersten Grundsatz geschützten gleichen Grundfreiheiten nicht durch größere gesellschaftliche oder wirtschaftliche Vorteile gerechtfertigt oder ausgeglichen werden können."[44]

Bei den immateriellen Grundgütern kennt er bei der Verteilung keine Differenzierung, für die Verteilung der materiellen Güter entwickelt er einen zweiten Grundsatz mit folgender Kernaussage:

> „Soziale und ökonomische Ungleichheiten müssen zwei Bedingungen erfüllen: erstens müssen sie mit Ämtern und Positionen verbunden sein, die allen unter Bedingungen fairer Chancengleichheit offen stehen, und zweitens müssen sie sich zum größtmöglichen Vorteil für die am wenigsten begünstigten Gesellschaftsmitglieder auswirken."[45]

Dieser zweite Grundsatz wird als das → **Differenzprinzip** bezeichnet.

Es besagt, dass soziale Ungleichheiten nur dann legitim sind, wenn sie für die Schwächsten in der Gesellschaft einen Vorteil bewirken. Eine Verteilungsstruktur muss so gestaltet sein, dass sie eine Verbesserung der Aussichten der am wenigsten begünstigten Gesellschaftsmitglieder dann erzielen kann, wenn sie anderen mehr Güter zukommen lässt. Nur so können bessere Aussichten für die Begünstigten als gerecht bezeichnet werden. Eine sozioökonomische Ungleichheit ist also nur gerechtfertigt, wenn sie einen jedermann zum Vorteil werdenden Ungleichheitsgewinn erwirtschaftet.

Man geht beim Differenz- oder Unterschieds-Prinzip von der Position des schlechtest Gestellten aus und postuliert, dass erst dann eine Ungleichheit erwünscht ist, wenn dieser in diesem Zustand besser gestellt ist als in einem Status vorherrschender Gleichheit.

> → Die Situation des Arbeitslosen ist dadurch gekennzeichnet, dass er sich in einem Zustand der sozialen Schwäche befindet, die nur durch Lohnersatzleistungen des Staates einigermaßen erträglich gestaltet werden kann. Plädiert man nun dafür – wie dies bereits in der politischen Diskussion in unserer Zeit geschehen ist –, dass diejenigen, die Arbeit haben, weniger arbeiten bzw. früher in Rente gehen sollen, damit die Arbeitslosen wieder arbeiten können, so erreicht man einen sich allmählich ausgleichenden Zustand, der für alle das Erlangen eines relativ niedrigen sozialen Niveaus bedeutet. Dieser Zustand lässt dann keine weitere Umverteilung, aber auch keine zusätzliche Verbesserung der sozialen Lage mehr zu.

Das bedeutet, dass es immer soziale Unterschiede geben muss, damit eine bestimmte Umverteilung zur Besserstellung der sozial Schwachen vorgenommen

---

44　A.a.O., S. 82.
45　A.a.O., S. 69f.

werden kann. Dieser Umverteilung sind jedoch Grenzen gesetzt, um eine gesellschaftliche Fortentwicklung nicht zu verhindern.

Das Differenzprinzip kann auch als ‚Prinzip der demokratischen Gleichheit' bezeichnet werden. Die Verteilung erfolgt autonom und einvernehmlich aufgrund vernunftbedingter Entscheidungen, die auf der Basis demokratischer Grundsätze getroffen werden. Das Ziel ist, dass Menschen mit gleichen Fähigkeiten und gleicher Leistungsbereitschaft, ungeachtet ihrer unterschiedlichen sozialen Herkunft, die gleichen Aufstiegschancen haben sollen. Da der Mensch von Natur aus mit ungleichen Begabungen und Fähigkeiten ausgestattet ist, ergeben sich auch ungleiche soziale Startbedingungen, die nach diesem Prinzip nach rationalen Gerechtigkeitsregeln korrigiert werden. Eine natürliche Ungleichverteilung kann aber weder als gerecht noch als ungerecht bezeichnet werden. Gerechtigkeit bzw. Ungerechtigkeit kann es nur in dem Verhalten der gesellschaftlichen Institutionen geben.

Die Menschen müssen am besten bereits im Urzustand (des Unwissens und der Gleichheit aller) die Entscheidungen treffen, wie sich die Institutionen verhalten sollen. Diese Entscheidungen fallen aus einer Position der Unsicherheit heraus, da sie nicht wissen, wie sich das Ganze entwickelt. Sie orientieren sich dabei an der ‚Maximin-Regel', die verlangt, „jede in Rede stehende Handlungsweise im Licht ihrer schlechtesten Möglichkeiten zu bewerten und von den sich ergebenden schlechtesten Möglichkeiten die weniger schlechte bzw. die beste zu wählen".[46] *Rawls* geht davon aus, dass alle Menschen eine Strategie des minimalen Risikos anwenden, indem sie immer das schlechteste Ergebnis erwarten. Für die zu treffenden Entscheidungen bedeutet das, sich aus den schlechtest möglichen Ergebnissen jeweils für das beste der schlechtesten Ergebnisse zu entscheiden. *Kersting* interpretiert dies als eine Wahl des Maximums aus den Minimalergebnissen, ohne dabei die Wahrscheinlichkeit des Eintretens des schlechtesten Ausgangs zu berücksichtigen.

Um die für *Rawls* so wichtige Freiheit besonders herausstellen zu können, hat der erste Grundsatz – das ‚Freiheitsprinzip' – einen klaren Vorrang vor dem zweiten, also dem ‚Differenzprinzip'. Das Materielle darf nicht wichtiger sein als das Immaterielle – was in der heutigen Politik häufig andersherum verstanden wird.[47] Dennoch ist es von der Akzeptanz der beiden Gerechtigkeitsgrundsätze abhängig, welche Gerechtigkeitsvorstellungen die Menschen mit verschiedenen Zielsetzungen haben. Erst eine gemeinsame Gerechtigkeitsvorstellung schafft nach *Rawls* den Bürgerfrieden: *„Man kann sich eine gemeinsame Gerechtigkeits-*

---

46 Kersting, a.a.O., 2. Aufl., S. 65.
47 Gerade im wiedervereinigten Deutschland kann man sehr deutlich ablesen, wie der erste Grundsatz, der ja eigentlich zur Überwindung des SED-Regimes in der ehemaligen DDR maßgeblich beigetragen hat, indem die Freiheitssehnsucht obsiegte, mittlerweile von der zweiten Kernaussage überdeckt worden ist. Der Freiheitsgedanke tritt zugunsten der materiellen Sicherheit dann zurück, wenn er sich erfüllt hat und damit seine fundamentale Bedeutung einbüßt.

vorstellung als das Grundgesetz einer wohlgeordneten menschlichen Gesellschaft vorstellen."[48]

Damit wird das Endziel seiner Überlegungen genannt, jener staatliche Zustand einer ‚wohlgeordneten Gesellschaft', die die Zeiten überdauert und politische Stabilität benötigt:

> „…das heißt, wenn die Institutionen gerecht sind, dann erwerben die in sie Eingebundenen den entsprechenden Gerechtigkeitssinn und den Wunsch, das Ihre zu ihrer Erhaltung beizutragen. Eine Gerechtigkeitsvorstellung ist stabiler als eine andere, wenn der von ihr erzeugte Gerechtigkeitssinn stärker ist und sich eher gegen schädliche Neigungen durchsetzt, und wenn die ihr entsprechenden Institutionen zu schwächeren Antrieben und Versuchungen führen, ungerecht zu handeln."[49]

Diesen Gerechtigkeitssinn sieht *Rawls* im Übrigen nur durch Bildung und Erziehung dauerhaft hergestellt. Seine „Theorie der Gerechtigkeit" erweist sich als ein faszinierendes Gedankengebäude, das in sich schlüssig ist und eigentlich nur dann Verständnisprobleme auslöst, wenn man sich nicht mit seinem Ausgangszustand anfreunden kann. Ansonsten hat *Rawls* jeden einzelnen Schritt in vielfacher Weise durchreflektiert und mit verständlicher Sprache und nachvollziehbaren Gedankengängen zu erläutern versucht. Nicht umsonst gilt es als das wichtigste theoretische Konzept unserer Zeit bezüglich einer der bedeutendsten Zeitfragen zur Gestaltung des menschlichen Zusammenlebens in der modernen Gesellschaft.

Ehe noch auf die Relevanz dieser Theorie für die Soziale Arbeit eingegangen werden wird, soll sie zusammenfassend wie folgt dargestellt werden:

Um zu einer künftig gerechten Gesellschaftsform gelangen zu können, bedarf es eines
U r z u s t a n d s
der als eine „faire Ausgangssituation" zu verstehen ist und folgende drei Bedingungen erfüllen muss:

---

1. Alle Menschen sind als frei und gleich anzusehen.
2. Jeder Einzelne gesteht diese Rechte auch anderen Mitgliedern der Gesellschaft zu.
3. Alle Menschen befinden sich unter einem „Schleier des Nichtwissens", weshalb ihnen ihre Stellung in einer künftigen Gesellschaft nicht bekannt ist.

Aus dieser Ausgangsposition, in der Gerechtigkeit als „Fairness-Gebot" verstanden wird, entwickelt sich eine Art der Güterverteilung nach zwei Gerechtigkeitsprinzipien:

---

48 Rawls, a.a.O., S. 21.
49 A.a.O., S. 494.

⇓

> **Das F r e i h e i t s p r i n z i p**
> dient der Regelung der immateriellen Dinge, indem jedermann das Recht auf das umfangreichste System gleicher Grundfreiheiten hat, das mit dem gleichen System für alle anderen vereinbar ist

\+

> **Das D i f f e r e n z p r i n z i p**
> nach welchem alle sozialen und wirtschaftlichen Ungleichheiten im Sinne einer Rechtfertigung und Begrenzung derselben so zu gestalten sind, dass sie zu jedermanns Vorteil dienen und mit Positionen und Ämtern im Sinne einer fairen Chancengleichheit verbunden sind, die allen Menschen offen stehen.

c) Kritik an der Gerechtigkeitstheorie von Rawls

Es wurde bereits darauf hingewiesen, dass wohl die meiste Kritik von der Annahme eines sogenannten ‚Urzustands' ausgegangen ist. Da es sich um eine rein fiktive Annahme handelt, entbehrt sie jeglicher wissenschaftlichen Belegbarkeit, die allerdings von *Rawls* auch nie behauptet worden ist. Zudem wird immer wieder darauf hingewiesen, dass der Begriff der ‚Fairness' nirgendwo in dem umfangreichen Werk näher definiert worden ist. Schließlich wird kritisch hervorgehoben, dass der Mensch nicht als Verursacher der Ungerechtigkeit gelten kann, sondern nur die Institutionen, da diese doch von den einzelnen Mitgliedern der Gesellschaft gewählt und legitimiert werden. Es war besonders *Michael Walzer*, der mit seinem pluralistischen Konzept der „Sphären der Gerechtigkeit" darauf hingewiesen hat.

Es sind vor allem die Vertreter des ‚Kommunitarismus', die teils heftige Kritik an *Rawls* äußern. Die wohl detaillierteste Kritik kommt von *Michael Sandel*[50], der sich zuvorderst mit dem Persönlichkeitsbegriff, den er als einen der Grundlagen der „Theorie der Gerechtigkeit" ansieht, auseinandersetzt. Er meint, dass die Idee vom ‚Schleier des Nichtwissens' bei dem Einzelnen ein sogenanntes ‚ungebundenes Selbst' erfordert, was bedeuten würde, dass ein Mensch auch noch hinter diesem Schleier wählen kann, obwohl seine individuellen Ziele eben durch diesen Schleier ausgeblendet sein müssten. Weiterhin bedeutet dies, dass das eigentlich entscheidende Wesen des Menschen dann nicht mehr in unmittelbarem Zusammenhang mit den jeweils verfolgten Zielen stehen kann. Der Einzelne würde letztlich in einer gewissen Distanz zu seinen Lebensumständen stehen und zum Beispiel nie ganz in einer Gemeinschaft mit festgelegten Werten aufgehen können. *Sandel* übt zudem Kritik am Differenzprinzip, das nach *Rawls* eine Verteilung der materiellen Güter

---
50 Michael Sandel, Liberalism and the Limits of Justice, 2. Aufl., Cambridge University Press 1998.

zum Vorteil aller vorsieht, aber seines Erachtens in Frage zu stellen ist, ob daraus, dass der Einzelne moralisch gesehen kein Recht auf derartige Vorteile hat, zwingend folgt, dass die Gesellschaft mehr Rechte an den Begabungen des Einzelnen und ihren Vorteilen hat. Der Besitz solcher Talente sei schließlich genauso zufällig wie die Zugehörigkeit zu solch einer Gesellschaft.[51]

Andere, wie beispielsweise *Walzer* nehmen an, dass *Rawls* einen universalen Geltungsanspruch für die beiden Gerechtigkeitsprinzipien erhebt. Der ‚Schleier des Nichtwissens' wird als ein wichtiges Merkmal empfunden, um im Urzustand einen egoistischen Standpunkt einnehmen zu können, der es *Rawls* ermöglicht, die Gerechtigkeitsprinzipien unter allgemeinen Gesichtspunkten zu bestimmen.

> „Die Kommunitaristen glauben, dass das im Urzustand durchgeführte Verfahren dazu dient, Normen unabhängig von konkreten historischen und kulturellen Kontexten zu rechtfertigen. Sie unterstellen Rawls, dass er die im Urzustand gewählten Gerechtigkeitsprinzipien als Schlusspunkt in der moralischen Debatte verstehe und sie unterschiedslos jeder Gesellschaft vorschreiben wolle."[52]

Als weitere Gegenargumente zu *Rawls* werden häufig angeführt:

- Die vertragliche Einigung im Urzustand ist rein hypothetischer Natur.
- Den Gerechtigkeitsprinzipien haben die Gesellschaftsmitglieder faktisch nie zugestimmt.
- Der ‚Schleier des Nichtwissens' vernachlässigt die kulturellen Besonderheiten des gesellschaftlichen Zusammenlebens.
- Angemessene Gerechtigkeitsprinzipien können nur in demokratischen Verfahren und öffentlichen Diskussionen ermittelt werden.
- Die Moralerfindung kann keinesfalls ihren jeweiligen kulturellen Kontext überschreiten und einen Standpunkt außerhalb der Gesellschaft einnehmen.; Moralerfindung bleibe immer ein kulturimmanentes Verfahren.
- Der die Denkweise von *Rawls* beeinflussende Liberalismus könne unter Verdrängung seiner partikularen Wurzeln keinen Anspruch auf globale Zuständigkeit erheben und die begründeten Normen ausnahmslos jeder Gesellschaft vorschreiben.
- Partikulare westliche Werte werden Gesellschaften aufgezwungen, die in einem anderen kulturellen Kontext stehen, womit zugleich den spezifischen Wertvorstellungen fremder Kulturen die Anerkennung versagt wird.[53]

Der *Rawls* gemachte Vorwurf, eine global gültige absolute Theorie entworfen zu haben, dürfte nach Ansicht des Verfassers nicht richtig sein und eine mehr oder weniger bewusste (Fehl-)Interpretation im Sinne des Kommunitarismus darstellen. Diesem Vorwurf ließe sich entgegenhalten, dass die Gerechtigkeitstheorie in der

---

51 Vgl. hierzu www.zerberus.de/leute/m.below (Stand: 06.09.2005).
52 Frank Dietrich, Die kommunitaristische Kritik an John Rawls' Theorie des Gesellschaftsvertrages, Vortrag gehalten am 12.01.1998 an der Universität-GH-Duisburg; www.phil-fak.uni-duesseldorf.de (Stand: 09.11.2004).
53 Vgl. Dietrich, a.a.O.

westlichen demokratischen Gesellschaft Gültigkeit findet, da sie auf reale Gegebenheiten dieser Gesellschaft vom Ansatz her zutrifft und übertragen werden kann; sie spiegelt die soziale Gerechtigkeit wider, wie sie sich zum Beispiel in Deutschland, aber auch in den anderen modernen westlichen Demokratien zeigt. Die soziale Gerechtigkeit fußt auf dem Recht, auf das sich nach *Rawls* wiederum die Institutionen (und Organisationen), durch die die soziale Gerechtigkeit umgesetzt wird, beziehen.

d) Gerechtigkeit im „Capability Approach" von Amartya Sen und Martha Nussbaum

Der Güterverteilung durch die gesellschaftlichen Institutionen, wie sie *Rawls* in seiner Gerechtigkeitstheorie gefordert hat, begegnen sowohl *Amartya Sen*[54] wie auch *Martha Nussbaum*[55] mit einem völlig anderen Ansatz. Beiden, geprägt von einer gewissen Affinität zum Liberalismus, aber auch zur Sozialdemokratie, geht es um das Wohlergehen, das ‚gute Leben' in einer demokratischen Gesellschaft. Die staatlichen Organe haben die Grundlagen und Lebensbedingungen dafür zu schaffen, dass die Menschen ihre Fähigkeiten nachhaltig frei und möglichst gut entwickeln können. Diese Verantwortungsübernahme des Staates steht in der klassisch-aristotelischen Tradition.

Nussbaum postuliert, „dass jede demokratische Politik eine im Interesse aller liegenden Vorstellung von einem guten Leben besitzen müsse, wenn sie die Gesellschaft nicht den Gefahren eines antihumanistischen Relativismus oder gar eines neuen Sozialdarwinismus, der alles dem ‚freien Spiel der Kräfte' [*Nussbaum* 1999] überlässt, ausliefern will".[56] Ihr geht es dabei um grundlegende Bedingungen, die der sozialethischen Forderung nach Gleichheit und Gerechtigkeit entsprechen, gerade auch für alte oder behinderte Menschen, für verwahrloste Kinder und Jugendliche oder für Verarmte, denen sie ein gleiches Recht auf ein menschliches ‚gutes' Leben zuspricht.

Erreicht werden kann dies offensichtlich nur unter der Prämisse der möglichst guten staatlichen Förderung all jener Fähigkeiten, die es den Menschen möglich macht, ein vielfältiges und erfülltes Leben führen zu können. Wie schon bei *Aristoteles* und auch bei *Platon* (der sich im Gegensatz zu *Aristoteles* bei dem ‚guten Leben' auf das Individuum bezieht) verbleibt das, was man unter einem guten Leben verstehen könnte, im Inkonkreten. *Nussbaum* selbst spricht von einer „star-

---

54 Amartya Sen wurde 1933 in Westbengalen geboren, ist Professor für Wirtschaftswissenschaften an der Harvard University (Massachusetts) und gilt heute als einer der führenden Wirtschaftsphilosophen mit den Schwerpunkten Armutsproblematik und Wirtschafsökonomie; 1998 erhielt er den Nobel-Preis für Wirtschaft.
55 Martha Nussbaum wurde 1947 in New York City geboren, ist Philosophin und seit 1995 Professorin für Rechtswissenschaften und Ethik an der University of Chicago; sie forscht über die Bedingungen des menschlichen Zusammenlebens und der sozialen Gerechtigkeit.
56 Kaiser, Michael, Die Frage nach dem guten Leben..., Tectum Verlag, Marburg 2010, S. 32.

ken vagen Konzeption des Guten".[57] In ihr geht es zum einen um die grundlegenden Gegebenheiten des der Sterblichkeit unterworfenen menschlichen Lebens, das unter anderem zu Freude, Schmerzempfinden, vernunftorientiertem Handeln oder auch Sozialität befähigt ist. Zum anderen spricht sie von all den grundsätzlichen Fähigkeiten, die der Staat sicherzustellen hat, als da zum Beispiel sind: eine gesellschaftliche Organisiertheit, die für eine höhere Lebenserwartung, die Gesunderhaltung der Bürger, für Abwendung von unnötigem Leid und Schmerz oder Sozialisierungsmöglichkeiten sorgt. „Die Regierung fördert Fähigkeiten und überlässt den Rest den Bürgern selbst."[58]

Diese Konzeption fokussiert sich vordergründig eigentlich stärker auf die Gleichheit der Menschen im Verhältnis zu Staat und Gesellschaft und weniger auf die Gerechtigkeit. Letztere ergibt sich wohl dann, wenn die elementaren Lebensbedingungen seitens des Staates so geschaffen und gewährleistet werden, dass der Einzelne dadurch seine Fähigkeiten frei entwickeln und sich somit verwirklichen kann. Es geht also um die Schaffung von Verwirklichungschancen, beispielsweise durch das Zur-Verfügung-Stellen von Bildungsmöglichkeiten mit den entsprechenden Fördermaßnahmen, die sich das Individuum dann in freier Entscheidung für die Gestaltung des persönlichen Wohlergehens bzw. eines ‚guten Lebens' nutzbar macht. Das bedeutet, dass unterschiedliche finanzielle Verhältnisse durch eine entsprechende, für eine selbständige Lebensführung notwendige Grundausstattung mit Grundgütern und Grundfreiheiten, (sozialstaatliche) Verteilung so beeinflusst werden, dass sich die Zugangschancen zu Bildungseinrichtungen in dem Maße erhöhen, wie es für den Erwerb sozialer Kompetenzen notwendig erscheint. Damit verbindet sich das *Rawls*sche Gerechtigkeitsverständnis mit jenem Verwirklichungschancen-Ansatz von *Sen* und letztlich *Nussbaum*.

So weiß *Sen* um die Notwendigkeit von materiellen Gütern und Ressourcen, die für ein ‚gutes Leben' benötigt werden. Sie sind jedoch für ihn nur Mittel, aber nicht Selbstzweck. Unabdingbar hingegen sind die Befähigungen („capabilities") oder Fähigkeiten („functionings"), die für die Führung eines selbstbestimmten und erfolgreichen Lebens notwendig sind und der entsprechenden aktiven Förderung durch die Gesellschaft bedürfen. *Sen* unterscheidet dabei bewusst zwischen den ‚capabilities' und den ‚functionings', indem er unter den ersteren die Fähigkeit, vielleicht auch das Geschick zur Verwirklichung der persönlichen Befähigungen versteht, während ‚functionings' die Verwirklichung(schancen) selbst oder auch Handlungsmöglichkeiten sind. Diese wiederum ergeben sich direkt aus den vorhandenen Lebensbedingungen, die sich anhand von bestimmten Gegebenheiten, die jedoch in der jeweiligen Gesellschaft unterschiedlichen Ausprägungen unterliegen, konkretisieren lassen: bestehen beispielsweise ausreichende Ernährung, Kleidung und Unterbringung, kann man am gesellschaftlichen Leben teilnehmen,

---

57 Martha Nussbaum, Gerechtigkeit oder Das gute Leben, Suhrkamp Verlag, Frankfurt/M. 1999, S. 45.
58 Nussbaum, a.a.O., S. 41.

ohne sich beim Auftreten in der Öffentlichkeit schämen zu müssen.[59] Diese und weitere Indikatoren machen die ‚capabilities' zu Bewertungsmaßnahmen für Armut und soziale Ungleichheit im Zusammenhang mit der Frage nach der sozialen Gerechtigkeit. Um nun einen selbstbestimmten Lebensentwurf realisieren zu können, bedarf es der von den Menschen in freier Entscheidung zu nützenden Verwirklichungschancen.[60] Greift man an dieser Stelle wieder das Grundanliegen des bereits in Kap. C I, 3 genannten Beispiels von dem Durstigen auf, ohne dabei der Auswahl des Getränkes eine Wertigkeit zuordnen zu wollen, und überträgt man es auf die *Sen*sche Unterscheidung der Fähigkeiten von den Befähigungen, so würde dies folgendermaßen aussehen:

→ Zwei Personen A und B durchwandern unabhängig voneinander eine Wüste. Person A ist schon bald der Wasservorrat zur Neige gegangen, während Person B noch Reserven besitzt. Beide beginnt der Durst zu plagen. Während A nun nicht mehr über die freie Entscheidung des Durststillens verfügt, kann B immer noch den eigenen Wasservorrat frei nützen. Person B hat also die Chance zur Verwirklichung des Durstlöschens – damit die Fähigkeit im Sinne von ‚functioning' –, während Person A lediglich über die Befähigung – also ‚capability' – verfügt, diese aber nicht mehr umsetzen, das heißt verwirklichen kann.

Sen hat in diesem Zusammenhang ein Konzept für einen differenzierten Freiheitsbegriff entwickelt. Zum einen liegt die Freiheit des Menschen in den Chancen, einen selbstbestimmten Lebensentwurf verwirklichen zu können. Der Staat muss hierfür bestimmte Dinge wie ein funktionierendes Gesundheitssystem – etwa durch Absicherung einer grundständigen ärztlichen Versorgung –, um Krankheiten vermeidbar machen zu können, bereitstellen; er muss dafür Sorge tragen, dass die nötigen Einrichtungen, wie ausreichende Bildungs- und Ausbildungsstätten, Arbeitsplätze zur Entwicklung von ausreichenden Kompetenzen vorhanden sind oder aber die Grundfreiheiten zum Beispiel zur freien Religionsausübung gewährleisten. Freiheit erhält bei *Sen* eine für das ‚gute Leben' konstitutive, somit ganz wesentliche Funktion. Darunter zählen vor allem die instrumentellen Freiheiten „Bildung" und „Gesundheit" zur Verwirklichung von sozialen Chancen, aber auch all die Sicherungssysteme im sozialen Bereich, wie etwa die Arbeitslosen-, Kranken-, Pflegeversicherungen, das Arbeitslosengeld und die Sozialhilfe oder auch die Durchsetzung von Mindestlöhnen.

Freiheit kann man bei *Sen* als die Möglichkeit zur Befriedigung der menschlichen Grundbedürfnisse, welche am ehesten durch das Herrschaftsmodell des demokratischen Rechtsstaates gewährleistet werden können, verstehen. Dazu gehört eine die Entwicklung der Menschen durch Ausweitung der Freiheit(-srech-)te) fördernde Sozialpolitik und die zudem zur Durchsetzung der Verwirklichungschancen der Menschen geeignet ist. „Politische und bürgerliche Rechte geben den Menschen Gelegenheit, ihren generellen Bedürfnissen Gehör zu verschaffen und

---

59 Sen, Ineqality Re-examined, Oxford University Press, Oxford 1992, S. 110 (vgl. hierzu Kategorie Wirtschaft in: http://de.wikipedia,.org/wiki/Capability_Approach" Stand: 04. Juni 2011).
60 Amartya Sen, Ökonomie für den Menschen. Wege zu Gerechtigkeit und Solidarität in der Marktwirtschaft, Hanser Verlag, München 2000, S. 95.

eine geeignete Sozialpolitik einzuklagen."[61] Mangel an Freiheit setzt er mit sozialer Ungerechtigkeit gleich.

> Vordringlich der Staat wie auch die gesellschaftlichen Institutionen und Organisationen haben die Verpflichtung, all die Bedingungen zu schaffen, die der sozialen Kompetenz- bzw. Fähigkeitenentwicklung dienlich sind.
> Die Soziale Arbeit wiederum muss für die Verwirklichung der Lebenschancen durch Aufklärung, Beratung und Operationalisierung für eine individuell angepasste soziale Gerechtigkeitsfindung sorgen.

Nussbaum verlässt die starke Fokussierung von *Sen* auf die individuellen Freiheiten und widmet sich stärker den Befähigungen des Menschen, die sie in ‚Basis- oder Grundbefähigungen', ‚Interne Befähigungen' und ‚kombinierte Befähigungen' unterscheidet. Zu ersteren, die sie für eine weitere Fähigkeitsentwicklung als notwendig erachtet, zählen das Hören, Sprechen und Sehen, aber auch emotionale und kognitive Fähigkeiten, Sozialität und Naturverbundenheit. Dabei zielt sie wohl auch auf ihre Erfahrungen aus ihrem entwicklungspolitischen Forschungsinteresse und ihren diversen Studienreisen nach Indien ab. Zu den beiden anderen Befähigungen rechnet sie jene durch Bildung und Ausbildung erlangten Befähigungen, die notwendig sind, um eine Verwirklichung bzw. praktische Umsetzung bewerkstelligen zu können und für die die institutionellen und materiellen Rahmenbedingungen gegeben sind.

Letztlich unterscheiden sich die Sichtweisen von *Sen* und *Nussbaum* insbesondere bezüglich der „capabilities" dadurch, dass der eine einen stärker wirtschaftsphilosophisch, die andere einen eher verfassungsrechtlich orientierten Zugang besitzt. Für *Nussbaum* gilt als Zielsetzung zumindest teilweise eine Gerechtigkeitstheorie zu entwickeln, indem sie mit politischen Prinzipien argumentiert, die eine verfassungsrechtliche Festschreibung erfordern. Sie nimmt – universalistisch ausgerichtet – dabei keine Regierung der Welt aus, da sie der Meinung ist, dass alle zur rechtlichen Fixierung derartiger Prinzipien bzw. Grundbefähigungen verpflichtet sind. *Sen* wiederum zielt mit seinem Ansatz stärker auf eine Fokussierung auf die eigentlichen Befähigungen und nicht auf deren nützlichen Umsetzbarkeit (‚utility') ab.

Zusammenfassend ist der „Capability Approach" der Versuch, einen auf der Basis von *Rawls* erweiterten Gerechtigkeitsbegriff zu finden, der den Zusammenhang zwischen den Befähigungspotentialen des Menschen und einer sozialen Kontextualisierung herzustellen vermag. Dies geht über den von *Rawls* letztlich Gerechtigkeit herstellen wollenden Kontraktualismus hinaus. Es sind nicht mehr nur die Grundrechte und -freiheiten, das Zugangsrecht zu Ämtern und Positionen oder die Güterverteilung, für die nicht die Individuen, sondern die Institutionen mit dem Ziel, soziale und finanzielle Ungleichheiten beeinflussen zu können, verantwortlich sind. Bei *Nussbaum* und *Sen* sind es vielmehr die unterschiedlichen Befähigungen und Möglichkeiten, die den Individuen für ihre (Selbst-)Verwirk-

---

61 Sen, a.a.O., S. 185.

lichung zur Verfügung stehen. Das bedeutet, dass im Gegensatz zu *Rawls* bei den Vertretern des „Capability Approach" das Individuum und nicht die gesellschaftlichen Institutionen im Mittelpunkt des erkenntnisleitenden Interesses zu finden ist.

Der Sozialpolitik bietet der „Capability Approach" die notwendigen Grundlagen einer Politik, die zwischen den Individuen und der Gesellschaft hinsichtlich eines sozialen Ausgleichs vermittelt; der Sozialen Arbeit gibt sie Orientierungshilfen zur Gewährleitung von Verwirklichungschancen („functionings"), um soziale Gerechtigkeit herstellen zu können.[62]

II Soziale Gerechtigkeit als Forderung normorientierten sozialen Handelns

1 Soziale Gerechtigkeit als sozialpolitisches Leitziel

a) Soziale Gerechtigkeit als politischer Leitbegriff

Das Grundgesetz Deutschlands schreibt den Sozialstaat als Verfassungsgrundsatz in Art. 20 (1) GG zwingend vor. Zugleich kennt es mit dem Art. 2 (1) das Recht auf freie Entfaltung der Persönlichkeit sowie in den Artikeln 4 (Glaubens-, Gewissens- und Bekenntnisfreiheit), 5 (Meinungs-, Informations-, Pressefreiheit und die Freiheit von Kunst und Wissenschaft), 8 (Versammlungsfreiheit), 9 (Vereinigungs- und Koalitionsfreiheit), 11 (Freizügigkeit) und schließlich 12 (Berufsfreiheit) eine breite Fächerung von Freiheitsrechten. Der Staat muss somit sowohl für soziale Gerechtigkeit sorgen, wie er andrerseits die individuellen Freiheiten seiner Bürger zu sichern hat.

Die verfassungsrechtliche Maßgabe, eine soziale Sicherung durch ein aktives sozialpolitisches Handeln zu erreichen, bedeutet, dass zugleich die Verwirklichung der Freiheiten des Individuums erwirkt wird. So wie der Rechtstaat einerseits die Freiheitsrechte des Bürgers gerade auch gegenüber dem Staat schützt, so hat er auch für eine Absicherung eines sozial gerechten Handelns des Staates gegenüber dem Einzelnen zu sorgen. Diese Aufgabenstellung erweist sich in ihrer Erfüllung umso schwieriger, als die Verfassung so gut wie gar nichts darüber ausdrückt, worin das „Soziale" im sozialen Rechtsstaat besteht. Laut Bundesverfassungsgericht und der meisten Verfassungskommentatoren ist der Gesetzgeber beauftragt, festzulegen, auf welche Weise und in welchem Umfang die Ziele des sozialen

---

62 S.a. Ziegler/Schrödter/Oekers, Capabilities und Grundgüter als Fundament einer sozialpädagogischen Gerechtigkeitsperspektive, in: Thole, Werner (Hrsg.), Grundriss Soziale Arbeit. Ein einführendes Handbuch, 3. Aufl. VS Verlag f. Sozialwiss., Wiesbaden 2010.

Ausgleichs und der Absicherung der Risiken des täglichen Lebens erreicht werden sollen.

Im Gegensatz zu den genannten Freiheitsrechten kennt das Grundgesetz keine ausdrücklich festgelegten und definierten sozialen Grundrechte. Gerade in jüngerer Zeit wurde wieder die Forderung laut, Grundrechte nicht nur im Sinne eines rechtlichen Dürfens, sondern auch im Sinne eines materiellen Könnens – also soziale Grundrechte – in die Verfassung aufzunehmen. Würde man diesen Wünschen von eher sozial orientierten politischen Kräften nachgeben, so würden sich verschiedene Probleme daraus ergeben:

1. Zum einen können Leistungsansprüche, zum Beispiel bezüglich Wohnung, Ausbildung oder Arbeit, nur dann als konkrete Rechtsansprüche gelten, wenn deren Inhalte genau festgelegt sind.

→ So wird gerade in Zeiten von Massenarbeitslosigkeit immer wieder ein ‚Recht auf Arbeit' gefordert. Ein derartiges Recht kann es nicht geben, da es letztlich mit dem Grundrecht auf freie Berufswahl (Art. 12 GG) kollidieren würde, weil der Staat ein Recht auf Arbeit nur durch eine Pflicht zu Arbeit zu Lasten der freien Entscheidung des Individuums durchsetzen könnte.

2. Zum anderen können Leistungsansprüche nur dann befriedigt werden, wenn der Staat die nötigen Finanzmittel dafür hat. Fehlt das hierfür benötigte Sozialprodukt, so kann aus der tatsächlich erbrachten Gesamtleistung eben nur das verteilt werden, was diesem entspricht.

→ Sinkt das Steueraufkommen aufgrund der Massenarbeitslosigkeit wie dies in der ersten Dekade des 21. Jahrhunderts noch der Fall gewesen ist, so kann der Staat aus dem steuerlichen Gesamtaufkommen Leistungsansprüche eben nur noch in reduzierter Weise bedienen, indem er beispielweise das Arbeitslosengeld II auf das Sozialhilfeniveau herabdrückt.

Von seinem systemaren Grundverständnis her hat der Staat eine soziale Verpflichtung, die verschiedenen Formen der Not von Gesellschaftsmitgliedern zu beheben bzw. zumindest zu lindern und damit dem Gerechtigkeitsprinzip Geltung zu verschaffen.

Im Grunde genommen ist die ‚soziale Gerechtigkeit' heute zu einem alles Gesellschaftliche umfassenden politischen Schlagwort geworden[63], da es sich heute keine politische Partei mehr im Hinblick auf die Wählerschaften erlauben kann, den inneren, also sozialen Frieden durch eine unsoziale Politik gefährden zu wollen. Sprach man im 19. Jahrhundert von der ‚sozialen Frage' – ausgelöst von der ‚Industriellen Revolution' – und verband damit die Verelendung der Arbeiter-

---

63 Vgl. hierzu die Arbeit von Peter Koller, die sich grundlegend mit dem Begriff der ‚sozialen Gerechtigkeit' auseinandersetzt: Soziale Gerechtigkeit. Begriff und Begründung, Vienna Working Papers in Legal Theory, Political Philosophy, and Applied Ethics, No. 24, Wien 2001; www.univie.ac.at/juridicum/forschung/wp24.pdf (Stand: 06.09.2005).

schaft, so spricht man heute von der ‚neuen sozialen Frage', vordringlich verursacht durch Massenarbeitslosigkeit und gesellschaftliche Wandlungsprozesse[64].

Dass die Frage nach der ‚sozialen Gerechtigkeit' nicht nur im nationalen Rahmen eine hohe politische Bedeutsamkeit erlangt hat, sondern gerade im internationalen Raum speziell bezogen auf die Länder der sogenannten Dritten und Vierten Welt von globaler Brisanz ist, zeigen Migrationstendenzen, Flüchtlingsströme oder gar terroristische Akte, die sich gegen wirtschaftlich besser gestellte Länder richten. *Merkel* und *Krück*[65] haben in einer Untersuchung der Friedrich-Ebert-Stiftung aus einem ‚reformierten' Gerechtigkeitsbegriff fünf Dimensionen sozialer Gerechtigkeit, die nicht ausschließlich nur für den internationalen Raum von Bedeutung sind, abgeleitet und mittels spezifischer Indikatoren für deren gegenwärtige Gültigkeit verifiziert:

1. Vermeidung von Armut im substantiellen Sinne, vor allem von Hunger, Unterernährung und heilbaren Krankheiten; gekennzeichnet durch Untergewicht, Unterernährung und Kindersterblichkeit sowie geringe Lebenserwartung.
2. Verbesserung sozialer Chancen durch Bildung, gekennzeichnet durch die Höhe der Bildungsausgaben und den Anteil von Studierenden pro 100 000 Einwohnern.
3. Schaffung eines integrativen Marktes zur Erhöhung der sozialen Chancen, gekennzeichnet durch die Höhe der Erwerbsquote und der ökonomischen Abhängigkeitsquote.
4. Berücksichtigung der besonderen Rolle der Frau, gekennzeichnet durch die Erwerbsquote, den Alphabetisierungsgrad und die höhere Bildung.
5. Soziale Sicherung, gekennzeichnet durch die jeweilige Höhe der Gesundheits- und Sozialausgaben.

Die soziale Gerechtigkeit wird im Zuge einer unvermeidlichen Globalisierung damit zu einem den nationalen Rahmen längst sprengenden Thema im Sinne eines politischen Leitbegriffs.

b) Soziale Gerechtigkeit im Sozialstaat

Um die soziale Verpflichtung erfüllen zu können, versteht sich der moderne demokratische Staat als ein sozialer Staat. Die Sozialstaatlichkeit wird neben der Rechtsstaatlichkeit (und spezifischer in Deutschland der Bundesstaatlichkeit) zu einem der wesentlichen Kernelemente des demokratischen Herrschaftssystems. Das Sozialstaatsprinzip kennzeichnet den normativen Charakter des Staates, das heißt, dass sich der Sozialstaat der Aufgabe, für soziale Gerechtigkeit zu sorgen, stellen muss. Je nach weltanschaulicher Prägung fällt das Verständnis, wie diese Aufgabe zu lösen ist, unterschiedlich aus. Dabei reichen die konzeptionellen Ansätze von

---

64 Vgl. hierzu Kap. A.
65 Wolfgang Merkel/Mirko Krück, Soziale Gerechtigkeit und Demokratie. Auf der Suche nach dem Zusammenhang ([Electronic edition], FES library, Bonn 2003, S. 7f.; www.library.fes.de [Stand. 06.09.2005]).

der Gleichheit der Lebenschancen durch eine eher liberale, nicht zwanghafte Förderung benachteiligter Bevölkerungsgruppen bis hin zu einer am Sozialismus-Kommunismus orientierten Abschaffung der privaten Verfügbarkeit über das Eigentum.

Die liberaleren politischen Kräfte setzen stärker auf die freie Eigeninitiative des Bürgers und greifen nur dann sozial ein, wenn der Einzelne dazu nicht mehr in der Lage ist[66]; Gerechtigkeit wird dann als ‚zuteilende Gerechtigkeit' verstanden, die Unterschiede von Macht, Verdienst, Vermögen, Besitz, Bildung, Leistung etc. respektiert. Demgegenüber steht die soziale Gerechtigkeit mit ihren Prinzipien von Gleichheit, Sozialität, materieller und sozialer Partizipation. Da gerade diese Partizipation aufgrund schwieriger wirtschaftlicher Verhältnisse immer wieder in Gefahr gerät, hat sich die Forderung nach Erhalt, Ausbau und Durchsetzung der sozialen Gerechtigkeit auf der einen Seite im Sinne einer stärkeren Umverteilung der Güter und auf der anderen Seite verstanden als verstärkte Förderung der Begabungen, Fähigkeiten und Fertigkeiten der Menschen im politischen Bereich immer mehr durchgesetzt. Die vorhandenen finanziellen Mittel werden auch künftig nicht mehr ausreichen, um angesichts eines zunehmenden demographischen Faktors, gekennzeichnet durch eine Veralterung der Gesellschaft bei gleichzeitiger Verknappung des Steueraufkommens und verstärkter Belastung der sozialen Sicherungssysteme, das in anderen Zeiten reichlich ausgebaute Sozialsystem aufrechterhalten zu können. Also dreht sich die politische Debatte um die Zukunft des Sozialstaates, um die Frage, wie ein Umbau stattfinden kann, ohne zugleich einen massiven Abbau von Sozialleistungen damit zu verbinden.

Die einstmals die Sozialsysteme finanziell auffüllende Soziale Marktwirtschaft ist dadurch in die Kritik geraten, weil sie kaum mehr in der Lage ist, die Unausgeglichenheiten, die sich aufgrund der Marktentwicklung ergeben haben, korrigieren zu können. Das bedeutet, dass das, was durch das freie Spiel der Kräfte des Marktes nicht mehr geleistet werden kann, vom Staat mittels Umverteilungsmaßnahmen und Transferzahlungen an sozial Schwächere – somit an Menschen, die Leistung nur noch bedingt oder gar nicht mehr erbringen können – übernommen werden muss. Eine so verstandene soziale Gerechtigkeit setzt sich über ein sozialstaatliches Handeln auch zum Ziel, starke Unausgeglichenheiten in der sozialen und wirtschaftlichen Entwicklung einer Gesellschaft gar nicht erst entstehen zu lassen.

Die bisherige Entwicklung der bundesrepublikanischen Gesellschaft hat jedoch gezeigt, dass das bislang angewandte sozialstaatliche Instrumentarium nicht ausreichend geeignet zu sein scheint, um gravierende soziale Ungleichheiten zu minimieren. Schenkt man den statistischen Erhebungen den gebührenden Glauben, so geht die Schere zwischen Arm und Reich immer weiter auseinander – auch wenn nach wie vor das, was sowohl als arm wie auch reich zu gelten hat, rein definitorisch umstritten bleibt. Außer Zweifel steht jedoch, dass es sich bei dem in der politischen Debatte angewandten Armutsbegriff immer ‚nur' um jenen der relati-

---
66 Vgl. hierzu Kap. C II, 3.

ven Armut handeln kann. So dramatisch die Entwicklung auch gerade bei bestimmten Bevölkerungsteilen – besonders in Zeiten von hoher Arbeitslosigkeit – wie etwa bei Alleinerziehenden, alten Menschen und Kindern – sein mag, so sehr muss es dem insgesamt funktionierenden Sozialstaat zugeschrieben werden, dass es mit ganz wenigen Ausnahmen bislang zu keiner absoluten Armut in größerem Umfang in Deutschland gekommen ist. Es ist sicher nicht zuletzt diesem Umstand zu verdanken, dass es bisher auch keine sozialen Unruhen gegeben hat. Es ist wohl durchaus davon auszugehen, dass die Soziale Arbeit wie auch alle sonstigen im sozialen Bereichen Tätigen in Erfüllung ihrer Aufgabenstellung ganz wesentlich ihren Beitrag dazu gleistet haben.

Dennoch gilt natürlich, dass der Sozialstaat in seinen Anstrengungen, weitere soziale Verbesserungen erzielen zu können, nicht nachlassen darf. Die weiter oben (siehe Kap. C III, 7 b) bereits angesprochenen Hartz-Gesetze zeugen zumindest von dem ernsthaften staatlichen Bemühen, dort für eine gewisse finanzielle Absicherung zu sorgen, wo die Linderung der Folgen eines zumeist unverschuldeten sozialen Absturzes von Individuen zwingend notwendig und gesellschaftlich unbedingt geboten ist.

Eine durch sozialpolitische Maßnahmen angestrebte Verbesserung von Lebenslagen korreliert zumeist mit einer Verbesserung der wirtschaftlichen Gegebenheiten – und vice versa. Die Politik kann mit der Schaffung entsprechender Rahmenbedingungen die Aussichten beispielsweise auf Vollbeschäftigung oder Stabilisierung der Wirtschaftskonjunktur verbessern. Dazu stehen ihr die Mittel der Steuergesetzgebung, der Standortverbesserung, der strukturellen Investitions- und Subventionsmaßnahmen, aber auch der Bildungs- und Ausbildungsförderung etc. zur Verfügung. Die Politik wird damit aber nie *die* soziale Gerechtigkeit verwirklichen, sondern lediglich ein *Mehr an* sozialer Gerechtigkeit erreichen können; dies gilt gleichfalls für die Soziale Marktwirtschaft. Es bleibt ihr eigentlich nur, auf der Basis bestehender wirtschaftlicher Gegebenheiten, auf deren Verbesserung man zu hoffen hat, ein soziales Sicherungssystem zu entwickeln, das eine gleichmäßigere Verteilung von Bildungs- und Ausbildungschancen, von beruflichen und persönlichen Entfaltungsmöglichkeiten, von persönlicher Freiheit und Sicherheit im Sinne sozialer Gerechtigkeit ermöglichen hilft.

2 Soziale Gerechtigkeit in der Sozialen Arbeit

a) Bedürfnisse und Erwartungen

Um 1970 belief sich die Summe der in Deutschland im Bereich der Sozialen Arbeit beschäftigten Personen auf etwa 150 000, Mitte der 1990er Jahre war sie – unter Einbeziehung der neuen Bundesländer – schon auf über 550 000 angestiegen. Diese Zahlen sind natürlich nur bedingt als Gradmesser dafür zu werten, ob ein Mehr an sozialer Gerechtigkeit oder ein Mehr an sozialer Ungerechtigkeit eingetreten ist. Es bleibt jedoch das Faktum bestehen, dass ein Ansteigen der Arbeitslosigkeit gemeinsam mit familiären Strukturveränderungen zu wachsenden Disparitäten im sozialen Gefüge der Gesellschaft geführt haben. Nehmen diese überhand, so entsteht „der Neid als Wachorgan" (*Helmut Schöck*), der „dabei ein selbst kontrollierender Faktor" ist, „der immer dann Warnsignale ausstößt, wenn dem einen mehr gegeben (oder genommen) wird als dem anderen".[67]

Diese Funktion des ‚Wachorgans' schreibt man auch der Sozialen Arbeit zu; sie ist geradezu aufgefordert, darauf zu achten, dass politische und wirtschaftliche Maßnahmen nicht zu unsozialen und damit ungerechten Verhältnissen in der Gesellschaft führen. Allerdings wären für die in der Sozialen Arbeit Tätigen der ‚Neid' und das möglicherweise denkbare Schüren von Neid äußerst schlechte Mittel zur Erfüllung einer dem Staat gegenüber zu verantwortenden Funktionsausführung. *Stolte* meint dazu, dass man aufpassen müsse, „dass sich aus einem vordergründigen Gerechtigkeitsgefühl nicht ein untergründiges Unrechtsbewusstsein entwickelt, bei dem die Starken immer schwächer werden und die Schwachen immer mehr erlahmen. Um diesen Prozess zu vermeiden, muss mit jedem Modell der Verteilungsgerechtigkeit auch eine Idee der Leistungsbereitschaft einhergehen, die sicherstellt, dass jeder nach seinen Fähigkeiten tätig bleibt".[68] Und so gehört es gerade auch zu den Aufgaben der Sozialen Arbeit, diese Bereitschaft und die Fähigkeit zur Leistungserbringung, dort, wo sie verloren gegangen ist, wiederherzustellen und dort, wo sie nicht genügend entwickelt ist, zu fördern.

Die Bedeutung der sozialen Gerechtigkeit für die Soziale Arbeit wird von vielen Autoren besonders hervorgehoben. Sie ist ihr ein Bedürfnis und weckt Erwartungen an sie gleichermaßen. Schließlich lässt sich behaupten, dass sich die Soziale Arbeit über den Versuch der Herstellung der sozialen Gerechtigkeit definiert. Es ist der amerikanische Sozialpsychologe *Jerome Wakefield*, der ein theoretisches Konzept entwickelt hat, wie die ‚Theorie der Gerechtigkeit' von *Rawls* als begriffliches Grundgerüst für die Soziale Arbeit nutzbar gemacht werden könnte. Er fordert, dass dieses Gerüst sich auf die Profession ‚Soziale Arbeit' als Ganzes beziehen müsse und nicht nur auf Teilbereiche.

Wakefield untersucht, ob sich die Gerechtigkeitstheorie auch auf einem Gebiet bewährt, für die sie ursprünglich nicht entwickelt worden ist; schließlich ist er in der Fachwelt dafür bekannt, dass er die Profession ‚Soziale Arbeit' als ein Betätigungsfeld sieht, das sich hauptsächlich mit einer ‚minimal' verteilten Gerechtigkeit und deren Folgen zu beschäftigen hat. Den Kern der Sozialen Arbeit erfasst er über die klassische Philosophie: „It is rooted in the classical, especially Platonic conception of a profession as a craft aimed at some particular good."[69] Die Profession als Handwerk ist zielgerichtet auf einen speziellen Wert. Er nennt diesen den „organizing value"[70], der alle Aspekte der (beruflichen) Praxis beleuchtet und zum Bei-

---

67 Dieter Stolte, Was heißt soziale Gerechtigkeit?, in: DIE WELT vom 09.08.2004.
68 Ebd.
69 Jerome Carl Wakefield, Psychotherapy, Distributive Justice ans Social Work. Part I: Distributive Justice as a Conceptual Framework for Social Work, in: The Social Service Review, Bd. 62, 1988, S. 210.
70 A.a.O., S. 191.

spiel Funktion, Zweck, Mission etc. der Sozialen Arbeit einbezieht. *Wakefield* orientiert nun die Soziale Arbeit an der Gerechtigkeit, die für ihn den eigentlichen Wert verkörpert, da sie die Profession hinreichend beschreiben kann. In Anlehnung an *Rawls* bedeutet für ihn ‚soziale Gerechtigkeit': Regelungen zu treffen zur Verteilung von materiellen wie auch immateriellen Gütern (z. B. Macht, Chancen oder Selbstbewusstsein). Vor allem sind es die Grundfreiheiten, die gleich verteilt sind. Daraus folgt, dass es für jeden Menschen ein Minimum an Gütern gibt, unter das niemand fallen darf.

Die Tatsache, dass ein solches Minimum ein weithin anerkannter Bestandteil der Gerechtigkeit ist, bedeutet für *Wakefield* die Richtigkeit der *Rawls*'schen Theorie. Das heißt für ihn, dass die Soziale Arbeit immer damit beschäftigt ist, jegliche Unterversorgung an Gütern zu bekämpfen, seien es ökonomische, psychologische oder soziale Güter etc. Die Soziale Arbeit soll sicherstellen, dass niemand zu wenig von den Grundgütern hat – aber: „Some goods, such as health and intelligence, ... are at least partly nonsocial in source and nature."[71] Gesundheit und Intelligenz werden nicht durch soziale Verteilung hervorgebracht, wenngleich sich bezüglich etwaiger Behandlungs- und Förderungsmöglichkeiten aus kritischer Sicht sehr wohl die Frage nach gerechten Strukturen stellt.

Der Umgang mit ungleicher Verteilung von nichtsozialen (Grund-)Gütern obliegt nach Auffassung *Wakefields* wie auch des Autors der allgemeinen Ethik, die über die eigentlichen Fragen der distributiven Gerechtigkeit hinausgeht. Die Soziale Arbeit hat somit nicht die Hauptaufgabe, zum Beispiel Gesundheit herzustellen, sie ist vielmehr verpflichtet, im Sinne der Verteilungsgerechtigkeit höchstens Möglichkeiten einer Behandlung sicherzustellen.

b) Möglichkeiten und Grenzen

Wakefield hat, wie soeben beschrieben, auf eine Begrenzung der Sozialen Arbeit hingewiesen, die beispielsweise in der höchstens beschränkten Einflussnahme auf Gesundheit und Intelligenz ihrer Klientel liegt. Und dennoch hat sie eine indirekte Einwirkungsmöglichkeit, indem sie durch entsprechende Beratung dem Klienten adäquate Behandlungs- und Förderungsmöglichkeiten insbesondere hinsichtlich deren finanzieller Absicherung eröffnen kann.

Die Soziale Arbeit kann als eine gesellschaftliche Umverteilungsinstitution durchaus auch im Sinne von *Rawls* verstanden werden. Sie soll und muss dann tätig werden, wenn die oftmals routinemäßige und häufig pauschalierende Vorgehensweise der anderen Institutionen Benachteiligungen nicht nur nicht aufhebt, sondern möglicherweise zusätzlich hervorbringt. Wie gerecht eine Gesellschaft ist, lässt sich letztlich am Funktionieren ihrer Institutionen und damit auch der Sozialen Arbeit ablesen.

Es ist heute leider nur allzu oft erkennbar, dass sich die Soziale Arbeit nach außen vor allem als ein Überwachungssystem der gerechten Verteilung materieller

---

71 A. a. O., S. 201.

Güter (zum Beispiel der Sozialhilfe oder des Arbeitslosengeldes II) darstellt. Eine derartige Sichtweise verkürzt deren Bedeutung und verleiht ihr ein einseitiges Bild in der Öffentlichkeit. Der Sozialen Arbeit kommt mehr denn je die Aufgabe einer Kontrolle und möglichen Korrektur des gesellschaftlichen Verteilungssystems für die Durchsetzung der Menschenwürde, der individuellen Freiheitsrechte, der Wahrung der Chancengleichheit, der Gewährleistung von Bildung und Ausbildung, oder für die gesellschaftliche Integration und die Schaffung der sozialen Grundlagen der Selbstachtung zu.

Die Soziale Arbeit hat hauptsächlich für eine minimale Verteilungsgerechtigkeit zu sorgen, indem sie diese fördert. Damit verfolgt sie ein wichtiges moralisches Ziel, bei dem die Fairness und die Gerechtigkeit im Vordergrund stehen. Dieses Ziel darf aber nicht am Interesse des Einzelnen vorbei angestrebt werden, indem der Wert des Respekts vor der Selbstbestimmung der Person missachtet wird. Jegliches Handeln hat sich an dem freien Willen der Person auszurichten – dies kann als handlungsleitender Wert der Profession angesehen werden. In diesem Zusammenhang tritt die Schwierigkeit auf, in der Sozialen Arbeit zwischen (berechtigten) kollektiven Gruppeninteressen, zum Beispiel von Kindern oder Frauen und dem individuellen, nicht selten abweichenden Interesse von Personen zu unterscheiden. Das, was einer besonders benachteiligten Gruppe berechtigterweise zugesprochen werden soll, muss nicht unbedingt für den Einzelnen gerechterweise erforderlich sein:

→ Eine generelle Verbesserung der Arbeitszeitgestaltung für Frauen ist dann sinnvoll und gerecht, wenn sie den Frauen mit Kinder- und Familienbetreuung zugute kommt; nicht aber für jene, die weder das eine noch das andere vorweisen können.
→ Genauso ist eine Bevorzugung von Frauen bei der Besetzung von beruflichen Positionen, z.B. von Professuren dann sinnvoll und gerecht, wenn es darum geht, den ohnehin zu niedrigen Frauenanteil zu erhöhen; nicht aber dann, wenn es zu einer generellen Benachteiligung zu Lasten der konkurrierenden Männer, bei gleicher Qualifikation, führt.

So geht *Thiersch* davon aus, dass einerseits die Gerechtigkeit den Anspruch auf das Recht des Einzelnen und zum anderen den Anspruch einer sozialen Gemeinschaft auf ihr Recht für alle bedeutet. Er verknüpft damit die Gerechtigkeit mit den Erwartungen der Menschen, die sich aus den ihnen zustehenden Grundrechten ergeben. Die Verwirklichung einer ausgleichenden Gerechtigkeit, die sich nach den Prinzipien der Freiheit und Gleichheit richtet, also an den Grundrechten der Menschen orientiert, versteht er als die eigentliche, im Ausbau des Sozialstaats zu konkretisierende soziale Gerechtigkeit. Allerdings glaubt er im Sozialstaat, trotz einer Differenzierung sozialer Leistungen, eher eine Leistungsgerechtigkeit[72] vorrangig verwirklicht zu sehen. Diese ist mit der Frage nach einer gerechten Verteilung an Leistung verbunden, weshalb er sie als Gegengewicht zur ausgleichenden Gerechtigkeit sieht.

---

72 Leistungsgerechtigkeit ist im Sinne des Abbaus von Standesprivilegien und der Durchsetzung von Chancengleichheit zu verstehen; Leistung wird entsprechend der vom Empfänger erbrachten Gegenleistung gewährt.

Die Soziale Arbeit hat nun nach *Thiersch* die Möglichkeit, dadurch für eine soziale Gerechtigkeit zu sorgen, dass sie gemäß der von ihm propagierten „moralisch inspirierten Kasuistik", welche „auf die Verhandlung des Einzelfalls unter allgemeinen Regeln"[73] abzielt, handelt. Diese Kasuistik müsse sowohl auf der individuellen als auch auf der gesellschaftlichen Ebene des Handelns eingesetzt werden, indem die Sozialpädagogik die Pflicht hat sich einzumischen und zwischen den Ebenen zu vermitteln. Damit wird der Sozialen Arbeit die Möglichkeit zugesprochen, auf die sozialpolitische Gestaltung einzuwirken, ohne aber selbst politisch aktiv zu werden. Es gilt aus der jeweiligen Situation den moralischen Anspruch eines dementsprechenden Handelns abzuleiten.

Die Soziale Arbeit geht von der Lebenswelt ihrer Klienten aus und lenkt (gerade die politische) Aufmerksamkeit auf diese und bemüht sich darum, ihnen die Teilhabe an der Gesellschaft und ihren Gütern zu ermöglichen. Ein so verstandenes sozialpädagogisches Handeln sieht soziale Gerechtigkeit sowohl als Konkretisierung der ausgleichenden Gerechtigkeit durch eine Grundsicherung der Freiheits- und Gleichheitsrechte wie auch als Anspruch auf Teilhabe und Teilnahme. Dies geschieht jeweils in Abhängigkeit von der gesellschaftlichen und politisch-wirtschaftlichen Situation, weshalb dem sozialarbeiterischen Tun immer wieder Grenzen gesetzt werden. Diese begrenzten Handlungsmöglichkeiten schaffen Abhängigkeiten, sei es von den finanziellen Möglichkeiten des Staates, von den sozialpolitischen Zielsetzungen der jeweiligen Regierungen oder von gesellschaftlichen Entwicklungsprozessen, die sich letztlich in einem veränderten Verhalten des Individuums und einer sozialen Situationsveränderung des Einzelnen wie auch von Gruppen widerspiegeln.

Die eigentlichen Schwierigkeiten ergeben sich für die Soziale Arbeit aus der Problematik der praktischen Umsetzung einer Gerechtigkeitsidee, die sich als Idealvorstellung ebenso wenig umsetzen lässt wie als ein an der gesellschaftlichen Wirklichkeit orientierter Versuch, den sich wandelnden Gegebenheiten gerecht werden zu wollen. Hier haben sich viele konzeptionelle Vorstellungen, wie auch die Gerechtigkeitstheorie von *Rawls,* als in der Praxis relativ ungeeignet erwiesen. Zudem muss sich die Soziale Arbeit dessen bewusst sein, dass sie ihre Arbeit nicht mit zu hohem moralischem Anspruch, was ihre Einwirkungsmöglichkeiten auf eine gerechtere Gesellschaft anbelangt, leisten kann. „Die Sozialarbeit kann zwar ihren Teil beitragen zur Änderung der Gesellschaft, diesen Prozeß aber nicht selber bewerkstelligen, schon gar nicht in Handlungsbereichen, die den Helfern zugeschoben werden."[74] *Wendt* möchte damit deutlich machen, dass Werte für die tägliche Praxis in der Sozialarbeit wenig zweckmäßig sind, eine Meinung, die

---

73 Thiersch, Moral als moralische Kasuistik, in: Burkhard Müller/Hans Thiersch (Hrsg.), Gerechtigkeit und Selbstverwirklichung. Moral im sozialpädagogischen Handeln, Lambertus Verlag, Freiburg i. Br. 1990, S. 23.
74 Wolf Rainer Wendt, ökosozial denken und handeln. Grundlagen und Anwendungen in der Sozialarbeit, Lambertus Verlag, Freiburg i. Br. 1990, S. 214.

wohl nach all dem hier Gesagten und nach Auffassung des Verfassers nicht haltbar sein dürfte

Die Soziale Arbeit muss zunehmend damit leben lernen, dass wegen der Unterschiedlichkeit der (politischen) Ansichten von Gleichheit und Gerechtigkeit, sich ihr Handeln auf das zu beschränken hat, was dem jeweiligen Sozialrecht entspricht. Da dieses wiederum von den finanziellen Möglichkeiten des Staates inspiriert wird, ergibt sich eine verstärkte technische und bürokratische Abwicklung der gesetzlich festgelegten Vorgaben. Hier jedoch die entscheidenden Handlungsspielräume, unter Berücksichtigung des jeweiligen individuellen Einzelfalls verbunden mit einer hohen ethisch-moralischen Wertung, zu finden, wird sich als die wichtigste sozialarbeiterische Aufgabe der Zukunft erweisen.

F Ethische Kodifizierungen

I Die Menschenrechte und die Würde des Menschen

1 Menschenrechtsverständnis

Es ist bereits zuvor immer wieder die Rede von den Grundrechten und den ihnen zugrundeliegenden Grundwerten gewesen[1]. Sie sind in unmittelbarem Zusammenhang mit den Menschenrechten zu sehen und zu verstehen. Diese wiederum werden als angeborene, unveräußerliche Rechte und Grundfreiheiten interpretiert, die dem Einzelnen nicht aufgrund staatlicher Verleihung, sondern kraft seines Menschseins zustehen.[2] Auch wenn es zum Beispiel in unserer Verfassung keine direkt ausgewiesenen sozialen Menschenrechte gibt, so lassen sich doch Grundrechte sozialen Charakters aus ihnen ableiten.

Höffe nennt die Menschenrechte „Strategien der Gerechtigkeit" und hält sie für geschichtlich bedingte „Normen zweiten Grades"[3], mit denen Gerechtigkeit allein nicht bestimmt werden kann. Allerdings muss man davon ausgehen, dass das sicherlich wichtigste Menschenrecht die Gleichheit der Würde des Menschen ist, die eine willkürliche Ungleichbehandlung durch jegliche staatliche Gewalt verbietet. Alles staatliche Handeln ist an die aus den Menschenrechten resultierenden Grundrechte, somit an geltendes Recht gebunden.

Den Menschenrechten liegt ein Naturrechtsverständnis zugrunde, das von dem Menschen als natürlichem Wesen ausgeht und daher über vorstaatliche Rechte verfügt. Diese Rechte sind nicht der Staatsgewalt unterworfen und dienen gerade deshalb als Schutzrechte gegen staatliche Maßnahmen, die sonst der Willkür – je nach Herrschaftsform – unterworfen sein könnten. Der Positivismus hingegen beschränkt die menschliche Erkenntnis auf die durch Erfahrung beweisbaren Tatsachen und lehnt deshalb eine naturrechtliche Begründung der Menschenrechte ab. Zum Beispiel anerkennt er die in den exakten Naturwissenschaften mittels Experimenten erworbene Feststellung von Gesetzmäßigkeiten; daraus ergibt sich für die Rechtsphilosophie der Rechtspositivismus, der „die Geltung des Rechts allein auf die Faktizität der vom Gesetzgeber erlassenen oder gewohnheitsmäßig bestehenden Normen gründet"[4] sieht.

Die aus dieser Rechtsphilosophie entnommene Verweigerung eines vor- oder überstaatlichen Rechts fand insbesondere in den totalitären Herrschaftssystemen

---

1 Vgl. hierzu v. a. Kap. C II, 1.
2 Vgl. Der Große Brockhaus, Bd. 7, F. A. Brockhaus, Wiesbaden 1979, S. 504 f.
3 O. Höffe, Politische Gerechtigkeit, Suhrkamp Verlag, Frankfurt a. M. 1987; zit. nach B. Sutor, a. a. o., S. 108.
4 Der Große Brockhaus, Bd. 9, 1980, S. 154.

des deutschen Nationalsozialismus, des sowjetischen Kommunismus, aber auch in allen anderen diktatorischen bis autoritären Systemen in mehr oder weniger menschenverachtender Form eine konkrete politische Umsetzung. Erst mit Beendigung des Zweiten Weltkriegs und der Aufdeckung der nationalsozialistischen Vernichtung des Judentums in Europa wurde die Menschenrechtsidee erneut zu einem umfassenden politischen Thema entwickelt. Man wandte sich wieder der naturrechtlichen Begründung der Menschenrechte zu, nachdem sie in den genannten Diktaturen als vom Staat willkürlich verleihbare Sonderrechte (miss)verstanden worden waren.

Bei dieser Wiederbelebung der naturrechtlichen Begründung der Menschenrechte spielte insbesondere die Missachtung des kardinalen Wertes der Menschenwürde eine große Rolle. Nicht zuletzt deshalb wurden der Schutz, die Achtung und Wahrung der Menschenwürde im Grundgesetz der Bundesrepublik Deutschland bereits 1949 an die erste Stelle gesetzt. Kurz zuvor hatten die Vereinten Nationen in der Satzung die Achtung der Menschenrechte und der Grundfreiheiten für jedermann in Artikel 1, Nr. 3, 55 niedergelegt; zudem wurde am 10. Dezember 1948 die ‚Allgemeine Erklärung der Menschenrechte' verabschiedet. Allerdings musste sie von vorneherein den Makel tragen, nie geltendes Recht zu sein.

Menschenrechtserklärungen gab es allerdings vor wie auch nach jener Erklärung der Vereinten Nationen:

- 1628: Petition of Rights
- 1679 +1689: Habeas Corpus Akte
- 1776: Virginia Bill of Rights und amerikanische Unabhängigkeitserklärung
- 1789: Erklärung der Menschen- und Bürgerrechte der Französischen Revolution
- 1950: Konvention zum Schutz der Menschenrechte und Grundfreiheiten des Europarats
- 1969 Amerikanische Menschenrechtskonvention
- 1976: Internationaler Pakt über bürgerliche und politische Rechte
- 1976: Internationaler Pakt über wirtschaftliche, soziale und kulturelle Rechte
- 1981: Afrikanische Charta der Menschenrechte

Als weitere Texte können genannt werden:

- 1947 ‚Nürnberger Kodex': er legt das Selbstbestimmungsrecht und die Menschenwürde des Patienten fest.
- 1964: Deklaration von Helsinki: Ethische Grundsätze für die medizinische Forschung
- 1997: Allgemeine Erklärung über das menschliche Genom und Menschenrechte
- 1997: Menschenrechtskonvention zur Biomedizin (Bioethikkonvention) des Europarats

- 2000: Entwurf der Charta der Grundrechte der Europäischen Union
- 2004: Konsolidierte Fassung des Vertrages über eine Verfassung in Europa
- 2006: UN-Konvention über die Rechte von Menschen mit Behinderungen (am 03. Mai 2008 in Kraft getreten)

2 Die Menschenwürde im Gesamtkontext der Menschenrechte

All diese Erklärungen gehen von dem Grundwert der Menschenwürde aus. Sie resultiert aus den Menschenbildern der abendländischen Tradition. In der antiken Philosophie wird sie unter dem ‚Humanitas'-Begriff zur moralischen Verpflichtung, sich für den Menschen als soziales Wesen und nicht als Rechtssubjekt einzusetzen. Sowohl im Christentum wie auch in der Aufklärung kommt die Unveräußerlichkeit von Menschenwürde und Menschenrechten ins Spiel. Das Christentum sieht die moralische Verpflichtung laut Bibel in der Achtung der Würde des Menschen, während die Aufklärung stärker die rechtliche Wahrung von Gleichheit und Freiheit des Menschen als moralische Verpflichtung ansieht. Zugleich fordert sie den Menschen auf, von seiner Freiheit und der Vernunft Gebrauch zu machen.

Die Menschenwürde als Grund- oder Kardinalwert zielt somit auf die freie Entfaltung der Persönlichkeit ab, hat ihre Wurzeln in einer emanzipatorischen Entwicklung, indem sich der Mensch von den unterdrückenden Fesseln zum Beispiel der Feudalherrschaft oder anderen totalitären oder autoritären Herrschaftsformen zu befreien versuchte und spiegelt sich in den revolutionären Hauptforderungen von 1789 ebenso wieder, wie in den Grundrechtskatalogen moderner Demokratien:

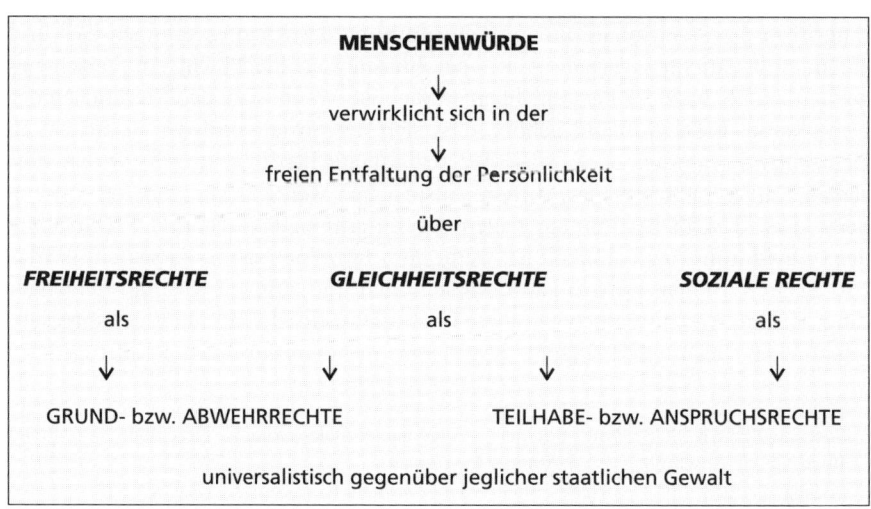

Während aus der antiken und christlichen Überlieferung keine staats- und völkerrechtlichen Konsequenzen gezogen werden, geschieht dies infolge der Aufklärung mit einer zum Schutz von Freiheit, Gleichheit und Menschenwürde als notwendig erachteten verfassungsmäßigen Verankerung. In Deutschland legitimiert sich die Herrschaft seit Durchsetzung von deren demokratischer Form nicht zuletzt über die in der jeweiligen Verfassung festgeschriebenen Grundrechte. Dies galt für die sogenannte Weimarer Republik zwischen 1919 und 1933 genauso wie seit Verabschiedung des Grundgesetzes im Jahr 1949. Gerade in der Verfassung der Bundesrepublik Deutschland legte man besonderen Wert darauf, die Würde des Menschen allen anderen Grundrechten voran zu stellen und ihr den besonderen Schutz des Art. 79 (3) GG, der eine Abschaffung oder Veränderung unmöglich macht, angedeihen zu lassen.

Auch in anderen Gesetzen wird die Menschenwürde besonders hervorgehoben, wie es beispielsweise im allgemeinen Teil des SGB I für die Aufgaben des Sozialgesetzbuches festgehalten ist: „Das Recht des Sozialgesetzbuchs soll ... dazu beitragen, ein menschenwürdiges Dasein zu sichern ..."[5] Im 2003 geänderten Sozialhilfegesetz wird ebenfalls bei der an vorderster Stelle erfolgenden Festlegung der Aufgaben der Sozialhilfe die Menschenwürde genannt: „Aufgabe der Sozialhilfe ist es, den Leistungsberechtigten die Führung eines Lebens zu ermöglichen, das der Würde des Menschen entspricht."[6]

Alle Bekundungen lassen eine nähere Erläuterung dessen, was unter einem menschenwürdigen Leben zu verstehen ist, vermissen. *Borngräber* sieht gerade im Bereich der Sozialhilfe die Würde des Menschen verletzt, wenn er seine Bedürftigkeit nachzuweisen hat.[7] Dadurch dass der Sozialarbeiter beispielsweise die Bedürftigkeit des Antragstellers überprüft, verletzt er damit in strenger Auslegung die Privatsphäre des Klienten und gleichsam seine Würde. Man kann dieser Sichtweise zustimmen, muss aber in der Regel davon ausgehen, dass ein derartiger Eingriff in die Privatsphäre nur mit Zustimmung des Klienten erfolgen darf und einem Arzt-Patienten-Verhältnis mit der Bindung an die Pflicht zur Verschwiegenheit zum Schutz der Persönlichkeit ähnlich ist. Wenn es zu den Merkmalen der Demokratie in Deutschland gehört, dass sich der Sozial- und der Rechtsstaat in Deutschland ergänzen, dann muss den sozialstaatlichen Regelungen für den Einzelnen mit rechtsstaatlichen Mitteln entsprochen werden. Mit anderen Worten heißt dies, dass in bestimmten Fällen der Eingriff in Freiheit und Privatsphäre des Individuums dann sinnvoll ist, wenn dem Einzelnen damit zu seinem (sozialen) Recht verholfen werden kann. Verständlich und sinnvoll wird ein derartiger Eingriff dann, wenn staatlich gewährte Leistungsansprüche aus einer gesamtgesellschaftlichen Leistungserbringung resultieren, die dem einzelnen Bedürftigen im

---

5 Sozialgesetzbuch (SGB) Erstes Buch (I) – Allgemeiner Teil –, vom 11. Dezember 1975, Erstes Buch, Erster Abschnitt, § 1 (1); Stand 24. März 2011.
6 Sozialgesetzbuch (SGB) Zwölftes Buch (XII) – Sozialhilfe –, vom 27. Dezember 2003, Erstes Kapitel § 1; in Kraft getreten am 01.01.2005; Stand: 20. Juni 2011.
7 U.-W. Borngräber, a. a. O., S. 82.

Sinne der Solidarität und Subsidiarität zur Führung eines menschenwürdigen Lebens zugute kommen sollen.

Natürlich kann dies für den Sozialarbeiter zu einem Problem werden, wenn sein Handeln zwar legal ist, er es aber aus seinem ethisch-moralischen Empfinden heraus für nicht legitim hält. Letztlich muss er sich aber sagen, dass es gerade die Notwendigkeit eines solchen Handelns ist, die zur Wahrung der Menschenwürde über die existentielle Absicherungsmöglichkeit führt. Grundsätzlich hat ja die Achtung der Menschenwürde für das tägliche Handeln in der Sozialen Arbeit eine besonders hohe Relevanz, die sich aus der ethischen Verpflichtung gegenüber den Klienten ergibt.

3 Menschenrechte und deren Verletzung

Kommt man auf die Menschenrechtserklärung der Vereinten Nationen zurück, so muss zunächst daran erinnert werden, dass deren Verabschiedung in die Zeit des beginnenden sogenannten Ost-West-Konflikts gefallen ist, der sich zu einem sogenannten ‚Kalten Krieg' zwischen der westlichen Welt und der Sowjetunion entwickeln sollte. Die heikle Frage der Menschenrechtsverwirklichung spielte in diesem Konflikt schon allein aus weltanschaulichen Gründen eine herausragende Rolle. Während der demokratische Westen unter Führung der Vereinigten Staaten von Amerika die Menschenrechte grundsätzlich als subjektive Schutzrechte des Individuums gegenüber dem Staat, als unveräußerlich und jedermann zustehend, anerkannte, interpretierte die Sowjetunion und mit ihr die gesamte sozialistische Staatenwelt diese Rechte als vom Staat verliehene Rechte, die eben nicht grundsätzlich jedem Menschen zugesprochen werden können. Das kam einem ‚Freibrief' für die Behandlung der Menschen im betreffenden Herrschaftsbereich gleich, so dass es zu einer Vielzahl von individuellen und kollektiven Verletzungen der Menschenwürde und der Menschenrechte gekommen ist. Das berühmte Werk von *Alexander Solschenizyn* „Der Gulag" tat dies der ganzen Welt kund.

Der politische Dissens über die Menschenrechtsfrage führte über Jahrzehnte hinweg dazu, dass man sich nicht auf die Anerkennung und Verwirklichung der Menschenrechte auf der Basis der Charta der Vereinten Nationen einigen konnte. Jeder Versuch des Westens, die Verwirklichung der Menschenrechte im Ostblock zu reklamieren, musste an dieser unterschiedlichen Sichtweise scheitern, er wurde stets mit dem Argument der Nichteinmischung in die inneren Angelegenheiten eines Landes abgewiesen. So musste auch der ‚Feldzug zur Verwirklichung der Menschenrechte', den die USA Mitte der 70er Jahre des vorigen Jahrhunderts ausgerufen hatten, nicht zuletzt auch an den im eigenen Land nicht gerade optimalen Verhältnissen insbesondere bezüglich einer menschenwürdigen Behandlung der farbigen Bevölkerungsteile scheitern.

Damit wird deutlich, dass von der Grundannahme her die Menschenrechte eine Universalität der Geltung beanspruchen. Dies bedeutete, dass eine Präzisierung der in der Menschenrechtserklärung festgehaltenen Grundsätze für jeweilige Staaten notwendig erschien – so wie dies mit den Grundrechten in der Verfassung Deutschlands gegeben ist. Es mussten Konventionen geschaffen werden, die – im Gegensatz zur UN-Erklärung – eine völkerrechtliche Verbindlichkeit erlangen konnten. Dies gelang erstmals mit den 1966 verabschiedeten internationalen Pakten zu den Bürger- und Sozialrechten, die allerdings erst zehn Jahre später durch die Ratifizierung des 35. UN-Mitgliedsstaates für alle Beitrittsländer in Kraft traten.

Es soll noch darauf hingewiesen werden, dass es seit 1946 eine Menschenrechtskommission der Vereinten Nationen gibt, die für Entwürfe der Erklärung und der Pakte der UN verantwortlich zeichnet. Diese ‚Commission on Human Rights' setzt sich aus 53 Mitgliedsstaaten zusammen und berät vier Wochen im Jahr in Genf über die internationalen Verletzungen der Menschenrechte und Missachtungen der Menschenwürde. Dabei tut sich der Verdacht auf, dass mit zunehmender Zahl derartiger Verletzungen die Ohnmacht der internationalen Völkervereinigung ebenfalls wächst und an eine weltweite Durchsetzung der Menschenrechtsidee leider nicht zu denken ist. Nach wie vor gibt es in der Welt Folterungen und den Menschen in unglaublicher Weise entwürdigende Behandlungsmethoden, wie dies nicht nur in von Krieg und Terror überzogenen Ländern der Welt der Fall ist. Die jährlichen Bilanzen von ‚Amnesty International' und anderen Menschenrechtsorganisationen liefern uns ein für das 21. Jahrhundert erschreckendes Bild menschenverachtender Handlungen und Gegebenheiten

Abschließend sollen sowohl die Möglichkeiten zur Verbesserung der Menschenrechtssituation wie auch die Maßnahmen, die zu einer Verschlechterung führen, aufgelistet werden:

a) Die Menschenrechte verbessernde Maßnahmen

Die Überwindung des Ost-West-Konflikts hat gezeigt, dass der stete Kampf um eine Durchsetzung von Menschenrechten durchaus Erfolg haben kann, wenn er auf dem Einsatz geeigneter politischer Mittel fußt. Es war vor allem der *Einsatz moderner Kommunikationsmittel*, der über die Grenzen hinweg die richtig verstandene *Menschenrechtsidee exportieren* konnte, sowie ein vielseitiger *Kulturaustausch*, um zu Bewusstseinsveränderungen zu führen. In Südafrika konnte die Apartheid-Politik der Rassentrennung durch *wirtschaftliche Boykottmaßnahmen* überwunden werden, wenngleich eine derartige Maßnahme nicht unbedingt immer zum Erfolg führt und durchaus kontraproduktiv wirken kann. Mit dem einstmals sozialistischen Ungarn konnte über den ‚*kritischen Dialog*' die Annäherung an das demokratische Westeuropa mit der heute vollzogenen Integration erreicht werden. In vielen Ländern der Dritten Welt ist durch eine *projektbezogene Entwicklungshilfe* die Menschenrechtssituation zumindest für bestimmte Teile der Bevölkerung verbessert worden. Die gerade in letzter Zeit wieder häufiger praktizierte *militärische Intervention*, zum Beispiel in Afghanistan oder im Irak, kann bestenfalls langfristig auf Erfolg bezüglich eines Umdenkens in der Menschenrechtsfrage zählen, sollte aber dann immer schnellstmöglich durch eine *humanitäre Intervention* abgelöst werden, um der schrecklichen Missachtung von Menschenleben und Menschenwürde ein rasches Ende bereiten zu können. Eine nicht zu unterschätzende Möglichkeit, auf die Verletzung von Menschenrechten aufmerksam zu machen, geschieht im Rahmen einer ‚stillen Diplomatie'. Diese wird unterhalb der Regierungsebene vor allem von sogenannten NGOs (Non-Governmental Organization) betrieben. So kümmert sich beispielsweise ‚Amnesty International' weltweit um die Menschenrechte, das DRK (Deutsches Rotes Kreuz) übernimmt humanitäre Hilfsmaßnahmen, ‚Greenpeace' überwacht den Umweltschutz, ‚attac' (Association pour une Taxation des Transaction financière pour l'Aide aux Citoyens) wendet sich gegen eine zunehmende Globalisierung oder WWF (World Wide Fund for nature) verfolgt das Ziel, das Leben auf der Erde in seiner Vielfalt zu bewahren – um nur einige der bekannteren Organisationen genannt zu haben. Sie, wie auch die anderen, versuchen durch Gespräche, Verhandlungen, aber auch demonstrative Aktionen auf bestimmte Umstände aufmerksam zu machen, die sie für nicht richtig oder problematisch halten.

b)   Die Menschenrechte verschlechternde Maßnahmen

Gerade das letzte vorherige Beispiel ist besonders geeignet, darauf hinzuweisen, wie eine *militärische Intervention*, die ursprünglich von der Idee des Schutzes der Menschenwürde und der Durchsetzung der Menschenrechte getragen worden ist, sich durch die selbst vollzogene Verletzung von Menschenrechten ins Gegenteil verkehren kann. Eine zunächst glaubwürdige Begründung für die Intervention wird durch falsch praktizierte Umsetzung pervertiert. Ähnlich verhält es sich mit dem *Waffenexport in Krisengebiete*. Die dort eingesetzten militärischen Mittel lassen sich eben sowohl für wie auch gegen Menschenrechte einsetzen, wie dies in vielen schwarzafrikanischen Staaten demonstriert worden ist. Auch der *Boykott* des Kaufs oder Verkaufs wirtschaftlicher Güter an Staaten, die die Menschenrechte missachten, erbringt zumeist nur Sanktionen zu Lasten der Bevölkerung. Dies hat sich über Jahre hinweg in einem noch von *Saddam Hussein* beherrschten Irak gezeigt. Eine *Gewährung von Entwicklungshilfe*, die nicht ausschließlich aus humanitären Gründen erfolgt, sondern unter besonderer Berücksichtigung geostrategischer oder wirtschaftspolitischer Interessen, ist einer Förderung der Menschenrechte nicht dienlich. Ebenso ist es mit der *Wertevermittlung* oder gar einem *Werteimperialismus*, wenn diese lediglich aus einer bestimmten Interessiertheit oder aus einem überzogenen missionarischen Anspruch heraus passieren.

Die Verwirklichung der Menschenrechte und der Schutz der Menschenwürde zeigen sich als ein universales Problem, das aber nicht den Blick auf die heimischen Gegebenheiten und Unzulänglichkeiten in dieser Frage verstellen sollte. Es ist davon ausgegangen worden, dass der Kernwert der Menschenrechte die Menschenwürde ist. Zugleich lässt sich festhalten, dass Menschenrechtsverletzungen immer etwas mit der Missachtung der Würde des Menschen zu tun haben.

Legen wir der Menschenwürde die drei konstitutiven klassischen Elemente ‚Freiheit', ‚Gleichheit' und ‚Brüderlichkeit' bzw. ‚soziale Gerechtigkeit' zugrunde, so erhalten wir ein Bild, das sich mosaikartig zusammensetzt. Bei der ‚Freiheit' geht es um elementare Individualrechte, wie etwa ein Recht auf Leben, auf körperliche Unversehrtheit und ganz allgemein auf den Schutz vor Eingriffen des Staates in die Privatsphäre. Dies sind klassische, den staatlichen Zugriff abwehrende Menschenrechte, ähnlich den Gleichheitsrechten. Die ‚Gleichheit vor dem Gesetz' soll Schutz bieten vor einer Diskriminierung aus geschlechtsspezifischen, rassischen oder religiösen Gründen. Der Grundwert der ‚Brüderlichkeit' oder der ‚sozialen Gerechtigkeit' soll dem Individuum ein Recht auf Bildung und gleichen Lohn oder gar ein vielfach gefordertes Recht auf Arbeit gewähren. Den Gruppen bzw. den Staaten und Völkergemeinschaften soll dieser Grundwert den Frieden wie die Ernährung sichern und eine nachhaltige saubere Umwelt im globalen Bereich herstellen helfen. Bei dieser Kategorie handelt es sich um Anspruch erhebende Teilhabe- oder Sozialrechte, die sich an den Staat bzw. die internationale Völkergemeinschaft richten.

In der modernen postindustriellen Dienstleistungsgesellschaft stößt die Verwirklichung der die Menschenrechte tragenden Grundwerte nicht selten auf Schwierigkeiten, die sich aus wirtschaftlichen und politischen Problemlagen ergeben. Zu Zeiten einer boomenden Wirtschaft, eines ausgeglichenen Arbeitsmarktes und des Fortbestands traditioneller Familienstrukturen spielten die sozialen Menschenrechte eine relativ untergeordnete Rolle. Erst durch die veränderte Rolle der berufstätigen Frau kam es zu Verzerrungen, die bis hin zu einer diskriminierenden Ungleichbehandlung und Ungleichbezahlung führten. Die aus gescheiterten Ehen stammenden Kinder, die vorwiegend von Alleinerziehenden betreut werden, fallen aufgrund mangelhafter Betreuungs- und Förderungsmöglichkeiten der Diskriminierung anheim. Auch die in guten Zeiten auf dem Arbeitsmarkt willkommenen Ausländer finden in Zeiten wirtschaftlich schlechter Lagen zunehmende Ablehnung bis hin zur diskriminierenden Ausländerfeindlichkeit.

Eine im globalen Bereich begangene Menschenrechtsverletzung, insbesondere durch die Geringachtung oder gar Verachtung der Menschenwürde, wirkt sich heute in zweierlei Hinsicht aus:

- Zum einen fordert sie die Staaten der Welt zu einer moralischen Verpflichtung auf, den Menschen beizustehen, die in jenen Ländern der Missachtung leben.
- Zum anderen führen diese Missachtungen zu Strömen von Flüchtlingen und Asylsuchenden.

Geschieht dies im Übermaß, kann es auch in den Ländern der Zuflucht zu Menschenrechtsverletzungen kommen, indem die einheimische Bevölkerung mit der neuen Situation nicht zurecht kommt und ihren Unmut aus Angst vor dem Fremden, das sich mit den Asyl suchenden Menschen verbindet, gerade an diesen wiederum auslässt. Dann ist in vielfacher Weise die Sozialarbeit gefragt und aufgefordert durch Beratung und Betreuung darauf hinzuwirken, dass die Menschenwürde nicht nur ein den Staatsbürgern unseres Landes zustehendes Bürgerrecht ist, sondern ein allgemeines, jedem Menschen in Deutschland verfassungsrechtlich verbrieftes Grundrecht.

II Berufs- und standesethische Postulate

1 Grundsätzliche Anmerkungen

Die in den Kapiteln B III 1–7 aufgezeigten Ethikformen stellen zugleich berufs- und standesethische Postulate dar, die Verhaltensweisen vorgeben, deren ethische Bewertung quasi vorgeprüft worden ist. Es sind in der Regel Leitlinien, die zum einen das persönliche Handeln anleiten sollen, zum anderen eine gewisse Vereinheitlichung im Handeln innerhalb eines Berufes oder Berufsstandes herstellen wollen. Heute findet man in den Ämtern, Sozialstationen, Kliniken, Pflegehäusern etc. sogenannte ‚Leitbilder', wie sie sich auch bereits Betriebe, Unternehmen und sonstige Institutionen und Organisationen gegeben haben. Im Sinne der Herstellung einer ‚corporate identity' sind sie deshalb sinnvoll, weil sie einem ausgeübten Beruf die Professionalität verleihen, die heute zu einem besonderen Merkmal einer überzeugenden Qualitätseinstufung gehört. Sicher wäre es falsch, wenn man sich die Leitsätze eines Berufskodexes in apodiktischer Weise einprägen würde. Dies müsste mehr oder weniger zwangsläufig zur Missachtung persönlicher ethischer Grundsätze führen und damit die eigenen Handlungsgrundsätze schlimmstenfalls über Bord werfen. Wie an anderer Stelle dieses Buches festgestellt werden konnte, bedarf es zur Ausübung eines sozialen Berufes einer besonderen inneren Einstellung, eines motivationsleitenden Interesses, da es sich nicht um die Beschäftigung mit Sachgütern, sondern mit der Beratung, Anleitung und Betreuung von Menschen handelt, die in ihrer jeweiligen Individualität gesehen und verstanden werden wollen.

Baum sieht einen Berufskodex als ein ‚Zwitterwesen', das einerseits der empirischen, andrerseits der normativen Ethik zuzurechnen ist. Dies gilt zumindest für jene, „die den Berufskodex

1) als eine *Ist*-Beschreibung des Berufes verstehen, die
2) *für sie selbst* zur *Soll*-Vorgabe wird, die es im persönlichen Handeln zu erfüllen gilt.

Sie sind gewissermaßen der Auffassung, dass sie nur dann und nur in dem Maße Sozialarbeiter *sind*, wie es ihnen gelingt, den Normen des Berufskodexes in der beruflichen Beschreibung gerecht zu werden. So als wäre der Berufskodex die Beschreibung der von jedem Sozialarbeiter beruflich immer schon gelebten Praxis".[8]

Baum will damit sicher der Bedeutung berufsethischer Kodifizierungen keinen Abbruch tun; er wendet sich damit aber gegen eine Verabsolutierung dieser Bedeutung, die nach Ansicht des Verfassers möglicherweise ihren Grund in einer verstärkten Forderung nach Professionalisierung zum Beispiel der Sozialen Arbeit hat. Es ist sicher so, dass der im sozialen Bereich Handelnde seine eigentliche Glaub-

---
8 H. Baum, a.a.O., S. 156.

würdigkeit erst dadurch erhält, dass er seine Aufgabenerfüllung aus einer Motiviertheit ableitet, die sich aus verschiedenen ethisch-moralischen Quellen speist.

Ein Berufskodex als Vorgabe eines normierten und durchaus wertorientierten Handelns, oder wie *Baum* ihn nennt, „eine konventionierte Normen-Vorgabe"[9], schafft zunächst weder gute noch schlechte Sozialpädagogen bzw. -arbeiter, gutes oder schlechtes Pflegepersonal; er legt gewisse Standards fest, die trotz der Vorgaben in unterschiedlicher Weise im beruflichen Alltag umgesetzt werden sollen. Hinzu kommt eine Vielzahl anderer Faktoren, die eine ethisch bewertbare Leistungsfähigkeit ausmacht: wie zum Beispiel persönliche Qualitäts- und Identitätsmerkmale, fachliche und soziale Kompetenzen etc. *Baum* geht beispielsweise zunächst von der Feststellung „einer *beruflich guten* Sozialarbeiterin" mit folgenden für sie wichtigen Merkmalen aus:

- ein aktualisiertes technisches Wissen des Berufes zu besitzen,
- ein Engagement zugunsten der Klienten zu zeigen,
- die Fähigkeit und Bereitschaft, das eigene Können durch Fortbildung zu verbessern,
- mit den eigenen Kräften haushälterisch umgehen zu können,
- mit den KollegInnen und Institutionen kooperieren zu können,
- Empathie durch einfühlsamen und respektvollen Umgang mit den Klienten zu besitzen,
- Achtung, Höflichkeit und Gerechtigkeit usw. gegenüber den KollegInnen zu zeigen.

Er gesteht zu, dass damit die Beachtung ethischer Normen für die berufliche Praxis eine gewisse Bedeutung hat, wenngleich dadurch aus einer *beruflich guten* Sozialarbeiterin noch keine *moralisch gut handelnde* werden muss[10]. Es ist ihm zuzustimmen, dass der jeweilige normativ-ethische Standpunkt für die Bewertung entscheidend ist.

→ Nimmt man beispielsweise eine Pflegekraft A, die ihren Dienst unter Einsatz der oben genannten Leistungsmerkmale gewohnheitsmäßig und ergebnisorientiert verrichtet, so gilt es am Ende zu prüfen, ob die gepflegten Personen mit der erbrachten Leistung zufrieden oder unzufrieden sind. Es zählt also allein das Ergebnis, welches noch lange nichts über die Zufriedenheit des Leistungserbringers selbst aussagt.

Ein letztlich routinierter und fehlerfreier Einsatz muss nicht zwangsläufig ein für alle Beteiligten ‚guter' Einsatz sein, wenn er die innere Zufriedenheit aller vernachlässigt.

→ Nimmt man beispielsweise eine Pflegekraft B, die ihren Dienst genauso unter Einsatz der genannten Leistungsmerkmale, aber motiviert aus tiefer innerer Überzeugung von der Hilfsbedürftigkeit der Patienten verrichtet, so gilt es am Ende ebenfalls zu prüfen, ob die gepflegten Personen mit der erbrachten Leistung zufrieden oder unzufrieden sind. Es

---

9 Ebd.
10 A.a.O., S. 157.

> zählt hier nicht nur allein das letztendliche Ergebnis, sondern zudem die aus einer bestimmten Motivierung heraus erzielte zufriedenstellende Bestätigung sowohl der Motivation wie auch des erzielten Ergebnisses.

Man sieht, dass zu einer ethischen Bewertung des Handelns sowohl das praktische ‚Handwerkszeug' wie auch die innere Einstellung oder Motivation gehören.

2 Ethische Kodices

So wie die Erklärungen und Konventionen zu den Menschenrechten den Anspruch auf eine politische Verwirklichung, Wahrung und Durchsetzung von elementaren Rechten des Menschen erhoben haben, so tun dies andere Kodifizierungen bestimmter Verhaltensregeln ebenfalls für die jeweiligen gesellschaftlichen und beruflichen Bereiche und die in diesen gültigen Regelungen und Handlungsweisen. Durch die Wiederbelebung der Ethik in der Wirtschaft erfolgte die zunehmende Forderung nach ähnlichen ethischen Richtlinien auch für andere Berufe. Zudem haben moderne technische, medizinische oder gentechnologische Fortentwicklungen zu einer offensichtlichen Notwendigkeit zur Formulierung spezifischer standesethischer Kodices geführt.

Als Ausgangspunkt einer solchen Entwicklung gilt der ‚Hippokratische Eid', der auch heute noch zum Credo eines jeden medizinischen und pflegerischen Handelns gehört. Die dort postulierten Grundsätze, alles zum Wohl des Kranken zu tun, aber nicht gegen dessen Willen und schließlich unter der Maßgabe, ihm keinen Schaden zufügen zu wollen, können durchaus als Richtlinien für jegliches soziale Handeln gelten. Heute geht man im medizinischen Bereich differenzierter vor und legt ethische Verhaltensregeln unter anderem für die Biomedizin, die Gentechnologie oder die Stammzellenforschung vor. Seit 1998 liegt der Entwurf einer ‚Ethik-Charta' vor, der eine Haltung propagiert, die angesichts der neuesten Entwicklungen in Biologie und Medizin die Würde des Menschen schützen soll. Man hält den Menschen für ein „Objekt technischer Machbarkeit", wodurch „die Ehrfurcht vor dem Leben und die Achtung vor der Würde des Menschen verloren"[11] gingen. Diese Charta nimmt sich besonders der Themen: Transplantation, Sterbebegleitung, Reproduktionsmedizin, Schwangerschaftsabbruch, genetische Diagnostik und Forschung an. Die diese Charta tragende Vereinigung ist im nationalen medizinischen Bereich wegen ihrer sehr kritischen Haltung zu den genannten Themenbereichen nicht unumstritten, auch wenn sie die Internationalität zu erlangen sucht. Demzufolge ist eine distanzierte Bewertung dieser oder ähnlicher Unternehmungen ob ihrer Seriosität durchaus angebracht.

Sicher liegt es an der bereits angesprochenen Entwicklung in den medizinischen Bereichen, dass es sehr viel stärkere Bemühungen um die Festschreibung ethischer Handlungsweisen gibt; dies gilt auch bedingt durch die größeren Wandlungspro-

---
11 Ethik-Charta, hrsg. von der Aktion Ethik-Charta e.V. Reutlingen.

zesse und Innovationen für die Wirtschaft, für die Wissenschaft und für die Technik. Diesen Gebieten gegenüber gestaltet sich die ethische Diskussion sozialer Berufe eher relativ bescheiden. *Schneider* sieht für eine Distanz gegenüber ethischen Reflexionen verschiedene Gründe, über die durchaus diskutiert werden kann. So macht er zum einen das Bemühen um Professionalisierung der sozialen Berufe dafür verantwortlich, dass „möglichst wenig an die von der christlichen Nächstenliebe geprägten Traditionen erinnern und auch die Distanz zum Laienhelfer deutlich gemacht werden" soll. Zum anderen glaubt er eine Ablehnung von Moral und Ethik „in einer sich politisch verstehenden Interpretation sozialer Arbeit" zu sehen, da es hierbei nicht um Normen und Werte gehen würde, „sondern um Interessen, Macht und Herrschaft". Wenn auch eine radikale Politisierung der Sozialen Arbeit in den 1970er Jahren überwunden sei, so meint er dennoch nach wie vor das Festhalten einer berufsbezogenen Interpretation „an der Distanz zu Moral und Ethik" ausmachen zu können. Schließlich unterstellt er vielen Vertretern sozialer Berufe aus Furcht vor einer „Laisierung sozialer Arbeit" durch „die Förderung des bürgerschaftlichen, zivilgesellschaftlichen, familiaren oder nachbarschaftlichen Engagements" eine vielfach geforderte Aufwertung der Moral oder des moralischen Engagements zu verweigern. Hinzu kommen seine Bedenken, dass die eigene moralische Position stärker hinterfragt werden müsste, weil sich „die eigenen Motive und die eigene Praxis...als moralisch anfechtbar erweisen" könnten.[12] Diese Einschätzungen sollen hier nicht weiter kommentiert werden, bieten jedoch Anlass zur kritischen Hinterfragung.

Die ‚National Association of Social Work' (NASW) hat 1993 einen *Ethik-Code*[13] für die Soziale Arbeit verabschiedet, der in sechs Abschnitte aufgegliedert ist:

1. Führung und Verhalten von SozialarbeiterInnen in ihrer Eigenschaft als SozialarbeiterInnen: hier geht es um Anstand, Kompetenz und professionelle Entwicklung, um Dienstleistung, professionelle Integrität und Unvoreingenommenheit, schließlich um die Verpflichtung gegenüber der Tradition des wissenschaftlichen Arbeitens.
2. Die ethische Verantwortung...gegenüber dem Klienten: gemeint sind hiermit die primäre Verantwortung gegenüber dem Klienten, dessen Rechte und Privilegien, die Respektierung der Vertraulichkeit und Privatheit sowie eine faire und zumutbare Vergütungsfestlegung.
3. Die ethische Verpflichtung...gegenüber KollegInnen: sie bedeutet Respekt, Fairness und Höflichkeit und die Regelung der Beziehungen zu Klienten von KollegInnen.
4. Die ethische Verpflichtung...gegenüber dem Arbeitgeber und den beschäftigenden Organisationen: hier geht es um das Einhalten von Verpflichtungen.
5. Die ethische Verpflichtung...gegenüber der Profession der Sozialen Arbeit: sie meint die Wahrung der Integrität der Profession, deren Unterstützung für die

---
12 Schneider, a.a.O., S. 13.
13 A.a.O., S. 199ff.; der vollständige Text ist nachzulesen bei Carel B. Germain/Alex Gittermann, Praktische Sozialarbeit, 3. Aufl., Ferdinand Enke Verlag, Stuttgart 1999, S. 635–645.

der allgemeinen Öffentlichkeit zugänglich zu machenden sozialen Dienstleistungen sowie die Weiterentwicklung des Wissens.
6. Die ethische Verpflichtung...gegenüber der Gesellschaft: sie meint die Förderung der allgemeinen Wohlfahrt der Gesellschaft.

Fast zwanzig Jahre früher wurde auf der Tagung der Internationalen Vereinigung der Sozialarbeiter in Puerto Rico der „*International Code of Ethics*" verabschiedet. Dieser Kodex geht von einer beruflichen Sozialarbeit aus, die humanitären, religiösen und demokratischen Idealen entspringt. Als ihre originäre Aufgabe wird die Entwicklung menschlicher Fähigkeiten angesehen sowie die soziale Gerechtigkeit für jeden Menschen angestrebt. So wie der spätere NASW-Kodex teilt sich der ICE ebenfalls in verschiedene Leitsätze ethischen Verhaltens ein:

1. Verhalten gegenüber dem Klienten
2. Verhalten gegenüber Arbeitgebern, Dienststellen und Organisationen
3. Verhaltern gegenüber Berufskollegen
4. Verhalten gegenüber dem Berufsstand

Die Inhalte dieser Punkte unterscheiden sich im Wesentlichen nicht von denen der NASW, weshalb nicht näher darauf eingegangen werden soll[14].

Die ‚International Federation of Social Workers' (IFSW) verabschiedete auf ihrem Weltdelegiertentreffen 1994 in Colombo/Sri Lanka die „*Ethischen Grundlagen der Sozialen Arbeit – Prinzipien und Standards*". Die dort festgelegten Prinzipien, Problembereiche, Methoden zur Lösung von Streitfragen, allgemeinen Standards ethischen Verhaltens wie auch die besonderen Standards bezüglich der Arbeit mit KlientInnnen, in Dienststellen und Organisationen, mit KollegInnen und bezüglich des Berufes als solchen sind letztlich großenteils in die „*Berufsethischen Prinzipien des Deutschen Berufsverbandes der Sozialarbeiter und Sozialpädagogen*" eingeflossen.

Diese Prinzipien wurden auf der Bundesversammlung des DBSH 1997 in Göttingen beschlossen. Der Berufsverband versteht die Soziale Arbeit als „die Institution der beruflich geleisteten Solidarität mit Menschen, insbesondere mit Menschen in sozialen Notlagen".[15] Diese Arbeit gründet nach dem Selbstverständnis des Berufsverbandes ausdrücklich „letztlich in universellen Werten", wie sie in Colombo beschlossen worden sind und „wie sie etwa im Katalog der Menschenrechte oder den Persönlichkeitsrechten und dem Sozialstaatsgebot des Grundgesetzes zum Ausdruck kommen". Die Prinzipien finden im Gegensatz zu den vorherigen Kodices lediglich in der Aufnahme des Verhaltens in der Öffentlichkeit, mit der Aufforderung, das Ansehen des Berufsstandes zu fördern, ihre Ergänzung. Auch ist der DBSH bemüht, durch das Einsetzen einer Kommission diese Prinzi-

---
14 Vgl. Schneider, a.a.O., S. 210ff.; der komplette Text findet sich u.a. in: Der Sozialarbeiter – Zeitschrift des Deutschen Berufsverbandes der Sozialarbeiter und Sozialpädagogen e.V., Essen 1997.
15 Präambel der berufsethischen Prinzipien des DBSH; vgl. www.dbsh.de.

pien „angesichts des sozialen Wandels einer kontinuierlichen Revision und Aktualisierung zu unterziehen und um konkrete Verfahrensregeln zu erarbeiten".[16]

Es wäre sicher bedauerlich, wenn man die Bedeutung der ethischen Kodices an der Zahl der in den jeweiligen Verbänden organisierten Mitglieder der sozialen Berufe zu messen hätte.

---

16 Ebd.; seit 2011 wird an einer konkretisierenden Aktualisierung gearbeitet.

G   Reflexion

Versucht man, eine zusammenfassende knappe Beurteilung der Bedeutung von Werten und Normen in der Sozialen Arbeit vorzunehmen, so ließe sich zunächst von dem Grundverständnis der Studierenden dieser Profession ausgehen. Die langjährige Erfahrung des Autors mit der Vermittlung dieser Thematik im Rahmen des Fachhochschulstudiums der Sozialen Arbeit, sowohl im Grund- wie auch im Hauptstudium, im Diplom- wie auch Bachelor-Studiengang, legt die Vermutung nahe, dass es eine Selbstverständlichkeit in der Annahme gibt, dass man ja ohnehin wertebewusst handelt und den entsprechenden normativen Vorgaben sowohl des Arbeitgebers wie auch des Gesetzgebers in Gestalt des Staates Folge zu leisten hat.

Es klingt beinahe resignativ, wenn man die Soziale Arbeit als ein Kurieren am Symptom versteht, ohne die Symptomatik der sozialen Gegebenheiten begriffen zu haben. Gerade mit Hilfe dieses Buches sollte der Versuch unternommen werden, die tieferen philosophischen Grundannahmen und ethischen Zusammenhänge, die sich aus bestehenden und sich verändernden gesellschaftlichen Wert- und Zielvorstellungen ergeben, erfassen zu lernen. Zudem wäre es für die Professionalisierung der Sozialen Arbeit sehr hilfreich, wenn die Erkenntnis wachsen würde, dass man bei jeder Normierung nachfragen muss, ob sie sich aus von der Allgemeinheit akzeptierten Werten ergibt und damit selbst wertvoll wird, ob sie deshalb zu befolgen ist, weil sie dem Schutz oder der Durchsetzung von Werten dient und ob sie für alle Beteiligten von Wert ist.

Soziales Handeln muss sich aus dem Bekenntnis zu richtig verstandenen und gewollten Werten ergeben, und es muss sich an sinnvollen und von jedermann einsichtigen Normen orientieren können. Nur so kann es gelingen, die Soziale Arbeit als unerlässliche gesellschaftliche Institution für Menschen zu sehen, die Hilfe benötigen, weil sie in irgendeiner Weise in Not geraten sind oder weil sie sich, warum auch immer, selbst nicht helfen können.

Deshalb soll mit diesem Buch der Appell an die Verantwortung des in den sozialen Berufen Tätigen gegenüber hilfsbedürftigen Menschen unter Weckung eines tugendhaften Verhaltens, an die Pflicht zur Übernahme dieser Verantwortung und an die Ausübung des Berufes in ethisch-moralischer Unbedenklichkeit gerichtet sein.

Verzeichnis der verwendeten bzw. empfohlenen Literatur

Anzenbacher, Arno, Einführung in die Ethik, Patmos Verlag, Düsseldorf 2001
Aristoteles, Nikomachische Ethik +II, Wissenschaftliche Buchgesellschaft, Darmstadt 1983
Baum, Hermann, Ethik sozialer Berufe, F. Schöningh Verlag, Paderborn 1996
Baumann, Max-Otto, Max Weber: Politik als Beruf. Zur Unterscheidung von Gesinnungs- und Verantwortungsethik und zum Begriff des Politischen, GRIN Verlag für akadem. Texte, München 2008
Becker, I./Hauser, R. (Hrsg.), Soziale Gerechtigkeit – eine Standortbestimmung. Zieldimensionen und empirische Befunde, edition sigma, Berlin 2009
Breit, G./Schiel, S., Werte in der politischen Bildung, Wochenschau Verlag, Schwalbach/Ts. 2000
Brenner, Peter J., Bildungsgerechtigkeit, Kohlhammer, Stuttgart 2010
Düwell/Hübenthal/Werner: Handbuch Ethik, Metzler Verlag, Stuttgart/Weimar 2002
Durkheim, Emile, Regeln der soziologischen Methode, 2. Aufl., Neuwied/Berlin 1965
Dungs, Susanne/Gerber, Uwe/Schmidt, Heinz/Zitt, Renate (Hrsg.), Soziale Arbeit und Ethik im 21. Jhdt.: Ein Handbuch, Evangelische Verlagsanstalt Leipzig 2006
Eisenmann, Peter, Ethik des sozialen Handelns – Werte und Normen in der Sozialen Arbeit, in: Ethik 2 (Hrsg. Artur Kolbe), Hanns-Seidel-Stiftung e. V., München 2005
Enderle/Homann/Honecker/Kerber/Steinmann, Lexikon der Wirtschaftsethik, Herder Verlag, Freiburg/Basel 1993
Epikur, Philosophie der Freude. Briefe. Hauptlehrsätze. Spruchsammlung, Frankfurt/M. 1999
Fenner, Dagmar, Ethik. Wie soll ich handeln? A. Francke Verlag, UTB 1637, Tübingen 2008
Fenner, Dagmar, Einführung in die Angewandte Ethik, A. Francke Verlag, UTB 3364, Tübingen 2010
Ferber, Rafael, Platon, in: Reihe ‚Philosophie jetzt' (Hrsg. P. Sloterdijk), Diederichs Verlag, München 1995
Fitzi, Gregor, Max Webers politisches Denken, UVK Verlagsgesellschaft, Konstanz 2004
Flasch, Kurt, Augustinus, in: Reihe ‚Philosophie jetzt' (Hrsg. P. Sloterdijk), Diederichs Verlag, München 1996
Friesinger, Theresia, Ethik der Sozialen Arbeit, GRIN Verlag für akadem. Texte, München 2008
Fry, Sara T., Ethik in der Pflegepraxis. Anleitung für ethische Entscheidungsfindungen, Deutscher Berufsverband für Pflegeberufe (DBfH), 1995
Giersch, Herbert, Allgemeine Wirtschaftspolitik, Band 1: Grundlagen, Gabler Verlag, Wiesbaden 1960
Germain, C. B./Gittermann, A.: Praktische Sozialarbeit, 3. Aufl., F. Enke Verlag, Stuttgart 1999
Gruber, Hans Günter, Ethisch denken und handeln. Grundzüge einer Ethik der Sozialen Arbeit, Lucius & Lucius, 2. Aufl., Stuttgart 2009
Hammes, Yvonne, Wertewandel seit der Mitte des 20. Jahrhunderts in Deutschland. Auswirkungen des Wandels gesellschaftlicher und politischer Wertorientierungen auf die Demokratie, Lang Verlag, Frankfurt/M. 2002
Hirschberger, Johannes, Geschichte der Philosophie, 12. Aufl., Herder Verlag, Freiburg i. Br. (Lizenzausgabe Komet verlagsgesellschaft Frechen 1980)
Hartmann, Nicolai, Ethik, 4. Aufl., Walter de Gruyter Verlag, Berlin 1962
Hättich, Manfred, Leben ohne Grundwerte? Bayerische Landeszentrale für politische Bildungsarbeit, München 1984
Hillmann, Karl-Heinz, Wertwandel, Wissenschaftliche Buchgemeinschaft, Darmstadt 1986
Holzleithner, Elisabeth, Gerechtigkeit, Facultas Verlag, Wien 2009

Höffe, Otfried, Politische Gerechtigkeit, Suhrkamp Verlag, Frankfurt/M. 1987
Höffe, Otfried, Ethik und Politik. Grundmodelle und -probleme der praktischen Philosophie, Suhrkamp Taschenbuch Wissenschaft, Frankfurt/M. 2000
Höffe, Otfried, Gerechtigkeit. Eine philosophische Einführung, C. H. Beck Verlag, München 2001
Höffe, Otfried, Lexikon der Ethik, C. H. Beck Verlag, München 2002
Höffe, Otfried, Einführung in die utilitaristische Ethik. Klassische und zeitgenössische Texte, 3. Aufl., A. Francke Verlag, Tübingen/Basel 2003, (UTB 1683)
Jacoby E./Braun U., 50 Klassiker Philosophen. Denker von der Antike bis heute, Gerstenberg Verlag, Hildesheim 2001
Jonas, Hans, Das Prinzip Hoffnung. Versuch einer Ethik für die technologische Zivilisation, Suhrkamp Taschenbuch Verlag, Frankfurt/M. 2003
Kant, Immanuel, Grundlegung zur Metaphysik der Sitten, Werke Bd. VII, (Hrsg. W. Weischedel), Suhrkamp Verlag, Frankfurt/M. 1968
Kant, Immanuel, Kritik der reinen Vernunft. Kritik der praktischen Vernunft. Kritik der Urteilskraft (Ungekürzte Sonderausgabe zum Kantjahr 2004), Fourier Verlag, Wiesbaden 2003
Kerber H./Schmieder A. (Hrsg.), Handbuch Soziologie zur Theorie und Praxis sozialer Beziehungen, Rowohlt TB Verlag, Reinbek bei Hamburg 1984
Kersting, Wolfgang, John Rawls zur Einführung, Junius Verlag, Hamburg 1993
Keßler, Uwe, Grundrechte – Abwehr- und Teilhaberechte, in: Andersen, Uwe/Woyke Wichard, Handwörterbuch des politischen Systems der Bundesrepublik Deutschland, 5. Aktual. Aufl.,Leske+Budrich, Opladen 2003
Keupp, Heiner (Hrsg.), Lust an der Erkenntnis: Der Mensch als soziales Wesen. Soziologisches Denken im 20. Jahrhundert. Ein Lesebuch, Piper Verlag, München 1995
Kiesewetter, H./Zenz, H. (Hrsg.), Karl Poppers Beiträge zur Ethik, J. C. B. Mohr (Paul Siebeck) Verlag, Tübingen 2002
Klages, Helmut, Wertorientierungen im Wandel. Rückblick. Gegenwartsanalyse. Prognosen, 2. Aufl., Campus Verlag, Frankfurt/M. 1983
Klein, Ansgar (Hrsg.), Grundwerte in der Demokratie, Bundeszentrale für politische Bildung, Schriftenreihe Bd. 330, Bonn 1995
Klopfer, Max, Lerneinheit Wirtschaftsethik, Siemens AG, München 1994
Knoepffler, Nikolaus, Angewandte Ethik. Ein systematischer Leitfaden, Böhlau Verlag, Köln 2010
Klopfer, Max/Kolbe, Artur, Ethik I. Grundfragen ethischer Verantwortung, 2. Aufl., Hanns-Seidel-Stiftung e. V., München 2001
Kolbe, Artur (Hrsg.), Ethik in Politik, Gesellschaft und Staat, Ethik 2, Hanss-Seidel-Stiftung e. V., München 2005
Kovalev, Helena, Altersspezifische Akzeptanz gesellschaftlicher Normen und Werte in Deutschland, Tectum Verlag, Marburg 2003
Kreß, Hartmut, Medizinische Ethik. Kulturelle Grundlagen und ethische Wertkonflikte heutiger Medizin, Verlag W. Kohlhammer, Stuttgart 2003
Kunzmann/Burkard/Wiedmann (Hrsg.), dtv-Atlas Philosophie, 12. Aufl., Deutscher Taschenbuch Verlag, München 2005
Lampert, Heinz, Handwörterbuch der Wirtschaftswissenschaften, G. Fischer Verlag, Stuttgart 1977–83
Lampert H./Bossert A., Sozialstaat Deutschland. Entwicklung-Gesellschaft-Probleme, Franz Vahlen Verlag, München 1992
Lob-Hüdepohl/Lesch (Hrsg.), Ethik Sozialer Arbeit. Ein Handbuch, Schöningh Verlag, Paderborn 2007
MacIntyre, Alasdair, After Virtue. A Study in Moral Theory, Gerald Duckworth & Co Ltd. 1982
Maaser, Wolfgang, Lehrbuch Ethik. Grundlagen, Problemfelder und Perspektiven, Juventa Verlag, Weinheim und München 2010

Merkel, W./Krück, M., Soziale Gerechtigkeit und Demokratie. Auf der Suche nach dem Zusammenhang, FES library, Bonn 2003

Meulemann, Heiner, Werte und Wertewandel. Zur Identität einer geteilten und wieder vereinten Nation, Juventus Verlag, Weinheim/München 1996

Morscher, Edgar, Was ist und was soll die Wirtschaftsethik?, 2. Aufl., Forschungsbericht der Universität Salzburg, Heft 24, Salzburg 2004

Mühlum, Albert, Sozialpädagogik und Sozialarbeit. Ein Vergleich, 2. Aufl., Verlag Soziale Theorie und Praxis, Frankfurt/M. 1996

Müller, B./Thiersch, H. (Hrsg.), Gerechtigkeit und Selbstverwirklichung. Moral im sozialpädagogischen Handeln, Lambertus Verlag, Freiburg i. Br. 1990

Müller, Wolfgang, Argumentationsmodelle der Ethik. Positionen philosophischer, katholischer und evangelischer Ethik, Verlag W. Kohlhammer, Stuttgart 2003

Pauer-Studer, Herlinde, Einführung in die Ethik, Facultas.wuv, 2. Aufl., Wien 2010

Paus, Ansgar (Hrsg.), Werte, Rechte, Normen, Styria Verlag, Graz 1979

Pfeifer, Volker, Didaktik des Ethikunterrichts. Wie lässt sich Moral lehren und lernen?, Verlag W. Kohlhammer, Stuttgart 2003

Picht, Georg, Die deutsche Bildungskatastrophe. Analyse und Dokumentation, 2. Aufl., München 1965

Pieper, Annemarie, Aristoteles, in: Reihe 'Philosophie jetzt' (Hrsg. P. Sloterdijk), Diederichs Verlag, München 1995

Pieper, Annemarie, Einführung in die Ethik, 5. Aufl., Francke Verlag, Tübingen/Basel 2003

Pieper, Josef, Das Viergespann. Klugheit, Gerechtigkeit, Tapferkeit, Maß, Kösel Verlag, München 2004

Pieper, Josef, Über die Tugenden. Klugheit, Gerechtigkeit, Tapferkeit, Maß, Kösel Verlag, München 2004

Popper, Karl, Lesebuch. Ausgewählte Texte zu Erkenntnistheorie, Philosophie der Naturwissenschaften, Metaphysik, Sozialphilosophie, J.C.B. Mohr (Paul Siebeck) Verlag, Tübingen 1995

Rausch, Heinz, Politische Denker II, Verlag Ernst Vögel, München 1977

Rawls, John, Eine Theorie der Gerechtigkeit, Suhrkamp Verlag, Frankfurt/M. 2003

Reinhardt, Jörn, Der Überschuss der Gerechtigkeit. Perspektiven der Kritik unter Bedingungen modernen Rechts, Velbrück Wissenschaft, Weilerswist 2009

Rödder, A/Elz, W. (Hrsg.), Alte Werte – Neue Werte. Schlaglichter des Wertewandels, Vandenhoeck & Ruprecht, Göttingen 2008

Russell, Bertrand, Philosophie des Abendlandes, Piper Verlag, München 2004

Sandel, Michael, Liberalism and the Limits of Justice, 2. Aufl., Cambridge University Press 1998

Sandkühler, Jörg H. (Hrsg.), Enzyklopädie Philosophie, Bd. II, Meiner Verlag, Hamburg 1999

Schayeck van, Andrea, Ethisch handeln und entscheiden. Spielräume für Pflegende und die Selbstbestimmung des Patienten, Verlag W. Kohlhammer, Stuttgart 2000

Schäfers, Bernhard (Hrsg.), Grundbegriffe der Soziologie, 2. Aufl., Leske+Budrich Verlag, Opladen 1982

Schelsky, Helmut, Wandlungen der deutschen Familie in der Gegenwart, F. Enke Verlag, Stuttgart 1955

Schilling, Johannes., Anthropologie. Menschenbilder in der Sozialen Arbeit, Luchterhand Verlag, Neuwied 2000

Schleißheimer, Bernhard, Ethik heute. Eine Antwort auf die Frage nach dem guten Leben, Verlag Königshausen & Neumann, Würzburg 2003

Schneider, Johann, Gut und Böse – Falsch und Richtig. Zu Ethik und Moral der sozialen Berufe, Fachhochschulverlag, Frankfurt/M. 1999

Schorlemmer, Friedrich (Hrsg.), Das Buch der Werte. Wider die Orientierungslosigkeit in unserer Zeit, Edition, Stuttgart 1995

Schulte, Günter, Kant, in: Reihe ‚Philosophie jetzt' (Hrsg. P. Sloterdijk), Diederichs Verlag, München 1996

Schwarz, Jürgen, Ethisch handeln lernen. Ein Weg zu begründetem Urteilen, AOL Verlag, Lichtenau 2000

Seifert,K.-H./Hömig, D. (Hrsg.), Grundgesetz für die Bundesrepublik Deutschland. Taschenkommentar, 7. Aufl., Nomos Verlagsgesellschaft, Baden-Baden 2003

Steiner, Uwe C., Husserl, in: Reihe ‚Philosophie jetzt' (Hrsg. P. Sloterdijk), Diederichs Verlag, München 1997

Stoecker, Ralf/Neuhäuser, Christian/Raters, Marie-Luise (Hrsg.), Handbuch angewandte Ethik, Verlag J. B. Metzler, Stuttgart/Weimar 2011

Sutor, Bernhard, Politische Ethik. Gesamtdarstellung auf der Basis der christlichen Soziallehre, F. Schöningh Verlag, Paderborn 1991

Sutor, Bernhard, Kleine politische Ethik, Bundeszentrale für politische Bildung, Bonn 1997

Thiersch, Hans, Lebenswelt und Moral. Beiträge zur moralischen Orientierung Sozialer Arbeit, Juventa Verlag, München 1995

Thole, Werner (Hrsg.), Grundriss Soziale Arbeit. Ein einführendes Handbuch, 3. überarbeitete und erweiterte Aufl., VS Verlag für Sozialwissenschaften, Wiesbaden 2010

Tödt, Heinz-Eduard, Perspektiven theologischer Ethik, München 1988

Tschudin, Verena, Ethics in Nursing. The Caring Relationship, Butterworth Heinemann 2003

Weber, Max, Soziologie. Weltgeschichtliche Analysen. Politik, Alfred Kröner Verlag, Stuttgart 1973

Weber, Max, Wirtschaft und Gesellschaft. Grundriss der verstehenden Soziologie, 5. rev. Aufl., Mohr Verlag, Tübingen 1980

Weber, Max, Gesammelte Werke, Digitale Bibliothek Bd. 58, Directmedia Berlin 2001

Wendt, Wolf Rainer, ökosozial denken und handeln. Grundlagen und Anwendungen in der Sozialarbeit, Lambertus Verlag, Freiburg i. Br. 1990

Wickert, Ulrich (Hrsg.), Das Buch der Tugenden, Hoffmann und Campe Verlag, Hamburg 1995

Wickert, Ulrich, Zeit zu handeln. Den Werten einen Wert geben. Hoffmann und Campe Verlag, Hamburg 2001

Wilken, Udo (Hrsg.), Soziale Arbeit zwischen Ethik und Ökonomie, Lambertus Verlag, Freiburg i. Br. 1999

Wingen, Max (Hrsg.), Familie im Wandel – Situation, Bewertung, Schlußfolgerungen, Verlag des Katholisch-Sozialen Instituts, Bad Honnef 1989

Zacher, Werner F., Soziale Grundrechte und Teilhaberechte, in: Menschenrechte. 2. Ihre Geltung heute, Colloquium Verlag, Berlin 1982

Zimmermann, Maria, Ethik und Krankenpflege. Ein Beitrag zur Krankenpflegeausbildung, Pflege, Bd. 11, Nr. 4, Verlag Hans Huber, Bern 1998

Personenverzeichnis

Adeimantos   231
Anaxagoras   66
Anzenbacher, Arno   52, 70, 76, 98, 224, 227 f.
Arend, Arie J. G. van der   141
Aristoteles   15 ff., 37 ff., 66 f., 72 ff., 81 ff., 92, 143 f., 156 f., 231 f., 242 f., 249, 257
Augustinus   18 f., 33, 49

Bacon, Francis   19, 66
Bauer, A. W.   121
Baum, Hermann   43 ff., 68, 95, 103 f., 136 f., 260 f., 279 f.
Bentham, Jeremy   66 f., 100 f., 242
Bismarck, Otto von   25
Borngräber, W. W.   274
Bossert, Albrecht   177 f.
Brenner, Peter   239

Cicero   92
Claessen, Dieter   29

Dahrendorf, Ralf   238
Descartes, René   66
Durkheim, Emile   202, 223 f., 229 f.

Epikur   99

Fenner, Dagmar   53 f.
Fichte, Johann Gottlieb   66
Frankenberg, Günter   188 f.
Friedman, Milton   242

Galileo Galilei   19
Giersch, Herbert   234 f.
Goode, W. J.   29
Gukenbiehl, Hermann   29

Habermas, Jürgen   63, 202
Hartz, Peter   135
Hättich, Manfred   153 f., 158, 172
Hayek, Friedrich von   242
Henschel, R.   97
Heraklit   17
Hesse, Konrad   175 f.
Hillmann, Karl-Heinz   165 f.
Hippokrates   118 ff.
Hirschberger, Johannes   74, 92

Hitler, Adolf   189
Hobbes, Thomas   19 ff., 27, 66, 243 f.
Höffe, Otfried   102, 141 f., 271
Honecker, Martin   155 f.
Hussein, Saddam   277
Husserl, Edmund   69, 146 f.

Illhardt, Franz Josef   141
Inglehart, Ronald   164

Johannes XXIII   186
Jonas, Hans   105 f.
Just, Alexandra   141

Kandil, Fuad   230
Kant, Immanuel   66 f., 70, 92 ff., 144 ff., 203, 243 ff.
Kardinal Lehmann   151 f.
Kardiner, A.   31
Kennedy, John F.   38, 81, 188
Kersting, Wolfgang   245 f., 249 ff.
Keßler, Uwe   182
Klages, Helmut   162 f., 165
Klopfer, Max   40 f., 50, 72, 76 f., 79, 97, 104, 110 f., 116
Knoepffler, Nikolaus   53
Konfuzius   49
Kovalev, Helena   213 f.
König, Rene   29
Krück, Mirko   263

Lamnek, Siegfried   197
Lampert, Heinz   177 f.
Lay, Reinhard   141
Lehmann, Karl   151 f.
Lenin   160
Locke, John   20, 28 f., 245
Lotze, Rudolph Hermann   146 f.
Luhmann, Niklas   42

MacIntyre, Alasdair   72
Maier, Hans   21, 169 f.
Marx, Karl   21
Matthäus   49
Menon   78 f
Merkel, Wolfgang   263
Mill, John Stuart   66, 100 ff., 242

Morscher, Edgar   56 ff.
Mühlum, Albert   43
Müller, Wolfgang Erich   78, 100
Müller-Armack, Alfred   112
Mussolini, Benito   189

Nell-Breuning, Oswald von   34
Nida-Rümelin, Julian   53
Nietzsche, Friedrich   145 f., 152
Nightingale, Florence   130 f.
Nussbaum, Martha   14, 257 ff.

Parsons, Talcott   197, 201
Peuckert, Rüdiger   222
Pieper. Annemarie   40, 51, 55 ff., 61 f., 64
Pius XI   189 f.
Platon   17 ff., 37, 66, 77 ff., 83 ff., 91, 142, 231, 242, 245, 250, 257
Plessner, Helmuth   29
Popper, Karl   231

Rawls, John   63, 203, 233, 244 ff., 257 ff., 266 ff.
Rousseau, Jean-Jaques   20 f., 28, 33, 245
Röpke, Wilhelm   112 f.
Rüstow, Alexander   112 f.

Sandel, Michael   255 f.
Scarano, Nico   55 f., 61
Shakespeare, William   114
Schäfers, Bernhard   33
Scheler, Max   146 f.
Schelling, Friedrich Wilhelm Josef   66
Schelsky, Helmut   29 f.
Schilling, Johannes   37
Schleißheimer, Bernhard   55, 62, 107 ff.
Schmitt, Helmut   173 f.

Schneider, Johann   58, 93, 282 f.
Schöck, Helmut   266
Schöllgen, Werner   106
Schopenhauer, Arthur   48, 66
Schorlemmer, Friedrich   148 ff.
Schwarz, Jürgen   41
Sen, Amartya   14, 257 ff.
Seneca   49
Sidgwick, Henry   242
Smith, Adam   115 ff., 243
Sokrates   66, 77 f., 163 f.
Spaemann, Robert   106 f.
Solschenizyn, Alexander   275
Staub-Bernasconi, Silvia   39
Stangl, Bernhard   169, 176
Stolte, Dieter   266
Sutor, Bernhard   16 f., 33 f., 183, 187

Thales von Milet   49
Thomas von Aquin   19, 33, 81, 84
Thiersch, Hans   47, 268 f.
Tödt, Heinz-Eduard   138 ff.
Tönnies, Ferdinand   32 f.
Tschudin, Verena   137 f.

Wakefield, Jerome   266 ff.
Waldrich, Hans-Peter   35
Walzer, Michael   255 f.
Weber, Max   34, 105 f., 110 ff., 150, 202 f., 204, 206, 211, 217, 237
Wendt, Wolf Rainer   269
Wiswede, Günter   197
Wißmann, Hinnerk   240 f.
Wittgenstein, Ludwig   62

Zacher, Hans F.   182
Zimmermann, Maria   141

Stichwortverzeichnis

Abhängigkeit 173, 263
Achtsamkeit 167, 278
Adressat 200, 204, 217, 224
Akzeptanz 63, 172, 209, 213 f., 224, 226 f.
– veränderung 161 ff., 195
– werte 58, 167 f.
Alleinerziehung 25, 265, 278
Anomie 229 f.
Anormalität 147
Anpassung 158 f., 216
– szwang 216 f.
– sfähigkeit 90, 126
– snotwendigkeit 158
– soziale A. 157 ff.
Arbeit 260 ff.
– erbewegung 25, 193
– erschaft 24 f, 193, 262
– sbedingungen 151
– sförderung 177 f.
– slosengeld (ALG II) 135, 259, 268
– slosenhilfe 135, 259
– slosigkeit 25, 58, 113, 116, 155, 172 ff., 195, 252, 262 f., 265 f.
– smarkt 24, 74, 177 f., 278
– splatz 25, 88, 114, 176 f., 259
– srecht 177
– szeitgestaltung 269
Argumentation
– smodelle 65 ff., 69
Armut 16 f., 58, 263
– sbegriff 263 ff.
Artigkeit 83
Asozialität 43, 172 f., 188
Aufrichtigkeitsprinzip 124
Ausbildung 171, 176, 259 f, 260, 268
– schancen 265
– sförderung 265
Ausgrenzung 178
– soziale A. 154, 208
Ausländerfeindlichkeit 278
Authentizität 89
Autonomie
– prinzip 123, 157
– verlust 157
Axiologie 68 f.

Bedürfnisbefriedigung 104, 153, 155, 236, 265 f.
Bedingungslosigkeit 94, 97 f.
Bedürftigkeit 274
Befähigungen 258 ff.
Begründung
– lehren 65 ff.
– smodelle 54, 65 ff., 92
– stheorien 70
– styp 136
Beliebigkeit 167 f., 172
Berechenbarkeit 157
Beruf
– ausübung 120, 131
– skodex 119, 279
– swahl 178, 262
Besonnenheit 79 f.
Bewusstsein
– sgrad 204 f., 217
– skrise 167
Bezug
– swissenschaften 212, 225
Bibel 114, 151, 243
Bildung 174 ff., 181, 254, 259, 268
– Recht auf 278
– sabschluss 174
– sarmut 174, 240 f.
– sausgaben 263
– sbeteiligung 239
– schancen 241, 265
– sferne 174, 240 f.
– sgerechtigkeit 239 ff.
– sinstitution 165 f.
– smonopol 191
– smöglichkeiten 258 f.
– sniveau 165, 174
– snotstand 237
– spolitik 239 f.
– sstandard 174
– svergleich 174
– svoraussetzungen 240
– swesen 174, 240
Brauch 148, 172, 202, 206 f., 218
Brauchtum 207 f.
Bundes
– staatlichkeit 264
– verfassungsgericht 171, 181, 261

293

Capability Approach 257 ff., 260 f.
Capabilities 258 ff.
Chancengleichheit 237 ff., 268
Christliche Gesellschaftslehre 60, 183, 185
Christliche Soziallehre 16 f., 27, 34 ff., 113, 133 f., 183 f., 189

demographischer Faktor 264
Deontologie 66 f.
Diffamierungsverbot 180
Differenzprinzip 252 ff., 255
Diskriminierung 180, 214, 278
diskursiver Prozess 155, 211, 247

Ehe 30, 164, 169
Ehrgeiz 83, 161
Einklagbarkeit 183
Einordnungsfähigkeit 90
Einsicht 82, 96
– in die Notwendigkeit 96, 160
Einsichtigkeit 82 f.
Einstellung 99
– innere E. 68, 112, 136
– sveränderung 99 f.
Empathie 69, 89, 126, 185
Engagement
– soziales E. 135
Entlastungsfunktion 22 f., 151 f., 157, 199
Entscheidung
– sfindung 70, 100, 131, 141, 211
– sfreiheit 218
Erziehung 29 f., 84, 171, 192, 234, 254
– smonopol 192
Ethik 40 ff., 52 f., 158, 195
– allgemeine E. 52 ff.
– angewandte E. 52 ff., 56, 59
– Bereichsethik 52 f.
– Berufsethik 279 f.
– -Charta 281
– -Code 281 f.
– deskriptive E. 54 ff., 64, 212
– Diskursethik 62 ff.
– Einstellungsethik 77
– empirische E. 54 f.
– Erfolgsethik 66, 92
– Gesinnungsethik 67 f., 77, 106, 110 f., 137
– Individualethik 133, 183
– kodizes 130, 279 ff.
– kommission 118
– konsequentialistische E. 92

– Medizinethik 64, 118 ff., 126
– Metaethik 61 ff., 64, 212
– Nikomachische E. 41
– normative E. 57 ff., 63, 102, 212, 280
– Normenethik 70 f., 195
– Nutzenethik 99 ff., 103
– Pflegeethik 53, 118 ff., 125 f.
– Pflichtethik 92 ff., 244
– philosophische E. 60
– politische E. 59, 233
– präskriptive E. 60
– Situationsethik 70 f.
– Sozialethik 53, 106, 133 ff., 147, 183
– Standesethik 279 ff.
– theologische E. 60, 101, 138, 151
– Tugendethik 72 ff., 91 ff.
– Verantwortungsethik 77, 104 ff., 105, 131, 282
– Verpflichtung 282
– Werteethik 59, 68, 143, 151
– Wertschätzungsethik 68
– Wirtschaftsethik 112 ff., 148, 151, 245
Ethos 41 f., 45, 62, 173, 224
Etikette 209
Eudämonismus 66 f.
Evaluation 100, 137, 141
Existenzminimum 37, 135, 175

Fairness 246, 268
– gebot 254
– prinzip 246
Familie 18, 29 ff., 169
– nbetreuung 268
– nsoziologie 30
– nstruktur 25, 86, 278
Fähigkeiten 258 ff.
Fleiß 86 f., 161
Flexibilität 25 ff., 90
Freiheit 35, 93, 95 ff., 113, 145, 159 ff., 167 ff., 172 ff., 193, 215, 219, 239, 260, 277 f.
– sbegriff 95, 112, 251, 259,
– sberaubung 160
– sbeschränkung 199
– sgebrauch 168
– sprinzip 176, 250 ff., 255
– srechte 113, 175 f., 179, 182, 241, 261 f., 273
Freiwilligkeit 95 f., 123, 226, 241, 261 ff., 267 f.

Frieden 58, 85, 278
- sozialer F. 24, 36, 151
Funktion
- ‚functionings' 258 ff.
- soziale F. 155 ff.
Funktionalität 225 f.
Fürsorge 219
- prinzip 123

Gelöbnis 121 f.
Geltung
- sanspruch 59, 224, 256
- sgrad 199
- sverlust 228
Gemein
- schaft 16 ff., 31 ff., 60, 71, 143, 152, 158 ff., 166 ff., 171, 182, 198, 242. 268
- schaftsgüter 232
- schaftslasten 232
- schaftsmitglieder 33
- wesen 18, 35, 150, 182, 198
- wohl 113, 133, 183, 188, 226
- wohlprinzip 35 f., 135, 184 ff.
Generationen
- schutz 179
- vertrag 190 f.
Gerechtigkeit 47 f., 52, 77 ff., 113, 168 f., 186, 189, 213 ff., 231 ff., 254 ff., 270
- ausgleichende G. 232 f., 268
- austeilende G. 232, 267 f.
- Bedarfsgerechtigkeit 235 f.
- Bildungsgerechtigkeit 239 ff.
- formale G. 233 f.
- sgrundsatz 124, 231, 253 ff.
- individuelle G. 241 f.
- Leistungsgerechtigkeit 235 f., 268
- materiale G. 233 f.
- politische G. 242, 251
- sbegriff 81, 231, 257, 263
- sgrundsatz 231, 248
- sprinzip 124, 231, 255, 262
- ssinn 254
- soziale G. 39, 112, 151, 231 ff., 243, 247, 261 ff., 268, 273, 277
- Startgerechtigkeit 235 f., 253
- stheorie 241 ff., 254 f., 269
- sverständnis 231 f., 258
- svorstellung 246, 253
- zuteilende G. 263
- Verteilungsgerechtigkeit 235 f.

Gesellschaft 15 ff., 31 ff., 63 f., 88, 117, 149 ff., 156, 219, 227, 248
- Dienstleistungsgesellschaft 25, 29
- Industriegesellschaft 25
- gesellschaftl. Institutionen 23
- gesellschaftl. Konformität 155
- gesellschaftl. Organisationen 250
- monokulturelle G. 155
- sordnung 16, 29, 155 ff., 166, 184, 223
- struktur 29, 251
- svertrag 16, 20, 33, 238, 245
Gesinnung 67 f., 100, 112, 115
- sethiker 111 f.
Gesetz 15, 81, 116, 216
- geber 169, 191
Gesundheit 153 f., 178, 258 f., 267 f.
- swesen 119 ff., 133, 175, 263
Gewissen
- sentscheidung 198
- süberzeugung 224 ff.
Gewohnheit 131, 158, 172, 217 f.
- srecht 208 f.
Glaube 84 f., 131, 144, 167, 186
Glaubwürdigkeit 89
Gleich
- berechtigung 171, 180, 219
- förmigkeit des Handelns 222, 229
- heit 58, 168 ff., 171 ff., 180, 215, 219 234 ff., 246, 252, 257, 263, 270, 277
- heitsrechte 179 ff., 234, 269, 273, 278
- macherei 237 f.
- sgrundsatz 85, 179, 232, 244
- stellung 179
Globalisierung 106 f., 114, 155, 167, 263, 277
Glück 67, 75, 100 f., 103, 249
- sstreben 101 f.
Goldene Regel 48 ff
Gott 17, 33, 75, 85, 113, 133, 145, 151, 243
Großzügigkeit 83
Grundgesetz
- Art. 1, 1+3 36, 171, 176, 215, 220, 271
- Art. 2, 1 176, 220, 261
- Art. 2, 2 150, 171, 179
- Art. 3, 1+2 171, 180 f., 220, 234
- Art. 3, 3 180, 219
- Art. 4 261
- Art. 5 261
- Art. 6, 1 30
- Art. 7, 1 241
- Art. 8 261

- Art. 9   261
- Art. 11   261
- Art. 12, 1   176 f., 261
- Art. 13, 1   178
- Art. 20, 1   134, 179, 185, 261
- Art. 28   134, 185
- Art. 79, 3   274
- Art. 91 b, 2   174

Grund
- annahme   63, 96, 143, 246, 274
- ausstattung   257
- bedürfnisse   259
- befähigung   259
- formel   93 f.
- freiheiten   251 ff., 258, 260, 267, 271 f.
- güter   251 ff., 258, 263
- norm   54 ff., 65 f., 93 f.
- rechte   35 f., 156, 168 ff., 179 f., 215, 260 ff., 271 ff.
- sicherung   34, 188, 269
- versorgung   178
- werte   38, 58, 81, 142, 168 ff., 191, 214 f., 227, 238 f., 271

Gültigkeitsanspruch   201 f.

Güter
- materielle G.   151, 252, 258, 266
- unterversorgung   266
- verteilung   113, 234 f., 249, 260, 267

Habitualisierung/Habituation   209

Handeln
- medizinisches H.   116 ff.
- sozialstaatliches H.   134 f.
- wertorientiertes H.   150

Handlung
- sanweisung   52, 63, 83, 135, 183, 225
- sbereich   52, 269
- sbezogenheit   149
- sentscheidung   227
- sfolgen   66, 92, 100 f., 111, 137
- sfreiheit   155, 219
- sgerechtigkeit   51
- skonflikt   51, 201
- skriterien   59
- smöglichkeiten   100, 258, 269
- snotwendigkeit   211
- spflicht   98
- stheorie   40, 202
- stypen   205 ff.
- smaxime   202, 224

- smuster   148, 155, 200
- stheorie   40, 201
- sunfähigkeit   225
- sunsicherheit   227
- sweise   80, 110, 130, 139, 157, 201, 241, 280 f., 282
- szusammenhang   203 f.

Hartz IV-Gesetze   135, 265
Hedonismus   66 f., 99
- hedonisches Prinzip   102 f.
Herrschaft   233
- sinstrument   47, 149
- ssystem   155 f., 211, 226 f., 272
Hilfsbedürftigkeit   71, 189
Hippokratischer Eid   64, 118, 119 ff., 129 ff., 281
Hochherzigkeit   77, 83
Hochsinnigkeit   77, 83
höchstes Gut   75 f.
Hoffnung   84 f.

IASSW   39
Identität   184, 278 f.
- sverlust   223
- sittliche I.   227
- soziale I.   223
IFSW   39, 283
Imperativ
- kategorischer I.   93 ff., 144, 157, 203, 244 f., 248
- praktischer I.   96 f., 145
- hypothetischer I.   98 f., 248
Individuum   16 ff., 37, 48, 134 f., 152 ff., 171, 185, 189, 212, 241
Individualismus   140
Individualität   16 ff., 23, 152, 172, 192, 226, 278
Individualprinzip   15
Individualrechte   20, 278
Industrialisierung   24 f., 29, 31, 85
Institutionalisierung   150, 228 f.
Integration   267
- sleistung   32
Intelligenz   267 f.
Interventionsstaat   177, 276 f.

Jugend
- arbeitslosigkeit   174
- gewalt   174

Klugheit 16, 77 f., 82, 148
Kodifizierung 271 ff., 279 ff.
Kommunikation 128, 276
- sproblem 111
- szeitalter 29
Kommunitarismus 251 f., 256 f.
Kompetenz 185, 282
- fachliche K. 44 f., 132
- moralische K. 56
- sittliche K 103
- soziale K. 44, 258, 280
Konformität 205, 223
Konsequenz 65, 91
- prinzip 101 f.
Kontext-Theorie 206
Kontraktualismus 244 ff., 260
Kontrolle 220, 228
- soziale K. 228
Konvention 207 f., 273, 275
Kultur 55, 72, 149, 276
- föderalismus 174, 241
- hoheit d. Länder 174, 241

Leben 219, 249 f.
- sauffassung 251
- sbedingungen 174, 178, 258
- schancen 237, 264
- Schutz des L. 171, 179
- seinstellung 167
- sgemeinschaft 29 ff.
- sgestaltung 149, 175, 212, 249
- slagen 264
Legitimität 59, 111
Leitbild 143, 150, 278
Leistung 87 f., 97, 235 f.
- sanforderung 87
- sanspruch 183, 262 f., 274
- sanstrengung 87
- sbereitschaft 253, 266, 274
- sfähigkeit 73, 232
- sgerechtigkeit 235 f., 268
- swettbewerb 174
Liberalisierung 166
Liberalismus 244, 256 f.
Liebe 84
Loyalität 90, 126 f., 150
Lust 66 f., 98 f., 103

Marktwirtschaft 31, 113 ff., 177, 264
Massenarbeitslosigkeit 58, 114, 117, 135, 178, 262
Mäßigung 80
Mehrheitsentscheidung 247
Menschen
- achtung des M. 215
- bild 15 f., 27 f., 36, 64, 115, 129, 133, 136, 143, 191, 273
Menschenrecht 16, 20, 35, 38, 58, 130 f., 156, 171, 201 f., 271 ff., 277
- serklärung 171, 272 f., 275
- sidee 272, 275 f.
- skommission 276
- sorgansiationen 276
- sprofession 11, 39, 44
- sverletzung 275 ff.
- sverständnis 271
- sverwirklichung 275 f.
Menschenwürde 13, 36 f., 48, 85, 97, 113, 117, 129, 133, 171, 172 ff., 180, 215, 268 ff., 277, 281 f.
- Unantastbarkeit und Schutz 1167, 185, 219
Mesotes-Lehre 74, 87
Mit
- bestimmung 105, 151, 164, 182
- wirkung 182
Migranten 175
Migration
- shintergrund 174
- stendenzen 263
Mobilität 25 ff., 90
Mode 210
Moral 20, 40 ff., 61, 94, 201
- erfindung 256
- moral. Leitbilder 143
- philosophie 60, 115
- psychologie 56
- system 55
- theologie 60, 137, 215
- theorie 56
Motivation 67, 91, 111, 136, 183, 211, 224, 280 f.
Multikulturalität 85, 155 f.
Multioptionalität 25 ff., 32

Nachhaltigkeit 106, 179
Nächstenliebe 85, 148, 186, 210, 282

Natur
- gesetz 92, 248
- recht 20, 92, 175, 271
Nihilismus 146
Normativität 225 ff.
Normen 21 f., 50 f., 95, 148, 196 f., 217 ff.
- abgeleitete N. 54
- adressat 198 ff., 205, 212, 223
- akzeptanz 214 f.
- änderung 199
- arten 22 ff., 201 ff.
- begriff 198 ff., 212
- benefiziar 223
- bewertung 201 ff.
- charakter 197, 196
- gebundenheit 201
- hypothetische N. 200
- hörigkeit 213
- Industrie-N. 221
- Kann-N. 204, 217 ff.
- kategorische N. 200
- konflikt 192 f.
- kontrolle 219 f.
- konzept 18, 57
- moralische N. 50
- Muss-Norm 204, 217 ff.
- orientierung 57 f., 71, 200, 226
- pluralismus 50
- rangfolge 21
- Rechtsnormen 224
- sender 197, 223
- setzung 198 f., 205, 212, 219
- Soll-Norm 204, 217 ff.
- soziale N. 223 ff.
- system 37, 50, 55, 224
- technische N. 219
- typologie 205 ff.
- verständnis 11, 196 ff., 213
- vielfalt 50, 204 f.
- vorgaben 57 f., 227, 279
- Wesensmerkmale 198 f., 222 f.
- vorstellungen 29, 193
Normierung 38, 58, 194, 197, 211 ff., 228
Normlosigkeit 228
Normwerdung 215 ff., 220 f.
Nutzen 99 f.
- Nützlichkeitsprinzip 99 ff., 100 f.

Obdachlosigkeit 87
Offenheit 89

Ontologie 145
Ordnung 15, 86 f., 111, 161, 198
Orientierung 195, 198, 228
- sfunktion 151 ff.
- shilfe 209, 261
- slosigkeit 167
Ökonomie 143, 148

Parlament 181
Partizipation
- materielle 264
- soziale 264
Pädagogik 150, 269
Person 16 f., 46, 108, 171, 183, 213
- Personalität 27 f., 133, 147
- Personalitätsprinzip 16, 28, 133, 183 f.
Persönlichkeit 134, 171, 185, 188, 238, 273
- sbegriff 255
- srechte 283
- sschutz 274
Perspektivenwechsel 50, 81
Pflege
- beruf 125, 132
- personal 118, 125 ff., 129 ff., 280 ff.
- praxis 125 f., 132, 137
- wissenschaft 125
Pflichtenlehre 67 f., 96
Pflicht 71, 92 ff., 98 f.
Pflichtwerte 58, 162
Phänomenologie 69, 147
Philosophie 201, 212, 245
- Geschichte d. P. 143, 263
- klassische P. 65, 84, 266, 273
- politische P. 24, 245
Politik 117, 175, 201
- politisches Handeln 149
Prinzip d. demokrat. Gleichheit 252
Prioritätensetzung 154 ff., 161, 191, 199
Profession 125, 132, 266 ff., 282
Professionalisierung 11, 279 ff., 282
Professionalität 11, 279
Psychologie 150, 225
Pünktlichkeit 86 ff., 161

Recht
- auf Arbeit 177 f., 183, 194, 262, 278
- auf Arbeitsplatz 181
- auf Eigentum 21
- auf Bildung 278
- auf ‚gutes Leben‘ 257 ff.

- auf Wohnung   181, 187
- sordnung   173, 178
- sphilosophie   271 f.
- spositivismus   271
- sprechung   111, 180, 201 f.
- ssetzung   233 f.
- sstaat, sozialer   34, 113, 168 f., 174, 259, 261 ff., 273
- stheorie   233
Regel   158, 172, 196
- mäßigkeit des Verhaltens   158, 222, 229
Reichtum   26 f., 58
Reintegration   56, 161, 216
Relationsmodell   109
Relativismus   167
Resozialisierung   43, 159, 173

Sanftmut   83
Sanktionierung   88, 97, 155, 198 f., 202 ff., 217 ff., 223, 258, 277
- gesellschaftliche S.   223
- positive S.   205, 218
- negative S.   218
- soziale S.   208
Sauberkeit   86 f., 165
Säkularisierung   166
Schadensvermeidungsprinzip   120, 124
Schleier des Nichtwissens   248 ff., 254 ff.
Schutz d. Menchenrechte   216, 274 ff.
Seinsprinzip   187 f.
Selbst
- bestimmung   144, 188, 268
- entfaltung   158, 162, 172, 188
- hilfe   25, 47 f., 188 f.
- kontrollwerte   162
- ständigkeit   189
- verantwortlichkeit   191
- verwirklichung   21, 165, 188 f., 238
- zweckformel   96 f.
Selektion   138 f., 211, 228 f.
Sesshaftigkeit   25 ff.
Sicherheit   152 f., 163
- soziale S.   111, 135, 165, 181 f.
Sichtweisen   53 ff., 63, 135, 151, 165, 260
Sinn   143, 204, 217
- gehalt   156
- krise   167
- stiftung   156
Sicherungssystem, soziales   259, 263
Single-Dasein   24 f.

Sitten   131, 148, 158, 172, 207 f., 218
- gesetz   143, 207
- kodex   207
Sittlichkeit   42, 111, 116, 121
Situationsanalyse   71, 104, 141, 211
Solidar
- gemeinschaft   38, 182
- verhalten   146
Solidarität   19, 33, 113, 133 f., 137, 148, 168 f., 183 f., 275, 282
- sprinzip   35 ff., 134, 186 ff.
Sollensprinzip   187 ff.
Sozial
- arbeit   44 ff., 182, 261 f.
- ausgaben   263
- beiträge   192
- chancen   237, 262
- darwinismus   257
- demokratie   257
- erziehung   43
- gebilde   155 f.
- gesetzbuch   274
- hilfe   31, 135, 178, 259, 268, 274
- hilfegesetz   274
- komponente   117
- leistung   25, 114, 264
- niveau   236
- ordnung   25, 117, 178
- pflichtigkeit   117, 151, 192
- plan   151
- pädagogik   269
- philosophie   134 ff., 189, 210, 245
- politik   38, 260 ff., 261 ff., 265
- prinzip   35 f., 101 f., 113, 133, 183 ff., 191
- recht   31, 44, 276, 278
- staat   25 f., 34, 113 f., 133, 162, 168 f., 185, 213, 263 ff., 283
- status   25
- system   179, 264
- theorie   30, 201, 233
- verhalten   29, 85 f., 91, 163, 173, 188, 217 ff.
- versicherung   25
Soziale
- Absicherung   175
- Aktivität   177
- Chancen   262 f.
- Frage   24
- Freiheitsrechte   175
- Grundrechte   175 ff.

- Teilhaberechte 239 ff.
Sozialisation 22 f., 29, 88, 224
- sbedingungen 212, 258
- shypothese 164
- sinstanzen 88
- sleistung 32
- sprozess 164, 171, 225
- stheorie 201 f.
Sozialismus 24, 168, 264
Sozialität 15 f., 19, 257, 264
- A-Sozialität 43
Sozialstaatsgebot 185
Soziologie 32 f., 55, 150 ff., 197 ff., 201, 210, 229
- erziehung 43
Staat 31 ff., 34 f., 117, 167, 171, 219 f.
- sbürger 19, 238
- sgewalt 171, 271
- slehre 20, 95
- sordnung 244
- sphilosophie 17
- sverschuldung 25
- sziel 169, 179, 183
Stabilität 199
Stoa 91, 143 f.
Struktur
- wandel 24 ff., 111, 164, 266
- wandlungsprozesse 164, 177
Subsidiarität 19, 35 ff.. 112, 133 f., 169, 183, 189 ff.. 275
Subvention
- smaßnahmen 265

Tapferkeit 75 ff., 79
Tauglichkeit 72 ff., 91
Teamfähigkeit 90
Teilhabe
- soziale T. 181 ff., 239, 268
Teleologie 65 f., 70
Theologie 151
Toleranz 83, 89, 148, 167 ff.
Tradition 72, 158, 172, 212 f.
Transferzahlungen 24, 264
Treue 150
Tugend 16, 72 ff., 90, 143, 231
- arten 76 ff.
- begriff 71, 85
- bürgerliche T. 84 ff., 91, 162, 165
- dianoetische T. 76, 81
- eigenschaften 72 f.

- göttliche T. 84 f.
- haftigkeit 41, 72
- Kardinaltugend 76, 78 ff., 84 f.
- lehre 84
- merkmale 73 ff., 75
- primäre T. 85
- sekundäre T. 85, 91, 165
- theologische T. 84
- Verstandestugend 76 ff., 82
- Willenstugend 76 f., 82 ff.

Umverteilung 231 f., 252, 264
- sinstitution 267
Umwelt
- Recht auf saubere U. 178, 277
- schutz 115, 131, 175
Ungleich
- behandlung 278
- bezahlung 278
- heit 21, 58, 238, 252
- heitsgewinn 252
- verteilung 250 ff.
Uniformität 229
Unveräußerlichkeit 272
Universalisierungsprinzip 62
Universalität 274
Urteil
- sfindung 135 ff.
- entscheid 140 f.
- Methoden ethischer U. 136
- Modelle ethischer U. 136 ff.
Urzustand 28, 245 ff., 253
Utilitarismus 66 f., 99 f., 111, 233, 242
- ethnischer U. 102
- sozialer U. 102
Utilitätsprinzip 100 ff.
Überzeugung 136, 150
- sbildung 164 f.

Verantwortung 104 ff., 131, 148, 174, 281
- sbereitschaft 107 f., 186
- sfähigkeit 107 f.
- sinstanz 107 f.
- sträger 107 f.
- sübernahme 104 ff., 126, 185, 191, 257
Verbindlichkeit 203 f., 217, 225
- sanspruch 203
- sgrad 201
Vereinte Nationen 174, 202, 273, 275

300

Stichwortverzeichnis

Verfassung 35, 38, 117, 134, 150, 156, 169, 182, 188 ff., 215, 233 f., 261 f., 271 ff.
- sanspruch 220 f.
- sorgane 156
- srecht 112, 136, 241, 261 f.
- swirklichkeit 220 f.

Verhalten 59, 154, 171, 172 f., 210
- salternativen 139 f., 157, 172
- sanweisung 84, 106
- sänderung 57
- sbewertung 196
- seigenschaft 84
- seinschätzung 154
- serwartung 196, 211, 224
- sentscheidung 172
- skodex 41, 64, 192, 200
- skonsequenzen 201
- smuster 156, 223 f.
- snorm 23, 59, 223
- sorientierung 196
- sregel 22, 170, 193, 196, 216, 280 f.
- ssituation 198
- svorschrift 22
- sweisen 139, 172, 198, 210,, 226

Verinnerlichung 153
Verkollektivierung 23 f.
Verlässlichkeit 157, 172
Vernunft 17, 28, 60, 75 ff., 79, 82, 93 ff., 144, 243 f., 273
- begabung 60, 93, 147
- orientiertheit 76

Verpflichtung 281 f.
Verschwiegenheitsprinzip 124
Verstand 79
Verteilung 233. 263 f.
- sgerechtigkeit 266 ff.
- sgleichheit 251
- sprinzip 251

Vertragstheorie 245 ff.
Vertrauensprinzip 124
Verursacherprinzip 50 f.
Verwirklichungschancen 257 ff.
Volkstum 207

Wahrhaftigkeit 83, 169
Welt
- anschauung 136
- bild 193

Wert 143 ff., 193
- absoluter W. 151

- akzeptanz 158 ff., 165 f., 214
- barkeit, ethische 41
- begriff 143 ff., 152
- bewusstsein 174
- beziehung 152 ff.
- bildung 143, 148
- bindung 143, 148, 158, 166, 192 ff., 212
- debatte 150
- durchsetzung 215, 284
- erziehung 167
- fühlen 69, 147
- hierarchie 149, 154, 164
- inhalt 155
- konzept 16, 23, 69, 129, 143 ff., 156 ff., 231 f.
- minderung 158
- notwendigkeit 158
- ordnung 159, 167, 194
- orientierung 22, 57, 67 ff., 100, 149 f., 158, 164 ff., 194, 210
- prioritäten 160, 193
- rangfolge 21 f.
- relativer W. 151
- schätzung 69, 85 f., 88 f., 146, 167
- setzung 148, 165, 168, 215
- system 55, 166 f.
- überzeugung 151
- verfall 163, 167
- verlust 149
- veränderung 166
- verständnis 69, 212
- vorgaben 157 ff., 216
- vorstellungen 16, 22, 36, 38, 65, 122, 131, 147, 150 ff., 155, 159, 164, 212, 229
- wandel 158 ff., 163, 192 ff.
- wandlungsschub 162 f.
- wissen 150

Wertepluralismus 122, 167, 192
Wertigkeit 145, 149, 153, 191, 226, 258
Weisheit 79 ff., 81
Wesen
- politisches W. 241
- soziales W. 38, 156

Wille 92 f., 123, 144, 210
- nsentscheidung 96

Willkür 38, 111, 145, 180, 228, 244, 271
Wirkungsgrad 199
Wirtschaftsordnung 112, 115 f., 134, 178

Wissenschaft 62, 82, 149, 152
– stheorie 61
Wohl 247
– befinden 127
– beziehungsmäßiges W. 128
– des Patienten 123
– ethisches W. 128
– ergehen 102, 232 ff., 258
– fahrtspflege 157 f., 191, 281
– körperliches W. 128

– lebensanschauliches W. 128
– persönliches W. 128
– soziales W. 128
– verhalten 54, 115
– wollen 115 f., 243
Wohnung, Unverletzlichkeit d. 178

Zufriedenheit 103
Zurechnungsfähigkeit 200, 222
Zuverlässigkeit 90 f.

Franz Stimmer

Grundlagen des Methodischen Handelns in der Sozialen Arbeit

3., überarbeitete und erweiterte Auflage 2012
318 Seiten, 29 Abb. Kart.
€ 29,90
ISBN 978-3-17-022006-5

Mit diesem Buch liegt eine Einführung in die Systematik Methodischen Handelns in der Sozialen Arbeit vor. Dadurch wird es möglich, die vielfältigen und oft verwirrenden Ebenen und Aspekte Methodischen Handelns in einen sinnvollen Zusammenhang zu bringen. In diese Systematik (Funktionsprinzipien sowie zirkulärer Problemlösungsprozess) mit den wechselseitig aufeinander bezogenen Ebenen sind Grundfragen der Ethik und des Rechts, bedeutsame Handlungsleitende Konzepte (Empowerment, Case Management, Sozialökologie), zentrale Interaktionsmedien (Beratung, Begleitung-Unterstützung-Betreuung) ebenso integriert wie spezifische Methoden und Verfahren der Situationsanalyse (Person-in-Environment System, Netzwerkanalyse, Genogrammarbeit), der Situationsintervention (Klientenzentrierte Gesprächsführung, Themenzentrierte Interaktion, Motivational Interviewing) und der Reflexion professionellen Handelns (Selbstevaluation, Supervision) sowie die Entwicklung eines Kompetenzenprofils für Fachkräfte der Sozialen Arbeit.

www.kohlhammer.de

W. Kohlhammer GmbH · 70549 Stuttgart
Tel. 0711/7863 - 7280 · Fax 0711/7863 - 8430 · vertrieb@kohlhammer.de

Rudolf Bieker/Peter Floerecke (Hrsg.)

Träger, Arbeitsfelder und Zielgruppen der Sozialen Arbeit

2011. 448 Seiten. Kart. € 39,90
ISBN 978-3-17-021380-7

Grundwissen Soziale Arbeit, Band 5/6

Soziale Arbeit hat sich in der Praxis stark ausdifferenziert und erheblich nach Arbeitsfeldern und Zielgruppen spezialisiert. Der Band stellt die Träger der Sozialen Arbeit vor und informiert systematisch und umfassend über alle wesentlichen Arbeitsfelder/Zielgruppen in den großen Bereichen Kindheit, Jugend und Familie, Arbeitsmarktintegration, Wohnen, Migration, Alter und Pflegebedürftigkeit, Gesundheit, abweichendes Verhalten/Resozialisierung. Der Band vermittelt nicht nur Kenntnisse über die Zielgruppen und deren Problembelastungen, sondern zeigt an einer Vielzahl praktischer Handlungsfelder der Sozialen Arbeit zugleich die dort jeweils typischen Strategien sozialer Unterstützung und Intervention auf, eingebettet in den jeweiligen organisatorischen und rechtlichen Kontext des Handlungsfeldes. Der Band kann als Basislektüre im Studium ebenso genutzt werden wie zur Berufsorientierung und zur Vorbereitung der Praxisphasen während des Studiums.

W. Kohlhammer GmbH · 70549 Stuttgart
Tel. 0711/7863 - 7280 · Fax 0711/7863 - 8430 · vertrieb@kohlhammer.de